rolf giesen │ claudia meglin

künstliche welten

tricks, special effects
und computeranimation im film
von den anfängen bis heute

europa verlag hamburg/wien

Filmbibliothek

Herausgegeben von Andreas C. Knigge

Gerhard Huttula und
Albert J. Whitlock gewidmet

Dieser Band erscheint anlässlich
der gleichnamigen Ausstellung im
Filmmuseum Berlin, Sony Center am Potsdamer Platz

Die Deutsche Bibliothek – CIP Einheitstitelaufnahme
Ein Titelsatz für diese Publikation ist bei der Deutschen Bibliothek erhältlich

Originalausgabe
© Europa Verlag GmbH Hamburg/Wien, September 2000
Redaktion: Lothar R. Just
Satz: Setzerei Vornehm, München
Layout: Michael Knoch, München
Umschlaggestaltung: Kathrin Steigerwald, Hamburg
unter Verwendung eines Fotos aus »Das fünfte Element«/pwe Kinoarchiv
Herstellung: Das Herstellungsbüro, Hamburg
Druck: Clausen & Bosse, Leck
ISBN 3-203-84114-2

Informationen über unser Programm erhalten Sie beim
Europa Verlag, Neuer Wall 10, 20354 Hamburg
oder unter www.europaverlag.de

inhalt

METROPOLIS: Entwurf von Erich Kettelhut

Rolf Giesen

künstliche welten im film

Zu einer Zeit, da die digitale Evolution des Kinos und der Laufbilder noch am Anfang steht und alle halbe Jahre neue Software auf den Markt geworfen wird, richten wir unseren Blick – einige wehmütig, die anderen amüsiert – auf die Anfänge auf Leinwand projizierter Illusion. Gibt es angesichts des ungeheuren technischen Paradigmenwechsels vielleicht etwas, das wir von den Altvordern der Effektbranche lernen können? Kaum noch werden wir in naher Zukunft von Spezial- oder Sondereffekten reden, die als Ergänzung eines real aufgenommenen Bildes verstanden werden können. Vielmehr interpretiert die zur Verfügung gestellte digitale Technik reale Bildkomponenten *in toto* neu und wertet sie um. Es findet eine Annäherung an die reine Animation statt: an das künstlich bewegte Bild an sich. Schließen wir uns also dem von dem Trickfilmer/Filmemacher Helmut Herbst geprägten Begriff des synthetischen Films an oder besser noch: der synthetischen Laufbilder (in der englischen Sprache heißt es »moving images« oder kurz »movies«), denn auch den Filmstreifen soll es im digitalen Zeitalter nur noch eingeschränkt geben. Die Bildwände der Multiplexe sol-

len per DVD oder Satellitenübertragung gefüllt werden. Noch wirken diese Bilder aseptisch und gelegentlich leblos, aber man arbeitet fieberhaft an der Verbesserung – zumal die Hoffnung gesät wird, man werde damit künftig in erheblichem Maße Kosten sparen bei der Vermittlung von Inhalten. Aber wie zukunftsorientiert, d. h. der Form angemessen sind diese Inhalte? Wir müssen uns wundern. Dramaturgisch gibt man sich rückwärts gewandt. Einmal mehr wird eine leicht angestaubte Mumie zum Leben erweckt, versinkt die »Titanic« nach einer Kollision mit einem Eisberg in den Fluten, wälzen sich Roboterheere scheppernd über die Großbildwand wie Legionen aus Sandalenfilmen, wird ein Schweinchen namens Babe zum Sprechen ge-

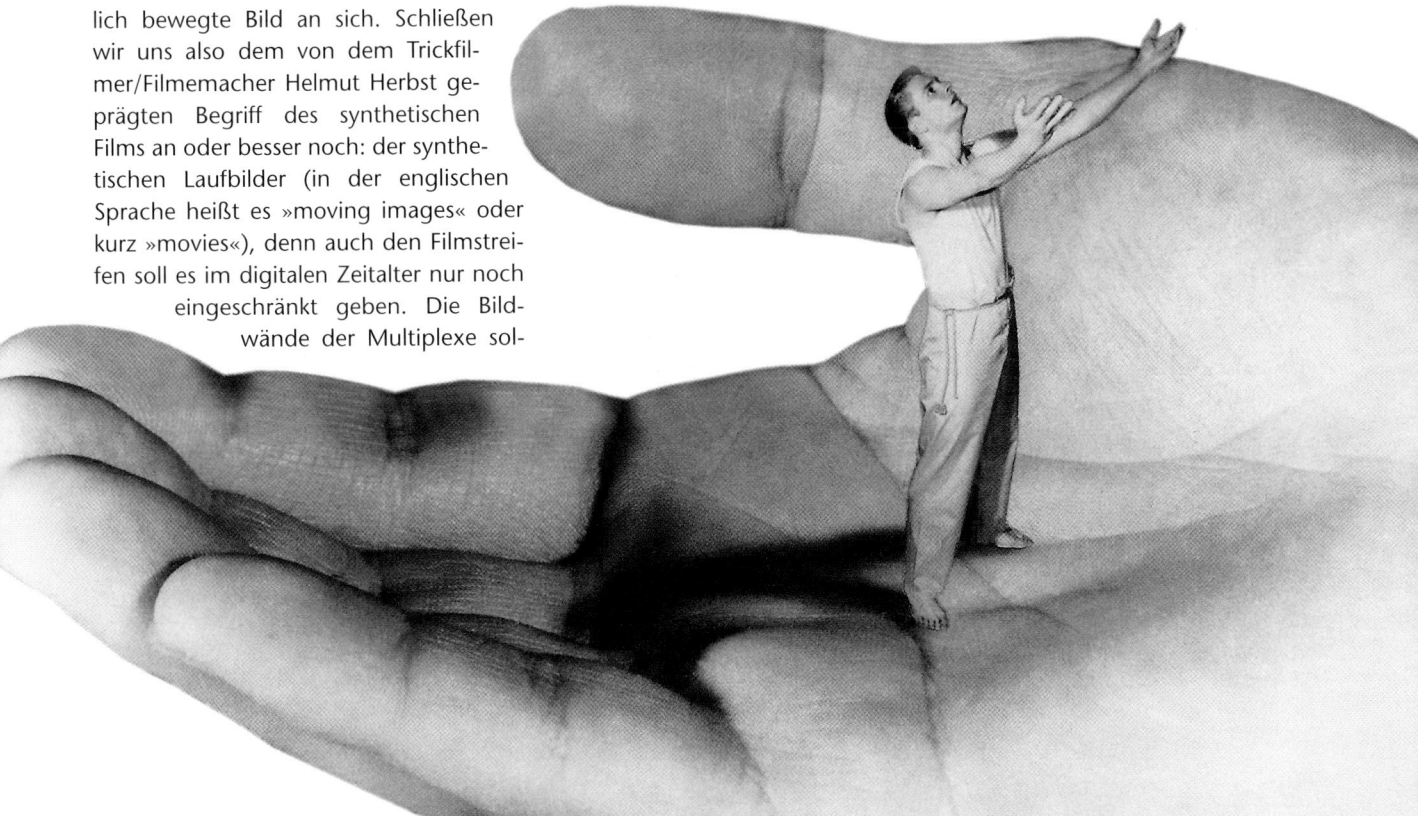

THE INCREDIBLE SHRINKING MAN (1956)

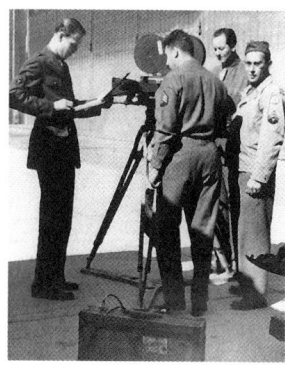

Ray Harryhausen (links)
als Kameraassistent beim
Signal Corps

bracht wie die Tiere aus Äsops Fabelwelt, gegen seine natürlichen Instinkte manipuliert wie in einem Disney-Film. Bei Disney sprechen sogar schon die ausgestorbenen Dinosaurier. Die virtuellen Welten des konventionellen Erzählkinos gehen, wenigstens in Teilen, den sicheren, anheimelnden Weg der Gartenlaube.

Auch wenn Douglas Trumbull, einer der Effektschmiede von Stanley Kubricks Weltraumoper *2001*, im Computer erzeugte Backgrounds vorschlägt – wobei die Darsteller vor virtuellen Green Screens agieren müssen –, weiß der Filmhistoriker, dass die *Tools* (Werkzeuge) zwar neu sind, die damit verbundene Ästhetik gleichwohl weniger revolutionär ist. Waren nicht schon die Hintergründe im *CABINET DES DR. CALIGARI* (1919) künstlich, d. h. gemalt? Produzierte nicht schon der Tscheche Karel Zeman Mitte der fünfziger Jahre des 20. Jahrhunderts eine total artifizielle *ERFINDUNG DES VERDERBENS*? Waren die Experimentalfilmer, die Fischinger, Len Lye, Norman McLaren, mit ihren Anima-

zeugnisse gelegentlich alles andere als fotorealistisch, jedenfalls nicht bis zum Aufkommen der Nouvelle Vague und des Jungen Deutschen Films, die sich eine handlichere, studiounabhängige Technik zum Zwecke der Reproduktion ihrer nächsten Umwelt zunutze machten. Sie waren künstlerisch verfremdet, stilisiert. Die Backgrounds im *CALIGARI* waren vom Malerteam Reimann-Röhrig-Warm expressionistisch gestaltet worden, die Bilder aus der verderblichen *ERFINDUNG* den Stichen aus den Originalausgaben von Jules Verne nachempfunden. Und in Vittorio de Sicas *MIRACOLO A MILANO* (Das Wunder von Mailand) wurde ein Fantasysujet sogar mit der Erzählweise des italienischen Neorealismus verschmolzen.

Rick McCallum, George Lucas' Produzentenkollege bei der Episode 1 der *STAR WARS*-Saga, frohlockt: »Es ist faszinierend. Zum ersten Mal in der Geschichte des Films haben wir einen Punkt erreicht, an dem ein Drehbuchautor alles schreiben kann, einem Produzenten nichts mehr unmöglich ist und ein Regisseur nur noch von seiner eigenen Fantasie eingeschränkt wird.« Genau hier liegt das Problem: Wird die geforderte Fantasie nicht am Ende im umgekehrten Verhältnis zur bereitgestellten Technik stehen? Das scheint auch McCallum zu ahnen, wenn er fortfährt: »Natürlich wird da auch jede Menge Mist auf uns zukommen. Aber den gibt es ja schließlich auch heute.« Rein künstlerisch werden viele der massenhaft erzeugten fantastischen Bilder ausgesprochen langweilig sein, geschaffen von wiederkäuenden Imitatoren, während die wahrhaft gescheiten Dinge, die stattfinden werden, solange es Künstler gibt, in der großen Masse untergehen und zur Bedeutungslosigkeit verurteilt werden.

Brüche gab es immer wieder in der Filmgeschichte; sie waren Bürde und Herausforderung zugleich: die Einführung des Ton-, des Farbfilms, der Breitwandformate. Inhaltlich entscheidende Brüche waren ebenfalls noch die beiden großen Kriege

DIE ERFINDUNG DES VERDERBENS

tionen nicht die Vorläufer der heutigen Videoclips und Musikvideos? Aber im Gegensatz zum von Disney und seinen Apologeten postulierten amerikanischen Naturalismus waren die europäischen Erdes letzten Jahrhunderts, die unsere Ästhetik radikal verändert haben. Kein Stein war auf dem anderen geblieben. Trickkameraleute gingen als Kriegsberichter an die Front (Theodor Nischwitz), sie drehten ausgesprochene Propagandafilme (Walther Ruttmann), in den USA arbeiteten sie beim Signal Corps (David S. Horsley, Ray Harryhausen). Der Krieg änderte ihre Sichtweise. Ralph McQuarrie, der die Produktionsentwürfe für *STAR WARS* malte, nahm am Koreakrieg teil und war bisweilen »fasziniert« von der surrealen, elegischen »Schönheit« des Geschehens (Francis Ford Coppola hat dergleichen in *APOCALYPSE NOW* auf die Leinwand gebracht): »So gute Kriegsbilder hatte ich noch nie gesehen.« Als McQuarrie eine Handgranate werfen wollte, wurde er von einem feindlichen Geschoss am Kopf verletzt. Er blieb am Leben, weil der Rand seines Helms das Geschoss gestoppt hatte; nur deshalb konnte er später – das klingt wie Ironie – beim Krieg der Sterne mitmachen. Die Kriegseindrücke mischten in der Entwicklung künstlerischer Ästhetik fiktive und dokumentarische Züge, wozu auch die im Reportagestil vorgetragenen Kriegs- und Katastrophenbilder des Fernsehens beitrugen. Ohnehin ist der Computerscreen ja mehr der Television verwandt als der großen Kinoleinwand. Das Fernsehen am ehesten erdrückt die Kunst zugunsten des rein fotografischen Abbilds, indem es fast ausschließlich auf Quantität hin arbeitet. Elektronische und rechnergestützte Systeme, teilweise aus der Kriegstechnik, machen es möglich.

Der Weg des Naturalismus in großen amerikanischen Effektstreifen dürfte für die europäische Filmproduktion der falsche sein. Diesen Aufwand können und sollten wir

STAR WARS

nicht kopieren, weil wir ihn vom Volumen her nicht erreichen und sinnvoll füllen können. Die wenigen Ausnahmen, wie *DIE UNENDLICHE GESCHICHTE* mit ihren gescheiterten Fortsetzungen, die Michael Ende im Grabe rotieren lassen, und das Fiasko der italienisch-englisch-deutschen *ABENTEUER DES BARON MÜNCHHAUSEN*, bestätigen eher die Regel. Wir müssen dort anknüpfen, wo wir vor den Kriegen Erfolge erzielt haben. Uns das bewusst zu machen, muss die Filmgeschichtsschreibung einen Beitrag leisten. Wenn der Grad der Stilisierung mit der Story, die ein Film erzählt, harmoniert und übereinstimmt, wird das Publikum das Ergebnis akzeptieren. Freilich muss es innerhalb seiner Grenzen erste Sahne sein und kein stilistisch kaschierter Schrott. Nicht vergessen dürfen wir auch die ethische Komponente, die die Dienstleister – und dazu gehören Effektleute – leicht verdrängen. Suchen wir das Heil ausschließlich in utopischen Kriegsfilmen, in Splatter-Produkten, denen der menschliche Körper fast nichts gilt, um Kasse zu machen, und in blutrünstigen Actionfilmen? Gibt es Punkte, wo sich auch der Bildschöpfer das technisch Machbare versagen muss, weil er ein gesellschaftlich empfindendes und leidendes Wesen ist?

Dreharbeiten zu *JOEY*: »Special Ghost Star« Rolf Giesen mit Regisseur Roland Emmerich

Rolf Giesen

die entwicklung der spezialeffekte

von den hexenmeistern der stummfilmzeit bis zu den bildmanipulatoren am computer

DIE PHANTASMAGORIEN DES HERRN ROBERTSON

Die Geschichte der Kinematographie ist reich an Legenden. Eine davon erzählt von einem Filmhersteller, der seine Kamera auf dem Pariser Opernplatz aufgebaut hatte. Er filmte gerade einen Omnibus, als der Filmtransport in der Kamera für kurze Zeit aussetzte. Nach einer Weile konnte der Mann weiterdrehen. Bei der Vorführung soll sich dann ein Wunder ereignet haben. Der Omnibus verwandelte sich auf der Leinwand plötzlich in einen Leichenwagen, der sich während der Aufnahmestörung unbemerkt an die Stelle des Busses geschoben hatte.

Man kann getrost davon ausgehen, dass die Geschichte so, wie sie uns überliefert wurde, erfunden ist. Auch mag der Eindruck entstehen, dass der Erfinder des Filmtricks der Zufall gewesen sei. Das ist aber nur bedingt richtig. Denn die frühen Filmproduzenten konnten bereits auf Erfahrungen zurückgreifen, die erfinderische Entertainer auf Zauberbühnen ausprobiert hatten.

Zu diesen Magiern gehörte in der zweiten Hälfte des 19. Jahrhunderts der Engländer John Nevil Maskelyne. Seinem staunenden Publikum bot er dramatisch verpackte Illusionen, etwa: »Zach der Einsiedler«, eine Nummer mit augenzwinkerndem Vollmond, künstlichem Papagei, mechani-

scher Schlange, animiertem Spazierstock und schwebendem Helden. In Maskelynes »Die helle und dunkle Séance« trennte sich von einem Skelett der Totenkopf und schwebte dank eines Projektionstricks über den Zuschauern.

Die Geheimnisse der Projektionstricks wurden seit jeher von Illusionisten genutzt. In seinem 1927 erschienenen Standardwerk »Der Trickfilm in seinen grundsätzlichen Möglichkeiten« erinnerte der deutsche Kameramann Guido Seeber, auf der Bühne seien so genannte Tricks und Verwandlungen stets geschätzt worden: »Das, was man unter Geistererscheinungen oder ähnlichen Dingen bot, waren oftmals sehr geschickte Projektionen, mit denen besonders Robertson in Paris an der Wende des 18. Jahrhunderts große Erfolge erzielte. Sein besonderes Geheimnis war ein auf Rädern befindlicher Projektionsapparat, mit dem er durch Hin- und Herfahren die Geister größer oder kleiner werden ließ. Durch eine sehr sinnreiche Einrichtung verband er die Scharfstellung des Objektives bei jeder beliebigen Entfernung so mit einem der Räder, dass ohne jede Aufmerksamkeit das projizierte Bild, ob er schnell oder langsam mit seinem Apparate von der Projektionsfläche fort- oder auf diese zufuhr, stets scharf wiedergegeben wurde. Seine dargestellten Erscheinungen begannen meist als kleiner Punkt,

Guido Seebers frühes Standardwerk über die Spezialeffekte im Film

◀ *FAUST* (1926)

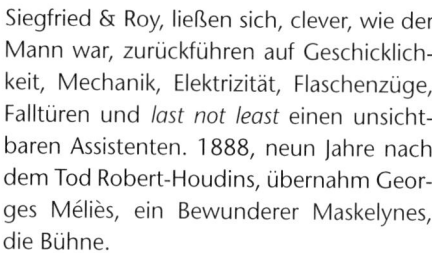

Gespiegelter Geisterspuk auf der Bühne

Phantasmagorie nach einer zeitgenössischen Darstellung von 1798

um dann schnell und geräuschlos (wozu er die Räder des Apparates mit Filz bekleidet hatte) zu ungeheuren Dimensionen anzuwachsen. Robertson nannte seine Darbietungen ›Phantasmagorien‹. Er erregte damit zu seiner Zeit großes Aufsehen und hatte einen gewaltigen Zulauf des Publikums.« Natürlich achtete Monsieur Robertson, der eigentlich Étienne Caspar Robert hieß, tunlichst darauf, dass sein Bildwerfer den Zuschauern verborgen blieb. Er projizierte seine geisterhaften Dias von hinten gegen doppelt und dreifach aufgehängte Tüllvorhänge: eine veritable Rückprojektion. Auch ließ er seine Vorführungen, um die unheimliche Wirkung noch durch das Ambiente zu steigern, gern in der verlassenen Kapelle eines Kapuzinerklosters stattfinden.

Männer wie Robertson und Maskelyne waren aber ihrerseits auch nur Epigonen. Bilderspuk zu verbreiten war ursprünglich Sache der Kirche, die sich gern der Camera obscura oder des Systems der Spiegelschrift bediente. Wenn schon nicht Erfinder der Laterna magica, so doch ihr »Geburtshelfer« war der Thüringer Jesuitenpater Athanasius Kircher (1601–1680).

Die Geburtsstätte des kinematographischen Tricks war das Théâtre Robert-Houdin, eine Zauberbühne in Paris. Die Wunder des Jean-Eugène Robert-Houdin, eines Vorläufers von David Copperfield und

Siegfried & Roy, ließen sich, clever, wie der Mann war, zurückführen auf Geschicklichkeit, Mechanik, Elektrizität, Flaschenzüge, Falltüren und *last not least* einen unsichtbaren Assistenten. 1888, neun Jahre nach dem Tod Robert-Houdins, übernahm Georges Méliès, ein Bewunderer Maskelynes, die Bühne.

DIE ZAUBEREI DES MONSIEUR MÉLIÈS

Dieser Méliès, ein Fabrikantensohn, gehörte am 28. Dezember 1895 zu den geladenen Gästen der ersten öffentlichen Vorführung des Cinématographe Lumière im Grand Café in Paris. Er unterbreitete ein Kaufangebot, das Lumière ausschlug. Aber Méliès, dem – als Magier – der Wert der neuen Projektionsmaschine auf Anhieb klar war, gab nicht auf. Schließlich lag die Erfindung fotografisch realisierter Laufbilder damals in vielen Ländern in der Luft. Sie verbreitete sich wie ein Virus. Im Februar des folgenden Jahres reiste er nach London und erwarb einen Filmapparat von Robert William Paul. Er studierte den Mechanismus und konstruierte einen eigenen Aufnahme- und Wiedergabeapparat, den Kinétograph, den er zärtlich »mein Maschinengewehr« nannte. Unter seinen ersten Streifen waren noch keine Zauberfilme, denn einstweilen galt die Kinematographie selbst als Hexerei. Doch dann entdeckte er, dass sich mit den Möglichkeiten der Kamera die Wirkung seiner Bühnenkunststücke quasi verdoppeln ließ. Es ist Méliès, dem das eingangs zitierte Malheur auf dem Pariser Opernplatz zugeschrieben wird. Tatsächlich erprobte er in seinem siebzigsten, Ende 1896 entstandenen Filmchen die Kombination einer Bühnennummer mit den Mitteln des filmischen Stopptricks. In *ESCAMOTAGE D'UNE DAME CHEZ ROBERT-HOUDIN* ließ er, indem er während der Aufnahme die Kamera anhielt und eine Person durch ein Objekt ersetzte, eine Dame (Jehanne d'Alcy, die 1925 die zweite Madame Méliès wurde) zum Knochengerippe mutieren.

Der Schneeriese aus
À LA CONQUETE DU PÔLE
(1912)

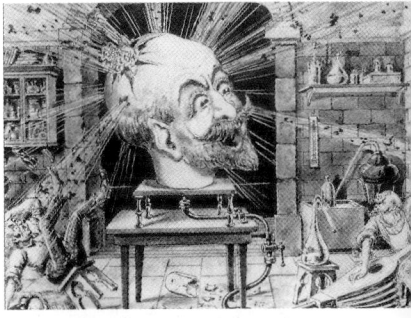

Stopptricks waren auch die Grundlage seines 1896 produzierten Films *LE MANOIR DU DIABLE*. In ein mittelalterliches Schloss flattert eine große Fledermaus und verwandelt sich in Mephistopheles. Dieser macht einige magische Zeichen und lässt einen Kessel erscheinen, aus dem eine schöne Frau aufsteigt. Des Weiteren tauchen auf: Ritter, Geister, das obligate Skelett, Hexen. Zum Schluss verschwindet der Mephistopheles-Vampir in einer Rauchwolke, und der Spuk hat ein Ende.

Als Méliès merkte, dass diese Tricks bei den Zuschauern ankamen, vertiefte er sich in die optischen Erkenntnisse der Fotografen und machte sich mit Doppel- und Mehrfachbelichtung vertraut. Der Film wurde nach der ersten Belichtung zurückgespult, und eine zweite Belichtung folgte, entweder gegen schwarzen, lichtabweisenden Hintergrund oder, zum Beispiel im Falle von Doppelgängeraufnahmen, mithilfe von Abdeckmasken vor dem Kameraobjektiv. Als erste Masken dienten ihm, 1899, die beiden Flügel seiner Atelier-

Türen, vor die er seine Kamera so postierte, dass jeweils ein Türflügel eine Hälfte des Bildes kaschierte. Auch Unterwasserszenen drehte Méliès – Jahre vor der Etablierung der Unterwasserfilmfotografie durch die Williamson-Brüder – trocken (»dry for wet«). In *VISITE DE L'EPAVE DU MAINE* und *VISITE SOUS-MARIN DU MAINE* (beide 1898) platzierte er einfach in 1,50 Meter Entfernung vor seinem Objektiv ein großes Aquarium samt Fischen, durch das er eine dahinter arrangierte Szene aufnahm. Höhepunkte in seinem Filmschaffen waren die ersten Special-Effects-Filme nach Vorlagen oder Motiven seines Landsmannes Jules Verne: *LE VOYAGE DANS LA LUNE* (1902), in den er gleichzeitig die Seleniten aus H. G. Wells' »The First Men in the Moon« einarbeitete, *DEUX CENT MILLE LIEUES SOUS LES MERS OU LE CAUCHEMAR D'UN PÊCHEUR* (1907) und *À LA CONQUETE DU PÔLE* (1912). Durch Werke wie diese könnte der Eindruck entstehen, als habe Méliès in seinen Filmen fantastische *Geschichten* erzählt. Das trifft jedoch

Der aufblasbare Kopf in Méliès'
L'HOMME À LA TÊTE DE CAOUTCHOUC
(1902) als Entwurfsskizze und fertige
Trickkombination

R. W. Paul auf dem Saturn mit *THE ? MOTORIST* (1906)

nicht zu. Ein nicht geringer Teil seiner über 500 Filme, von denen die meisten leider verloren sind, bestand aus magisch-fantastischen *Zaubernummern* ohne große Handlung, wie er sie von der Bühne her gewohnt war. Dramatische und dramaturgische Prinzipien waren ihm noch weitgehend fremd. Méliès war und blieb ein Mann des Varietés. Dies sowie die Tatsache, dass ihm übermächtige Rivalen erwuchsen, bewirkte, dass er sich auf lange Sicht nicht halten konnte. 1913 bootete ihn der Pathé-Gigant aus.

R. W. PAUL,
DER ENGLISCHE TÜFTLER

Méliès war ein Pionier des Trickfilms, einer der wichtigsten Wegbereiter, aber beileibe nicht der einzige. In England gab es einen Porträtfotografen namens George Albert Smith, der 1897 das Prinzip der Doppelbelichtung zum Patent angemeldet und 1898 filmisch erfolgreich in seiner Dumas-Adaption *THE CORSICAN BROTHERS* eingesetzt hatte. Ebenfalls 1898, und damit ein Jahr vor Méliès, brachte Smith eine trickreiche *CINDERELLA*-Version heraus. 1908

ließ er das erste kommerziell erfolgreiche Zweifarbenverfahren, Kinemacolor, patentieren. Méliès vertrieb zur selben Zeit nur Bild für Bild handkolorierte Filme. Nicht minder wichtig für die Entwicklung des Trickfilms war ein anderer Brite, der Erfinder Robert William Paul, von dem Méliès seinen ersten Projektor erworben hatte. Im Gegensatz zu dem Kollegen vom Kontinent realisierte Paul seine Doppel- und Mehrfachbelichtungen nicht nur in der Kamera, sondern – etwa bei der Konfrontation von Menschen mit einem riesigen Oger (*THE MAGIC SWORD*, 1902) – nachträglich in einer eigens dafür konstruierten Kopiermaschine, in der er verschiedene Teilbelichtungen zu einem Gesamtbild kombinierte. Pauls Gehilfe war ein früherer Zauberfotograf, Walter R. Booth, der für seinen Chef in dem Film *THE ? MOTORIST* (1905) so gut wie alle Register der damaligen Trickkunst zog. Es geht um ein Automobil, das sich in die Lüfte erhebt, gen Saturn fliegt, auf dem Ring des Saturn kehrtmacht und zur Erde zurückkehrt. Bald nach diesem Film verließ Booth Paul und verdingte sich bei dem Produzenten Charles Urban.

Urban, ein Amerikaner, vertrat Méliès in England und hatte auch Smith unter Vertrag. Booths meistzitierter Film für Urban war eine Science-Fiction-Fantasie im Geiste von H. G. Wells, *THE AIRSHIP DESTROYER* oder *POSSIBILITIES OF WAR IN THE AIR* (1909). Darin bombardiert eine mysteriöse Flotte feindlicher Luftschiffe England, bis sie von den fliegenden Torpedos eines jungen Erfinders, Vorläufern der Boden-Luft-Rakete, vom Himmel geschossen wird. Etwa zur gleichen Zeit erschien eine Fabel über den Einfall einer feindlichen Zeppelin-Armada in New York City in einem US-Magazin. 1917 brachte der trickbegeisterte amerikanische Produzent Watterson R. Rothacker einen haarsträubenden kaiserlichen *ZEPPELIN ATTACK ON NEW YORK*. Noch Ende der dreißiger Jahre wollte Merian C. Cooper eine ähnliche Geschichte für MGM realisieren: Auch die

Furcht erregend: *THE MAGIC SWORD* (1902)

Angreifer in *WAR EAGLES* waren eindeutig teutonischen Zuschnitts, doch Zeppeline waren zu dieser Zeit kriegstechnisch bereits *passé* – und das Projekt wurde nach langwieriger Vorbereitung endgültig *ad acta* gelegt. Auf jeden Fall blieb der Kriegsfilm ein beliebtes Schlachtfeld für Effektfilmer.

AMERIKA BEGINNT MIT EINER ENTHAUPTUNG

In den Vereinigten Staaten wurde die Entwicklung des Filmtricks zweifellos am konsequentesten betrieben. Den ersten bekannten Special Effect finden wir in einem edisonschen Kinetoscope-Bild aus dem Jahr 1895, *THE EXECUTION OF MARY, QUEEN OF SCOTS*. Arthur Knight beschreibt es in seinem Buch »The Liveliest Art«: »Dieser kleine Film, der nicht mal eine Minute dauert, beginnt damit, dass Maria zum Richtblock geht. Sie kniet nieder, der Scharfrichter schwingt sein Beil – und das Publikum erlebt das erbauliche Spektakel, wie Marias Kopf in den Staub rollt! Im kritischen Moment der Enthauptung wurde der Film natürlich in der Kamera angehalten und Maria durch einen Dummy ersetzt, doch bei der Betrachtung läuft das grausame Stück ohne Unterbrechung.« In einem anderen Laufbild, 425 Fuß lang, verarbeitete *THE SAUSAGE MACHINE* (1897) Welpen zu Würsten. (In einem späteren Film, *DOG FACTORY*, 1904 von Edwin S. Porter gedreht, wurde der Prozess umgekehrt: Würste zu Hunden.)

KARIKATURIST ALS TRICK-PIONIER: J. STUART BLACKTON

Zu den wirklichen Pionieren des Filmtricks in Amerika zählte James Stuart Blackton, Karikaturist und Reporter bei der New Yorker »Evening World«. Im April 1896 hatte er eine Edison-Filmvorführung besucht und den großen Erfinder gebeten, einen Film mit ihm, Blackton, aufzunehmen. Der Wunsch wurde prompt erfüllt. Zusammen mit einem Freund, dem Jahrmarktzauberer Albert J. Smith, kaufte Blackton Edison

eines seiner Filmbetrachtungsgeräte ab, um die PR unter dem Titel *BLACKTON THE EVENING WORLD CARTOONIST* in der Öffentlichkeit zu zeigen. Als sie aber, um selbst Filme herstellen zu können, auch eine Aufnahmekamera dazu erwerben wollten, stellte sich Edison stur, ähnlich wie Lumière mit Méliès verfahren war. Aber wie Méliès gaben auch Blackton & Smith nicht auf. Sie bauten ihr Kinetoscope-Betrachtungsgerät in einer Weise um, dass es sowohl als Projektor wie auch als Kamera verwendbar war, und eröffneten auf einem Hausdach in New York ein Filmatelier. 1899 nahmen sie einen dritten Partner, W. T. Rock, auf und gründeten die Vitagraph Company. Ein Jahr zuvor hatten Blackton & Smith, *en miniature*, das Seeschlachtpanorama *THE BATTLE OF SANTIAGO BAY* entworfen. Die Schiffe, die in einem vergleichsweise kleinen Bassin schwammen, waren fotografische Ablichtungen der Originale, auf Holz geklebt und an dünnen Seilen gezogen. Die nötige Pyrotechnik wurde mittels Schwarzpulver bewerkstelligt, und der Pulverdampf war nichts anderes als Zigaretten- und Zigarrenqualm, den Mrs. Blackton und ein Bürojunge vor die Kameraoptik pafften. Wellen wurden mithilfe eines Quirls erzeugt.

Darüber hinaus entwickelte Blackton aus der Technik des Stopptricks die Einzelbildaufnahme, die Grundlage der Zeichen- und Puppenfilmanimation wurde. Um die Jahrhundertwende verwandelte er zum ersten Mal Zeichnungen via Stopptrick. *THE ENCHANTED DRAWING* hieß der kleine Film, in dem er auf seine Staffelei ein Gesicht, eine Flasche und ein Glas zeichnete. Während er dann nach den Zeichnungen von Flasche und Glas griff, stoppte er die Kamera – und hielt anschließend eine echte Flasche in den Händen, aus der er in ein echtes Glas goss. Gleichzeitig, wieder per Stopptrick, verzog sich der Mund des gezeichneten Gesichts. 1906, in *HUMOROUS PHASES OF FUNNY FACES*, ging Blackton einen Schritt weiter, er

ERDBEBEN VON SAN FRANCISCO.
Kamera: Fred Dobsch

Norman A. Dawn: Entwurf
einer Glasaufnahme für
THE SPOILERS (1914)

stoppte die Veränderungen seiner Zeichnungen einbildweise. Mit Kreide malte er auf eine Tafel Gesichter und Buchstaben, die er, nachdem jeweils nur ein Filmbild belichtet war, änderte, indem er Partien abwischte und durch neue ersetzte: Ein Mann bläst einer Dame Zigarrenqualm ins Gesicht, ein Hund springt durch einen Reifen, Worte verwandeln sich wie durch Geisterhand in (leider auf rassistischen Stereotypen basierende) Karikaturen.

EDWIN S. PORTER UND NORMAN A. DAWN

Mit dem Animationsfilm experimentierte in den USA auch der bereits erwähnte Edwin S. Porter, Angestellter der Edison-Gesellschaft. In *DREAMS OF A RAREBIT FIEND* (1906), nach der Comic-Serie von Winsor McCay (der alsbald selbst mit *LITTLE NEMO* und *GERTIE THE DINOSAUR* zum gefeierten Zeichenfilmer wurde), animierte er Schuhe, die selbstständig durch einen Raum wandeln, und ließ ein Bett und andere Möbelstücke Amok laufen. Effekte dieser Art heißen in der Fachsprache Sachtrick. 1907 ließ Porter in 56 Arbeitsstunden knapp drei Meter Film mit sechs *TEDDY BEARS* animieren. Dabei – und das ist vielleicht sein wichtigster Beitrag – integrierte er die Tricks sehr bewusst in eine Filmhandlung, fabrizierte Tricks also nicht

um der Tricks willen, sondern um eine bestimmte Geschichte zu erzählen.

Zeitweilig arbeitete Porter, der in dem berühmten Western *THE GREAT TRAIN ROBBERY* von 1903 in zwei Aufnahmen von einem Zug Abdeckmasken verwendet hatte, um ein anderes Bild einzufügen, mit einem Kameramann zusammen, der einen anderen aus der Fotografie bekannten Trick in die Kinematographie eingeführt hatte. Für den Kulturfilm *MISSIONS OF CALIFORNIA* (1907) malte Norman A. Dawn fehlende Teile von Gebäuden, die er filmen wollte, auf eine Glasscheibe, die nahe vor dem Kameraobjektiv stand. Da die Kamera »einäugig« ist, passten realer und gemalter Szenenteil perspektivisch zusammen. In einem anderen Film, den er 1908 für Gaumont in Australien drehte (*THE GREAT BARRIER*), wollte Dawn eine Kolonie seltener Königspinguine zeigen. Aber er fand nur vier Exemplare: »Also beschloss ich, ein wenig nachzuhelfen. Ich ging zu dem Hügel, wo sich die vier Vögel zu bestimmten Tageszeiten versammelten. Dort stellte ich eine kleine Glasscheibe auf und malte einige Vögel mehr auf das Glas, die reglos herumhockten. Dann baute mein Helfer eine Abschirmung, und nachdem wir ausgewählte Leckerbissen auf dem Hügel ausgelegt hatten, versteckten wir uns hinter der Abschirmung und warteten. Am zweiten Tag kamen die vier Vögel zurück, so dass ich sie aufnehmen konnte.« Zusammen mit den auf Glas gepinselten Artgenossen.

Selbst komplizierte Kopiertricks waren damals im Ansatz schon entwickelt, so auch die Technik der Travelling Mattes oder Wandermasken. Im Gegensatz zu den statischen (Bildteilungs-)Masken bei Doppelgängeraufnahmen u. Ä. wird ein bewegtes Objekt oder eine Person über eine bildweise sich der Bewegung anpassende Silhouette oder Maske mit einer anderweitig gefilmten Szene kombiniert. 1909 sollte ein Filmbeitrag in den Nickelodeons bei den Damen dafür werben, die Hüte abzusetzen, die anderen Besuchern die Sicht nahmen: *THOSE AWFUL HATS.* Bewegte Hüte ragten vor der Leinwand auf, aber das darauf erscheinende Filmbild war nicht projiziert, sondern nachträglich über die Hüte einkopiert. Regisseur des Kabinettstückchens war David Wark Griffith, einer der Darsteller hieß Mack Sennett.

HALSBRECHERISCHE SLAPSTICK-AUFNAHMEN

Sennett entwickelte bald darauf in seiner neuen Rolle als Slapstick-Serienlieferant unter der Trademark Keystone einen großen Appetit auf Filmeffekte aller Art, mechanische, optische und Stunt-Tricks. Sennett in seinem Buch »King of Comedy« über die halsbrecherischen Verfolgungsjagden der legendären Keystone Cops: »Auch nachdem er schon Regisseur war, ließ es sich Del Lord nicht nehmen, den Wagen bei diesen Keystone-Cop-Verfolgungsjagden durch die Straßen zu steuern. Unser Streifenwagen, oft besetzt mit ›Fatty‹ Arbuckle, Charlie Murray, Chester Conklin, Hank Mann, zusammen bis zu 15 Keystone-Cops, war eine Spezialanfertigung, eine Monstrosität, die 2,40 Meter hoch war. Del Lords Stammplatz für Stunts mit diesem Fahrzeug war Ecke Achte/Figueroa Street. Er schlich sich immer dann aufs Gelände, wenn die Verkehrspolizei von Los Angeles gerade woanders im Einsatz war, und bestrich das Straßenpflaster mit einem Fass Seife. Wenn er dann mit 50 Stundenmeilen darauf zubrauste, das Lenkrad herumriss und auf die Bremse trat, war das Resultat stets ein voller Erfolg.« Viel gearbeitet wurde bei Sennett auch

Monty Banks hat Probleme mit der Eisenbahn...
und die Keystone Cops mit dem Autofahren

mit Pianodraht, wenn ein Wagen wieder mal überm Abgrund hing, und nicht selten wurde die normale Drehgeschwindigkeit vom Kameramann variiert. Es wurde nach Bedarf langsamer gekurbelt, um einen Zeitraffereffekt zu erzielen und Stunts noch gefährlicher aussehen zu lassen.

Chef des Sennett-Labors, in dem der Kameramann Frank Williams ein nach ihm benanntes Travelling-Matte-Verfahren entwickelt hatte, war Fred W. Jackman, den Sennett einmal den besten Action-Kameramann genannt hatte. In einem 1922 im »American Cinematographer« veröffentlichten Artikel stellte Jackman fest, ein erfolgreicher Comedy-Operateur müsse praktisch in der Lage sein, »seine Kamera von innen nach außen zu kehren, weil von ihm alles kinematographisch nur Erdenkliche verlangt wird«. Schließlich sei es ja kein Geheimnis, »dass die Stunts und die wilden Gesten der Comedy-Darsteller durch gekonnte Manipulation der Aufnahmeapparatur in den Händen des Kameramanns erzielt wurden. In meiner siebenjährigen Praxis als Chefkameramann für Mack Sennett hatten wir nie einen ernsthaften Unfall, und alle unsere führenden Komiker, Badeschönheiten, Filmtiere und anderen Mitwirkenden sind noch heil und gesund, obwohl das Publikum sie mehr als einmal als Opfer furchtbarer Autounfälle

erlebt hat; bei Stürzen aus dem obersten Stockwerk; auf Pferden, die über Abgründe sprangen, zig Meter tief; bei Karambolagen mit Zügen, die mit 60 Meilen pro Stunde heranrasten; in Kämpfe auf den Tragflächen kreisender Flugzeuge verwickelt etc. etc... Vielleicht haben Sie mal die Szene gesehen, wo ein Pferd über eine Kluft springt, unter der ein Wasserfall hundert Meter tief hinabdonnert. Der Felsen, von dem das Pferd abspringt, befindet sich bei den Vernon Falls in Yosemite Valley, einige hundert Meilen von hier entfernt. Die Bäume, die man in einer Ecke des Bildes sieht, stehen in der Nähe von Sunland. Wie wurde das nur gemacht? Einfach durch acht verschiedene Belichtungen des Films und durch das Aneinanderpassen der einzelnen Elemente, bis sie wie eins aussahen.«

Nicht wenige der bedeutenden Special-Effects-Kameraleute Amerikas kamen wie Jackman und Williams von der Filmkomödie, darunter Jackmans Kollegen Hans F. Koenekamp, dessen Familie aus Oldenburg stammte (und dessen Können viele der von Jackman reklamierten Trickaufnahmen in Wahrheit zuzuschreiben sind), Ed B. Du Par und Vernon L. Walker sowie John P. Fulton, der als Kameraassistent bei dem Komiker Lloyd Hamilton gewesen war, und Roy Seawright, Animationsspezialist bei dem Sennett-Konkurrenten Hal Roach. Du Par: »Ich erinnere mich an einen netten kleinen Trick, den sich H. Koenekamp ausgedacht hatte. Er filmte Larry Semon, während der rannte. Als Semon um die Ecke raste, verringerte Koeny die Bildfrequenz, bis es so aussah, als käme Larry auf einem Bein um die Ecke, das andere Bein nach hinten ausgestreckt.

So was war immer gut für einen großen Lacher in den Theatern.« Einer der trickreichsten Komiker war der Zeichner Charley Bowers. Nur Eingeweihten bekannt, beeindruckten seine animationsreichen Slap-

Travelling-Matte-Verfahren nach Frank Williams

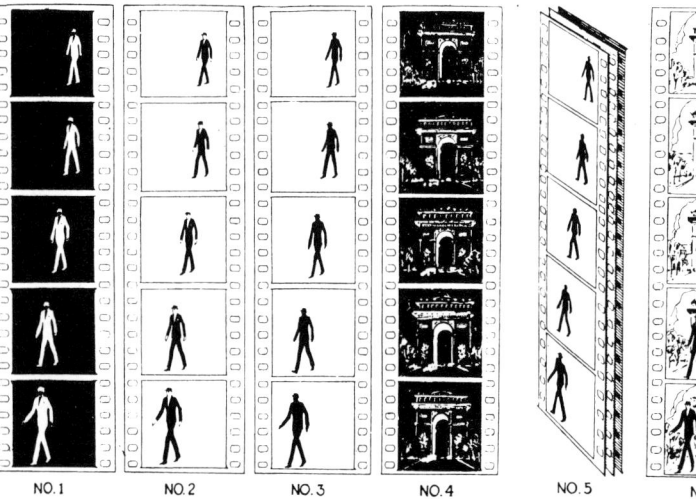

NO.1   NO.2   NO.3   NO.4   NO.5   NO.6

stickfilme (*NOW YOU TELL ONE, IT'S A BIRD*) André Breton und Dennis Muren gleichermaßen.

SPECIAL-EFFECTS-DEPARTMENTS

Im Gegensatz zu den Trickleuten der meisten anderen Länder, die manchmal wie Geheimniskrämer agierten, ganz besonders in Deutschland, hatten die Special-Effects-Experten in Amerika schon vergleichsweise früh das große Glück gehabt, sich in eigenen Abteilungen zusammenschließen zu dürfen, in denen eine nach Effektdisziplinen unterschiedene Arbeitsteilung praktiziert wurde. Im April 1924 meldete sich Ernst Lubitsch aus Hollywood mit einem Brief bei Karl Wolffsohn von der »Lichtbild-Bühne« und zeigte sich angetan von den technischen Möglichkeiten: »Ein anderes Kapitel ist die hoch entwickelte amerikanische Trickfotografie. Wenn man durch die amerikanischen Studios geht, wundert man sich, wie niedrig die Außenbauten sind, und dass sie nach oben hin gar keinen architektonischen Abschluss haben. Der Amerikaner baut seine Dekorationen nur so hoch, als unbedingt nur zum Spiel nötig ist. Das heißt: Wenn bei einer Hausdekoration die Darsteller nur auf der ersten Etage zu spielen haben, denkt er gar nicht daran, die höheren Stockwerke zu bilden. Alles höher Liegende, was nicht von Menschen betreten wird, wird durch die vor den Apparat gestellten Miniaturen (»hanging miniatures« oder Vorsatzmodelle – R. G.) fotografiert oder auf Glas gemalt, die mit den gebauten Dekorationen perspektivisch zusammenlaufen.

In dem Film *BEAU BRUMMEL* wurde die Hafenstadt Calais gebraucht. Gebaut wurde in Wirklichkeit nur eine Reihe weniger Häuser bis zum ersten Stock. Alles andere, wie z. B. die Fortsetzung der Häuser, die dahinter aufsteigende Stadt mit ihren Kirchtürmen usw., wie der Hafen mit den unzähligen Schiffen wurden auf Glas gemalt. Diese Idee war so kühn, dass ich zuerst an das Gelingen nicht glauben wollte.

Die Vorführung des Films war so verblüffend, dass der Unterschied von Gebautem und nicht Gebautem überhaupt nicht zu merken war. Mit einigen wenigen niedrig gebauten Dekorationen hatte man also die ganze Hafenstadt Calais hergestellt.« Es sei gar nicht auszurechnen, wie viel durch diese Trickfotografie gespart werde. Nur wenige merkten, dass zahllose Szenen in dem von David Selznick produzierten Technicolor-Bürgerkriegsepos *GONE WITH THE WIND* (Vom Winde verweht, 1939) durch Glasgemälde ergänzt waren. Ein Team erfahrener Kunstmaler hatte an diesem Film unter Jack Cosgroves Leitung gearbeitet: Fitch (Vater von John P.) Fulton, Albert Maxwell Simpson, Byron Crabbe und Jack Shaw, der fünfzehn Jahre später während der Produktion *THE ANIMAL WORLD* (Die Tierwelt ruft) durch Selbstmord starb.

Im Laufe der Jahre erreichten die Effects Departments beachtliche Ausmaße. Eines der größten war das der Burbank-Studios von Warner Bros. First National Pictures. Konzipiert und knapp zehn Jahre lang geleitet hatte es Fred Jackman. Sein Assistent und (ab 1936) Nachfolger bei Warner, Byron »Bunny« Haskin, erinnert sich: »Unser entscheidender Vorteil war der organisatorische Aufbau von Warner Brothers' Special-Effects-Department, das, wie es ursprünglich von Fred Jackman angelegt und in diesem Sinne fortgeführt und erweitert wurde, eigentlich ein Studio im Studio war. Fast jede Abteilung des Studios hatte ihr Gegenstück in der Special-Effects-Organisation. Wir hatten unsere eigenen Designer, Architekten und Dekorationswerkstätten, für gewöhnlich unsere eigene Kamera- und elektrische Ausrüstung, entsprechendes Personal und Bühnenarbeiter. Die Abteilung verfügte darüber hinaus über ein eigenes Kopierwerk, Schneideräume, Verwaltungsbüros und sogar eigene Autoren.

Am wichtigsten war meiner Meinung nach die Aufteilung der Abteilung in unterschiedliche Teams. Statt die gesamte

A YANK IN THE R.A.F.:
Modellaufnahmen: Ralph Hammieras

MGMs effektreicher Kriegsfilm

THE RAINS CAME:
Entwurf von Fred Sersen

Arbeit rigide unter einem einzigen Mann zu zentralisieren, war das Department unter meiner Oberaufsicht in Teams gegliedert, die von fähigen Trick-Regisseuren geleitet wurden, etwa Jack Cosgrove bei *ACTION IN THE NORTH ATLANTIC,* Roy Davidson bei *AIR FORCE* und Lawrence Butler, der in der Lage war, das gesamte Spektrum der Spezialeffekte-Arbeit bei mehreren Produktionen zu überwachen.«

Das war schon in den vierziger Jahren, als die Departments im Dienste der Heimatfront wirkten und umfangreiche Modellkomplexe für Kriegs- und Propagandafilme beisteuerten. Manche Sequenz, wie die unter A. Arnold Gillespie und Donald Jahraus realisierte Bombardierung einer gewaltigen Tokioter Industrielandschaft in MGMs *THIRTY SECONDS OVER TOKYO* (30 Sekunden über Tokio, 1944), war so realistisch, dass Aufnahmen daraus noch in den siebziger Jahren auf SuperScope 235 aufgeblasen und im Vorspann von Universals *MIDWAY* wiederverwendet werden konnten. Andere wirken heute eher belustigend. Zu den von Larry Butler für Warner betreuten Spitzenfilmen gehörte u.a. *CASABLANCA* (1943): »Die Trickaufnahmen mit den landenden und startenden Propellermaschinen von und nach Lissabon erinnern an die unfreiwillige Gemütlichkeit lumpiger Vorstadtinszenierungen, wo man sich an wackelnden oder gar umstürzenden Kulissen ergötzt. *CASABLANCA*s Flugzeuge ähneln überdimensionalen Brathühnern, die sich schwermütig

ein letztes Mal in die Luft erheben«, witzelte Ulrich Hoppe 1983 in seinem »Casablanca«-Buch. Von bemerkenswerter Qualität waren dagegen die Arbeiten der Lydecker-Brüder für die heroischen Serials (Fortsetzungsserien) der Republic Studios mit ihren Superhelden und Raketenmännern. Das Betriebsgeheimnis von Howard & Theodore Lydecker waren Miniaturen, die nicht im Atelier bei künstlichem Licht, sondern unter freiem Himmel gedreht worden waren, was eine einmalig realistische Lichtwirkung ergab. Als dem Academy-Auswahlkomitee für den Effekt-Oscar ein zwanzigminütiger Luftkampf aus einem Kriegsfilm der Republic – *FLYING TIGERS* – 1942 zur Beurteilung vorlag, beschimpfte ein anderer Effektmann, Paramounts Rückpro-Spezialist Farciot Edouart, Ted Lydecker, der behauptet hatte, es handle sich bei den vorgelegten Szenen ausschließlich um Modellaufnahmen, als Lügner. Aufgebracht verließen die Lydeckers den Vorführraum.

KATASTROPHEN IM STUDIO

Der inzwischen geläufige Terminus »Special Effects« soll 1925 geprägt worden sein, um Louis Wittes Arbeit für die Raoul-Walsh-Produktion *WHAT PRICE GLORY?* zu beschreiben. Witte war bei der Fox ein Spezialist für mechanische Effekte, die in ihrer Konzeption identisch mit den Bühneneffekten sind und gelegentlich auch als »Floor Effects« bezeichnet werden. Sie entstehen vor und nicht in der Kamera, beruhen in der Regel nicht auf fotografischen Tricks, sondern auf der genauen Kenntnis von Mechanik, Hydraulik, Pneumatik, Pyrotechnik sowie Elektrik. Ein solcher Special-Effects-Mann muss über die Fähigkeiten eines Ingenieurs, Konstrukteurs, Ballistikers, Feuerwerkers, Elektrikers verfügen. Eine Meisterleistung in dieser Hinsicht stellte die Sturmsequenz der Goldwyn-Produktion *THE HURRICANE* (... dann kam der Orkan, 1937) unter der Regie von John Ford dar. Verantwortlich für die Einrichtung der Aufnahmen war

THINGS TO COME

James Basevi, der 150 000 Dollar ausgab, um ein idyllisches Eingeborenendorf in der Südsee zu errichten, und 250 000 Dollar, um es in einem Orkan zu zerstören. Er hatte eine 180 Meter lange Dekoration direkt an einem Studiotank gebaut, die unter Zuhilfenahme von Wellen- und Windmaschinen aufgewühlt wurde. Mit Schläuchen und Spritzen wurde auf die Windmaschinen gezielt, die das Wasser im Atelier verteilten. Um eine ansprechende Flutwelle zu erzeugen, wurden über Rutschen weitere 2 000 Gallonen Wasser in die künstliche Lagune gestürzt. Für Spezialaufnahmen wurde noch ein Miniaturduplikat der Dekoration gebaut, das immerhin noch 18 x 12 m maß.

Im Jahr zuvor hatte MGM die Erdbebenkatastrophe, die am 18. April 1906 San Francisco erschüttert hatte, auf die Leinwand gebracht. Das Erdbeben sei ein überwältigendes Spektakel, schrieb Frank Nugent in der »New York Times«: »eine wahrhaft große Kinoillusion, ein monströses, schreckliches, aufregendes Debakel. Große Erdspalten tun sich da auf, Gebäude stürzen ein, Männer und Frauen werden unter Lawinen aus Stein und Mörtel begraben, Wasserspeier lösen sich von den Dächern, Wasserleitungen platzen, elektrische Drähte flackern, überall Flammen, Panik und Terror.« 400 Statisten waren in die Katastrophensequenz einbezogen, standen beispielsweise auf Balkons, die auf Knopfdruck einbrachen. Die Dekoration selbst »ruhte« auf hydraulischen Winden, mit deren Hilfe das Erdbeben simuliert wurde. Dennoch wurde bei den nicht ungefährlichen Spezialeffekten niemand verletzt, da die Effektleute unter Jim Basevi und »Buddy« Gillespie mit großer Sorgfalt ans Werk gegangen waren.

DIE RÜCKPROJEKTION – REALITÄT UNTER STUDIOBEDINGUNGEN

Die Trickabteilungen verdankten ihr stetiges Wachstum aber nicht allein den Katastrophen. Vielmehr machte es die Einführung des anfangs sehr heiklen Tonfilms notwendig, Spielfilme großenteils innerhalb der Studiomauern zu drehen, um absolute Kontrolle über alle

KING KONG: **Produktionsentwurf von Mario Larrinaga für Rückpro**

lichtdurchlässige Projektionswand

Rückprojektor

Kamera

CAFE

21

Eventualitäten zu haben. Um aber nicht auf realistische Straßenszenen und Außenaufnahmen verzichten zu müssen, kombinierte man die vollendete Künstlichkeit des Ateliers mit der Wirklichkeit draußen. Bindeglied zwischen beiden war die Rückprojektion. Die Rückprojektion war wie so vieles im Film ursprünglich aus der Fotografie entlehnt. Guido Seeber schrieb sie in einem unveröffentlichten Papier (»Ein großer Fortschritt der Rückprojektion«) einem Fotografen namens Sonntag zu, der 1912 vorgeschlagen habe, »bei Porträtaufnahmen einen beliebig passenden Hintergrund auf eine hinter der aufzunehmenden Person befindliche, in chemisch wenig wirksamer Farbe getönte, matte und durchscheinende Projektionsfläche zu projizieren«. Norman Dawn hatte schon 1913 in seinem Western *THE DRIFTER* eine Wüstenszenerie rückprojiziert, aber stets handelte es sich um statische Rückpro-Bilder. Um rückprojizierte Laufbilder aufnehmen zu können, musste allerdings ein Filmprojektor, der als rückwärtiger Bildwerfer fungierte, mit der Aufnahmekamera synchron geschaltet werden. Es gab verschiedene Versuche schon in der Stummfilmzeit, etwa eine Spezialaufnahme von Paul Eagler für den Film *SAHARA* (1923) oder

das von Günther Rittau 1926 für *METROPOLIS* realisierte Bildschirmtelefon, aber erst mit dem Aufkommen des Tonfilms wurde das Problem grundlegend gelöst. Farciot Edouart: »Die Einführung des Tonfilms legte uns eine Palette simpler elektrischer Anschlüsse in den Schoß, mittels derer wir Kamera und Projektor gleichschalten konnten. Die ersten ›superempfindlichen‹ panchromatischen Emulsionen gaben uns die hochauflösende Bildqualität, die wir benötigten. Die Projektionserfordernisse der zunehmend größeren Theater verbesserten Optiken und Lichtquellen für die Vorführung ... Endlich hatten wir, was wir wollten.«

Die erste Rückpro-Anlage baute George Teague, früher Assistent bei Griffiths Kameramann G. W. Bitzer, für Ralph Hammeras und die Fox. Später konstruierte Teague Equipment für Korda in England, Universal und Chaplin. Anfangs wurde auf getöntes Glas projiziert, bis Sidney Saunders vom Art Department der RKO für die trickreiche *KING KONG*-Produktion Zellulose-Acetat-Rückprowände einführte. Größtes Problem der Rückpro-Techniker war, eine ausreichende Helligkeit zu erreichen. Um zu einer größeren Projektionsfläche zu kommen, fügte man bisweilen zwei Rückpro-Bilder nebeneinander und kaschierte die Trennlinie der beiden Projektoren durch einen Baum o.ä. Kaschieren musste man auch, was in der Fachsprache »Hot Spot« heißt, den Lichtkegel des Bildwerfers. Schließlich entwickelte man Ende der dreißiger Jahre den Tripelprojektor, ein aus drei Bildwerfern zusammengesetztes Gerät, das ein identisches, daher enorm lichtstarkes Bild über Winkelspiegel projizierte.

Nach dem Ende des irdischen Krieges suchten die inzwischen militärisch ausreichend geschulten Produzenten und Techniker angesichts der Entwicklung der Raumfahrt und angeblicher UFO-Sichtungen den Filmkrieg im Weltenraum. Paramounts *THE WAR OF THE WORLDS* (Kampf der Welten, 1952/53) mit marsianischen

Gordon Jennings (rechts) bereitet ein Modell für *THE WAR OF THE WORLDS* vor

Kampfmaschinen, die über jeweils 15 Drähte manipuliert wurden (Produzent George Pal: »Das war wirklich Marionettentheater in großem Stil!«), erinnerte fatal an die Propagandamaschinerie des Koreakriegs. Der zum Regisseur dieses Films avancierte »Bunny« Haskin: »Als wir den Realdreh abgeschlossen hatten, kam es zu Spannungen mit Russland. Ich hab gesagt: Noch haben wir nicht die Spezialeffekte. Gott gebe, dass es nicht so weit kommt, aber wenn es einen Krieg mit Russland gibt, könnten wir genauso gut die Russen als Invasoren nehmen, und das Ganze wäre ein toller Kriegsfilm.« *EARTH VS. THE FLYING SAUCERS* (Fliegende Untertassen greifen an, 1956) nach einem Skript des deutschen Emigranten Curt Siodmak legte einbildweise animierte (Aluminium-) Untertassen über rückprojizierte Dokumentaraufnahmen der Air Force. Der Animator war Ray Harryhausen, ein Protegé von Willis O'Brien, der die Effekte von *KING KONG* entworfen hatte. Aber die technischen Möglichkeiten waren in Hollywood, gerade was Fantasy und Science Fiction anging, begrenzt. Bis auf Ausnahmen wie etwa die Produktionen von George Pal handelte es sich um B-Filme mit Effekten, die von Zulieferern wie Jack Rabin und Irving Block, Ray Mercer and Company sowie Howard A. Anderson billig realisiert worden waren: ebenso einfallsreich wie primitiv. Reißerisch waren allein die Poster, die für diese Filme warben.

Damals kursierte in Hollywood ein Skript nach Jonathan Swifts »Gulliver«, das Jack Sher und Arthur Ross verfasst hatten. Es gab diesbezüglich sogar eine kurze Korrespondenz mit dem Spiegeltrickexperten Eugen Schüfftan, aber schließlich wandten sich die Autoren an Ray Harryhausen und seinen Produzenten Charles H. Schneer, die gerade großes Aufsehen mit *THE 7TH VOYAGE OF SINBAD* (Sindbads 7. Reise, 1957/58) erregt hatten. Schneer hatte vor, *GULLIVER* mit Jack Lemmon zu besetzen, musste sich aber im letzten

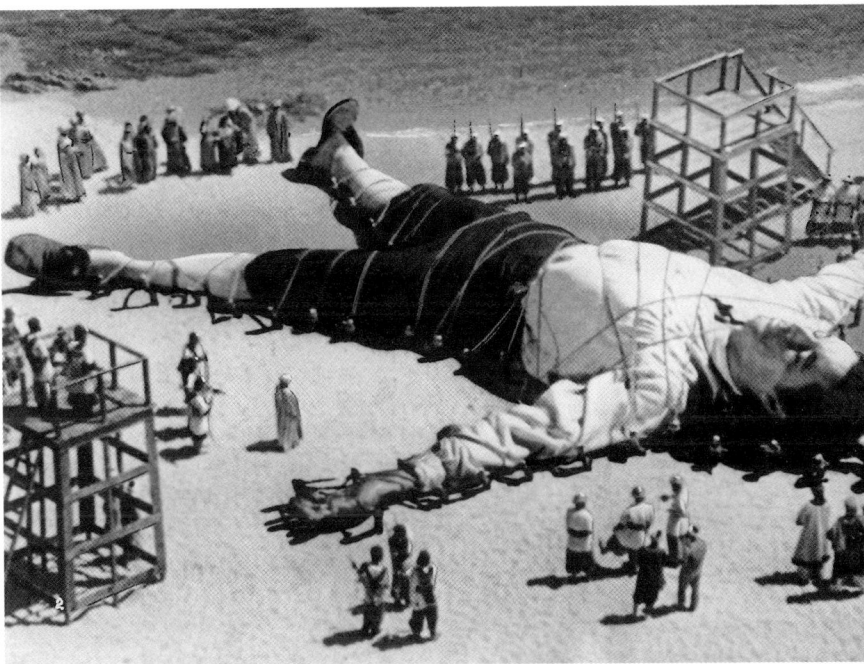

Augenblick mit seinem Sindbad Kerwin Mathews begnügen.

»Wir hatten drei bis vier Filme in Hollywood fertig gestellt, als jemand mit einem *GULLIVER*-Skript zu uns kam«, so Harryhausen. »Wir entschlossen uns, diesen Film zu machen, und die beste Art, das zu bewerkstelligen, war unter Verwendung von Travelling Mattes. Hollywood hatte zu dieser Zeit keine aufwändigen Einrichtungen, um Travelling Mattes richtig hinzubekommen. Aber wir hatten von einem Sodium-Backing-System gehört, bei dem man direkt während der Aufnahme die entsprechende Wandermaske erhielt, was den Prozess wesentlich vereinfachte. In dem *GULLIVER*-Film waren so viele Travelling Mattes vorgesehen, dass wir uns entschieden, dieses Verfahren, das Rank entwickelt hatte, zu prüfen. Wir gingen also nach England und drehten zwei Filme nach diesem System: *THE THREE WORLDS OF GULLIVER* (Herr der drei Welten, 1959/60) und *MYSTERIOUS ISLAND* (Die geheimnisvolle Insel, 1960).

Hollywood hatte, denke ich, zu viel in die Rückprojektionsanlagen investiert, und

THE THREE WORLDS OF GULLIVER:
Liliput in Travelling Matte
(1959)

**1. Durchgang:
Vordergrund und Maske**

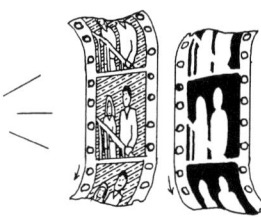

**2. Durchgang:
Hintergrund und
Gegenmaske**

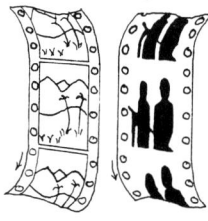

**3. Durchgang:
Kombination
von Vorder-
grund und
Hintergrund**

nun glaubten sie, mit den Tripelprojektoren und all diesen Dingen das Erforderliche erreichen zu können. Gelegentlich sah man auch mal eine Travelling-Matte-Aufnahme in einem Hollywoodfilm, aber im Großen und Ganzen war es eine vergessene Kunst. Dabei hatte Hollywood die Wandermaske früher bei Klassikern wie *NOAH'S ARK* (Die Arche Noah) eingesetzt, aber die entsprechenden Verfahren von Dunning und Williams waren nur für Schwarzweißfilm geeignet. Sobald es sich aber um Farbfilm handelte, taten sie sehr wenig für die Verbesserung des Verfahrens, denn die meisten Studios hatten enorm viel Geld in die Rückpro gesteckt. Viele Filme kamen natürlich ohne Travelling Mattes aus, aber wenn man es mit sehr großen und sehr kleinen Leuten im selben Bild zu tun hat wie beim *GULLIVER*, konnte man ohne nicht auskommen. Glücklicherweise hatte das Rank-Travelling-Matte-Labor, dem Vic Margutti vorstand, dieses Doppelfilm-Verfahren, das parallel in der Spezialkamera zwei Filmstreifen mit der aufzunehmenden Szene respektive der entsprechenden Wandermaskensilhouette zur späteren Kombination mit einem anderen Bildelement belichtete.«

NEUE MÖGLICHKEITEN MIT TRAVELLING MATTES

Tatsächlich waren die Nachteile der Rückprojektion vielfältig. So sind Fahrten bei ausgenutzter Rückprowand nur möglich in Richtung der optischen Achse, Schwenks und Querfahrten nur selten anwendbar, nämlich dann, wenn der Ausschnitt auf der Rückpro-Wand klein gehalten wird, da der Schirm nicht ideal diffus streut und die Leuchtdichte von der optischen Achse weg immer mehr nachlässt. Die Qualität von Vorder- und Hintergrund ist unterschiedlich, die Ausleuchtung schwierig und selten mit dem Background in Einklang zu bringen. Der deutsche Effektspezialist Karl Ludwig Ruppel, ein Partner von Victor Margutti, hat die Vorzüge von Travelling Mattes gegenüber der

Rückpro in einem Arbeitspapier wie folgt zusammengefasst:

»1) Der Vordergrund eines TM-Composites ist in der Qualität gleich der des Hintergrundes. Die Schärfe der einzelnen Bänder kann nachträglich wie gewünscht beeinflusst werden.

2) Der Hintergrund kann beliebig oft gewechselt werden, nachdem die Handlung gedreht wurde.

3) Das TM-Atelier ist kleiner und wirtschaftlicher als ein Rückpro-Atelier mit seiner komplizierten technischen Anlage.

4) Es ist nicht nötig, eine Spezial-Leinwand anzufertigen.

5) Der Architekt ist nicht beschränkt in Größe, Winkel und Perspektive seiner Bauten, da Vorder- und Hintergrund gegeneinander abgestimmt werden können. Weiterhin gibt es keine Beschränkungen in der Dynamik der Kamera.

6) Der Kameramann braucht sich nicht mit dem Ausbalancieren des Lichtes von Vorder- und Hintergrund aufzuhalten, da die Abstimmung in der optischen Abteilung vorgenommen wird.

7) Die Größe des Vordergrundes wird nur durch die Größe der Bühne und die Brennweite der Kamera bestimmt.

8) Die einzelnen Planen können in beliebiger Reihenfolge gedreht werden, da jede Plane nach einer vorhandenen eingerichtet werden kann.

9) Die Verschwärzlichung der Farben, das größte Kriterium der Farb-Rückprojektion, ist bei dem TM-Verfahren hinfällig.«

Im Rahmen des 1956 von Margutti für Rank entwickelten verbesserten Travelling-Matte/Dual-Film-Verfahrens wurde eine Bildwand von Natriumdampflampen mit gelbem Licht bestrahlt, das für Eastmancolor-Negativfilm relativ unempfindlich war. Die davor agierenden Darsteller wurden mit einer Technicolor-Kamera aufgenommen, weil diese so große Filmkassetten hatte, dass sie zwei Rollen Film nebeneinander fassen konnte. Ein Prisma oder »Beam splitter« (Strahlenteiler) trennte das einfallende Licht und leitete damit jedem

Film das für ihn aktinische Licht zu. Der Maskenfilm, auf den das Prisma fast das gesamte gelbe Licht reflektierte, war ein Schwarzweißfilm mit möglichst steiler Gradation. Filter in der Kamera verhinderten, dass der Maskenfilm auch vom Licht des Vordergrundes exponiert wurde. Die damit zu dem Darstellerbild erhaltene Maske passte formgleich, sie schrumpfte nicht im Kopierprozess wie nachträglich erarbeitete Masken. (Walt Disney erwarb das Rank-Patent für Amerika und setzte das Yellow-Screen-Verfahren 1964 in seinem oscarprämierten *MARY POPPINS* ein.) Farbe galt *per se* als Feind des Tricks. Was im Schwarzweißfilm nicht auffiel, wurde unter der Farbfilmkamera unnachgiebig enthüllt: eine farblich verwaschene Rückpro, gemalte Prospekte, Matte Lines, die wie ein Heiligenschein eine Person einfassen. Trotzdem hatten die englischen Labors Beachtliches in der Einrichtung des Travelling-Matte- und Color-Difference-Verfahrens für Technicolor und Eastmancolor geleistet. Schon 1939/40 wurde das Blue-Screen-Verfahren für Alexander Kordas Version des *THIEF OF BAGHDAD* (Der Dieb von Bagdad) verwendet. Zu denen, die ihren Beitrag für diese Produktion leisteten, gehörten FX-Regisseur Larry Butler, der damals in London tätig war, Stanley Sayer und Tom Howard, der Mann am optischen Printer. Im optischen Printer werden fertige Masken und Gegenmasken zusammengefügt, um das abschließende Bild zu realisieren. Dabei durchlaufen die Bildelemente einen Spezialprojektor und werden dabei von einer Trickkamera neu aufgenommen. Projektor und Kamera sind auf einer optischen Bank installiert und durch eine Spezialoptik verbunden. Standardisierte Printer waren der Acme-Dunn-Printer, der 1943 im Auftrag

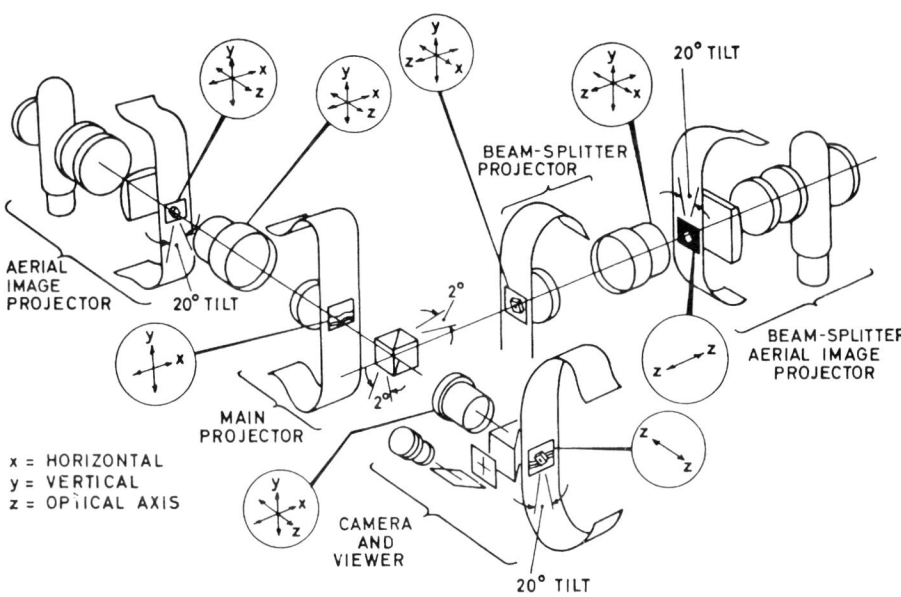

der Filmabteilungen des amerikanischen Heeres von den RKO-Technikern Linwood G. Dunn und Cecil D. Love entworfen worden war, und der darauf aufbauende, weltweit bekannte Printer des Konstrukteurs John Oxberry.

Eine weitere Technik, die in England Verbreitung fand, war die Front- oder Aufprojektion, die ursprünglich aus Frankreich kam (Henri Alèkan und sein Kollege Gerard hatten sie ausgetüftelt), aber erst in Großbritannien von Männern wie Charles Staffell und Jan Jacobsen weiterentwickelt wurde. Über einen halb durchlässigen 45-Grad-Spiegel vor der Kameraoptik wird das Hintergrundbild auf eine Spezialwand aus hoch reflektierendem Scotchlite-Material der 3M Company projiziert, wie es auch bei Straßenschildern verwendet wird. Die Aufpro war weniger raumgreifend und zudem wesentlich brillanter als die Rückpro. Der ganze Prolog unter den Affenmenschen von *2001* ist mit der (Großbild-) Dia-Aufprojektion realisiert (Tom Howard überwachte diese Szenen), und auch Superman Christopher Reeve »flog« vor einer gerichteten Frontpro-Kristallwand aus Millionen winziger Glaskugeln.

Schemazeichnung eines optischen Printers

Der optische Printer

Dual Screen Frontpro-Anlage (Jan Jacobsen)

Frontprojektion am Beispiel des Prologs zu *2001*

TOKUSATSU – EFFEKTE AUS JAPAN

Der Pionier des japanischen Effektfilms war Kameramann Eiji Tsuburaya. Schon als Kind hatte er sich für Filmtechnik interessiert: »Als ich noch ein Junge war, ›borgte‹ ich mir etwas Kleingeld aus der Ladenkasse meines Vaters, um eine Filmkamera zu kaufen, die ich in einem Schaufenster gesehen hatte. Da ich befürchtete, bestraft zu werden, wenn man mich mit der Kamera erwischte, nahm ich sie auseinander, untersuchte sie und warf sie weg. Dann baute ich mir eine eigene.« 1919 begann Tsuburaya in der Filmindustrie, ab 1927 arbeitete er als regulärer Kameramann. Er war der erste Japaner, der Low-Key-Aufnahmen realisierte, und war restlos begeistert, als er *KING KONG* bei einer Vorführung in Kioto sah. Unterstützt von dem Produktionschef Iwao Mori, baute

Tsuburaya 1940 das Trickdepartment der Tokioter Toho Studios auf. Iwao Mori: »1927 war ich zum ersten Mal in Hollywood gewesen. Ich stellte fest, dass sie in allen Departments Japaner beschäftigten, aber das höchste Honorar bekamen die, die in der Special-Effects-Abteilung arbeiteten. Ich erkannte, dass Spezialeffekte der einzige Weg waren, um bei aufwändigen Projekten Geld zu sparen. Da Japaner sehr geschickt sind und ein Gefühl für Schönheit haben, war es nur zu verständlich, dass sie in diesen Techniken reüssierten. Bald darauf habe ich selbst zu produzieren begonnen. Wir hatten da zum Beispiel eine Produktion, *NIKKA JIHEN*, in der eine Schlacht vorkam, die wir unmöglich auf gewöhnliche Art und Weise filmen konnten. Trotzdem wagte sich niemand im Studio an Special Effects. Sie gaben alle dem Realdreh den Vorzug. Ich hielt das jedoch für zu teuer und gefährlich und

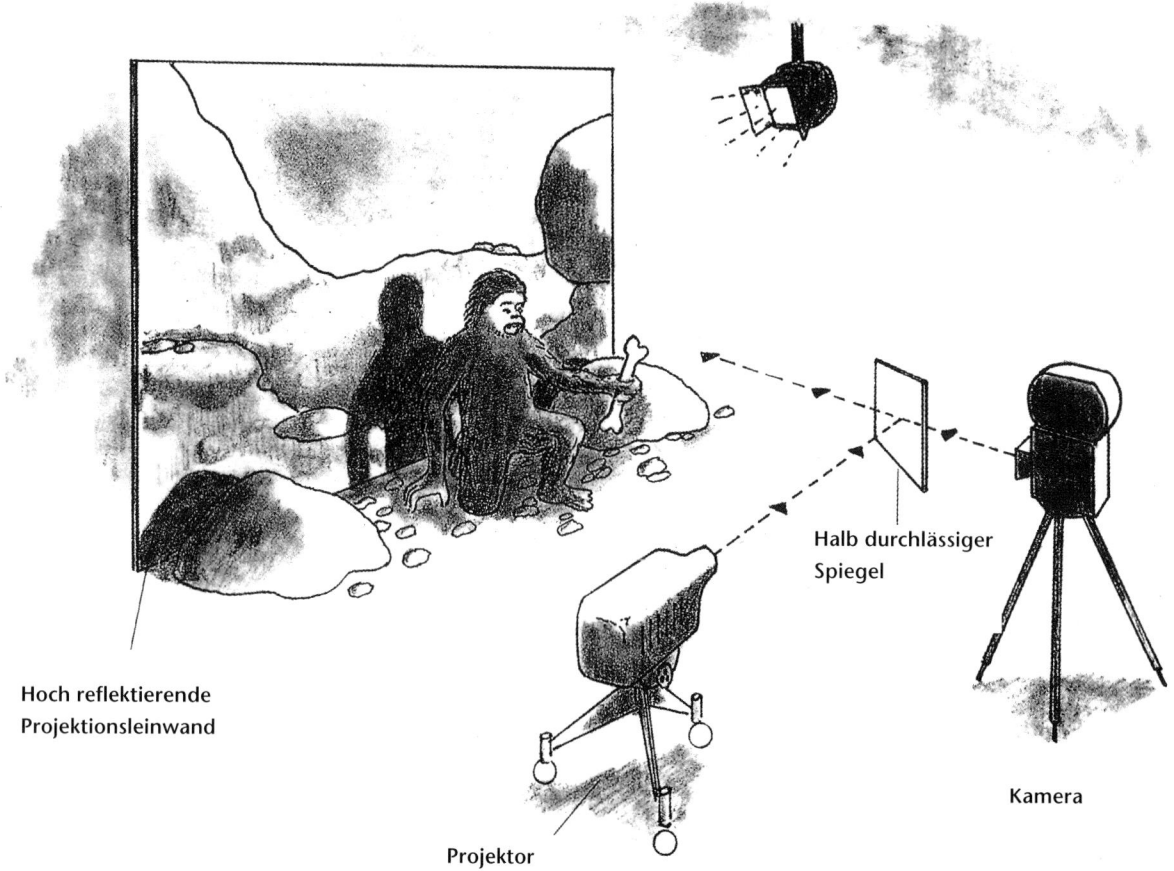

Halb durchlässiger Spiegel

Kamera

Hoch reflektierende Projektionsleinwand

Projektor

außerdem auch nicht für sonderlich effektiv. Ich war überzeugt, dass Spezialeffekte die einzige Lösung waren, um die Situation zu retten. Herr Tsuburaya war zu der Zeit ein erstklassiger Kameramann. Er hatte auch Erfahrung als Regisseur und kannte sich mit Spezialtechnik aus. Also bat ich ihn, den Aufbau des Special-Effects-Departments zu übernehmen. Die Mitarbeiter des Studios taten alles Erdenkliche, um Tsuburaya und mir Steine in den Weg zu legen. Aber Tsuburayas Beharrlichkeit und sein technisches Können sorgten schließlich für den erhofften Durchbruch.« Der kam 1942 in dem von Kajiro Yamamoto inszenierten Pearl-Harbor-Epos *HAWAI MARÈ OKIKAISEN.* Tsuburaya und sein Team realisierten den japanischen Luftangriff auf die amerikanische Flotte mit reichlich Modellen. Dieser und weitere Kriegsfilme wurden nach 1945 als Grund für Tsuburayas zeitweiliges Berufsverbot angeführt, aber dann kamen neue Kriegsfilme (jetzt nannte man sie »Anti«-Kriegsfilme) und vor allem – Nippons Monster- und Science-Fiction-Streifen. Den Anfang machte 1954 die 50 Meter hohe Riesenechse Gojira/Godzilla, in Wirklichkeit Kleindarsteller Haruo Nakajima im klobigen Saurierdress aus Gummi. In den sechziger Jahren eroberte das Monster-Catch-as-catch-can in Kino und Fernsehen *(URUTORAMAN/ULTRAMAN)* zunehmend den juvenilen Markt, wo es Allmachts- und Zerstörungsfantasien beflügelte.

ODYSSEE IM WELTRAUM

In England wurde Mitte der sechziger Jahre der Grundstein für die aktuellen Special-Effects-Produktionen gelegt. In den Boreham Wood Studios von MGM British drehte der Amerikaner Stanley Kubrick zwischen 1965 und 1968 eine Synthese aller bis dahin geläufigen Science-Fiction-Epen: *2001: A SPACE ODYSSEY* (2001: Odyssee im Weltraum). Trick-Veteranen und vergleichsweise Newcomer arbeiteten bei dieser Produktion Hand in Hand – und waren dank eines ausreichenden Budgets in der Lage, die Effektszenen mit größter Sorgfalt und Präzision zu gestalten. Zu den Veteranen gehörten Charles Staffell, Les Bowie und nicht zuletzt Wally Veevers, der Mitte der dreißiger Jahre als Volontär unter Ned Mann und Ross Jacklin bei der Alexander Korda/H. G. Wells-Produktion *THINGS TO COME* begonnen hatte.

Veevers kümmerte sich um komplexe Kameramechanik und überwachte Mattes und Modelle, die teilweise im Einergang aufgenommen wurden: »Das Modell des Raumschiffs ›Discovery‹ war 16 Meter lang (obwohl wir für einige Szenen auch ein kleineres 4,50-Meter-Modell benutzten) und wurde über 45 Meter Schienen bewegt. Viereinhalb Stunden benötigten wir, um es über die Schienen zu fahren, und das wegen der Mattes mehr als einmal.« Selbstverständlich mussten auch die Wiederholungen in exakt derselben Manier erfolgen, denn in den Fenstern des Raumschiffs sollten ja Astronauten zu sehen sein. Also wurden die Fenster des Modells für die erste Aufnahme schwarz ausgelegt. Dann wurde das Schiff ein zweites Mal aufgenommen. Diesmal war der Raumschiffrumpf vollständig schwarz kaschiert, bis auf die Fenster, glänzend weiße Karten, auf die Personen und Interieur aufprojiziert wurden.

Einige der jungen Leute seines Teams hatte Kubrick aus Amerika von Graphic Films wegverpflichtet. Graphic Films war von dem Animator Lester Novros gegründet worden, der für Disney an *SNOW WHITE* und *FANTASIA* gearbeitet und zahlreiche Filme für die NASA gedreht hatte. Einen dieser Filme, *TO THE MOON AND BEYOND* in Cinerama-360, hatte Kubrick auf der New Yorker Weltausstellung 1964 gesehen. Er nahm mit Novros Kontakt auf und beauftragte Graphic mit den Vorarbeiten seines Weltraumprojekts, doch dann ließ er Novros fallen und schöpfte nur die Creme seiner Mitarbeiter ab: Con Pederson, Jim Dickson, Colin Cantwell und insbesondere Douglas Trumbull, der damals erst 23 war.

GODZILLA gegen Tokio (1954)

Raumstation 5 in Position über dem Äquator:
2001: ODYSSEE IM WELT-RAUM
Pendelverkehr zwischen Erde und Raumstation in Stanley Kubricks *2001*

Arbeitsweise der Slit-Scan-Anlage

Als Kind, mit einer 8-mm-Kamera in den Händen, war Doug Trumbull Autodidakt gewesen: »Ich wusste überhaupt nichts über Stopptrick, aber ich fand es heraus. Ich montierte die Kamera auf ein Stativ und ließ einen Freund in ein Fass steigen, während ein anderer Freund daneben stand. Als der erste Typ im Fass war, stoppte ich die Kamera. Er stieg aus dem Fass raus und ging aus dem Bild. Dann surrte die Kamera wieder. Der andere Typ kam und stieß das Fass einen Abgrund hinunter, worauf die Kamera wieder angehalten wurde und … na, diese Dinge eben.« Dinge, aus denen schon die Filme von Mé-liès und Sennett ihre Wirkung bezogen. Von einem so simplen Stopptrick ist es natürlich ein weiter Weg bis zur Position eines von vier Cheftechnikern der *2001*-Produktion. Trumbull war hauptsächlich mit Spezialanimationen beschäftigt. Am Schluss, wenn das überirdische Sternentor den Astronauten Bowman (Keir Dullea) am Ende seiner Odyssee in sich aufnimmt, wollte Kubrick die Kamera »durch etwas gehen lassen«, aber durch was und wie, das wusste er nicht. Da erinnerte sich Trumbull an Experimente von John Whitney: »Ich

hatte vage von einer Sache gehört, bei der er einen Schlitz verwendete, der sich über das Bild bewegte, während sich dahinter ebenfalls was bewegte, in einem Muster, das sich in wunderlicher Weise auflöste. So stellte ich mir die Frage: Kann man dieses Muster nicht in die Tiefe des Raums bewegen?«
Ergebnis seiner Überlegungen war die Slit-Scan-Maschine, eine Apparatur, die der Fotografie entlehnt ist. Zur wissenschaftlichen Bewegungsanalyse hatte man nämlich die Streak-Fotografie entwickelt, die mit ausgedehnten Belichtungszeiten arbeitet bzw. mit stroboskopischen Mehrfachbelichtungen, um Veränderung in Form, Richtung und Geschwindigkeit auf einer einzigen fotografischen Platte festzuhalten. Trumbull entschied sich, dieses System auf die Einzelbildtechnik des Films zu übertragen: »Es ist, als ob man nachts Autoscheinwerfer mit weit geöffneter Blende aufnimmt – man bekommt Lichtstreifen (›streaks of light‹). Wenn die Autos mit ihren Scheinwerfern blinken, hat man lichtausströmende Punkte (›streaky dots‹). Und wenn alle in einem bestimmten Muster fahren, dann kriegt man ein Muster aus lichtausströmenden Punkten.« Trumbulls auf eine Schiene montierte Einzelbildkamera nutzt diesen Effekt, indem sie für jedes einzelne Filmbild Abtastfahrten auf eine geschlitzte Wand und wieder zurück unternimmt, hinter welcher sich eine rückwärtig bestrahlte und mit be-

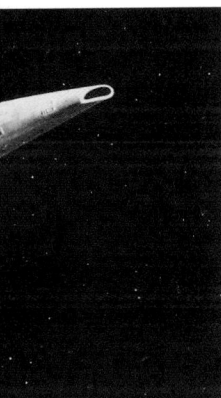

stimmten Mustern versehene Mattscheibe befindet. Auch diese Mattscheibe ist beweglich und kann im Animationsverfahren sukzessive aus dem Bildrand ausfahren. Endprodukt der Muster-Komposition war der berühmte psychedelische Sturzflug, der im Gegensatz zu den gemütlich zu Donauwalzer-Klängen linear daherschippernden Raumschiffen eine neue Qualität in die Trickdramaturgie einführte: die Bewegung, die Mobilität der Bilder. (Doug Trumbull kreierte später die ersten mit erhöhter Bildfrequenz aufgenommenen und wiedergegebenen Showscan-Filme sowie 1993 im Luxor Hotel in Las Vegas die virtuelle Installation *IN SEARCH OF THE OBELISK* und 1998 in Zusammenarbeit mit Hitachi eine Bewegungskapsel.)

STAR WARS
REVOLUTIONIERT DIE INDUSTRIE

Die Experimentalfotografie und -film nachempfundenen Slit-Scan-Aufnahmen waren so etwas wie die Trompeten von Jericho, aber die Mauern der etablierten Filmindustrie stürzten erst ein, als George Lucas sich die technischen Erfahrungen

von *2001* aneignete und sie für einen Märchenkrieg im Weltraum auswertete: *STAR WARS* (Krieg der Sterne, 1975–77). Am 12. Juni 1962 hatte Lucas, der damals noch von einer Karriere als Formel-1-Fahrer träumte, einen schweren, traumatischen Autounfall gebaut: »Der Unfall bewirkte, dass ich mir über mich und meine Gefühle klarer wurde. Ich fing an, meinen Instinkten zu vertrauen.« Nicht anders als Luke Skywalker, der im Sturzflug auf den Todesstern lernt, sich blind auf die »Macht« zu verlassen. Der optische Bildeindruck bei einer rasenden Motorradfahrt durch die nächtliche Stadt unterscheide sich kaum von den Bildern in *STAR WARS*, bemerkte Peter Kutzner in einem Aufsatz über Bewegung und Geschwindigkeit im Kino und anderswo: »Auf der perspektivischen Flucht rasen wir in die Tiefe des Raumes, wobei die Umwelt gerade noch als Musterband erkennbar seitlich an uns vorbeiflitzt.«

Als Vorbild der Schlachten im All, die unsere Sucht nach Sturzbildern vollauf befriedigen, dienten George Lucas notabene Stuka-Aufnahmen aus Nazi-Wochenschauen sowie Spielfilmszenen aus *THE BRIDGES AT TOKO-RI* und *THE DAM BUSTERS*, der die Sprengung der Möhnetalsperre durch englische Bomber schilderte. Lucas gab zu, diese Filme Kader für Kader studiert und übernommen zu haben. Die Adapti-

Das Vorbild für Schlachten im Weltraum: *THE BRIDGES AT TOKO-RI* (1954) und Storyboard-Zeichnungen für *STAR WARS*

Perspektivische Flucht in
die Tiefe des Raumes in
*STAR WARS – DIE RÜCKKEHR
DER JEDI-RITTER*

on der Bilder in rasanten Modellaufnahmen mit X-Wing- und T.I.E.-Kampffliegern leistete ein Team junger Science-Fiction-Freaks, Computernarren und Technokraten in Jeans, T-Shirts und Gummischlappen, denn Hollywood hatte seine großen Trickstudios angesichts einer Welle »realistischer« Filme, die sich wie *EASY RIDER* im Gefolge der Nouvelle Vague bewegten, aufgelöst. Wieder einmal galt es von vorn anzufangen.

George Lucas: »Als ich mit *STAR WARS* begann, sagte ich mir: Klar, das schaff ich. Kein Problem. In Wirklichkeit hatte ich keine Ahnung, worauf ich mich da einließ. Ich sah mich um und fand schnell heraus, dass es niemanden gab, der die Art von Ef-

fekten produzierte, die ich brauchte. Die Studios hatten keine entsprechenden Departments mehr. Ich sprach mit Doug Trumbull, Jim Danforth und einigen anderen. Doug schlug für die Aufgabe John Dykstra vor, einen seiner Kameramänner.« Dykstra hatte für Lester Novros gearbeitet und war bei Trumbull gewesen, als der seinen ersten eigenen (ökologisch inspirierten) Film inszenierte, *SILENT RUNNING* (Lautlos im Weltall, 1971/72): »George hat eine Menge über die Luftkämpfe des Zweiten Weltkriegs gesprochen. Er wollte unbedingt eine bewegliche Kamera. Er wollte eine Andeutung von Realität entwickeln, so als nähme man wirklich an einem Luftkampf teil, anstatt ihn nur aus der

Zuschauerperspektive zu beobachten. Er wollte wissen, ob ich in der Lage wäre, ein System zu konstruieren, das derartige Filmbilder ermöglichte. Jeder erfahrene Profi hätte ihm wahrscheinlich gesagt, dass er seinen Verstand verloren habe. Ich tat es nicht.« Um die total entfesselten Weltkrieg-II-Luftschlachten auf Film zu kopieren, die George Lucas für sein Team in einer Demorolle zusammengestellt hatte, besonders den Tiefflug durch ein Kanalsystem des ungeheuren Todessterns, entwickelte Dykstra zusammen mit dem Elektronikdesigner Alvah J. Miller eine Motion-Control-Kamera, einen auf Schienen beweglichen Kamerakran mit speziellem Trägerkopf für den Aufnahmeapparat. Dieses Gerät erfüllte die Funktion eines Flugsimulators, d. h., es simulierte die Flugbewegungen der statischen Raumschiffmodelle. Eine elektronische Rechner- und Steuereinheit garantierte bei den notwendigen Mehrfachbelichtungen eine so hohe Wiederholgenauigkeit der Bewegung, dass die mobilen Einzelelemente im optischen Printer exakt zu einem Gesamtbild angepasst und vereinigt werden konnten. Dykstraflex nannte sich das Wunderding, und George Lucas war seinem Erfinder so dankbar, dass er sich nach *STAR WARS* von ihm trennte. Die beiden Männer konnten einander nach dem Ende der Dreharbeiten nicht mehr in die Augen sehen. Dykstra blieb in Van Nuys, wo man die Effekte für *STAR WARS* gefilmt hatte, und baute sich aus den Resten der Produktion sein eigenes (inzwischen aufgelöstes) Trickstudio Apogee. Lucas eröffnete derweil mit den ihm verbliebenen Mitarbeitern, darunter Richard Edlund und Dennis Muren, in San Rafael vor den Toren von San Francisco sein Industrial Light & Magic-Studio, kurz ILM, das nach und nach alle bedeutenden Effektproduktionen an sich zog: den *DRAGONSLAYER* (Der Drachentöter, 1981) der Paramount/Disney-Leute, in dem die traditionelle Stop Motion durch eine fluidere Go-Motion-Technik ersetzt wurde, Steven Spielbergs

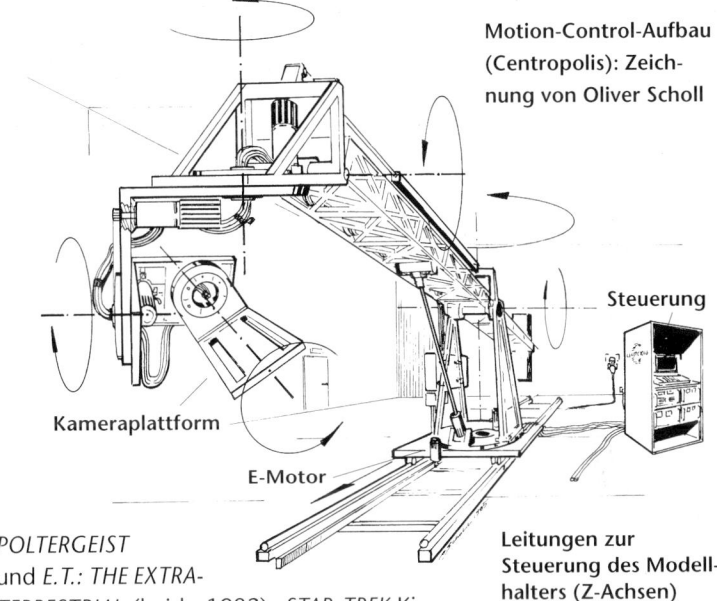

Motion-Control-Aufbau (Centropolis): Zeichnung von Oliver Scholl

Steuerung

Kameraplattform

E-Motor

Leitungen zur Steuerung des Modellhalters (Z-Achsen)

POLTERGEIST und *E.T.: THE EXTRA-TERRESTRIAL* (beide 1982), *STAR TREK*-Kinofilme oder die Matte Shots und Composites aus der ersten *UNENDLICHEN GESCHICHTE* (1984) und aus *ENEMY MINE* (1985, Regie: Wolfgang Petersen). Die von Industrial Light & Magic und Konkurrenzfirmen betreuten Super-Effektfilme, die eine hemmungslose Inflation und ständig steigende Eintrittspreise in den Kinos zu *den* Kassenhits der Filmge-

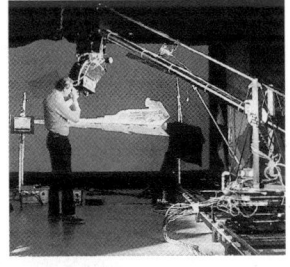

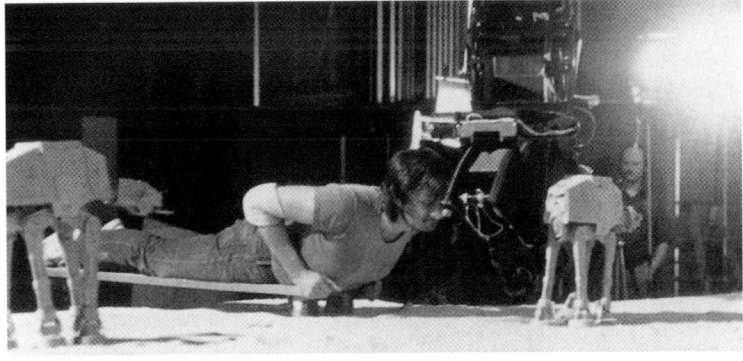

schichte machten, beschleunigten die Entwicklung der Filmtechnologie. Klar, dass man im Anschluss an Roboterkameras/Kameraroboter und Kameraleute, die zu Programmierern geworden waren, an Bilder dachte, die ganz und gar synthetisch herzustellen sind.

Oben: Motion Control vor Blue Screen
Unten: Snow Walkers; Stop Motion für *STAR WARS – DAS IMPERIUM SCHLÄGT ZURÜCK*

Modellbau für *STAR WARS –
DIE RÜCKKEHR DER
JEDI-RITTER*

WORLD (ganz kurz rotiert Peter Fondas Gesicht), Commercials und TV-Logos, auch ein wenig an der verunglückten Disney-Produktion *TRON* (mit knapp 15 Minuten Computeranimation), der sie jedoch schon im Anfangsstadium den Rücken kehrten, um eine neue Firma zu gründen, Digital Productions, und sich mit einem leistungsstarken Supercomputer Marke Cray X-MP auszurüsten. Mithilfe dieses Computers vollendeten sie 21 Minuten »Digital Scene Simulation« für die Lorimar/Universal-Produktion *THE LAST STARFIGHTER* (Starfight, 1984).

»Vor einiger Zeit erfuhr die Technologie der Special Effects einen dramatischen Schub durch die digitale Manipulation von Bildern. Zuerst wird eine Fotografie in binäre Information konvertiert, die, wie wir gesehen haben, über Software-Anwendungen sehr leicht manipuliert werden kann. Dann wird die digitale Information verändert und schließlich wieder in eine fotografische Form rückübersetzt, in ein Filmkader. Die Änderungen sind so gut wie nicht zu erkennen, wenn sie optimal ausgeführt sind, und die Resultate können spektakulär sein.« Microsofts Bill Gates, von dem diese Zeilen stammen (»The Road Ahead«, 1995) kann es nur recht sein. Denn CGI – Computer Generated Images – tragen zur Popularisierung, massenhaften Verbreitung (wenigstens in der westlichen Welt) und allgemeinen Akzeptanz der von ihm vertriebenen Software bei.

Aber das Publikum war noch nicht so weit. Was in *TRON* an Lichtseglern und Vektorgrafik-Licht-Motorrädern und vor allem in dem etwas erfolgreicheren *LAST STARFIGHTER* an Vorwegnahme künftiger, wirren Comic-Strip-Welten entnommener Computerspiele und Videogames, jener bisweilen sehr martialischen 3-D-Spiele, die aus Flugsimulatoren hervorgegangen sind, geboten wurde, war zwar *state of the art* der damaligen Computerkunst, aber das Publikum, das keinen Sinn für die ungeheure Programmierarbeit hatte, moch-

SFX AUS DEM COMPUTER

1961 gestaltete E. E. Zajac von den Bell Telephone Laboratories die Bewegung und Eigendrehung eines Satelliten als Folge im Computer bearbeiteter Einzelphasen. Drei Jahre später entwickelte Ivan Sutherland am MIT das erste genuine System zur Realisierung von Computergrafiken. Er beschrieb es in seiner Dissertation »Sketchpad: A Man-Machine Graphical Communication System«. Später, als Computer in der Lage waren, geometrische Objekte abzubilden, gingen Dr. Sutherland und sein Partner Glen Fex nach Hollywood und gründeten mit den Experimentalfilmern John Whitney jr. und Gary Demos eine Company namens Picture Design Group. Aber damals war Hollywood noch desinteressiert. In seinem Buch »Dream Machines« konstatiert Ted Nelson lakonisch: »The dreamsmiths were unprepared for the total forge.« Whitney jr. und Demos arbeiteten an *WESTWORLD, FUTURE-*

te die dem neuen Medium eigene, sehr glatte, cleane Ästhetik nicht »fressen«. Es reagierte auf das technisch noch nicht ausgereifte Angebot eher verstört, empfand das Produkt als »kalt« und »seelenlos«. Hinzu kam, dass es sich bei den Herstellern ja um Experimentalfilmer handelte und nicht um Disneys gelehrige Schüler. 1987 gingen die drei amerikanischen Computer-Animationsstudios Digital Productions, Abel Images Research und Cranston Csuri Productions folgerichtig in Konkurs. Das Handtuch werfen musste auch Alexander Schure, Gründer des New York Institute of Technology, dessen Langzeit-Forschungsprojekt eines abendfüllenden Films (*THE WORKS*) ganz aus dem Rechner 1983 wegen Geldmangels eingestellt werden musste (ebenso wie ein 1993 von dem Franzosen Didier Pourcel begonnener *20 000 MEILEN UNTER DEM MEER* mit digitalen Darstellern). Das verbliebene Know-how sammelte sich wieder einmal in der Werbung und trug wie schon ehedem durch TV-Logos zur Corporate identity von Fernsehsendern bei. Um CGI populär zu machen, musste man zwangsläufig den Gedanken anthropomorpher Computergestalten reflektieren. Der Durchbruch in diese Richtung erfolg-

te Schritt für Schritt, mit ständig verbesserter Technik (neue Hardware und Software-Pakete), und wieder waren die Spezialisten von ILM (Industrial Light & Magic) Marktführer und Monopolisten zugleich: 1985/86, in Amblins *YOUNG SHERLOCK HOLMES* (Das Geheimnis des verborgenen Tempels), halluzinierte ein unter Drogeneinfluss stehender Priester, dass sich aus einem Kirchenfenster die Figur eines Ritters löst und herausspringt. (16 Stunden dauerte es seinerzeit, eine Minute Film einzuscannen.)

1989 erlebte man in James Camerons *THE ABYSS* die erstaunliche Mimikry eines Wasserwesens, das hinsichtlich Transparenz und Lichtbrechung sehr realistisch wirkte. Cameron adaptierte die Technik auch in

TRON

Jim Carrey nach der Behandlung durch ILMs Computerspezialisten: *THE MASK*

seinem nächsten Film, dem auf ein Budget von 100 Millionen Dollar aufgeblasenen *TERMINATOR 2: JUDGMENT DAY* (1991), für den die Verwandlungsszenen eines Flüssigmetall-Cyborgs, eines T-1000, der seine äußere Form nach Belieben ändern kann, mittels CGI gestaltet wurden, erzeugt in fast 8 000 3D-Einzelbildern. Die schier unaufhaltsame Figur, die Terminator Arnold Schwarzenegger durch den Film hetzt, wandert durch Gitterstäbe wie ein Stück weich gewordener Butter, schält sich gummiartig aus dem gekachelten Fliesenmuster des Bodens und lässt die ihm beigebrachten Einschusslöcher, gleich welchen Kalibers, einfach »zufließen«. Morphing nannte man das Verfahren, das beim Publikum allseits gut ankam: die stufenlose Verwandlung eines Objektes oder eines Wesens in ein vorgegebenes anderes.

Sofort wurde das Verfahren von der Werbung und in Musikvideos aufgegriffen. Gleichzeitig trat eine neue Generation von Computerkids auf den Plan, die sich auch für die virtuelle Ästhetik zu begeistern wusste und für die es heute selbstverständlich ist, durchs Internet zu surfen. Das alles trug zur Akzeptanz des Mediums bei. Aus den kruden Metamorphosen des ersten Zeichenfilms, *FANTASMAGORIE*, den Émile Cohl 1908 realisiert hatte, wurde das computergenerierte Kautschukgesicht der *MASKE* (*THE MASK*, 1994): eine Hommage an Tex Avery.

George Lucas: »Bis *STAR WARS* basierten die meisten Spezialeffekte, die wir auf Film schufen, auf Illusionen, die man schon im 19. Jahrhundert kannte. Mit dem Computer konnten wir dagegen Dinge tun, die jenseits dessen lagen, was Lumière und Georges Méliès angedacht hatten.« Von

Haus aus ein Cutter, liebäugelte Lucas sehr früh mit digitaler Postproduktion. Ein Deal mit Atari brachte ihn ins Spielegeschäft: »Ich war sehr interessiert an interaktiver Erziehung. Ich sagte mir: Diese Technologie hat eine mächtige Wirkung auf die Art und Weise, wie wir in Zukunft lernen werden. Mit all diesen interaktiven Hilfsmitteln können wir den Lernprozess effizienter gestalten.« 1989 hatte Effekt-Kameramann Dennis Muren seinen Chef George Lucas überzeugt, bei ILM eine eigene Macintosh-Abteilung, das so genannte Mac Squad, einzurichten: Die Kontrolle der Tools sollte aus den Händen der Programmierer und Informatiker in die der Künstler gelangen. Für sie war der Mac die Brücke in die Computerwelt.

Dennis Muren: »Ich habe mich gefragt, ob wir das Verfahren digitaler Kombinationen bis zu einem Punkt entwickeln könnten, wo man keinen Computerwissenschaftler mehr bräuchte, um was Gescheites zustande zu bekommen. Ich erinnere mich noch sehr gut an diese Zeit. Ich blieb bis drei Uhr früh auf, viel zu beeindruckt von den Möglichkeiten, um schlafen zu gehen.« 1992, inzwischen anspruchsvoller geworden, stellte ILM dann komplett auf CGIs um. Ein Jahr später ging man eine für beide Seiten nützliche Allianz mit Silicon Graphics ein.

Noch heute wirft Jim Danforth seinem einstigen Kollegen Muren vor, auf diese Weise die Stop Motion endgültig obsolet gemacht zu haben. Ursprünglich wollte man einige der Szenen aus Spielbergs *JURASSIC PARK* (1993) nämlich noch mit klassischer Stop Motion umsetzen und beauftragte Phil Tippett mit der Realisierung der Aufnahmen, aber während der Produktion entschied sich Visual Effects Supervisor Muren für einige Minuten CGI. Die Lucasfilm-Spezialisten waren selbst erstaunt über die Qualität der Computerbilder von den Sauriern. Programme wie Enveloping manipulierten das Fleisch der urzeitlichen Riesen bei der Bewegung realistisch mit, und dank ViewPaint konnten sie in einer dreidimensional glaubhaften Weise koloriert werden. Dennis Muren gab zu, Stop Motion zu lieben, so wie es die meisten seiner Kollegen tun, aber das große Publikum halte das Verfahren für altmodisch: »Außerdem bin ich kein Künstler, was das angeht. Ich kann nicht zeichnen, ich kann nicht modellieren, und von meinen Fähigkeiten als Animator habe ich selbst nie sehr viel gehalten. Für mich zählt allein das Resultat – nicht der Weg – und ich probiere alles aus, was dazu beiträgt, dieses Resultat zu verbessern.«

Beim zweiten Teil, *THE LOST WORLD,* kam es zwar (technisch) noch besser, aber der Kick, der Reiz des Neuen, war weg. Das Resultat floppte an der Kinokasse. Etwas mehr Glück hatte die BBC mit ihrer dreiteiligen »semidokumentarischen« Reihe *WALKING WITH DINOSAURS* (Dinosaurier – Im Reich der Giganten, 1999). Die computeranimierten Urtiere waren das Werk von Mike Milne, Mike McGee und Tim Greenwood. Wenig später folgte Disney mit sprechenden Dinosauriern.

Hier haben wir es nicht mehr nur mit konventionellen Special oder Visual Effects zu tun, mit Sondereffekten, die Bilder ergänzen. Der Terminus FX ist hierauf nicht mehr anwendbar, denn die neue Bildertechnik wird nicht als Bonus geliefert, wie noch in James Camerons *TITANIC* (1997, Effekte: Digital Domain), wo sie sich glänzend in die Dramaturgie integriert und sich ihr unterordnet, sie kreiert die Bilder von Grund auf neu. Die Formulierung des Kameramanns Jost Vacano (*STARSHIP TROOPERS*, 1997), der Computer produziere nicht die Szenerie, sondern immer nur Elemente, die eingebaut würden, ist in dieser Absolutheit nicht zutreffend. Vielmehr, stellt Georg Seeßlen in einem Essay über die »Schöne neue Bilder-Welt« fest, öffne sich in der Computergrafik der Raum nach allen Seiten; die Tiefe des Raumes werde vor allem durch die Dynamik erzielt sowie durch eine beliebige Manipulation des virtuellen Lichteinfalls,

die nicht mehr gebunden sei an die Anwesenheit materieller Lichtquellen. Sprechen wir also, mit Blick auf die Zukunft, nicht mehr von Special Effects, sprechen wir lieber vom synthetischen Bild, vom synthetischen Film.

TOY STORY

Längst gibt es Filme, die zu großen Teilen oder ganz im Rechner entstanden sind. 1986 erwarb Apple-Mitbegründer Steve Jobs für zehn Millionen Dollar die seit *STAR*

JURASSIC PARK: Der Brachiosaurus aus dem Computer versetzt die Wissenschaftler in Erstaunen

TREK II (1982) unter dem Dach von Lucasfilm, aber wie ein Fremdkörper außerhalb von ILM gewachsene Computerabteilung. Das war die Geburtsstunde der Pixar Animation Studios. Künstlerischer Star der neuen Gruppe war John Lasseter, der in der Walt Disney Company in Zeichenfilmtechniken geschult worden war – und das bedeutete auch, dass Lasseter mehr als seine Vorgänger an Disneys anthropomorphen Regeln und Fabeln orientiert war. Sein auf der Siggraph gefeierter Kurzbeitrag *LUXO JR.* (1986) vermenschlicht – ausgerechnet – zwei Schreibtischlampen. Nicht neue Bilderwelten waren demzufolge die Konsequenz, sondern Herkömmliches, das mit modernsten Tools kreiert wurde. 1995 kam Lasseters *TOY STORY* als Joint-Venture von Disney und Pixar in die Kinos, eine konsequente Fortführung von Erkenntnissen, die Lasseter 1988 während der Herstellung des oscarprämierten 3-Minuten-Films *TIN TOY* gesammelt hatte: Darin tut ein Menschenbaby einem Spielzeugmännchen Gewalt an. Im Gegensatz zum Baby, das trotz seiner exzellenten Animation noch nicht sehr natürlich wirkte, war die Oberfläche des Blechspielzeugs glänzend getroffen. Wenn schon alles, was bis dato aus dem Computer kam, wie Blech und Plastik aussah, dann – so mochte Lasseter sich gedacht haben – konnte man aus der Schwäche eine Stärke machen und einen Kinofilm ausschließlich mit lebendig gewordenem Spielzeug realisieren. In *TOY STORY* stehen zwei wie durch Magie belebte Spielzeugpuppen und ihr Antagonismus im Mittelpunkt: Woody, eine an Lucky Luke erinnernde altmodische Cowboypuppe, und der futuristische Space Ranger Buzz Lightyear, ausgerüstet mit allen möglichen Gimmicks und Gadgets. *TOY STORY* ist ein – im wahrsten Sinne des Wortes –

virtueller Puppenfilm. 125 Computertechniker und Trickfilmanimatoren arbeiteten vier Jahre, 300 Sun-Hochleistungsrechner wurden eingesetzt. Um die 114 240 Einzelbilder zu errechnen, war ein Speicherbedarf von 500 Gigabyte nötig. Insgesamt leisteten die Computer 800 000 Rechenstunden.

»Wie beim traditionellen Animationsfilm mussten für *TOY STORY* zunächst Zeichnungen angefertigt werden, ein klassisches Storyboard wurde erstellt. Die meisten der an dem Film beteiligten Animatoren, die aus dem klassischen Animationsbereich kamen und nur geringe Computererfahrung hatten, legten in diesem ersten Stadium bereits exakte Bewegungsabläufe fest. Nach den aus den Zeichnungen entstandenen teilanimierten Computerdateien und den zum Teil bereits vollständig aufgebauten Bildern folgte die Gestaltung einzelner Sequenzen – die Festlegung der Farbgebung und der Ausleuchtung. Beim anschließenden Modelling folgte die Fertigung dreidimensionaler Computermodelle der Figuren. Auf der Grundlage von noch klassisch von Hand gefertigten und dann eingescannten Zeichnungen entwarf man im Computer ein Wireframe genanntes 3-D-Gerüst, wobei von einigen besonders wichtigen Objekten dreidimensionale Tonmodelle angefertigt wurden, die man dann mit einem 3-D-Scanner digitalisierte. Das anschließend im Computer vorliegende geometrische Gittermodell wurde danach mit einer Textur überzogen. Bei dem Texture Mapping genannten Prozess erhielten die Gittermodelle eine – in Helligkeit, Farbe und Reflektionseigenschaft möglichst realistische – Oberfläche. Die eigentliche Animation leisteten spezielle Programme: die mit den beweglichen Teilen der Figur verknüpften ›Avars‹ (Articulated Variables) ermöglichten die Steuerung der gesamten Figur und sogar kleinste Veränderungen in Mimik und Gestik; Woody erhielt allein 712 dieser Animations-Kontrollfunktionen.« Damit war die

Popcorn und Merchandising

EIN TYP SO HART WIE PLASTIK.

Walt Disney PICTURES'

TOY STORY

© Disney

Figur beweglicher als ein menschliches Skelett, das insgesamt 200 Gelenke mit freier Bewegung aufweist. Aufwändigster Produktionsschritt war das Shading: »Mithilfe des Shader-Programms nahm man die Feinabstimmungen der Oberflächen vor, die Bearbeitung jedes Objekts mit Schatten, Farben und Texturen, wobei allein das Schreiben des Programms für die Haare der menschlichen Darsteller neun Monate dauerte. Nicht alle Oberflächen sind unmittelbar im Computer entstanden, viele wurden von Fotos realer Gegenstände eingescannt. Nach der Beleuchtung der Szenen, das heißt nach der Simulation realistischer Lichtverhältnisse auf digitalem Weg, stand am Ende des Prozesses das ›Rendering‹: Mit der von Pixar entwickelten Software Renderman sammelte der Computer die vollständigen Informationen über Oberflächenstrukturen und Bewegungsabläufe und setzte sie in zweidimensionale Bilderfolgen um. Es folgten die Korrektur der Farbe und letzte Feinabstimmungen.« (Barbara Geis: »Das zweite Leben der Spielzeuge«) Auffällig war wiederum das paradoxe Verhältnis des Erscheinungsbilds der Spielzeugfiguren zu dem der Menschen: Gegen die fast menschliche Darstellung und Lebendigkeit der Spielzeugfiguren wirkten die Menschen-Figuren sehr flach und bewegten sich ungelenk-künstlich. Auch in späteren 3-D-Computerfilmen versuchte man die Schwächen bei der menschlichen Abbildung zu umgehen. In Joe Dantes *SMALL SOLDIERS* (1998) wurde eine Sequenz mit Spielzeugsoldaten aus *TOY STORY* handlungsfüllend ausgebaut, in *ANTZ* (1998) entwickelte der Computer einen soldatisch straff organisierten Ameisenstaat, während Pixar-Disneys *A BUG'S LIFE* (1998) das »große Krabbeln« als kindlichen Comic organisierte.

STAR WARS I: THE PHANTOM MENACE

Alles in den Schatten stellen aber sollte die Fortsetzung der *STAR WARS*-Saga mit *EPISODE 1: THE PHANTOM MENACE* (Episode 1: Die dunkle Bedrohung). Eine Feststellung von Bill Gates erklärt die Faszination der Serie: Es sei viel sicherer, meinte Gates, den Mars via VR zu erkunden. Nach diesem Motto wurde eine ganze Generation groß: Konsumenten, nicht Abenteurer und Entdecker. Doch bilden sich diese Konsumenten ein, mehr von Abenteuern zu verstehen als weit gereiste Globetrotter, denn sie haben *INDIANA JONES* gesehen. Schon sehr früh behauptete George Lucas, *STAR WARS* als Saga geplant zu haben, als Familiengeschichte von Jedi-Rittern. Auf einmal befand sich der erste *STARS WARS*-Film, *A NEW HOPE*, als Teil 4 in der Mitte der Saga. Was den Anfang und Schluss

Virtueller Puppenfilm: *TOY STORY* (1995) von John Lasseter

Animierte Ameisen: *ANTZ*
(1998)

Der Pate der Special Effects:
George Lucas

der Geschichte anging, sollten die hysterisierten Fans rätseln wie gläubige Katholiken über die geheimen Botschaften der Muttergottes. Nachdem drei *STAR WARS*-Filme des Mittelteils abgedreht waren, mussten die Fans Geduld aufbringen. Angeblich wollte Lucas keine Kompromisse eingehen und so lange warten, bis die Technik ausgereift war für seine Visionen: Erst durch die Fortschritte in der Computertechnik sei er in die Lage versetzt worden, in einem größeren Maßstab zu denken – epischer, wie er es schon immer wollte und wie es die Zuschauer von *STAR WARS* erwarteten. »Bis vor kurzem war Filmemachen ein Fließband-Prozess. Man hat ein Drehbuch geschrieben – das war die Blaupause – und dann ist man ausgezogen und hat gedreht. Man hat einen Haufen Bilder aufgenommen, und dann hat man sie aneinander gereiht. Das war alles – und aus diesen Grenzen konnte niemand ausbrechen. Jetzt ist man frei, weil man innerhalb des Bildes arbeiten kann. Das Bild ist nicht länger auf den Film fixiert. Offensichtlich strebten die Spezialeffekte – das war wenigstens bei ILM von Anfang an so – danach, sich von den vorgegebenen

Bildern zu lösen. Es begann damit, dass wir Bilder in einem optischen Printer manipulierten, aber das geschah noch mechanisch, und es war fotochemisch sehr kompliziert. Allerdings fühlten wir schon die Freiheit, die Bilder zu bewegen, wenn auch nur geringfügig. Jetzt aber, zwischen nonlinearem Schnitt und der Integration der Bilder in eine digitale Welt, ist alles möglich – das verändert die Technik des Filmemachens.« Fotografie sei eine Kunst und nicht allein dokumentarisch zu sehen wie ursprünglich intendiert. Und trotzdem zielt Lucas, wie Walt Disney und die amerikanische Kultur überhaupt, auf Naturalismus und Fotorealismus ab. Zwar löst sich die Fotografie von den Fesseln, die ihr die als zu gewöhnlich empfundene Realität anlegt, aber, obwohl nach Höherem strebend, bleibt sie (wenigstens bei ILM) in den Grenzen des Naturalismus und bewegt sich nicht auf der Ebene der Abstraktion, die von der Kunst des 20. Jahrhunderts beschritten wurde. »Wir haben 2 000 Effektaufnahmen – in Wirklichkeit sind es 1 985 oder 1 986, wir haben nach oben aufgerundet – und wahrscheinlich ist in den meisten Animation, entweder Character- oder Set-Animation, denn eine Menge unserer Sets waren in 3-D. Also spielt das eine große Rolle bei der Herstellung dieses Films. Soweit ich orientiert bin, ist dies der erste wirklich digital-fotorealistische Film, mit fotorealistischen Sets und fotorealistischen Charakteren. Ich würde sagen, mehr als die Hälfte der Sets sind nicht real – und etwa die Hälfte der Charaktere.« Lucas betont emphatisch, dass im Gegensatz zur Pixar-Konkurrenz seine Figuren keine Cartoons seien. Er weiß, dass nichts, was er schafft, real ist, alles ist Illusion – und doch befürwortet er die Illusion von Realität. Durch schiere Quantität erdrückt er, was er letztlich erreichen will: Qualität. Es arbeiten für ihn die besten Techniker und Künstler der Filmindustrie, aber ihr künstlerischer Input ist nicht, was wir im Sinne des künstlerischen Individuums originell nennen würden.

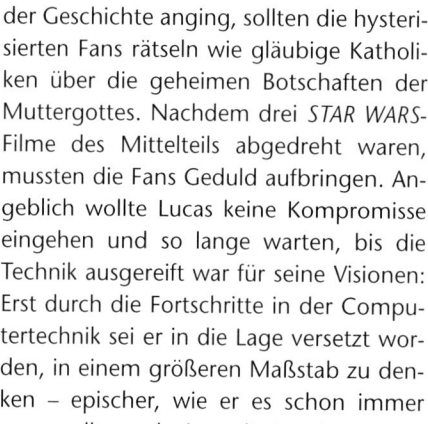

Der Studiodreh fand wieder in London statt: in den Leavesden Studios, einer umgewandelten Rolls-Royce-Fabrik, die Eon Productions für ihre 007-Episode *GOLDENEYE* benutzt hatte. Weitere Schauplätze waren Tunesien (= Tatooine) und der Caserta Palast in Italien (= Naboo). Mehr noch als die vorangegangenen Filme verlangte dieser von den Darstellern, »virtuell« zu agieren, teilweise nur mit einem Minimum an Dekoration, da der Rest in der Postproduktion addiert wurde. Blue Screen aber killt jede Spontaneität. John Knolls Team realisierte an die tausend Effektbilder, Scott Squires mehr als 500, die restlichen 300 wurden von Dennis Muren überwacht, der technisch treibenden Kraft bei ILM. Letztere stellten die größte Herausforderung dar. George Lucas in einer Anzeige im Fachmagazin »Cinefex« (Nr. 78), mit der er seinen Leuten dankte: »Ich erinnere, dass Dennis während einer Frage-und-Antwort-Veranstaltung in Washington D. C., kurz nachdem wir aus Leavesden zurück waren, gefragt wurde: ›Was ist der Unterschied zwischen dem, was Sie 1977 für *STAR WARS* zu leisten hatten, und Ihrer Tätigkeit für *EPISODE 1*?‹ – ›Gar nichts‹, hat Dennis geantwortet. ›Damals wussten wir genauso wenig, wie wir es machen sollten, wie heute.‹ Aber ihr habt es geschafft. Ich wusste, dass ihr es schaffen würdet.«

Eine Reihe von Sequenzen hatte es Muren besonders angetan: »Zum einen war da die Unterwassersequenz, eine andere war der abschließende Kampf zwischen den Gungans und den Droiden. Speziell gefiel mir, dass beide Sequenzen im Ansatz

STAR WARS I: »**Potrace**«

STAR WARS I:
Jake Lloyd als Anakin

STAR WARS I:
Jar Jar Binks

vollkommen synthetisch waren.« Die Droiden waren von Doug Chiang entworfen worden, und zum Schluss traten sie nicht im Dutzend auf, sondern in Hundertschaften, nach dem Vorbild der Schlachtszene aus *SPARTACUS*. George sah in den Kampfdroiden mit ihren vogelähnlichen Köpfen frühe, noch unausgereifte Versionen der imperialen Stormtroopers. Christoph Hery, CG-Supervisor, über die digitale Massenchoreografie: »Der Pfad für mehrere hundert Figuren konnte nicht individuell auf jeden Charakter zugeschnitten sein wie in der Vergangenheit. Das wäre einfach zu viel für die Animatoren gewesen. Mit unseren digitalen Statisten mussten wir schon globaler umgehen, etwa: Von diesen 500 Droiden werden zehn Prozent gehen, 20 Prozent rennen, 30 Prozent werden mit Schusswaffen feuern – und dann würde der Computer beiläufig ihre Position festlegen und die Aktion zuordnen. Wir hatten eine ganze Bibliothek mit Bewegungszyklen und Aktionen, aus der die Animatoren wählen konnten.« Per se erfordern Roboterarmeen keinerlei Charakteranimation, keine Mimik, keine Individualität der Bewegung, ganz im Gegensatz zu dem geflügelten, übergewichtigen (Comedy-)Schrotthändler Watto und Jar Jar Binks, einem vergleichsweise vernunftbegabten zweibeinigen Bewohner von Naboo, der die Jedi-Ritter als Sancho Pansa begleitet. Dennis Muren: »Jar Jar war die einem Menschen ähnlichste Figur, die wir bisher animiert hatten. Sein Spiel musste sehr komplex sein. Sagte er zum Beispiel etwas, musste man an seinem Mienenspiel ablesen können, dass er etwas anderes meinte. Das ging so den ganzen Film über. Außerdem spielte er zusammen mit menschlichen Figuren, großartigen Schauspielern, d.h. er musste sich an die Regeln der Anatomie halten und durfte nicht zu phantastisch oder unrealistisch sein.« Ein Plastikmodell, das Richard Miller und Mark Siegel angefertigt hatten, diente als Grundlage der CG-Figur. »Ich begann mit Alias, dann ging ich zu Isculpt über. Damit konnte ich wie mit Ton modellieren«, erklärt Geoff Campbell. »Das Schöne an Isculpt ist, dass man im Handumdrehen ändern kann. Ich konnte mich mit George [Lucas] hinsetzen, konnte ihm die Fortschritte beim Modellieren vorführen und seine Wünsche und Vorschläge direkt einarbeiten. Wenn er meinte: ›Was wäre, wenn die Augen aus dem Kopf heraustreten und die Nase länger ist?‹, konnte ich es direkt auf dem Bildschirm manipulieren.« Beim Realdreh wurde Jar Jar zwecks Interaktion mit den anderen Schauspielern von Ahmed Best gemimt, der ein entsprechendes Kostüm trug. Ursprünglich wollte man sogar nur Bests Kopf durch ein CG-Modell ersetzen, aber die Anatomie eines Menschen unterschied sich denn doch von der einer Lucas-Figur. Laut Squires reichten die Effekte dieses einen Films aus für zehn »normale« Kinofilme. Die annähernd 2 000 Effektbilder stützten eine dennoch nur magere Handlung, die sich aus einer endlosen Folge von Actionsequenzen zusammensetzte: 20 000 Meilen unter dem Meer in der Unterwasserwelt von Otoh Gunga, Ben-Hur (»chariot race«) beim Turbinenrennen in der Anchorhead-Arena, das von einem neunjährigen, christkindgleichen Bengel, dem kleinen Anakin, gewonnen wird. Und doch erreicht dies alles keinen wirklichen Höhepunkt, weil es getreu Lucas' Vorsatz nur Vorgeschichte der anderen Teile ist – und diese aufzulösen, Figuren einzuführen, die längst bekannt sind, kann nur sehr wirr enden. Trotzdem wird die Story in einer technischen »Reife« angeboten, die die älteren, aber chronologisch später folgenden Filme in den Schatten stellt. Form und Inhalt klaffen diametral auseinander, und eingefleischte Fans fühlten sich auf einmal nicht mehr »heimisch«: ohne Han Solo, ohne Prinzessin Leia Organa, ohne Luke Skywalker.

Wie auch immer: Der Computer verändert nicht nur das Feld der militärischen Hochrüstung, den Arbeitsalltag und die Kommunikation, er dringt auch mit Macht ins Kinderzimmer ein, wo die Abnehmer der nach *STAR WARS* & Co. entstandenen Computer- und Videospiele, Nachfolger der militärischen Gun Trainers und Flugsimulatoren, hocken und darauf hoffen, dass in der Höllenmaschine noch ganz andere Teufeleien verborgen sein möchten. Daniel F. Galouyes Sci-Fi-Klassiker vom durch künstliche Menschen bevölkerten Mikrokosmos *SIMULACRON-3* aus dem Jahr 1964, von Rainer Werner Fassbinder unter dem Titel *WELT AM DRAHT* und unter Roland Emmerichs Aufsicht in *THE 13ᵀᴴ FLOOR* zitiert, hat nichts von seiner Aktualität verloren: der Wunschgedanke, dass die Bilder nicht mehr nur Abbilder, sondern so real wie autonome Gebilde sein mögen. In *THE MATRIX* muss ein von Keanu Reeves gespielter Programmierer erkennen, dass die uns bekannte Realität nichts weiter ist als eine Computersimulation, derselbe Keanu Reeves, der 1995 William Gibsons Cyberpunk *JOHNNY MNEMONIC* verkörpert hat. Und tatsächlich ist es heute nicht mehr ganz leicht, zwischen Realität und Fiktion zu unterscheiden, weil die Fiktion so realistisch wirkt. Für Szenen in *MATRIX*, in denen Personen mitten in der Luft einfrieren, während das Bild 360 Grad um sie herumkreist, wurden 122 Canon-Fotoapparate auf einer Plattform, die entfernt einer Achterbahn ähnelte, arrangiert, um den Akteur gegen Green Screen bildweise aufzunehmen, eine Technik, die fast so alt ist wie die Fotografie selbst: Wir denken an die Chronofotografie eines Eadweard Muybridge. Was überhaupt ist es, das den Menschen die Idee gab, Bewegungen könnten phasenweise zerlegt und wieder zusammengesetzt werden? Die Frage nach der Erkenntnis, was Bewegungsphasen sind, führt uns zu den Ursprüngen der laufenden Bilder.

In der Höhle von Altamira (Nordspanien) hat ein steinzeitlicher Künstler in einer Höhlenmalerei die Beinpaare eines Wildebers verdoppelt, um dessen Lauf anzudeuten. War er sich der phasenweisen Verschiebung des Laufbilds bewusst, und das vor 15 000 Jahren? Und wenn, was ließ ihn verstehen? Könnte es der Lauf der Sonne gewesen sein? Die Sonne projiziert

Oben: So flog man schon in *SUPERMAN* Keanu Reeves und Widersacher in *MATRIX* (1999).
Unten: Chronofotografie in *THE MATRIX*

Schatten, und diese scheinen sich mit ihrem Lauf zu verändern. Wenn die Sonne nahe am Horizont ist, werden die Schatten lang, wenn sie am höchsten steht, kurz. Lichtspiele waren die Voraussetzung für die Berechnungen der frühen Astronomen. Die Sonne spendete Licht und Wärme, aber wenn sie unterging, wurde es dunkel und kühl. Indem die Menschen die Bewegung der Sonne genau beobachteten, bemerkten sie, dass das Gestirn zweimal jährlich am gleichen Ort aufging und dass damit die kalte bzw. warme Jahreszeit begann. Sie errichteten einen »Äquinoktial-Menhir«, um diesen Punkt festzulegen. Sodann registrierten sie, dass der Lauf der Sonne sich rechts und links von diesem Stein im gleichen Abstand verschob und dass auch der Mond in einer Beziehung zu diesen phasenweisen Verschiebungen stand. Weitere Steine machten die noch primitive Beobachtungsstation komplett, und mit dem »Cromlech« entstand das erste astronomische Observatorium der Welt.

Nicht anders greift auch der Special-Effects-Film heute nach den Sternen. Die Pioniere des neuen Mediums, die Computerspezialisten, empfinden sich quasi in einer Schöpferrolle, nicht anders als die steinzeitlichen Künstler, die ihren Wandgemälden Leben einhauchten, indem sie Farben im Mund mischten und gegen die Höhlenwand spuckten.

JURASSIC PARK-Animator Steve Williams kam sich wie Gott vor, wenn diesem nicht sogar ein klein wenig überlegen: »Wir haben Leben erschaffen, mit einer Deadline und einem begrenzten Budget. Gott hatte diese Beschränkungen nicht.« Das klingt vermessen, wenn man bedenkt, dass der Film, wie es Lev Manovich ausdrückt, doch allein aus demselben Motiv entstand, das auch den Naturalismus, die Stenografie und die Wachsmuseen hervorbrachte: »Der Film ist die indexikalische Kunst, ein Versuch, aus einem Abdruck Kunst zu machen.« Klaus Kreimeier verlangt von dem neuen Medium,

Marilyn in *RENDEVOUS Á MONTRÉAL*

es möge mit dem Naturalismus brechen: »Wie schon die Special Effects der frühen Filmgeschichte unterwerfen sich die heutigen computergrafischen Animationseffekte noch immer dem Diktat des analogischen Denkens: Sie sollen auf den Index Realität verweisen und die erzählte Wirklichkeit realistisch erscheinen lassen – während ihre Technik längst einen anderen, anti-realistischen Kanon ästhetischer Operationen denkbar erscheinen lässt. Kulturhistorisch gesprochen: Noch verharrt die Digitaltechnik im Gestus der Bearbeitung (realistischen Bildmaterials); noch hat sie nicht jenen Punkt erreicht, den die Malerei immer dann überschritt, wenn sie sich vom Prinzip der Mimesis, der Naturkopie, löste und das Terrain der entfesselten malerischen Form betrat.« Aber: »Wir haben gerade erst angefangen, an der Oberfläche der tatsächlichen Möglichkeiten zu kratzen«, entschuldigt John Lasseter. Oder, um George Lucas zu zitieren: »Je mehr man tun kann, desto mehr will man tun.«

VIRTUELLE SCHÖPFUNG

»Ist der Mensch mit Bleistift und Zeichenblock nun ein antikes Fossil?«, fragte besorgt Münchens Filmkritikerin Ponkie. »Die Computergrafik könnte ihn jederzeit als prähistorisches Rechenexempel auf den Bildschirm zaubern. Wer weiß also, ob es uns überhaupt noch gibt?« Peter Kutzner pflichtet ihr bedingt bei: »Der Mensch stellt sich zunehmend als elektronischer Impuls seiner persönlichen und geschäftlichen Daten dar, und nur diese Daten bewegen sich noch.«

Dank digitaler Filmbearbeitungssysteme, bestehend aus einem Hochleistungs-Filmscanner, enormem Massendatenspeicher, Grafik-Supercomputer mit Bildschirmarbeitsplatz und entsprechender Compositing-Software, werden Bildinhalte in vielfältiger Weise gemischt, ergänzt, verändert – aber auch verfälscht. In dem viel zitierten *FORREST GUMP* (1994) schüttelt der von Tom Hanks verkörperte Protago-

nist US-Präsident John F. Kennedy die Hand. Natürlich habe jeder gewusst, dass Tom Hanks nicht wirklich bei dem Ereignis dabei gewesen sei, meint Bill Gates: »Aber es war viel schwerer, die digitale Technik zu erkennen, die Gary Sinises Beine optisch für seine Rolle als Beinamputierter entfernte.« Die digitale Bildbearbeitung wird zum Angstszenario der um »wahre« Bilder bemühten Berichterstatter. Aber sind Bilder überhaupt wahr?

Auch die Wiederbelebung bereits verstorbener Darsteller ist dem Computer nicht unmöglich. Kurz vor Abschluss der Dreharbeiten zu THE CROW (1994) verstarb Hauptdarsteller Brandon Lee. Für mehrere Einstellungen wurden daher Aufnahmen seines Gesichts digital auf ein Double übertragen. 1991, in einem Werbespot für Diet Coke, trat Elton John mit verblichenen Größen des Showgeschäfts auf: mit Louis Armstrong, James Cagney und Humphrey Bogart, die aus alten Filmstreifen extrahiert, koloriert und mit dem neu gedrehten Material kombiniert wurden. In einem weiteren Schritt der digitalen Leichenfledderei, in dem Kurzfilm RENDEZ-VOUS À MONTRÉAL (1987), sahen einander die vollends computergenerierten Wiedergänger von Humphrey Bogart und Marilyn Monroe aus matten Augen an. Die Herstellerin des Films, Nadia Magnenat Thalmann, die ihre Marilyn seitdem kontinuierlich »perfektioniert« hat, ent-

warf in einem Fernsehinterview geradezu abstruse Ideen, die hoffentlich nie in die Hände von Diktatoren und Science-Fiction-Religionsstiftern gelangen werden. In ihrer Hybris malte sie computergezeugte Nachrichtensprecher und Politiker: »Wir haben ihre Figur und können sie sprechen lassen – und sie brauchen nicht dabei zu sein...« Nadia Magnenat Thalmann und Daniel Thalmann waren von 1978 bis 1987 an der Universität von Montreal mit der Generierung »virtueller Menschen« beschäftigt und installierten dann an der Universität Genf ihr Forschungslabor MIRALab. Anfangs mussten Gipsmodelle von Köpfen, Händen und Körpern noch mit einem engmaschigen Polygon-Netz bemalt und mit einem Digitalisierstift Punkt für Punkt abgetastet werden. Heute ist das Digitalisieren ein Kinderspiel: mit einem 3-D-Laser-Scanner in nur 15 Sekunden. Mit einer Videokamera wird die Mimik eines realen Schauspielers in Echtzeit aufgenommen, ein Mustererkennungsprogramm analysiert die Bewegungsverläufe von aufgeklebten Referenzpunkten im Gesicht – und schon können die Daten auf ein CA-Modell übertragen werden. Und wem das alles zu viel ist, der kann seine virtuellen Drahtkörpermodelle aus den Datenbanken der Construction Company von Jeff Kleiser und Diana Walczak, Viewpoint DataLabs oder Zygote Media Group ordern. Flugs hat man auch das

Digital manipuliert: Tom Hanks trifft John F. Kennedy in *FORREST GUMP* (1994)

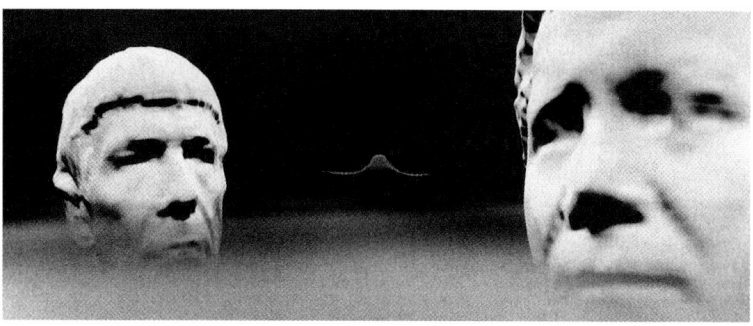

Virtuelle Akteure aus dem Computer: Für *STAR TREK* wurden erstmalig die Köpfe der Darsteller Leonard Nimoy und William Shatner mit dem 3-D-Laser-Scanner digitalisiert.

Schlagwort der »Künstlichen Intelligenz« reklamiert. Die Digital-Actor-Software der Motion Factory in San José beinhaltete Computermodelle, die in Echtzeit ihre eigenen Bewegungen generierten, autonom handelten und sich in einer 3-D-Welt »intelligent« verhielten. Gesteuert wurde die Animation via Motion-reasoning Engines. Auch die Thalmanns haben ihre Marilyn mit einer Behavior Engine ausgerüstet und vergleichen das Ergebnis mit einem programmierten Bewusstsein der Figur für ihre Umgebung: Die virtuelle Marilyn flirtet mit verschiedenen Gästen, lässt den einen abblitzen und verabredet sich mit einem anderen (Elvis). Für die weitere Zukunft sieht Tim Sarnoff von Sony Imageworks bereits digitale Akteure für einen Oscar nominiert.

»Handelt es sich hierbei um eine hoch entwickelte Form des Marionettenspiels, oder muss die wahrheitsgetreue Nachbildung von Menschen, die einmal gelebt haben,

nicht an den ethischen Maßstäben des Persönlichkeitsrechts gemessen werden?« sorgt sich Christian Appelt (»Film und Computer«). Ähnliches beunruhigt auch den Science-Fiction-Schriftsteller Stanislaw Lem angesichts der Pixelwesen, Cyberstars, Synthespians, Vactors/Virtual actors (»Probleme mit der Phantomatik«): »Nichts verhindert, wenigstens in den USA, dass beispielsweise eine Marilyn Monroe in einem drastischen Akt mit einem Gorilla gezeigt wird. Und dem steht auch nichts im Wege, weil die Regel ›nullum crimen sine lege‹ gilt. Wenn also eine Handlung nicht unter das Strafgesetzbuch fällt, kann man sich voll ausleben. Bisher ist nämlich niemand auf die rechtliche Idee gekommen, das Auferwecken von gestorbenen Personen, egal ob sie ehrwürdig sind oder nicht, zu verbieten und bei einer Verwirklichung mit einer Strafe zu versehen.« Mit einer Ausnahme: Bereits heute sind gewisse Stars wie Elvis Presley oder Marlene Dietrich eingetragene Warenzeichen wie Coca-Cola oder McDonald's, die Verwendung ihres Bildes ist also an Lizensierung gebunden. Zu den Vorreitern auf diesem Markt gehörte die, inzwischen eingegangene, kleine US-Firma Virtual Celebrity Productions, die die Mimik eines Darstellers via Motion Capture auf ein CG-Modell des lange verblichenen Komikers W. C. Fields übertrug. Der (nicht sehr ähnliche) Marle-

Ewige Jugend dank digitaler Technik: *JAMES BROWN*

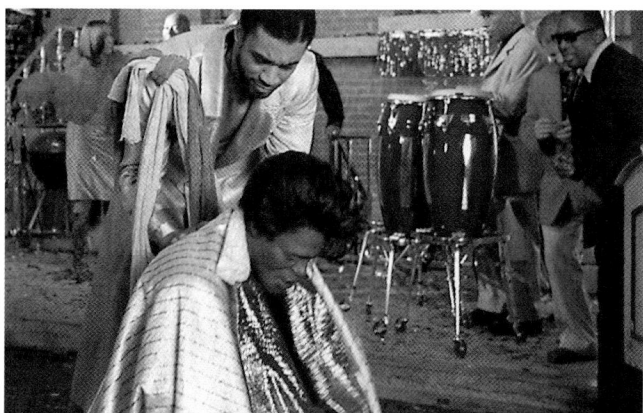

ne-Dietrich-Klon der Firma verdeckte die Augen dezenterweise durch den Schatten der Hutkrempe. Die Augen der Computerwesen sind immer noch sehr verräterisch.

Der Tod ist bei der Schaffung lebender Bilder geradezu systemimmanent. Wenigstens auf der Leinwand und auf dem Bildschirm soll ihm ein Schnippchen geschlagen werden. Wie schon die ersten Daguerreotypien dazu benutzt wurden, frisch von uns Gegangene, die Leichen der verblichenen Lieben, rechtzeitig vor der Beerdigung auf »Festplatte« zu bannen, so wird auch der Computer mit dem Ziel verwendet, das vom Christentum seit zwei Jahrtausenden ersehnte »Wunder« der Auferstehung zu praktizieren: *ALIEN RESURRECTION*.

Mit dem Abbild seiner selbst maßt sich der Mensch eine nekrophile Macht über andere Menschen an, die er auf einem Filmkader oder einem Magnetband oder einer Disc festhält, um ihnen seinen Willen, seine Anima zu oktroyieren. Dem Selbstversuch des Menschen am Menschen ist damit Tür und Tor geöffnet, und zwar in jeglicher Form. Wir kennen das bereits aus der Medizin: Organbanken werden zu Ersatzteillagern, als gehe es darum, ein Auto zu »frisieren«. Wenn ich das Bild des Menschen im Computer manipulieren kann und darf – warum dann nicht auch in der Realität?

Bei der allumfassenden virtuellen Neuschöpfung des Menschen werden freilich die Sinne mehr und mehr ausgeklammert, weil sie nicht so leicht zu imitieren sind. Bill Gates gebraucht das Verb »to fool« – täuschen –, wenn er vom Hören und Sehen in bezug auf die virtuelle Realität spricht. »Andere Sinne sind viel schwerer zu täuschen, weil man nicht sehr gut einen Computer an Ihre Nase oder Zunge oder Ihre Haut anschließen kann. Was den Tastsinn und Berührungen angeht, ist die Erkenntnis vorherrschend, dass man einen Anzug anfertigen kann, der mit einem winzigen Sensor und Force-feedback-An-

schlüssen verbunden ist, die über die ganze Haut verteilt sind.« Für die Erotikindustrie hat diese Frage seit dem *SEXY ROBOT*-Commercial von Robert Abel & Associates aus dem Jahr 1985 eine vordringliche Bedeutung. Aber vielleicht geht in Zukunft alles noch viel leichter: In der Cyberpunk-Science-Fiction eines William Gibson tragen die Volontäre keine Anzüge, sondern sind direkt mit dem Computer verbunden, indem sie ein Kabel in ihr zentrales Nervensystem einführen.

So oder so – die Zukunft der laufenden Bilder ist digital. Das Trägermedium Film wird bald ausgedient haben. Digitale Bilder für herkömmlichen Film zu konvertieren ist einfach zu kostspielig. Digitale Kameras, digitale Filme, digitales Fernsehen, digitale Spiele bilden eine nicht zu entflechtende Einheit. Sozial entfremdete,

FIFTH ELEMENT:
Klonmaschine

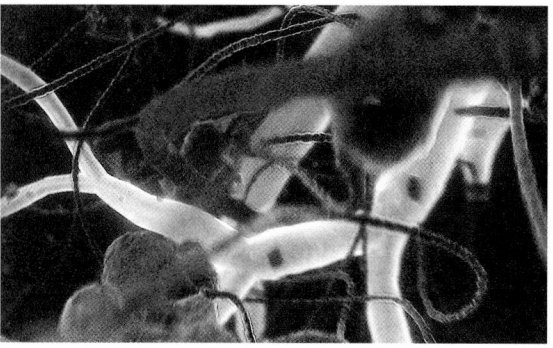
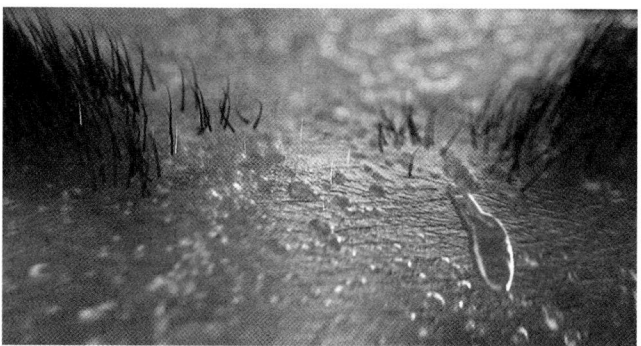

Die Reise ins Gehirn:
FIGHT CLUB (1999)

autistische Egotrips durch Pixelparks, beflügelt von dilettantischen Allmachtsfantasien, Daten-Odysseen, Cybersex ohne lästigen Partner resp. drohende Scheidungskalamitäten – wir müssten lernen, uns darin zurechtzufinden, meint Philippe Quéau, Chef der IMAGINA, auch auf die Gefahr hin zu ertrinken. Die Schleusen sind bereits geöffnet, die Neuerungen überschlagen sich: Künstler von der Sorte eines Harryhausen oder eines Albert Whitlock – sie sind in der hypertrophen Daten-Masse der Mittelmäßigkeit nicht mehr gefragt. Einer wie Bill Gates formuliert das natürlich sehr vorsichtig und betont optimistisch: »Selbst jene, die sich nicht darum bewerben, der nächste C. B. DeMille oder die nächste Lina Wertmüller zu werden, werden routinemäßig Multimedia für die Dokumente bemühen, die sie tagtäglich erstellen.« Die Rasanz der allgemeinen Verfügbarkeit digitaler Laufbilder durch immer neue und extrem verbilligte Software setzt selbst anerkannte Anbieter auf dem Gebiet schachmatt, die vor Jahr und Tag in überteuertes Equipment investiert haben: 1997 gab Richard Edlunds Boss Film in Marina del Rey auf. Die Firma war in ihrer Geschichte immerhin siebenmal für einen F/X-Oscar nominiert. Sogar Bill Gates weht kartellrechtlich der Wind ins Gesicht.
Wenn er seine persönliche Science Fiction entwirft, sieht George Lucas *à la longue* ein biotechnisch beeinflusstes Bildermedium voraus. Der visuellen Möglichkeiten wegen würden Menschen mit Drogen be-

einflusst, wie es Aldous Huxley in »Brave New World« für das Fühlkino prophezeite, wie es Anthony Burgess in »A Clockwork Orange« als Ludovico-Technik apostrophierte: »Die Möglichkeiten des Interface werden Erzählweise und Dramaturgie revolutionieren. Wenn man Virtuelle Realität oder Simulatorenritte mit Biotechnik verbinden kann, hat man die interessantesten Fiktionen und Nicht-Welten.« Nicht-Welten – das klingt fürwahr immateriell. Vielleicht löst man sich dann sogar von jeder mechanischen Hülle, jedem materiellen »Notbehelf« und implantiert irgendeine Geschichte in eine Pille. Lucas: »Man nimmt die Pille ein und geht schlafen. Es würde wie ein Traum sein und man hätte die wirklich reale, körperliche Empfindung von etwas völlig Imaginärem. Ich habe keine Idee, was das für die Gesellschaft bedeuten würde, und wie man dahin gelangt, entzieht sich meiner Vorstellungskraft, aber ich weiß genug, um mir bewusst zu sein, dass es möglich ist. Weil sie nämlich schon dabei sind, Bilder zu schaffen, ohne sie wirklich aufzunehmen, ganz genau so wie es im Traum geschieht.«
Albert Hofmann: »Die Jagd der Farben und Formen, für die Begriffe wie Feuerwerk oder Kaleidoskop armselig und nie zureichend waren, weckte in mir das zunehmende Bedürfnis, mich in diese fremdartige und fesselnde Welt zu vertiefen, die Überfülle, den unvorstellbaren Reichtum einfach auf mich wirken zu lassen.« Apropos: Dr. Hofmann war der »Erfinder« von LSD.

Albert Whitlock

matte shots
für disney und hitchcock

Mit 14 musste ich die Schule verlassen. Es war das Jahr der großen Weltwirtschaftskrise, 1929. Ich musste raus aus der Schule, um das Einkommen der Familie aufzubessern. Ich stammte aus einem armen Elternhaus. Nun hatte ich einen Onkel, der als Soldat 35 Jahre in Indien zugebracht hatte. Sein Colonel war Fotograf. Die Offiziere vertrieben sich gern die Zeit mit Fotografieren. Dieser Colonel kehrte nach England zurück, und einer seiner Freunde war Direktor bei der Gaumont-British in London. Über den Umweg meines Onkels und seines vorgesetzten Offiziers bekam ich also einen Job in der Film-industrie. Die Zeiten waren damals so schlecht, dass ich der einzige Junge in der Straße war, der eine Arbeit hatte. Die anderen sprachen über mich. Ich war etwas Besonderes. Ich hatte tatsächlich einen Job, noch dazu in einem Filmstudio! Dabei war ich nur »Mädchen für alles«, ein Handlanger. Ich machte Besorgungen und Botengänge, holte meinetwegen ein Kostüm für George Arliss ab, der den Herzog von Wellington in dem Film *THE IRON DUKE* spielte. Ich benutzte die Untergrundbahn. Ich schaffte auch Filmrollen in die Wardour Street, damals Sitz der Filmindustrie in London. Die Beförderung von

Zu hundert Prozent gemalt: Ostberliner Museum aus Hitchcocks Spionagethriller *TORN CURTAIN*

Elfenbeinturm – Matte Painting aus *DIE UNEND-LICHE GESCHICHTE II*

leicht brennbaren Nitrofilmen in öffentlichen Verkehrsmitteln, Bussen und Bahnen, war verboten. (Hitchcock hat das zum Thema eines seiner Filme, *SABOTAGE,* gemacht, in dem ein Junge, der Filmrollen in einem Omnibus transportiert, hochgeht.) Um die runden Blechbehälter zu tarnen, steckte ich sie zwischen zwei quadratische Platten aus furniertem Holz und wickelte das Ganze in Packpapier, damit man die Filmdosen nicht erkannte und ich nicht ertappt wurde. Nach Personen, die in öffentlichen Verkehrsmitteln hochexplosive Nitrofilme mit sich herumtrugen, wurde nämlich Ausschau gehalten.

VOM BOTENJUNGEN ZUM KUNSTMALER

Langsam kamen Arbeiten an die Reihe, die mir gefielen. Ich begann Schilder und Schriften für Dekorationen zu malen, half bei den Modellen für den utopischen Film *THE TUNNEL.* Wieder einmal war Alfred Junge der Art Director, trotz seines rabiaten preußischen Offizierstons ein großes Vorbild. Wir bewunderten die deutschen Filme wie *DR. MABUSE, DER SPIELER* und *METROPOLIS.* Damals waren sehr viele Deutsche in der britischen Filmindustrie tätig. Es waren dort ebenso viele Deutsche und Amerikaner beschäftigt wie Engländer. Darunter waren auch Leute, die nach

dem schüfftanschen Einspiegelungsverfahren arbeiteten und ein großes Geheimnis daraus machten. Ich fand schnell heraus, dass die Technik grundsätzlich nicht sehr kompliziert war. Als Nächstes wurde ich Dekorationsmaler, und endlich bekam ich die Gelegenheit, an Matte Shots und Filmtiteln zu arbeiten. Nach dem Krieg wechselte ich in Ranks Pinewood Studios. Dort war Les Bowie mein Boss.

Beim Matte Painting, bei dem Teile einer Szene auf Glas gemalt und separat aufgenommen sind, muss man immer die Dreidimensionalität im Auge haben: die Tiefenwirkung. Was immer Sie tun, es muss im Raum stehen. Gelingt das nicht, ist alles zum Teufel, dann wirkt es zweidimensional. Ideal ist eine Komposition aus Vorder-, Mittel- und Hintergrund. Zuerst kommt daher der Entwurf. Und dann malen Sie, bis das Bild »im Raum steht« und Sie es mit einer realen Aufnahme kombinieren können. Es gibt zwei Arten von Perspektive: Die lineare, bei der zusammenlaufende Geraden schnell und einfach ein Bild ergeben – und es gibt die Luftperspektive, die nicht unbedingt linear ist.

ANGEBOT VON DISNEY

Ich wollte nach Hollywood, ins Mekka des Films. Ich war zweifacher Vater geworden und wollte meiner Familie ein besseres Leben bieten. 1953 kam meine Tante aus San Francisco nach England, um die Krönung mitzuerleben. Sie war es, die mich in meinem Vorhaben bestärkte. Doch als ich nach Kalifornien kam, war das erste halbe

Jahr sehr schwierig. Zuerst einmal: In San Francisco gab es damals keine Filmindustrie. Ich hatte gedacht, San Francisco und Los Angeles lägen dicht beieinander und es müsse dazwischen schon irgendwelche Studios geben. Das stellte sich als Irrtum heraus. So malte ich Häuserfronten und musste dafür auf hohe Gerüste steigen. Es war sehr anstrengend, und wir wollten schon aufgeben, hatten nur noch 40 Dollar auf der Bank und wieder die Koffer gepackt, da kam ein Angebot von Disney, wo ich mich beworben hatte. Ich sollte die Haupttitel für *20 000 LEAGUES UNDER THE SEA* (20 000 Meilen unter dem Meer) gestalten. Ich brauchte dafür nur zwei Wochen und blieb dann sieben Jahre bei Disney. Ich glaube, ich hatte einen Stein im Brett bei Walt Disney. Disney persönlich kümmerte sich um meinen Mitgliedsausweis bei der Gewerkschaft. Sie wollten mir keinen geben, ich war nicht amerikanischer Staatsbürger. Er sagte, er brauche einen Assistenten, sie hatten keinen anzubieten. »Nun«, sagte er, »wenn ihr keinen Assistenten habt, dann sieht das Gesetz vor, dass ich einen Mann meiner Wahl engagiere und er einen Mitgliedsausweis erhält.« Walt Disney nahm meinen Ausweis selbst in Empfang.

Bei Disney arbeitete ich als Assistent in der Matte-Abteilung unter Peter Ellenshaw an Spielfilmen wie *DARBY O'GILL AND THE LITTLE PEOPLE, TEN WHO DARED, GREY-FRIAR'S BOBBY* und *THE ABSENT-MINDED PROFESSOR* sowie Fernsehserien wie *DAVY CROCKETT*. Einmal musste ich einen realistischen Szenenaufbau für ein TV-Projekt malen, eine Kinopremiere mit Mickey Mouse. Alles war echt: die Menschenschlangen, die auf Einlass warteten, die Markise. Im Zeichentrick fuhr dann Mickey selbst vor. Auf die Hausfront sollten nun die Maus und die Stars aus *THE THREE LITTLE PIGS* gemalt werden. Ich ließ mir Musterzeichnungen der drei kleinen Schweinchen geben und kopierte sie. Dann ging ich zu Mickey über, fand aber keine Pose unter den Zeichnungen, die mir ge-

fiel. Ich dachte mir: Es ist ja bloß Mickey Mouse, die werde ich schon noch selbst hinbekommen. Ich fing also an, hatte aber schon nach kurzer Zeit Schwierigkeiten. Es war nicht ganz so einfach, wie ich mir das vorgestellt hatte. In dem Moment kam Walt Disney herein: »Wie läuft's, Albert?« – »Nun, ich versuche Mickey Mouse zu zeichnen, aber ich komme auf keinen grünen Zweig.« Da brach er in schallendes Gelächter aus: »Nicht nur Sie, allen anderen geht's genauso. Wissen Sie, es gab nur einen, der Mickey Mouse so zeichnete, dass ich zufrieden war. Das war Hugh Hennesy. Gehen Sie zu John Hench, er wird Ihnen Mickey Mouse in der gewünschten Pose zeichnen.« Ich war auch in Disneyland tätig, wo es Wegweiser, Straßenschilder und Fassaden zu malen gab sowie eine große Landkarte von Amerika, die von wandernden Lichtkörpern illuminiert wurde. Schließlich kamen Leute von Universal herüber, die Disney, der mehr ein Mann des Zeichenfilms war, bei der Herstellung von Spielfilmen unterstützen sollten. George Golitzen von der Universal gefiel meine Arbeit, und er bot mir einen Vertrag an. Das kam wie gerufen, denn ich wollte unbedingt zurück ins Mainstream-Filmgeschäft. Die Arbeit bei Disney war doch sehr spezifisch. Zur selben Zeit traf auch Alfred Hitchcock eine langfristige Vereinbarung mit Universal, und so kreuzten sich unsere Wege wieder.

HITCH

Obwohl ich in England an einigen seiner Filme (*THE MAN WHO KNEW TOO MUCH, THE 39 STEPS, SABOTAGE, THE LADY VANISHES*) gearbeitet und ihm bei bestimmten Sachen geholfen hatte, merkt sich ein Mann in seiner Position natürlich nicht jeden Techniker. Erst während der Dreharbeiten zu *THE BIRDS* (Die Vögel) entwickelte sich eine sehr persönliche Beziehung. Ich glaube sagen zu dürfen, dass ich ihm nahe stand wie kein zweiter. Ich steuerte für den Film eine Reihe von Produktionsentwürfen in Öl bei, etwa 50 an der Zahl. Ebenso wie Disney lobte einen

Storyboard für Hitchcocks
THE BIRDS

Hitchcock nie. Dass man seine Sache gut gemacht hatte, wusste man nur, wenn man keine Kritik zu hören bekam. Aber er sagte sehr wohl zu mir: »Die Stimmung in den Entwürfen ist genau, was wir brauchen. Wir müssen sie so beibehalten.« Es ging um eine düstere Stimmung, doch als wir zu drehen anfingen, war der Himmel strahlend blau. Meine Aufgabe war es, das mithilfe von Matte Shots zu korrigieren. Es waren vielleicht 14 oder 15. Einmal, völlig unerwartet, drehte sich Hitch während der Dreharbeiten um und bellte aggressiv: »Wir drehen hier keinen Science-Fiction-Film, Al!« – »Nein, das wird kein Science-Fiction-Film, nur – was wird es dann?« Er erwiderte nichts, ließ mich einfach stehen. Er wusste es selbst nicht, wusste nicht, in welchem Genre er sich bewegte. Einmal waren Journalisten dabei, als er sagte: »Ich stecke momentan fest. Rund um mich herum arbeiten eine Menge hoch qualifizierter Techniker, und wahrscheinlich merken sie, dass ich nicht weiß, worauf ich hinaus will.«

Die mit Abstand schwierigste Aufnahme war jene High-Angle-Einstellung, in der man die Stadt buchstäblich aus der Vogelperspektive sieht. Das Feuer ist gerade an der Tankstelle ausgebrochen. Jeden Augenblick werden die Vögel zum Sturzflug ansetzen. Hitch benötigte diese Aufnahme, um die Geschichte voranzutreiben. Zeigen zu müssen, wie die Einwohner mit Eimern voll Wasser und Schläuchen anrücken, um den Brand zu löschen, hätte das Tempo verlangsamt. Darum der Umschnitt. »Wenn wir«, so Hitch«, »alles aus der Perspektive der Vögel zeigen, kann ich das weglassen und bei der nächsten Einstellung am Boden weitermachen, wo ich will.«

Aufgenommen wurde von einer Position hoch oben auf dem Filmgelände der Universal, die Kamera auf einen neu angelegten Parkplatz gerichtet, auf dem noch die Markierungen fehlten. Wir drehten bei bedecktem Himmel, um zu viele Schatten zu vermeiden. Wir waren mit der Aufnahme genau in dem Moment fertig, als die Sonne wieder herauskam. Ich ergänzte die Aufnahme mit Pinsel und Farbe, indem ich die umliegenden Häuser dazumalte. Für die Vogelaufnahmen schickten wir einen Kameramann nach Santa Cruz Island. Es war Jon Hall, der früher ein berühmter Schauspieler war (*INVISIBLE AGENT, RAMAR OF THE JUNGLE*) und später freiberuflicher Kameramann wurde. In den Klippen nisteten Vögel, und Hall wies seinen Assistenten an, Fischstücke runterzuwerfen. Das würde die Vögel herauslocken und sie würden dem fallenden Fisch nachstürzen. Die Situation war nicht ganz legal, denn die Insel war ein Naturschutzgebiet. Wir haben die Vögel im Labor mit Travelling Mattes isoliert und in die Straßenszene einkopiert.

GREYSTOKE UND NAPOLEON

Für *GREYSTOKE*, einen der besten Tarzan-Filme, musste ich zweimal nach Afrika. Ich mochte den Regisseur, Hugh Hudson, und hoffte auf eine erfreuliche Zusammenarbeit. Aber wir gingen nicht in allem *d'accord*. Als wir in Afrika ankamen, sprach ich die Hotelbesitzerin an, eine bezaubernde Deutsche, denn Kamerun, wo wir drehen wollten, war früher eine deutsche Kolonie: »Das Wetter ist aber nicht sehr klar.« – »Nein«, sagte sie, »das ist es nie, außer vielleicht für zehn Tage im Frühjahr, wenn die kalten Winde und der Regen einsetzen.« – »Wann ist denn das Location-Team hier gewesen, um sich die Drehorte anzusehen?« – »Im Frühjahr«, war die Antwort. Da saßen wir also fest und konnten nicht einmal den gewaltigen Vulkankegel sehen, der Kamerun seinen Namen gegeben hat. Letztendlich lief es darauf hinaus, dass ich ihn malen musste, denn bei rund 300 Metern hörte die Sicht auf. Warum waren wir überhaupt hierhergekommen? »Wir hätten die Aufnahmen genauso gut in Wimbledon auf grünem Rasen drehen können, und zwar schneller und besser!«, habe ich zu Hugh Hudson gesagt. Aber so konnten sie damit werben, der Film sei an »Originalschauplätzen« entstanden.

Für Stanley Kubrick habe ich nie gearbeitet, aber immer, wenn ich nach England kam, versuchte er, mich zu erreichen, und wollte sich mit mir über meine Aktivitäten in den Staaten unterhalten. Einmal lud er mich zu sich nach Hause ein. Er wollte mit mir über sein *NAPOLEON*-Filmprojekt sprechen. Er verfügte über einen sehr machiavellistischen Humor. Wir saßen auf einer Couch. Er hatte eine dänische Dogge, die sich durch nichts davon abbringen ließ, hochzuspringen und auf mir herumzuklettern. Er hat den Hund nicht zurückgerufen, er hat nur verschmitzt gelächelt und sich über mein Unbehagen amüsiert. Als wir auf den Film zu sprechen kamen, holte er ein Buch über Napoleon und die Französische Revolution hervor: eines der schönsten Bücher, die ich je gesehen habe, es musste Hunderte von Dollar gekostet haben. Und mit den Worten: »Ich möchte, dass Sie diese Szene für mich machen«, hatte er eine Seite aufgeschlagen und mir das Buch in die Hand gedrückt: »Malen Sie eine Armee, die bis an den Horizont reicht.« – »Gerne«, gab ich ihm zur Antwort, »aber wo verläuft nach Ihrer Meinung die Matte Line?« Da zog er einen Füllfederhalter aus seiner Tasche und fuhr zu meinem Entsetzen quer über die wunderschöne Illustration in dem wertvollen Buch. »Stanley!«, rief ich entsetzt. – »Ach, das macht doch nichts«, winkte er ab, riss die Seite aus dem Buch heraus und gab sie mir. »Behalten Sie das und denken Sie drüber nach.« Abschließend, noch völlig schockiert, wollte ich wissen, wer den Na-

Von links nach rechts: Realszene (Plate) – Kasch – Matte Painting (untere Bildhälfte kaschiert) – Kombination

51

Whitlock-Gemälde für
EARTHQUAKE und
HINDENBURG

poleon spielen würde. Er schien die Frage erwartet zu haben und wandte mir sein Antlitz zu, als sei es eine Büste. »Stanley, das ist nicht Ihr Ernst.« Der Film ist nie gemacht worden. MGM war an dem Projekt nicht interessiert.

SANDSTÜRME UND ERDBEBEN

Für *BOUND FOR GLORY* (Dieses Land ist mein Land) sollte ich einen gewaltigen Sandsturm erzeugen. Hal Ashby, der Regisseur, bat mich, ins nördliche Kalifornien zu reisen, wo die Außenaufnahmen stattfanden. Sie hatten einen Fachmann für Spezialeffekte an Ort und Stelle. Sein imposantes Instrumentarium bestand aus Rohren und einem mächtigen Blasgerät, das dazu diente, Staub in die Luft zu wirbeln. Sobald er aber in der Luft war, begann sich der Staub aufzulösen, und ein stechend blauer Himmel kam zum Vorschein. Ashby wollte jedoch einen richtigen Sandsturm haben, keine halben Sachen. Also dachte ich mir für die Postproduktion ein System aus rotierenden Glasscheiben mit Baumwollbespannung aus, die wir mit Farbe bemalten und besprühten. Für die Tiefenwirkung hatten wir drei Stück, eine große Scheibe, eine mittlere und eine kleine. Die Bewegung erfolgte mittels Schienen. So rotierten die

Scheiben quer über das Bild. Die untere Kante wurde mit einer Soft Matte abgeschnitten, damit es wie der Erdboden aussah.

Der wahrscheinlich schwierigste Film, mit dem ich zu tun hatte, war *EARTHQUAKE* (Erdbeben). Der Verleih hatte nämlich noch vor Drehbeginn einen Starttermin festgelegt. Zum Schluss hatte ich ganze zwölf Wochen, um nicht weniger als 44 Matte-Einstellungen fertig zu stellen. Aber ich musste glücklicherweise nicht so lange an den Bildern herumfeilen, denn die Szenen waren kürzer als üblich. Die Matte Shots standen zwei Sekunden auf der Leinwand. Dementsprechend oberflächlich, wenn man so will, konnte ich sie malen. Unter normalen Umständen wäre man damit nicht durchgekommen.

Für die fotografischen Effekte von *HINDENBURG* standen 180 000 Dollar zur Verfügung. Vorgesehen waren etwas mehr als 70 Einstellungen. In großen Teilen ist das Luftschiff auf Glas gemalt, und für eine Aufnahme aus dem Luftschiff auf nächtlich erleuchtete Straßen haben wir Kandiszucker verwendet und entsprechend beleuchtet.

Als Ersatz für die Explosion eines Gebäudes in John Landis' *THE BLUES BROTHERS*, zu der die Chicagoer Behörden ihre Zustimmung verweigert hatten, benutzten wir Cutouts, komplett mit eingeritzten Schildern, Eingängen und Fenstern. Diese Cutouts brachte ich auf einem Untergrund aus Packpapier an, der sich bei der Explosion im Nu auflösen würde. Dahinter befand sich ein Pressluftgerät, das die ganze Konstruktion in die Luft jagen sollte.

Als *FAMILY PLOT* (Familiengrab), Hitchcocks letzter Film, entstand, gab es nicht eine Szene, für die man einen Matte Shot benötigt hätte. Aber er unterhielt sich nun mal liebend gern mit den Schauspielerinnen. Schauspieler besetzte er nur und überließ sie dann sich selbst, aber Schauspielerinnen gegenüber war er sehr aufmerksam und erklärte ihnen gern die technische Seite des Filmemachens. Deshalb erfand er einen Matte Shot, nur damit er Karen Black das Prinzip dieser Aufnahmetechnik erklären konnte. Wir mussten ein Polizeirevier malen, nur der Eingang war echt. Das Ganze war etwas willkürlich, weil wir die Aufnahme nicht wirklich brauchten.

VERSUNKENE WELTEN

Höhepunkt meiner Laufbahn sollte eine Neuverfilmung von *THE LOST WORLD* sein. Ich sollte nicht nur die Effekte gestalten, sondern auch produzieren. Die Erzählung von Arthur Conan Doyle handelt von einem Plateau in Südamerika, wo prähistorische Tiere entdeckt werden, und diente vielen Abenteuergeschichten als Inspiration, darunter auch *KING KONG*. Was mir vorschwebte, war ein Film ganz auf Matte-Shot-Basis. Meine *VERSUNKENE WELT* sollte, zehn Jahre vor *JURASSIC PARK*, unter ökonomischen Gesichtspunkten auf einem bescheidenen Terrain gedreht werden. Ich hätte nur ein kleines Gewässer gebraucht, einen Wildwasserlauf, ein Wäldchen nahebei und ein Stück freies Land. Den Rest hätte ich gemalt. Die Saurier sollten oft nur schemenhaft zu erkennen sein: Augenpaare, Laute, Silhouetten. Auf diese Weise hätten sie bedrohlich gewirkt wie die Gespenster in einer Ghost Story. Die würde man ja auch nicht bei Tageslicht spielen lassen, sondern mit Nebelschwaden und ähnlichen Mitteln Atmosphäre schaffen. Ich habe eine Probeaufnahme mit einem Dinosaurier gemacht, der nichts anderes als ein Cutout war, mit einem langen Hals, der sich bewegen ließ. Aber nach vielem Hin und Her hat Universal das Projekt sterben lassen und sich stattdessen für *HOWARD THE DUCK* entschieden, der ein Millionenflop wurde.

Das war das Ende meiner Zusammenarbeit mit Universal. Es hat mir das Herz gebrochen.

Der Beitrag von **Albert Whitlock** *erscheint posthum mit freundlicher Genehmigung von Mrs. June Whitlock, Santa Barbara.*

Das Plateau:
Entwurf für das Projekt
THE LOST WORLD

Ray Harryhausen

welt der mythen und legenden

Von jeher haben mich die Tiere der Urzeit fasziniert. In meiner Kindheit sind wir in Los Angeles zu den La Brea Tar Pits mit ihren Fossilienfunden gegangen. Als ich fünf oder sechs war, sah ich zum ersten Mal Dinosaurier auf der Leinwand. Der Film hieß THE LOST WORLD. Aber der Film, der mein Leben veränderte, war KING KONG. Unschuldig bin ich als Zwölfjähriger 1933 in Grauman's Chinese Theatre in Hollywood gewesen, um mir diesen Film anzusehen. Die Vorstellung hat mich total umgekrempelt. Sid Grauman, der das Kino gebaut hatte, war ein großer Showman. Im Vorhof, dort, wo die Fuß- und Handabdrücke der berühmten Stars sind, hatte er die Gorillabüste, die in KING KONG für Großaufnahmen eingesetzt worden war, aufstellen lassen: Das Maul bewegte sich, die Augen rollten, die Nüstern blähten sich auf. Unter der Büste stakste eine Gruppe Flamingos durch die sorgfältig arrangierte Dschungelszenerie. Bevor der Hauptfilm anfing, ließ er einen Prolog im Dschungel aufführen, der fast eine Stunde dauerte: Zu Buschtrommeln traten Akrobaten und Trapezkünstler auf, alle dem Anlass entsprechend kostümiert. Schließlich öffnete sich der Vorhang für den Film, und Max Steiners großartiges Crescendo war zu hören. Es hat Monate, Jahre gedauert, bis ich herausgefunden hatte, wie KING KONG gemacht wurde: dass es kein Mann im Affenkostüm war, der Kong spielte, wie gelegentlich behauptet wurde, nicht Charles Gemora in seinem Gorillaanzug, obwohl ich später

gehört habe, dass Gemora wirklich in irgendeiner Form an KONG beteiligt war. Dass es im Gegenteil Gummimodelle mit Zapfen-, Scharnier- und Kugelgelenken aus solidem Stahl waren, nicht größer als fünfzig, sechzig Zentimeter, die vor der Kamera einbildweise animiert wurden. Die Sache reizte mich, ich war geschickt mit den Händen und baute Dioramen. Es wurde ein Hobby daraus und schließlich mein Beruf, in dem ich vierzig Jahre tätig war. Ich habe mich auch stets dafür interessiert, wie sich Leute bewegen. In meiner Kindheit habe ich mal einen japanischen Film gesehen, da zeigten sie den Rücken einer Frau, und als etwas passierte, drehte sie sich um. Und wie sie sich umdrehte, das habe ich nie vergessen.

ZUSAMMENARBEIT MIT WILLIS O'BRIEN

Der technische Schöpfer von KONG war kein anderer als Willis O'Brien, derselbe, der LOST WORLD gemacht hatte. Sein Name tauchte im Programmheft auf, in Magazinen wie »Popular Mechanics«, es gab

◀ *PEOPLE OF THE MIST* (ca. 1982)

Szenenentwurf für das
nicht realisierte Filmprojekt
VALLEY OF THE MIST

Adler kreisen. Das war Fantasy pur: ein außerordentlich erregendes, elektrisierendes Projekt. Unglücklicherweise scheint kaum etwas davon übrig geblieben zu sein, nachdem es bei Kriegsbeginn gecancelt worden war. Ein paar Zeichnungen und einige Vergrößerungen von Kadern aus dem ebenfalls verschollenen Technicolor-Test, den »OBie«, wie wir ihn nannten, mit seinen Mitarbeitern Marcel Delgado, George Lofgren und anderen durchgeführt hatte. OBie war bei unserer ersten Begegnung sehr liebenswürdig, aber er sparte auch nicht mit Kritik an meinen noch sehr primitiven Modellen. Seine Frau Darlyne lobte mich dagegen überschwänglich. Hinterher, so hörte ich später von ihr, habe er scherzhaft gemeint, sie ermutige seine Konkurrenz.

sogar Ausstellungen, die seinem Werk gewidmet waren. Nach seinem Vorbild habe ich begonnen, meine eigenen kleinen Filmsaurier zu basteln, die freilich noch hölzerne Gelenke hatten. Später hat mein Vater, der Maschinenbauer war, die meisten Armaturen für mich angefertigt. Endlich habe ich den Mut aufgebracht, Mr. O'Brien anzurufen, ihm von meinem Interesse an der Modellanimation zu erzählen, und ihn gefragt, ob ich ihm einige meiner Modelle zeigen dürfe. Er war so freundlich, mich ins Studio einzuladen. Damals arbeitete er für einen weiteren Film des *KONG*-Produzenten Merian C. Cooper bei MGM in Culver City. Dort hatte er drei Räume voller Artwork: Gemälde und Zeichnungen für *WAR EAGLES*. Die Protagonisten waren Wikinger, deren Kultur sich in einem Fantasie-, d. h. Niemandsland am Nordpol erhalten hatte, wo auch Dinosaurier lebten, auf die sie auf dem Rücken ihrer Kriegsadler Jagd machten. Zu guter Letzt retteten sie New York City vor dem Angriff einer teutonischen Luftschiff-Armada. Es müssen ungefähr zweihundert Gemälde und Zeichnungen gewesen sein, herrliche Entwürfe, beispielsweise von Riesenadlern, die auf dem Strahlenkranz der Freiheitsstatue hockten, und von Luftschiffen, um die

In den folgenden Jahren blieben er und ich in Kontakt. OBies Leben war in höchstem Maße tragisch. Während der Produktion *THE SON OF KONG* hatte seine schwer kranke erste Frau, möglicherweise unter dem Einfluss von Narkotika, die beiden Söhne – einer von ihnen war blind – erschossen und dann Hand an sich selbst gelegt (sie starb 1934). Viele seiner Filmprojekte fielen wie Kartenhäuser zusammen. Stets träumte er von großen, verschwenderisch ausgestatteten Filmen. Unter den gescheiterten Projekten waren eine Art Fortsetzung von *LOST WORLD*, die im versunkenen Atlantis spielen sollte, eine *FRANKENSTEIN*-Version mit einer animierten Figur in Totalen, die er gegen Ende der Stummfilmzeit hatte realisieren wollen, *GWANGI*, der Cowboys mit einem Tyrannosaurus Rex konfrontierte; in den fünfziger Jahren *THE LAST OF THE LABYRINTHODONS*, *THE NEW ADVENTURES OF KING KONG* in Cinerama, *KING KONG VS. FRANKENSTEIN* resp. *KING KONG VS. PROMETHEUS*, den Produzent John Beck, ohne OBies Einverständnis einzuholen, in Japan zu *KING KONG VS. GODZILLA* mutieren ließ. Jedes Vorhaben war von OBie in wochenlanger Arbeit illustriert worden. Als er gezwungen war, in eine kleinere Woh-

nung umzuziehen, verschenkte er Zeichnungen an Nachbarskinder. Die verkauften sie auf der Straße für zehn Cent!

PANIK UM KING KONG

Professionell arbeitete ich mit OBie erstmals zu Beginn der vierziger Jahre zusammen, als ich eine Stellung als Animator bei George Pals *PUPPETOONS* gefunden hatte. Auch OBie war kurze Zeit in diesem Studio tätig, und gemeinsam animierten wir den Kurzfilm *JASPER AND THE CHOO-CHOO*. Nebenbei habe ich Kurse belegt, zum Beispiel für Kamera und Filmschnitt. Während des Krieges war ich als Kameraassistent von Paul Vogel, Joseph Valentine und Joe Biroc in Frank Capras Signal Corps tätig und mit kleinen Sachen an der *WHY WE FIGHT*-Serie und am »Army Navy Screen Magazine« beteiligt. Einige Animationen, die ich an das Büro geschickt hatte, haben mich vielleicht davor bewahrt, im Pazifik oder anderswo den »Heldentod« zu finden. Nach Kriegsende kehrte Merian Cooper, der General gewesen war, zurück und begann einen neuen Gorillafilm. Ich hatte das große Glück, dass OBie mich schon in der Vorbereitungsphase als Assistenten nahm. Ich hatte gerade auf eigene Rechnung mit den *MOTHER GOOSE STORIES* den ersten einer Reihe von animierten Märchenfilmen in 16-mm-Kodachrome gedreht. Nun spitzte ich OBies Bleistifte an und erlebte, wie er mit oft nur wenigen Kohlestrichen seine wunderbaren Entwürfe und Hunderte von Continuity Drawings realisierte, ich wurde Zeuge seiner Höhen und Tiefen. Stets gab es

Kontroversen mit dem Regisseur Ernest B. Schoedsack, die den empfindsamen Künstler tief deprimierten. Es dauerte fast ein Jahr, bis *MIGHTY JOE YOUNG* (Panik um King Kong) endgültig grünes Licht erhielt. Wir hatten ein Atelier im alten RKO-Pathé Studio in Culver City. Mit *MIGHTY JOE* waren vierzig Leute ein ganzes Jahr beschäftigt. Marcel Delgado und Taxidermist George Lofgren bauten die Animationsfiguren. Die Armaturen wie auch die Miniatur-Rückprojektoren waren mit gewohnter Präzision von Harry Cunningham konstruiert worden. Aber nur ein Modell war so lebensecht, dass ich es so animieren konnte, wie ich es mir in meiner Fantasie ausgemalt hatte. Ich nannte es Jennifer, nach Jennifer Jones, einem Star der damaligen Zeit. Ich ging in den Zoo und studierte die Gewohnheiten von Gorillas. Ich begann wie ein Gorilla zu fühlen und zu leben. An der Animation von *KONG* arbeiteten mehrere Personen: Marcel Delgado und sein Bruder Victor versuchten es, auch Buzz Gibson und sein Bruder, die jedoch nach einem Monat nicht eine verwendbare Szene zustande gebracht hatten. Gibson hatte OBie geholfen, *KONG* zu animieren, aber die Figuren, die wir für *MIGHTY JOE* verwendeten, waren ihm zu klein. Schließlich zeigte sich, dass ich der schnellste Animator war. Im fertigen Film sind ungefähr 85 Prozent der Szenen mit dem Gorilla von mir animiert. Ein weiterer Teil der Animation stammte von Pete Peterson, einem technischen Mitarbeiter, der mir bei der Animation zugesehen und dann eigene Experimente unternommen

Dynamation: Kombination aus Miniatur-Rückpro, Split Screen und Stop Motion. Durch eine Bildteilung in der Rückprojektion wird das Modell in die Handlung integriert

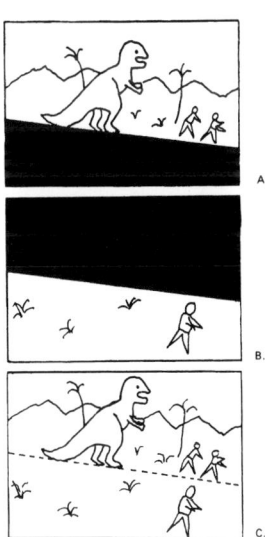

Tabletop-Szenerie mit Brontosaurus-Modell und Hintergrundprospekt zu dem unvollendeten Projekt *EVOLUTION*

Fliegende Untertassen über Paris: *EARTH VS. THE FLYING SAUCERS* (1956)

hatte. Wir waren erstaunt, wie gut er mit der für ihn neuen Technik zurechtkam, aber man sieht, wie sich seine Szenen stilistisch von meinen unterscheiden. Es war, als handle es sich um einen völlig anderen Joe. Peterson war ein Opfer der multiplen Sklerose. Er unterstützte OBie noch bei weiteren Filmen (*THE BLACK SCORPION, THE GIANT BEHEMOTH*), bevor er 1961 starb. Da *MIGHTY JOE* nach der Übernahme des Studios durch Howard Hughes lange Zeit die einzige Produktion war, die bei RKO lief, wurden uns die allgemeinen Betriebskosten der Ateliers aufgebürdet.

Zum Schluss sah es in den Büchern so aus, als habe der ganze Film weit über zwei Millionen Dollar gekostet, die er unmöglich wieder einspielen konnte in einer Zeit, als die Eintrittspreise in den Kinos noch so niedrig waren. Genau das schreckte viele Investoren ab, weil sie diesen Typ Film grundsätzlich für zu teuer hielten. Ohne diese Machinationen hätte *MIGHTY JOE YOUNG* nur zwischen 1,5 und 1,8 Millionen Dollar gekostet. Es war sehr unfair gegenüber OBie und Merian Cooper, weil es für beide hinterher

schwer war, neue Projekte dieser Art auf die Beine zu stellen.

MONSTER UND BOMBE

Es war nicht leicht, bedeutete aber eine Herausforderung, OBies Stop-Motion-Prozess auf B-Filme zu übertragen. 1952 hatte ich das Angebot erhalten, die Effekte für einen Low-Budget-Film über einen Dinosaurier zu gestalten, der durch Atombombenversuche in der Arktis zu neuem Leben erweckt wird. Unser Film kommt immer zuletzt, habe ich oft gesagt; die meisten Aufnahmen mit dem fiktiven Rhedosaurus (eine Mischung aus Bronto-, Allo- und Tyrannosaurus), sein Amoklauf in Manhattan und auf Coney Island, wo er sich im Gestänge einer Achterbahn verfängt, sind im letzten Akt des Films. Mein Honorar war vergleichsweise bescheiden, der ganze Film kostete nicht mehr als 200 000 Dollar. Ein Teil meines Budgets ging für Equipment drauf. Da ich weder die Möglichkeit hatte, kostspielige Glasgemälde zu bestellen, noch umfangreiche Miniaturkulissen bauen zu lassen, musste ich meinen Stop-Motion-Saurier vollkommen innerhalb des einbildweise rückprojizierten Bildes aufgehen lassen. Ich führte Tests in 16 mm durch und fand die Lösung: die Split-Screen-Technik, bei der ein Teil des Bildes kaschiert wird, unter Verwendung von Maske und Gegenmaske. So konnte ich meine Figur wie ein Sandwich in das reale Bild integrieren, sie zwischen Häuserschluchten erscheinen lassen, während die Menschen vor ihr flohen. Nur auf diese Weise gelang es mir, meine künftigen Filme in einem vernünftigen Kostenrahmen zu realisieren. Nachdem die Japaner *THE BEAST FROM 20 000 FATHOMS* (Panik in New York), so der Verleihtitel, gesehen hatten, plagiierten sie ihn umgehend und bauten darauf ihre *GOJIRA/GODZILLA*-Serie auf. Da ihnen das Stop-Motion-Verfahren zu langwierig und umständlich schien, bemühten sie »Suitmation«, ein ironischer Terminus für Menschen, die in Monsteranzügen aus Gummi agieren und Modellhäuser zertrampeln. Charles Schneer arbeitete damals als Producer unter Sam Katzman an den *SUPERMAN*-Filmen mit George Reeves. Nun wollte er San Franciscos Golden Gate Bridge zerstören. Die Idee klang interessant, nicht zuletzt dank eines Riesenoktopus, der das Grauen bewerkstelligen sollte. Ansonsten war *IT CAME FROM BENEATH THE SEA* eine Variation des Themas von *THE BEAST,* mit dem kleinen Unterschied, dass der Atomtest unter Wasser stattfand. Das führte dazu, dass besagter Oktopus zu enormer Größe heranwuchs, nach San Francisco vordrang und dort, neben anderen scheußlichen Taten, mit seinen Tentakeln die Brücke einriss. Einige der Plates (Hintergrundbilder) mussten wir mit versteckter Kamera aus einem Lkw heraus aufnehmen, da wir keine Drehgenehmigung hatten. Um Zeit bei der Animation zu sparen, hatte unsere Krakenfigur übrigens nur sechs statt acht Fangarme. Die Zuschauer haben es nicht bemerkt.

Ich war bis dahin noch nie in Europa gewesen. Darum habe ich zwei Sujets entwickelt, die in europäischen Hauptstädten spielen sollten. In *THE ELEMENTALS* nisteten Fledermauswesen auf dem Pariser Eiffelturm. Jack Dietz, der Produ-

zent von *THE BEAST*, hatte das Exposé gekauft, und ich machte einen Test in 3-D, aber es kam zu keiner Produktion. Den zweiten Stoff, der Rom zum Schauplatz hatte, *THE GIANT YMIR,* hatte ich mit einer Freundin, Charlotte Knight, konzipiert. Es gelang uns damals jedoch nicht, jemanden dafür zu interessieren. Nachdem Charles und ich *EARTH VS. THE FLYING SAUCERS* (Fliegende Untertassen greifen an) für die Columbia gedreht hatten, konnte ich ihn für *YMIR* begeistern. Allerdings verwendeten wir den Namen nicht, da Charles dachte, er klinge zu sehr nach Emir, dem arabischen Fürsten. Zusammen mit Larry Butler vom Special-Effects-Department der Columbia filmten wir in Rom die Plates für *20 MILLION MILES TO EARTH* (Die Bestie aus dem Weltenraum). Der Höhepunkt fand im Colosseum statt, auf dessen rückprojizierten Mauern das humanoide Saurierwesen von der Venus im Studio in Hollywood schließlich sterben sollte, ähnlich wie King Kong auf dem Empire State Building.

Szenenentwürfe für
IT CAME FROM BENEATH THE SEA (1955)

Ein Seeungeheuer bedroht San Francisco: *IT CAME FROM BENEATH THE SEA*

Harryhausen und Modell des doppelköpfigen Vogels Roch.
Rechts: Verworfener Szenenentwurf zu *THE 7TH VOYAGE OF SINBAD* (1958)

Grauen am Strand von Colossa in *THE 7TH VOYAGE OF SINBAD*

1001-Nacht-Trilogie

Ende der vierziger Jahre hatte ich Entwürfe für einen *SINBAD*-Film vorbereitet. Ich hatte *SINBAD THE SAILOR* (Sindbad der Seefahrer) mit Douglas Fairbanks jr. gesehen und mich geärgert, dass zwar vom Vogel Roch und anderen Wundern geredet, diese aber nicht im Bild gezeigt wurden. *KING KONG* war von den Zeichnungen Gustave Dorés beeinflusst, und so orientierte ich auch meine Serie von Sindbad-Entwürfen an diesem großen Künstler. Ich habe eine bedeutende Sammlung antiquarischer Doré-Bildbände, die mir stets als Referenz dienten. Meine Zeichnungen zeigten einen Menschen am Grillspieß eines einäugigen Riesen, den Kampf zweier Zyklopen um Menschenfleisch, ein Riesenei des Vogels Roch, aus dem von hungrigen Menschlein ein Junges gezerrt wird, einen Feuer speienden Drachen – und den Protagonisten, der einen Schwertkampf mit einem lebenden Skelett austrägt. Ich habe die Entwürfe Merian Cooper gezeigt, Jesse Lasky, George Pal, ich bin zu Edward Small gegangen, aber nicht mal an seiner Sekretärin vorbeigekommen. Wieder war es Charles Schneer, den ich für *SINBAD* gewinnen konnte. Natürlich konnten wir angesichts einer Geschichte aus »1001 Nacht« nicht wie bisher in Schwarzweiß arbeiten. Charles bestand darauf, dass das Projekt in Farbe realisiert würde. Allerdings brachte das Dupmaterial (Kopie des Originalnegativs), das ich notwendigerweise bei den rückprojizierten Effekten verwenden musste, eine Menge Probleme mit sich, da es sehr grobkörnig war. Trotzdem gelang es uns, den Film für weniger als eine Million Dollar fertig zu stellen. Ich glaube, *THE 7TH VOYAGE OF SINBAD* (Sindbads siebente Reise) kostete schließlich 650 000 Dollar, für einen Film dieses Genres echtes Low Budget. Charles Schneer war ein sehr kostenbewusster Produzent. Jeder Cent sollte auf der Leinwand zu sehen sein. Zum

Glück hatten wir herrliche Kostüme von Columbia, die aus einem abgesetzten Projekt mit Rita Hayworth stammten: *JOSEPH AND HIS BRETHREN*. Wir waren eine der ersten US-Produktionen, die damals in Spanien drehte. Für die Außenaufnahmen hatten wir vier oder fünf Wochen. Nachts drehten wir in der Alhambra. Sechs Monate später folgte der Studiodreh. Und dann hatte ich noch vier oder fünf Monate für die Animation. Noch heute wünschte ich mir, ich hätte für einige Szenen mehr Zeit gehabt, aber wenn man mit einem bescheidenen Etat arbeitet, muss man Kompromisse eingehen. Gleich zu Beginn der Produktion hatte ich Charles gesagt, dass wir einen wirklich guten Komponisten bräuchten, jemanden, der dem Film das gibt, was er verdient: eine wertvolle Filmmusik. Charles kannte Bernard Herrmann und sprach mit ihm. Herrmann hatte mit Orson Welles und Alfred Hitchcock gearbeitet. Er kam vorbei und sah sich den Rohschnitt an. Er zeigte keinerlei Regung, schien den Film aber so zu mögen, dass er den Auftrag nicht ablehnte. (Er hat viele Filmangebote abgelehnt). Er hat für *THE 7ᵀᴴ VOYAGE* eine außergewöhnliche Filmmusik geschrieben. Höhepunkt des Films war Sindbads Kampf mit dem Skelett, das der ränkische Zauberer Sokurah (Torin Thatcher war exzellent in der Rolle) gegen ihn ins Feld führt. Bei den Live-Szenen koordinierte der italienische Fechtmeister Enzo Musumeci-Greco den Schwertkampf mit Sindbad-Darsteller Kerwin Mathews, aber bei der Aufnahme musste Kerwin ohne Gegenüber auskommen. Fünfzig Leute standen herum, und als »Schattenboxer« kam er sich wie ein Idiot vor. Die Figur des Skeletts, deren Mechanik mein Vater konstruiert hatte, wurde erst Monate später in das Filmbild eingefügt.

DUELL DER SKELETTE

Nach *SINBAD* arbeiteten wir ausschließlich in Europa. Ich heiratete und zog nach London. Dort produzierten wir *THE THREE WORLDS OF GULLIVER* (Herr der drei Welten), *MYSTERIOUS ISLAND* (Die geheimnisvolle Insel) und vor allem *JASON AND THE ARGONAUTS* (Jason und die Argonauten). Es war eine Herausforderung, die sieben Köpfe der Hydra zu animieren. Aus den Zähnen der erschlagenen Hydra wuchsen sieben Skelette, die Jason und zwei anderen griechischen Recken ein furioses Duell lieferten. Wir probten mit Stuntmen, die die Position einnahmen, die die Skelette im Bild haben sollten. Dann mussten die Darsteller blind, nach Takten, proben, und wir nahmen es auf. Um Schwerthiebe der imaginierten Skelette abzufangen, mussten die Akteure ihre Waffen mitten in der Luft abrupt stoppen,

Der Produzent Charles Schneer (Mitte, mit Sonnenbrille) und die Schere des Riesenkrebses bei den Dreharbeiten zu *MYSTERIOUS ISLAND*. Ray Harryhausen liegt schon am Boden

JASON AND THE ARGONAUTS (1963).
Nummerierte Stuntmen (Werkaufnahme)
Skelette greifen an

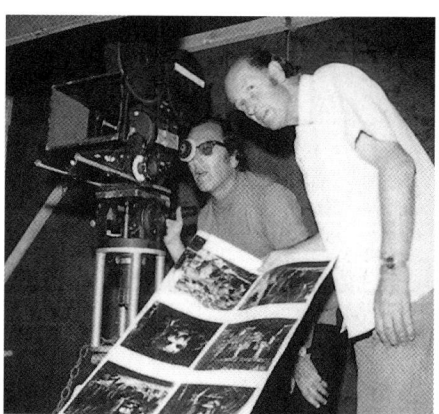

THE VALLEY OF GWANGI
(1969).
**Rechts: Charles Schneer
und Ray Harryhausen:**
*THE GOLDEN VOYAGE OF
SINBAD* (1973)

so dass ich später im Atelier einen Kontakt mit den Figuren herstellen konnte. Es war eine Heidenarbeit. Stets waren wir unter Zeitdruck. Wir hatten keine Möglichkeit, so lange zu probieren, bis die Aufnahme stand. In neun von zehn Fällen war es der erste Take, den wir genommen haben.

Nach einem H. G. Wells-Film in Panavision *(FIRST MEN IN THE MOON)* und zwei Dinosaurierepen *(ONE MILLION YEARS B.C.,* dem Remake einer Hal-Roach-Produktion von 1939, und *THE VALLEY OF GWANGI* nach einer Idee von OBie) schlug ich vor, es mit einer weiteren *SINBAD*-Geschichte zu versuchen. Ich hatte ein zwanzigseitiges Exposé geschrieben, in dem Sindbad bis nach Indien reist und der vielarmigen Kali begegnet. Ich wollte unbedingt das verbessern, was Alexander Korda mit der Silbermaid in *THE THIEF OF BAGHDAD* (Der Dieb von Bagdad) versucht hatte. Ein Zauberer, der mit jeder magischen Aktion ein Stück seiner Kraft einbüßt und altert, erweckt sie zum Leben. Wir probten die Kali-Szenen mit den Darstellern und drei Stuntmen, die wir zusammenbanden, um sechs Arme zu bekommen. Es sah ziemlich komisch aus.

**Nicht verwendeter Produk-
tionsentwurf zu** *JASON AND
THE ARGONAUTS*

Bei *THE GOLDEN VOYAGE OF SINBAD* (Sindbads gefährliche Abenteuer) arbeitete ich eng mit Drehbuchautor Brian Clemens zusammen. Wir wollten diesmal einen anderen Sindbad-Typ. Keinen Douglas Fairbanks mit grinsendem Gesicht, vollen Zahnreihen und Schnurrbart. Unser Sindbad war diesmal auch nicht der naiven Charme verbreitende Kerwin Mathews, sondern der romantische John Phillip Law. Den Plan, in Indien zu drehen, mussten wir aus ökonomischen Gründen aufgeben. Wieder stellte Spanien die Locations für die Außenaufnahmen.

Abgerundet wurde unsere 1001-Nacht-Trilogie durch *SINBAD AND THE EYE OF THE TIGER* (Sindbad und das Auge des Tigers). Ursprünglich dachten wir daran, Trog, dem die märchenhaften Abenteurer in Lemuria begegnen, von einem Menschen verkörpern zu lassen und ihn optisch zu vergrößern, doch hätten uns das die Zuschauer sicher übel genommen. Als Stop-Motion-Figur war er sehr humanoid, und das Publikum leidet, wenn er von dem Säbelzahntiger getötet wird.

DAS ENDE DER
INDIVIDUELLEN FILMSCHÖPFER

Mit Perseus und *CLASH OF THE TITANS* (Kampf der Titanen) unternahmen wir schließlich einen letzten Abstecher in das Reich der griechischen Mythologie. Ich wollte nicht, dass unsere Medusa wie eine gewöhnliche Frau mit Schlangen auf dem

Szenenentwurf zu dem
nicht realisierten Projekt
PEOPLE OF THE MIST von
Michael Winner (ca. 1982).
Links: Ray Harryhausen mit
Derek Meddings (links)
und Regisseur John Landis
(1984)

Kopf aussah. Immerhin verwandelt sie Menschen in Stein. Sie sollte extrem hässlich sein, aber auch nicht so hässlich, dass es abstoßend war. Sie war nackt, und um Probleme mit der Zensur zu vermeiden, war ihr Unterleib der einer Klapperschlange. Pfeil und Bogen haben wir von Diana, der Göttin der Jagd, geborgt. Doch die Zeit der individuellen Filmschöpfer war endgültig vorbei. Inzwischen waren *STAR WARS* und *CLOSE ENCOUNTERS OF THE THIRD KIND* angelaufen, und alsbald sollte der Siegeszug des digitalen Films beginnen. Fortan wird nicht mehr in monatelanger Kleinarbeit von Hand animiert, sondern per Mausklick aus dem Computer gezaubert. Es geht schneller und schneller, und ebenso schnell sind die Taten vergessen und schon von etwas Neuem überholt. Unsere Zeit ist zu schnelllebig, um »unsterblich« zu sein.

So viel hängt allein von der Qualität des Computers und der Software ab, so wenig von der Vorstellungskraft, der Fingerfertigkeit und dem »Fanatismus« des Individu-

ums. Einer computergenerierten Hydra würde die individuelle Handschrift eines Künstlers fehlen, der sie aus Materie formt. Außerdem würden Scheinrealismus und Perfektion bisweilen zulasten der Traumqualität gehen. Als ich meine ersten Experimente durchführte, merkte ich, dass ich eine Menge verschiedener Disziplinen erlernen musste, bevor ich meine Ideen halbwegs befriedigend auf die Leinwand bringen konnte. Die kindliche Freude beim Entdecken und die künstlerischen Fortschritte waren ein großes Abenteuer für mich. Als ich die computergenerierten Saurier aus *JURASSIC PARK* sah, war mir, als sei einer wie ich nicht geschaffen, tagaus, tagein vor einem Bildschirm zu sitzen und Knöpfe zu drücken, doch muss ich gestehen, dass mich die BBC-Serie *WALKING WITH DINOSAURS* (Dinosaurier – Im Reich der Giganten) überzeugt hat. Nun bin ich es wieder, der dasitzt und staunt ...

Ray Harryhausen (*1920) lebt heute in London. Sein Stop-Motion-Œuvre (Sindbad-Trilogie u. a.) hat Filmgeschichte geschrieben und wurde von der Academy of Motion Picture Arts and Sciences mit einem Oscar ausgezeichnet. Man kann mit einigem Recht sagen: Harryhausen ist der weltweit bekannteste Special-Effects-Künstler. Das American Film Institute verlieh ihm die Ehrendoktorwürde. Exponate aus seinem Lebenswerk sind ausgestellt im Filmmuseum Berlin.

Antonín Horák

die erfindung des verderbens
kameraeffekte für die fantastischen filme des tschechen karel zeman

Der Zufall hatte 1935 eine kleine Gruppe erfahrener Filmschaffender aus Prag nach Zlin geführt, um dort Werbefilme für die Schuhfabrik Baťa zu drehen. Der Fabrikant Jan Baťa wollte für ihre finanzielle Unabhängigkeit einstehen, so dass sie, wie sie hofften, auch Kulturfilme drehen konnten. Kopf der Gruppe war der Produzent Ladislav Kolda. Der hatte eine besondere Begabung, schöpferisches Talent zu erkennen und junge Leute durch eine Mischung aus Liebenswürdigkeit und Strenge zu bester Leistung anzuspornen. Wer durch Koldas Schule gegangen war, aus dem wurde ein hervorragender Schöpfer. Schon vor dem Krieg war das kleine Zliner Filmstudio über die Grenzen hinaus bekannt. Ab 1939 produzierten wir dort auch Zeichenfilme für die deutsche DEGETO. Aber schon bald mangelte es an Ideen und Storys für diese Kinderfilme. Also ist Kolda nach Prag gefahren, hat den mit ihm bekannten Filmhistoriker Karel Smrž besucht und von ihm die Adressen einiger Kinderbuchautoren in Erfahrung gebracht. Bei dieser Gelegenheit schlug Smrž Kolda vor, es auch einmal mit dem Puppenfilm zu versuchen. Wir kannten den *NOWY GULLIVER* (Der neue Gulliver) des Russen Aleksandr Ptuschko: die Kombination eines riesenhaften Menschen mit kleinen Figuren aus Plasteline, doch schien uns die gestalterische Lösung der Figuren zu morbid, ihre Bewegung zuckend und ungeschickt. Mich selber hatte eher der Schöp-

fer der holländischen Werbefilme für Philips-Radioapparate, George Pal, inspiriert, der später in Amerika arbeitete. Auf jeden Fall wurde ein Treffen mit Frau Hermina Týrlová vereinbart, die an solchen Sujets sehr interessiert war. Im Januar 1941 traf Týrlová in Zlin ein. Für einen Probefilm mit ihr hatte Kolda mich als Kameramann eingeteilt. Die Probe wurde als sehr gelungen bezeichnet. Als Vorlage hatte man ein illust-

riertes Kinderbuch von Ondřej Sekora gewählt: *FERDA, DIE AMEISE*. Im Mai 1945 sind Kolda und seine Leute nach Prag zurückgekehrt. Das Studiogebäude war schwer beschädigt und eigentlich für die

Aus einem Puppenfilm der *PAN PROKOUK*-Serie

◀ Entwurf für *DIE UNENDLICHE GESCHICHTE* (1983–84)

Der Kampf der
tschechischen Saurier:
CESTA DO PRAVĚKU

zu diesem Film hat sich gezeigt, dass der Puppenfilm dramaturgisch keine lange Metrage verträgt. Das war der Grund, warum Zeman Animations- mit Spielsequenzen verbinden wollte. Für mich als Kameramann war das natürlich mit weiteren Problemen verbunden.

REISE IN DIE URWELT

Der erste Film dieser Art war *CESTA DO PRAVĚKU* (Reise in die Urwelt). Dabei ging es um eine Kombination lebendiger Knaben mit Gummimodellen von Riesentieren der Urzeit. Als Berater hatten wir Dr. Josef Augusta und den Illustrator Zdenek Burian, die wissenschaftliche Bücher über die Prähistorie veröffentlicht hatten. Die Modelle der Echsen waren klein, nur ca. 50 Zentimeter lang. Trotzdem musste der Eindruck vermittelt werden, dass sie gegenüber den Kindern riesengroß waren. Hier kam mir die Perspektive zu Hilfe. Knaben und Landschaft wurden aus der Entfernung, die Echsen aus nächster Nähe von der Kamera aufgenommen. Die Tiere wurden einbildweise animiert. Beide Teile des Films wurden auf demselben Negativ belichtet. Da das amerikanische Technicolor für uns unerschwinglich und unzugänglich war, nahmen wir als Rohfilm das Agfacolor-Verfahren, das sich für uns als ausgezeichnet erwies. Selbst die Amerikaner sind dann ja zum Kodak-Negativ übergegangen und haben nur die Kopien bei Technicolor ziehen lassen. Die Spielteile wurden von einem Kameramann aus Prag aufgenommen, dem ich beratend zur Seite stand. Wo der Animationsteil erscheinen sollte, habe ich schwarzes Papier als Kasch verwendet. In den Jahren 1952/53 gab es noch keine Elektronik, wir mussten mit einfachen und primitiven Techniken arbeiten. Damit ich im Atelier zur Spielaufnahme den Animationsteil genau anpassen konnte, ließ ich vor jeder Aufnahme eine Bildstandsprobe von zehn Metern Länge drehen. Mit einem Stück der Probe habe ich über das Okular die schwarze Gegenmaske eingerichtet, den Spielteil ab-

weitere Produktion nicht mehr geeignet. Doch sind einige geblieben: Jaroslav Novotný, Hermina Týrlová, ihr Schüler Karel Zeman und ich.
Týrlová und Zeman waren sehr unterschiedliche Charaktere, künstlerisch wie menschlich. Týrlová war eher kindlich naiv, was unserem jungen Publikum nahe kam. Zeman dagegen war spekulativer und intuitiv begabt. Sie haben einander nicht verstanden und persönlichen Kontakt gemieden. Fuhr man zum Filmfestival nach Ostrava, mussten ihnen zwei Autos zur Verfügung gestellt werden. Das war der Grund, warum sich beide ein eigenes Team geschaffen haben. Mit Karel Zeman habe ich die Serie *PAN PROKOUK* (Herr Durchsichtig) als Kameramann und Gestalter gedreht sowie einen abendfüllenden Puppenfilm, das Märchen *POKLAD PTACIHO OSTROVA* (Der Schatz der Vogelinsel, 1952). Weil es damals bei uns keine Farb-Negativfilme gab, musste ich Positivmaterial benutzen und die Farben im Prager Kopierwerk ausgleichen. Als Vorlage für diesen langen Puppenfilm hatte Zeman persische Miniaturen gewählt. Er hatte kein Verhältnis zu unserer heimischen slawischen Ästhetik, die persische erschien ihm märchenhafter. Bei den Dreharbeiten

gedeckt und den Bereich für die Animation frei gelassen. Auf dem verbleibenden Stück der Probe habe ich einige Kader mit verschiedenen Belichtungen und Farbfiltern vor dem Objektiv aufgenommen und entwickelt und die beste Möglichkeit für eine harmonische Kombination der beiden Hälften gewählt. Auf diese Weise wurde die Spielszene durch Animation ergänzt.

Bekanntlich gibt es Rohfilmnegativ für Tageslicht und solches für Kunstlicht. Für die Spielszenen war ein Material für Tageslicht benutzt worden, die Animationsszenen wurden bei Kunstlicht gedreht. Den Unterschied der Lichttemperatur musste ich im Atelier durch Blaufilter vor dem Kameraobjektiv ausgleichen. Bei Tage ist das Sonnenlicht nicht immer gleich. Mittags ist es bläulich, am Abend mehr rötlich. Weil es aber keinen Universalfilter gibt, musste ich selber mehrere Filter, angefangen bei sattem Blaugrün bis mehr grünlich, fertigen. Bei der Probe habe ich dann die jeweils beste Lösung gewählt.

stellung ausgerissen. Sie wurden am Bahnhof aufgegriffen und sollen geantwortet haben, sie wollten in die Urwelt fahren.

UTOPISCHE TRICKKOMBINATIONEN

Als Nächstes entstand, unter dem Eindruck der Atombombe, *VYNÁLEZ ZKÁZY* (Die Erfindung des Verderbens). Gerade diese Aktualisierung der alten Romane von Jules Verne hatte es mir angetan, und mit Begeisterung arbeitete ich an der Entwicklung von Trickverfahren zur Realisierung der Idee.

Weil hier von mir sehr oft verlangt wurde, schwarze oder weiße Wandermasken von Vögeln oder Reitern in Kombination mit Dekorationszeichnungen zu verwenden, schlug ich vor, den ganzen Film in Schwarzweiß zu drehen und ihn erst in der Kopiermaschine zu viragieren (einfärben). Zeman war einverstanden.

Da wir keinen Oxberry-Printer hatten, musste ich bereits in der Kamera auf einem

In Amerika und Japan wurden damals ähnliche Filme gedreht, die die Urzeit zum Thema hatten, doch unser Film *REISE IN DIE URWELT*, der mit viel einfacheren Mitteln entstand, war nicht minder fantastisch und streckenweise überzeugender. Er wird weiter sein Publikum finden, bis das Negativ zerfällt. Vor einiger Zeit wurde er wieder einmal Kindern vorgeführt. Drei Jungen, heißt es, seien nach der Vor-

Negativ mehrere Wandermasken zusammen aufnehmen. Dafür habe ich vom Prager Filmmaschinenwerk zur gewöhnlichen Stummkamera eine Kassette bestellen lassen, die es ermöglichte, zwei Filmstreifen in Bi-Pack in die Kamera einzulegen. Auf einem Streifen findet sich die fertige positive, teilweise durchsichtige Wandermaske, der zweite Streifen ist das unbelichtete Rohfilmnegativ. Die fertige

Tauch- und Ballonfahrt à la Jules Verne

Krakenmonster in *DIE ERFINDUNG DES VERDERBENS*

Antonín Horák gilt als innovativster Kameramann des frühen tschechischen Animations- und Trickfilms. Er begann 1935 als Lehrling im Filmstudio Zlin. Dieser Text – das einzige Dokument des letzten noch lebenden Zeugen dieser Zeit – wurde auf Deutsch geschrieben und aus Gründen der Dokumentation nur geringfügig bearbeitet. Später befasste sich Horák wissenschaftlich mit dem Slawentum.

Positivmaske wird als Erstes zum Objektiv in die Kamera eingelegt, das Rohfilmnegativ in direktem Kontakt hinter der Maske. Nehmen wir an, es müssten Reiter aufgenommen werden. Sie galoppieren über eine Ebene. Der blaue Himmel im Hintergrund wird mit einem blauen Filter weiß. Das Terrain unter den Reitern und die restliche Landschaft werden durch schwarzes Papier vor der Kamera kaschiert. Ergebnis ist, dass auf dem Negativ nur die schwarze Silhouette der Reiter erscheint und nichts anderes. Das exponierte Negativ wird entwickelt und auf Positiv kopiert. Das fertige Positiv dient sodann als Wandermaske und wird erneut in die Kamera eingelegt, um das Bild mit den Reitern im Trick durch einen gezeichneten Hintergrund zu ergänzen. Der erste Reiter stürzt mit seinem Pferd in einen Abgrund, aber dabei handelt es sich schon um die Animation einer Papierfigur. Auf diese Weise hatte ich unbegrenzte Möglichkeiten. Zu der Aufnahme mit dem abstürzenden Reiter waren vorher noch schwarze Krähen vor hellem Hintergrund gedreht worden. Auch dieses Negativ wurde nachträglich in das Kamerabild einkopiert. Manche Bilder waren aus fünf bis sechs Elementen zusammengesetzt. Zu jedem Bild hatte ich mit Zeman alle notwendigen Elemente geplant. Es gab Aufnahmen, für die ich eine Woche Drehzeit benötigte. Wir verwendeten die Schlechtakamera aus der Barrandover Fabrik für Filmmaschinen. Allerdings hatte diese Kamera keinen Sperrgreifer zur Stabilisierung des Bildes, und daraus entstanden Schwierigkeiten, was den Bildstand betraf. Deswegen habe ich Zeman vorgeschlagen, die gemalten Dekorationen und die Kleider der Schauspieler mit Streifen zu versehen. Vordergründig ähnelte dies den Stichen der alten Jules-Verne-Illustrationen. So verlor sich aber auch die Kontaktlinie der beiden Teile.

Die Dreharbeiten dauerten im Ganzen drei Jahre. Damit wurden Drehplan und Kostenvoranschlag überschritten. So musste Zeman die Prager Filmdirektion um weitere Etatmittel bitten. Man suchte nach einem Schuldigen. Zeman erklärte, dass der Trickkameramann Horák zu langsam arbeite, obwohl ich ständig Überstunden machte und bis spät in die Nacht im Atelier war. Wie hätte es auch anders gehen sollen angesichts der primitiven Technik, die mir zur Verfügung stand? Schließlich verlangte man von mir, zwei Prager Spielfilmkameraleute in die Trickmethoden einzuarbeiten. Einer war der Kameramann Bohuslav Pikhart, der auch weitere Filme mit Karel Zeman gedreht, dabei aber nur vergleichsweise simple Trickverfahren benutzt hat. Ich selbst wurde vor Beendigung des Films entlassen, da die Spannungen zwischen Zeman und mir unerträglich wurden. Für mich war das die Rettung, denn ich war längst mit meinen Nerven am Ende und wurde krank. Der Öffentlichkeit ist natürlich nicht bekannt, wer sich die fantastischen Kombinationstricks ausgedacht und sie realisiert hat. Alles Lob fiel dem Regisseur Zeman zu.

Bei der ersten Vorführung des fertigen Films vor der kommunistischen Führung in Prag wurde das Werk wegen Mängeln bei der Schauspielerführung als eher schwach angesehen. Die Schauspieler agierten statisch, aber gerade das begründete die stilistische Einheit von Spiel- und Trickteilen. Überhaupt war der Film zu neu und zu ungewöhnlich. Doch dann, im Jahre 1958, wurde er von der Jury des Filmfestivals zur Weltausstellung in Brüssel für den Wettbewerb ausgewählt und mit dem Grand Prix ausgezeichnet. Karel Zeman erhielt als »Nationalkünstler« eine Prämie. Der Trickkameramann dagegen hatte fast umsonst daran gearbeitet und ging leer aus.

Still ruht das Andenken an das Zliner Studio. Heute wird dort nicht mehr gedreht, und alles fällt dem Vergessen anheim. Die Einführung des Computers in die Filmproduktion hat vieles erleichtert, was uns seinerzeit schier unüberwindliche Barrieren aufgetürmt hat. Diese leichtere Arbeit überlasse ich anderen.

Rolf Giesen

spezialeffekte made in germany

DER STUDENT VON PRAG: PAUL WEGENER UND GUIDO SEEBER

Schauspieler empfinden die Totalen der Special Effects häufig als direkten Affront, der ihnen Großaufnahmen nimmt und sie an den äußeren Bildrand drängt, um einer Explosion optischer Tricks Platz zu machen. In Deutschland dagegen war ein Darsteller der größte Apologet eines synthetischen, alle Mittel der Trickfotografie nutzenden Films. In einem am Ostermontag 1916 in Berlin gehaltenen Vortrag über die »künstlerischen Möglichkeiten des Films« träumte Paul Wegener von einem absolut künstlichen Filmwerk. Seine Ideen waren geradezu prophetisch:
»Sie alle haben schon Filme gesehen, in denen plötzlich eine Linie kommt, sich krümmt, verändert. Es entstehen eventuell aus ihr Gesichter, und die Linie verschwindet wieder. Dieser Eindruck war mir höchst bemerkenswert. Es wird immer nur als Zwischenspiel gezeigt, und man hat noch niemals die ungeheuren Möglichkeiten dieser Technik bedacht. Ich könnte mir eine Filmkunst denken, die – ähnlich wie die Musik – in Tönen, in Rhythmen arbeitet. In beweglichen Flächen, auf denen sich Geschehnisse abspielen, teils noch mit der Natur verknüpft, teils bereits jenseits von realen Linien und Formen. Es werden sich Talente finden, die sie auszuführen imstande sind. Auf diesem Gebiet hat ein leider verstorbener Doktor der Chemie Voss eine Erfindung gemacht, die vielleicht einmal zur Bedeutung kommen wird. Es dreht sich darum, Zeichnungen in den Film mit einzubeziehen.

So will ich Ihnen einmal folgende Legende schildern, die ich seit Jahren mit mir herumtrage: Denken Sie an eines der böcklinschen Meeresbilder mit den Fabelwesen der Tritonen und Nereiden und stellen Sie sich vor, der Maler würde dieses Bild in Hunderten von Exemplaren mit den leisesten Verschiebungen malen, so dass sich aus ihnen kontinuierliche Bewegungsabläufe ergäben, so würden wir plötzlich eine sonst reine Fantasiewelt vor unseren Augen lebendig werden sehen. Dieses gemalte Meer würde schäumen, diese nur in Böcklins Hirn entstandenen romantisch-antiken Nereiden stürmen zu seinen Ufern und schreien; diese Tritonen würden sich im Wasser wälzen. Das Gewitter würde näher heranziehen. Es wäre ein ungeheuerlich erschreckender Eindruck, eine Welt leben zu sehen, die eigentlich nur in einem toten Bilde existiert!
Derartige Wirkungen kann man auch er-

Balduin und sein Spiegelbild: *DER STUDENT VON PRAG* (1913)

Paul Wegener: *LEBENDE BUDDHAS* (1923/24)

Im Atelier: *DER GOLEM UND DIE TÄNZERIN* (1917)

zielen, wenn man kleine Modelle bewegt, d. h. im Sinne der Marionetten eigens dafür konstruierte Modelle – auf diesem Gebiet wird ja heute sehr viel geleistet. Fantastische, schemenhafte Figuren werden so konstruiert, dass man sie fotografisch bewegen kann, indem man eine Position aufnimmt, die zweite Position aufnimmt, und so weiter. Man kann dadurch, dass man zu langsam oder zu schnell dreht, Bewegungen verschiedenster Teile schneller oder kürzer machen, so dass ein Fantasiebild entsteht, das vollständig neue Assoziationen im Hirn hervorzurufen imstande ist. Kommt noch hinzu, dass man mikroskopische Teile in Gärung getretener chemischer Substanzen, kleine Pflanzen usw., in verschiedenen Dimensionen durcheinander fotografieren kann, so dass die Materie, aus der diese Visionen entstehen, gar nicht mehr erkannt wird. So treten wir in eine ganz neue bildliche Fantasiewelt wie in einen Zauberwald ein und kommen zu dem Gebiet der reinen Kinetik, der utopischen Lyrik, wie ich sie genannt habe, die vielleicht einmal eine große Bedeutung gewinnen wird und dem Menschen neue Schönheiten erschließt. Das ist ja schließlich der Endzweck jeder Kunst, und dadurch gewänne das Kino ein selbstständiges ästhetisches Gebiet.

Stellen Sie sich einen Film dieser Art, womöglich mit Musikbegleitung, vor. Eine weite leere Fläche. Plötzlich wachsen vom unteren Rande mächtige Lilien auf, die Lilien blühen auf, die Blätter züngeln in die Höhe, werden allmählich zu Flammen, die Flammen geben einen dicken Rauch, der Rauch wandelt sich zur schweren Wolke, aus der Wolke fallen große kristallene Tropfen, sie fallen immer dichter, es entsteht ein Meer, jetzt wogt das ganze Bild nur wie eine spiegelnde See. Aus dem Meer steigen seltsame Gestalten auf, sie bändigen die Wogen, die Flut ebbt zurück. Es tauchen merkwürdige Wasserpflanzen auf, sie breiten sich allmählich über das ganze Bild aus und werden zu

Eisblumen auf dem erstarrenden Meer. Eine prachtvoll belebte Fläche. In dieser Fläche bilden sich allmählich gewisse Zellkerne, Zentren. Diese Zentren erschließen neue Flächen, die Flächen klären sich mehr und mehr in schneller Bewegung. Plötzlich brechen die Zellkerne auseinander und strahlen wie Feuerwerkskörper aus!

Ich will Ihnen diesen Film nicht weiter schildern, ich wollte Ihnen nur andeuten, welche Perspektiven hier gegeben sind. Es ließe sich unter Heranziehung aller erdenklicher Formen und Elemente, wie künstlicher Dampf, Schneeflocken, elektrische Funken und so weiter, sicher ein Film schaffen, der zum künstlerischen Erlebnis wird – eine optische Vision, eine große symphonische Fantasie!

Das wäre allerdings die letzte Möglichkeit. Dass sie einmal kommen wird, glaube ich bestimmt, – und dass ein späteres Menschengeschlecht auf unsere jungen Bemühungen wie auf ein kindliches Stammeln zurückblicken wird, davon bin ich auch überzeugt.«

Wegeners bekannteste Filmgestalten waren der Golem, der erstmals im Januar 1915 erschien (die Maske des Lehmkolosses entwarf der Bildhauer Rudolf Belling), sowie – bereits 1913 – *DER STUDENT VON PRAG* (in einem »romantischen Drama in vier Akten«): Balduin, der beste Fechter im Prag des Jahres 1820, verkauft sein Spiegelbild an den teuflischen Zauberer Scapinelli und verliert damit auch seine Seele. Das Spiegelbild führt ein dämonisches Eigenleben, und als sich Balduin mit einem gezielten Schuss seines gespiegelten Ichs zu entledigen sucht, trifft er sich selbst. Die Werbung der Deutschen Bioscop-Filmgesellschaft versprach »ganz neuartige Erscheinungen der modernen Kinotechnik«, und tatsächlich war die Ausführung der Doppelgängeraufnahmen meisterhaft gelungen. Guido Seeber, der Chefkameramann der Bioscop und mit Kurzfilmen wie *DIE GEHEIMNISVOLLE STREICHHOLZDOSE* von 1909/10 (Streich-

holzanimation nach dem Vorbild des Franzosen Émile Cohl) und *DAS VERKEHRTE
BERLIN* von 1911 ein Pionier des deutschen Filmtricks, realisierte den Effekt der
Bildteilung, indem er einmal die linke,
dann die rechte Hälfte kaschierte. Die
mehrfache Belichtung war bereits in den
sechziger Jahren des 19. Jahrhunderts in
fotografischen Handbüchern beschrieben
worden: Abdeckmasken wurden entweder in der Kamera vor der Platte oder im
Unschärfenbereich vor dem Objektiv angebracht.

FAFNIR

Zwischen 1922 und 1924 baute das Ar-
chitektengespann Hunte, Kettelhut und
Vollbrecht für Fritz Lang in Neubabelsberg
die *NIBELUNGEN*. Höhepunkt des ersten
Teils war der Kampf Jung-Siegfrieds (Paul

Richter) gegen Fafnir, einen gewaltigen
Lindwurm. Bei Regiebesprechungen im
Hause Lang schlug Erich Kettelhut vor,
für diese Sequenz zuerst eine möglichst
große lebende Echse in einem Wald-
modell aufzunehmen und in einer Minia-
turhöhle verschwinden zu lassen, den Eingang der Höhle dann groß nachzubauen
und einen der Echse nachgebildeten Rie-
senkopf für den Fight mit dem Helden
herausschauen zu lassen. Fritz Lang entschied dagegen, ausschließlich ein Großmodell zu benutzen. Der Entwurf der ge-
schuppten Attrappe stammte von Otto
Hunte, die technischen Zeichnungen fertigte Erich Kettelhut, die Bauausführung
oblag Karl Vollbrecht und seinem Team.
Der lange Hals des Untiers war geformt
aus sich von Stück zu Stück vergrößern-
den Eisenringen, ebenso der Schwanz.

Kampf mit dem Drachen:
DIE NIBELUNGEN

Seitliche Krümmungsmöglichkeiten des Halses mit gleichzeitiger Stabilisierung wurden unter Zuhilfenahme von Buchenholzrahmen erzielt, die senkrecht in den Ringformen befestigt wurden. Geschwenkt wurde der Hals mittels Drahtseilzügen, und auch die Augen und das Maul konnten von einem Steuersitz im Innern der Echse manipuliert werden. Gleichzeitig befand sich in dem Riesenschädel ein Blechkasten mit einem Gummischlauch daran, der in den Rumpfraum führte und an einem Blasebalg endete. An der entgegengesetzten Seite des Kastens war eine Öffnung, vor der ein kleines Bassin mit einer Azetylen-Brennvorrichtung angebracht war. Durch das geöffnete Maul konnte der Kasten mit Lycopodium gefüllt und die Acetylen-Flamme entzündet werden. Betätigte man nun den Blasebalg, staubte der leicht entzündbare Bärlappsamen (Lycopodium) durch die Vorderöffnung über die Flamme und bewirkte eine zwei bis drei Meter lange Stichflamme, so dass der Lindwurm artgemäß Feuer speien konnte. Als Auflage, welche die Last der Kardankonstruktion aufnahm, die neben der seitlichen auch die Bewegung nach oben und unten erlaubte und außer dem Gesamtgewicht von Kopf und Hals noch das zweier dementsprechender Bleikontergewichte zu tragen vermochte, diente eine Eisenträgerkonstruktion, eine Mittelachse, durch den ganzen Rumpf gehend, mit zwei rechtwinklig aufliegenden Querstücken. Diese Querstücke trugen gleichzeitig die Bewegungsvorrichtungen der Beine, welche das Werk des Meisters der Mechanischen Werkstatt der Ufa, Seiffert, waren. Die Transportkolonne zur Bewegung des gut 15 Meter langen Ungeheuers schob das Ding auf Rädern unterhalb in einer Rinne.

Übergroße Reptilien und Dinosaurier wurden im deutschen Stummfilm aber auch schon per Stop Motion à la *THE LOST WORLD* animiert. In einem Artikel über Trickfilm in der »Deutschen Zeitung« stellte Dr. Hans Diebow die Ewald-Filmgesellschaft vor: »Ich habe das Glück gehabt, einen dieser Trickfilmverfasser und -zeichner, unzweifelhaft Deutschlands bedeutendsten schöpferischen Geist auf diesem Gebiet, der nach dem Urteil maßgebender Sachkenner selbst die amerikanische Produktion bereits überflügelt hat, den Major a. D. Hans Ewald-Berlin, in seinem Atelier seit einer Reihe von Jahren bei der Arbeit zu beobachten. Allein mit seinen beiden Söhnen hat er einfach bahnbrechende Erfindungen zuwege gebracht, namentlich auch auf dem Gebiet der überaus schwierigen anatomischen und technischen Lehrfilme. [...] Noch ehe der weltbekannte Urweltfilm, amerikanischer Produktion, den Markt überschwemmte, schuf Hans Ewald seinen Film *AUS DER URZEIT DER ERDE*, in dem er die ausgestorbenen Urweltungeheuer, wie den Diplodocus, den Iguanodon und all die übrigen Saurier, durch Verwendung plastelingeformter Modelle unter der Leitung des bekannten Universitätsprofessors und Direktors des Naturwissenschaftlichen Museums, Berlin, Prof. Dr. Fr. Pompecki, zu neuem Leben erstehen ließ.«

Vorbereitung einer Einstellung mit dem Ungeheuer (rechts Fritz Lang)

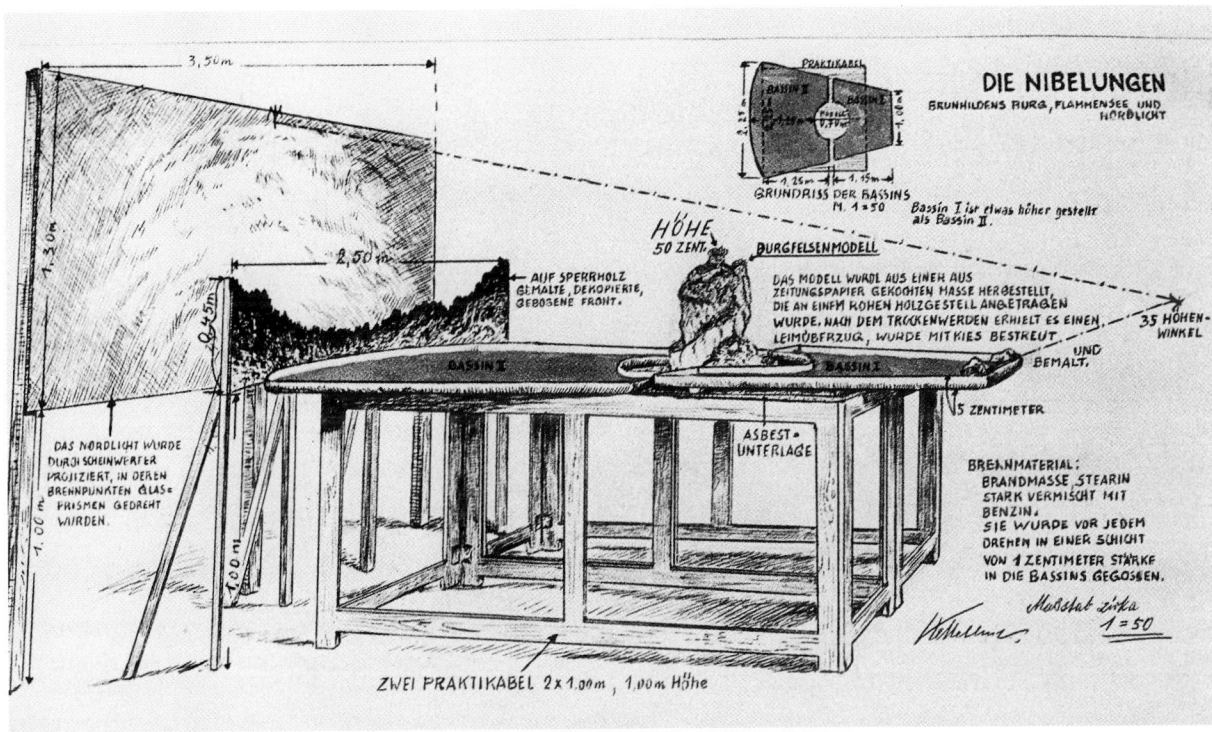

DIE NIBELUNGEN
BRUNHILDENS BURG, FLAMMENSEE UND NORDLICHT

GRUNDRISS DER BASSINS
M. 1:50

Bassin I ist etwas höher gestellt als Bassin II.

HÖHE
50 ZENT.

BURGFELSENMODELL

DAS MODELL WURDE AUS EINER AUS ZEITUNGSPAPIER GEKOCHTEN MASSE HERGESTELLT, DIE AN EINEM HOHEN HOLZGESTELL ANGETRAGEN WURDE. NACH DEM TROCKENWERDEN ERHIELT ES EINEN LEIMÜBERZUG, WURDE MIT KIES BESTREUT, UND BEMALT.

AUF SPERRHOLZ GEMALTE, DEKOPIERTE, GEBOGENE FRONT.

35 HÖHENWINKEL

DAS NORDLICHT WURDE DURCH SCHEINWERFER PROJIZIERT, IN DEREN BRENNPUNKTEN GLASPRISMEN GEDREHT WURDEN.

5 ZENTIMETER

ASBEST-UNTERLAGE

BRENNMATERIAL:
BRANDMASSE, STEARIN STARK VERMISCHT MIT BENZIN.
SIE WURDE VOR JEDEM DREHEN IN EINER SCHICHT VON 1 ZENTIMETER STÄRKE IN DIE BASSINS GEGOSSEN.

Maßstab zirka 1 = 50

BASSIN I   BASSIN II

ZWEI PRAKTIKABEL 2 x 1,00 m, 1,00 m Höhe

METROPOLIS

Eugen Schüfftan war Maler gewesen, der seine Bilder in der Berliner Sezession ausgestellt und sich dem Expressionismus angeschlossen hatte. Einer seiner Lehrer, Hans Poelzig, 1919/20 der Architekt der zweiten *GOLEM*-Verfilmung von Paul Wegener, brachte ihn zum Kintopp. Hier entwickelte Schüfftan einen nach ihm benannten Spiegeleffekt: Mithilfe eines vor dem Aufnahmeapparat aufgestellten Spiegels wurden bei Schüfftan seitlich hinter der Kamera befindliche Objekte – Fassaden, Gegenstände, aber auch Personen – so in das Blickfeld des Apparates gebracht, dass sich eine Kombination mit dem Szeneninhalt vor der Kamera ergab. Der Belag des Spiegels, in einem Winkel von 45 Grad zur optischen Achse, entsprach im Wesentlichen den Konturen des seitlich stehenden Objekts, während durch den unbelegten Teil des Spiegels das davor stehende zweite Objekt erfasst und direkt im Apparat auf Zelluloid kombiniert

wurde. Manipulierte man den Spiegel geschickt, waren sogar allmähliche Verwandlungen eines Objekts in ein anderes möglich.

Unbedingt neu war Schüfftans Spiegeltrick zwar nicht (in mehreren Prozessen musste der Erfinder sein Patent von 1924 behaupten), aber Vorläufer des Erfinders, die die Begrenzungslinien der spiegelnden Fläche genau mit den Umrissen des naturgroßen Aufbaus zur Deckung zu bringen versuchten, standen, besonders wenn als Umrisse architektonische Linien gegeben waren, vor dem Problem, die Übergänge zwischen beiden Bildelementen unmerklich zu machen, denn die Helligkeit der Objekte musste dann exakt übereinstimmen. Dagegen verwendete Schüfftan »breite Zonen mit allmählichen Übergängen zwischen beiden Bildteilen, Zonen, in denen die von jedem der beiden Objekte herrührenden Bildteile scharf wiedergegeben sind, so dass auch bei Unterschieden der Helligkeit (Aktinität) beider Objekte doch infolge des allmählichen

Skizze von Erich Kettelhut für eine *NIBELUNGEN*-Modellaufnahme

Spiegeltrickgerät

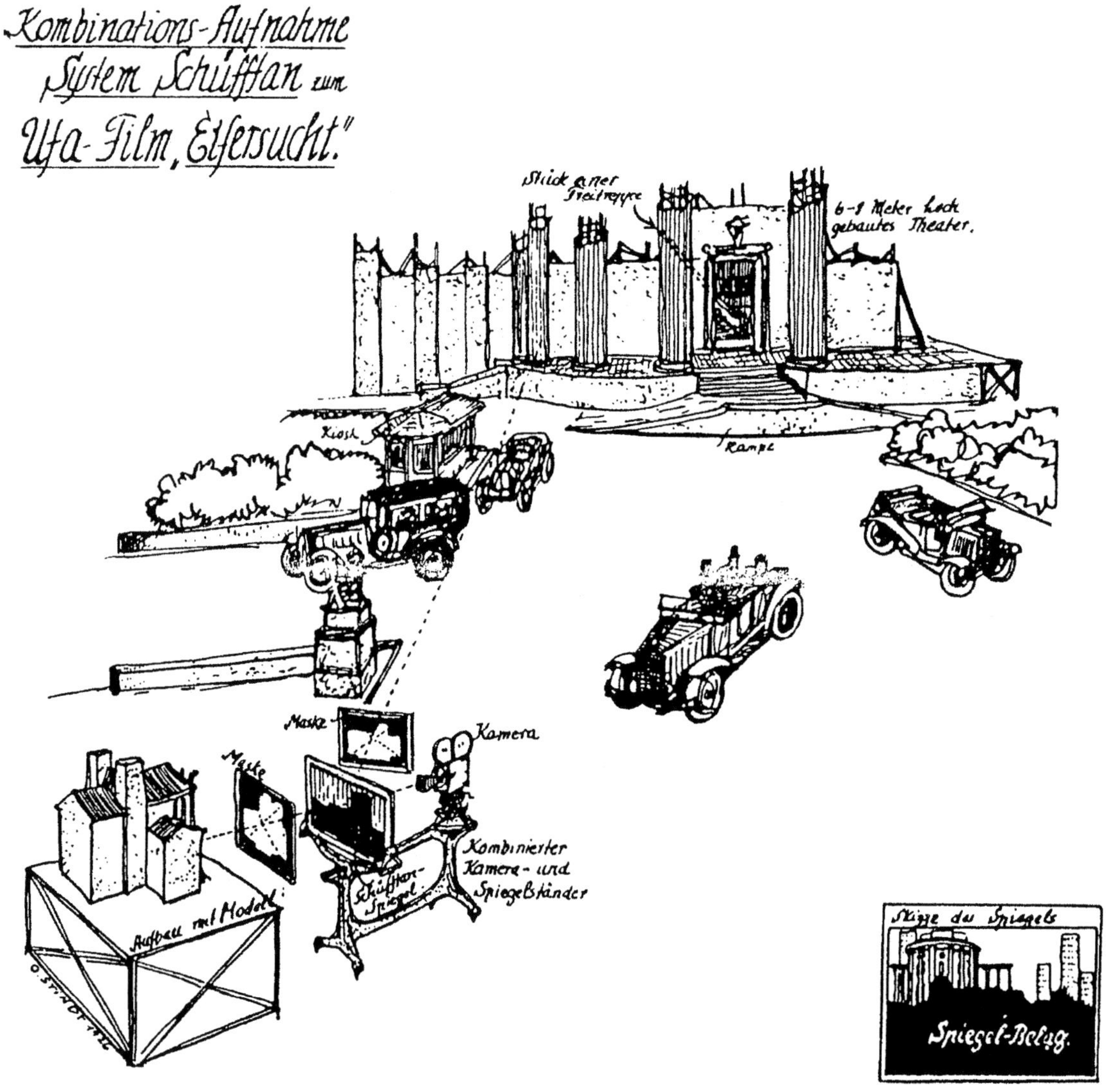

Kombinations-Aufnahme System Schüfftan zum Ufa-Film „Eifersucht."

Moloch Maschine:
Schüfftan-Aufnahme für
METROPOLIS (1925–26)

Überganges von der einen zur anderen Helligkeitsstufe ein gut wirkendes Gesamtbild erzielt und damit die praktische Verwendung des Kombinationsverfahrens wesentlich erleichtert wird. Als ein vorzügliches und zugleich sehr einfaches Mittel, diese breiten Übergangszonen zu schaffen, erwies es sich, als Umriss eine unregelmäßige, fein gezahnte Zickzack-Linie breiter Schwingung zu benutzen, die als Ganzes willkürlich und ohne auf die Linienführung der dargestellten Objekte Rücksicht zu nehmen, durch das Bildfeld verläuft.« (Dipl.-Ing. Witlin in einem Vortrag in der Deutschen Kinotechnischen Gesellschaft, 27. 5. 1926) Um den Akteuren eine freie Bewegung über die ganze Bildfeldebene zu gestatten, wurden zwei oder mehr teilweise belegte Spiegel unmittelbar an- und gegeneinander beweglich vorgesehen (Schleifspiegel). Indem der zweite Spiegel während der Aufnahme am ersten in beliebiger Richtung vorbeigeschoben wurde, konnten die durchsichtigen Stellen des ersten Spiegels abgedeckt oder die Umrisse der Kaschierung beliebig verändert werden. Statt eines Schleifspiegels wurde auch ein auf seiner

Werkaufnahmen:
METROPOLIS

ganzen Fläche halb durchlässiger Spiegel benutzt, der durch eine hinter ihm angebrachte verschiebbare Maske von veränderlicher Form stellenweise undurchsichtig gemacht wurde.

Zu den Gegnern des Spiegelverfahrens gehörten Guido Seeber, der Patentlösungen ablehnte, die alles und jedes drehfertig hinstellten, und lieber individuell experimentierte, und die Szenenbildner, die ihre Leute lieber märchenhaft teure Kulissen bauen ließen, statt diese kostengünstig im Trick zu realisieren. Es konnte schon mal vorkommen, dass die Bautruppe einen in Neubabelsberg mühevoll justierten Spiegelaufbau in der Mittagspause sabotierte. Auch Oskar Kalbus in seinem Werk über »Das Werden deutscher Filmkunst« meint, dass »das Vorurteil gegen Modellaufnahmen in den Filmateliers doch recht groß war, und außerdem fürchtet man mit Recht, dass Presse und Publikum immer – oft auch nur im Unterbewusstsein – erkennen würden, dass hier und dort mit Modellen gearbeitet worden ist. Die Modell- und Schüfftan-Technik ist daher in der Praxis doch nur ganz selten zur Anwendung gekommen.«

Überhaupt wollte Eugen Schüfftan, nach eigenem Bekunden, mit dieser Technik »Imagination optisch verwirklichen, doch das Verfahren wurde später zum großen Teil für den Ersatz von großen Dekors benutzt«. Gern hätte Schüfftan einen Gulliver-Film gedreht: »Durch das Schüfftan-Verfahren sind eine ganze Reihe von filmischen Problemen aktuell geworden, die bis dahin nicht berührt wurden, wie z. B. ein ›Gulliver-Film‹, der ja schon manchen Regisseur gefesselt hat. Tatsächlich hat man schon vor Jahren, als die schüfftansche Erfindung noch nicht so weit ausgebaut wie heute war, Szenen mit Riesen und Zwergen gedreht, die auf den Beschauer geradezu verblüffend wirken. Und wenn man diese Versuche bis heute systematisch noch nicht zu Ende geführt hat, so liegt das ganz einfach daran, dass sich unsere Filmfabrikanten immer noch ungern mit Märchen und abenteuerlichen Stoffen beschäftigen, deren Wirkung sie für geringer halten als diejenige von Liebesdramen.« (Schüfftan in: »Taschenbuch des Kameramannes«, 1928) Statt bei den verkehrten Größen des Gulliver wurden der Erfinder und sein Kameramann Helmar (Hjalmar) Lerski, 1917/18 technischer Oberleiter bei der Bioscop, in dem utopischen *METROPOLIS*-Film (1925 – 26) eingesetzt.

Angeblich war Regisseur Fritz Lang im Hafen von New York, beim Anblick der nächtlich erleuchteten Häuserschluchten, auf die Idee gekommen, einen Monumen-

**Vorbereitung der
METROPOLIS-Kulisse**

talfilm über eine gigantische Zukunfts-
stadt zu drehen. Das Manuskript verfasste,
wie schon bei den *NIBELUNGEN*, seine damalige Frau Thea von Harbou. Es war eine
reichlich banale und rührselige Geschichte, die von den vermessenen Herren im
500 Meter hohen Neuen Turm Babel erzählte und von ihren geknechteten Ar-
beitssklaven tief drunten an den Maschinen der Unterstadt, vom missgünstigen
verrückten Wissenschaftler, der das Fass
durch die Erfindung eines Maschinenmen-
schen zum Überlaufen bringt (»Das Ma-
schinenweib, das eine Stadt zugrunde
richtete«), und der schlussendlichen Aus-
söhnung der Parteien: Die Versöhnlerin
Maria aus der Arbeiterstadt, deren femini-
ne Gestalt der Gelehrte als Vorbild seines
lasziven Roboters missbraucht hatte, und
Freder, Sohn des obersten Chefs von Metropolis, reichen sich über die Klassen-
schranken hinweg die Hände zum Bund
fürs Leben.
»Also sprach Lang: Lasset uns einen Turm
der Technik bauen, dessen Spitze bis an
die Sterne reiche, an die Spitze aber wollen wir setzen: Groß ist der Film und sein

Schüfftan; und groß sind die Menschen,
die ihn gebaut und gedreht haben!« So
stand es anlässlich der *METROPOLIS*-Pre-
miere im Januar 1927 in der »Licht-Bild-
Bühne«. Das schüfftansche Kombinations-
verfahren wurde für die Realisierung
folgender Szenenkomplexe bemüht: Arbeiterstadt – Stadion – Dom-Inneres –
Yoshiwara innen – Moloch-Maschine –
Maschinensaal – Turm Babel – Zeitungs-
stand – Rotwangs Haus – Denkmal der Hel
und für Einspiegelungen im Stadtinneren.
Am Anfang wurde das Schüfftan-Patent
von der Ufa sowie einer Aktiengesellschaft
für Spiegeltechnik kontrolliert und in
Amerika von der Universal ausgewertet
(Schüfftan war in Hollywood an Einspiegelungen für E. A. Duponts *LOVE ME AND
THE WORLD IS MINE* beteiligt). Ab 15. September 1926 wurde es der Filmwirtschaft
allgemein über die Deutsche Spiegeltechnik G.m.b.H. u. Co. angeboten.
Bei der Herstellung von *METROPOLIS* arbeitete Schüfftan abseits vom regulären
Drehbetrieb in einer eigenen Gruppe. Die
restliche Trickfotografie oblag dem zweiten Kameramann Günther Rittau. Erster
Kameramann war Karl Freund. H. O.
Schulze war damals Volontär bei der Ufa
und wurde Rittau als Assistent beigeord-
net: »Rittau war schon vor Karl Freund da.
Aber das Verhältnis zwischen ihm und
Fritz Lang war gespannt. Es gab eine kur-
ze Unterbrechung, und dann kam Karl
Freund. So kam es zu einer Kompetenz-
verteilung. Bei den Spielszenen hatte Karl
Freund das Sagen, absolut kollegial mit
Rittau zusammen, der die Kamera für das
zweite Negativ unter sich hatte. Bei all den
Dingen, wo es um Technik ging, war Rit-
tau tonangebend. Er war der eindeutig In-
tellektuellere von beiden.«
Wieder kümmerte sich auch Erich Kettel-
hut um besondere Effekte: »Im kleinen
Glashaus wuchs indessen das Modell der
Hauptstraße von Metropolis seiner Vollen-
dung entgegen. Die Modellbauer bastelten an den Drahtseilen, die außerhalb des
Bildes in der gleichen fallenden Schräge

gespannt werden mussten, wie sie kleine Modellflugzeuge für ihre perspektivischen Flugrouten brauchten. Sie hingen an drei Haaren, extra angefertigten Lauföllchen, die wiederum von dünnen Schnüren von der Kameraseite her, je nach Flugrichtung, auf den schrägen Drähten um Zentimeter angezogen oder nachgelassen werden konnten. Genath hatte extra dünne Haare beschafft, doch solch lange Haare, wie wir sie brauchten, gab es nicht, also mussten wir sie zusammenkleben. Im Bild waren sie nicht sichtbar. Nach Fertigstellung des umfangreichen Modells dauerte es noch zwei Wochen, ehe die eigentlichen Aufnahmen beginnen konnten. Das Modell musste ausgeleuchtet und die Bewegungstempi der Flugzeuge, der Autos, der Schnellbahnen und der Fußgänger ausprobiert werden, da das Modell im Einergang aufgenommen wurde.«

Warum ausgerechnet einbildweise Animation für ein so riesiges Modell? Hätte man nicht eine einfachere Art für die Bewegung der Modelle finden können? H. O. Schulze ist skeptisch: »Da hätte man ja ganze Werkstätten beschäftigen müssen, um dieses Modell lauffähig zu machen. Ich glaube, da wäre der Aufwand viel, viel größer gewesen als bei der Lösung, die wir mit dem Einzelbild erreicht haben.«

Kettelhut: »Aufgrund der Probenresultate stellten wir fest, dass Flugzeuge nach der Aufnahme eines Einzelbildes um eineinhalb Zentimeter, Schnellbahnen um einen Zentimeter, die Autos ca. einen Dreiviertelzentimeter, die Fußgänger schließlich nur ganz minimal verschoben werden mussten, um eine flüssige Bewegung in glaubhaftem Tempo zu erzielen. Eine Drehkolonne unter der Führung des Modellbauers [Edmund] Ziehfuß wurde zusammengestellt ... die Geduldsarbeit konnte beginnen. Nur zuverlässige Leute konnten für diese Arbeit in Frage kommen. Jeder von ihnen bekam sein Arbeitspensum zugeteilt. Bei normalem Blaulicht wurden Autos, Schnellbahnen und Fußgänger in der angegebenen Richtung mit

den Händen, ohne sie seitlich zu verdrehen, gewissenhaft um die oben angegebenen Zentimeter vorgerückt, die Flugzeuge mithilfe der Schnüre bewegt. Das alles geschah in zum Teil recht unbequemen Stellungen, denn Häuserfronten, Schnellbahnbrücken und Beleuchtungskörper behinderten sehr. Hatte jeder bestätigt, er habe sein Pensum erfüllt, schaltete der dazu abgestellte Beleuchter volles Drehlicht ein.«

H. O. Schulze: »Eine Kamera hatten wir schon mit einem Einzelbildmotor. Ich glaube, es war eine Eclair, die wir dazu genommen haben. Den Einzelbildmotor hatte Günther Rittau konstruiert oder wenigstens entworfen. Aber in der Naivität von damals hatte man für das zweite Negativ (das für den ausländischen Markt gedacht war) eine Kamera ohne Motor daneben gestellt, die musste ich mit der Hand kurbeln. Immer: 21... 21... Das Ganze sechs Wochen! Ich habe in dieser Zeit mit Otto Hunte, dem Chefarchitekten, x Partien Schach gespielt.« Auf diese Weise wurden dreimal fünf Filmmeter belichtet, also beinahe eintausendfünfhundert Kader.

Günther Rittau hatte auch noch ein anderes Problem zu lösen: das Fernsehtelefongespräch von Joh Fredersen, der in Metropolis das Sagen hat, mit seinem Vertrauensmann Groth (Heinrich George) an der Herzmaschine. Kettelhut erinnert sich: »In unserem Bau war an der Wand eine Art Schaltpult mit einer Telefonanlage, Schaltern, Druckknöpfen und einer kleinen Mattscheibe angebracht. Auf dieser Scheibe sollte nach Abheben des Hörers das Fernsehbild erscheinen. Dazu muss man wissen, dass der Filmstreifen während der Aufnahme und der Wiedergabe nicht in einem gleich bleibenden Tempo an den Optiken vorbeiläuft. Das würde eine helle, verschlierte Fläche, aber kein Filmbild ergeben. Bei normaler Aufnahmegeschwindigkeit fassen in jeder Sekunde zwei Greifer in die an beiden Seiten des Filmstreifens befindlichen Perforationslöcher und

METROPOLIS: **Alfred Abel mit Rückprobild von Heinrich George**

Die Robotrix

Im Trickatelier von
METROPOLIS: Einzelbild-
animation

transportieren diesen um eine Bildhöhe, achtzehn Millimeter, weiter. Gleichzeitig schiebt sich ruckartig eines der vier undurchsichtigen Segmente der Malteserscheibe, Malteserkreuz genannt [Sektoren- oder Umlaufblende – R.G.], zwischen den Film und die Optik, um den Film während des Bewegungsvorganges vor Lichteinfall zu schützen. Sobald der Filmstreifen fest steht, gibt das Malteserkreuz, durch eine schnelle Drehung, eines ihrer vier offenen Segmente frei. Das nun eine achtundvierzigstel Sekunde stillstehende Filmbild kann belichtet werden. Dieser Vorgang wiederholt sich pro Sekunde vierundzwanzigmal. Will man ein so projiziertes Bild mit einer zweiten Kamera aufnehmen, muss dieses im gleichen achtundvierzigsten Bruchteil einer Sekunde dort stehen, in welcher auch der aufnehmende Apparat mit geöffnetem Malteserkreuz bereit ist. Das heißt, die beiden Apparate, Projektionsapparat und Aufnahmeapparat, müssen synchron geschaltet sein. Das ist seit langem eine allgemein bekannte, daher zu den unterschiedlichsten Zwecken angewandte tricktechnische Methode, Rückprojektion genannt. Jetzt, wo alle Apparate elektrisch laufen, gibt es auch kein Schaltproblem mehr. Bei METROPOLIS wurden die Kameras noch mit der Hand gedreht, damals war es ein Problem. Rittau löste es, indem er durch einen mechanischen, elektrisch betriebenen Anbau an die Aufnahmekamera diese mit dem Projektor gleichschaltete. Groths Telefonat wurde gesondert aufgenommen, entwickelt und kopiert. Es lief mit der im Arbeitsraum Fredersens stehenden Kamera gleichzeitig, bei den ersten Filmmetern nur mit Schwarzfilm an. Alfred Abel (der Darsteller des Joh Fredersen) musste sein Spiel am Fernsehtelefon so einrichten, dass er auf die Sekunde genau auf einen der vielen Knöpfe drückte, von denen keiner eine wirkliche Funktion hatte, wenn auf der Mattscheibe vor ihm Groths Bild erschien. Nach reichlichem Üben und mehreren Fehlstarts gelangen

die Aufnahmen fehlerfrei. Wie bei jeder Szene war Lang auch hier erst zufrieden, als mindestens drei der vielen Aufnahmen seinen Intentionen auch schauspielerisch vollkommen entsprachen.«

Höhepunkt des Filmwerks war die Verdopplung der gütigen Maria (Brigitte Helm) in die hexenhafte Maschinen-Maria, welche die Arbeiterschaft aufwiegeln soll. Durch Überblenden schälte sich aus der Stahlmaske des Automaten, den Walter Schulze-Mittendorf geschaffen hatte, das Antlitz Marias, während flirrende Lichtkreise die Figur umtanzten und Blitzentladungen zuckten. Letztere mussten, nachdem die Realszene einschließlich der Überblendungen abgedreht war, als Mehrfachbelichtung umgesetzt werden. Dafür wurden die Techniker in einer umfunktionierten Ufa-Baracke untergebracht. Tricks wurden nur als Bilderergänzung verstanden, als Erweiterung, Überhöhung, und so hat Schulze auch niemals Fritz Lang in der Baracke gesehen oder Karl Freund. Vor der Kamera, die auf einer festen optischen Bank montiert war, hatte man an der Stelle, wo die Maschinen-Maria saß, eine mit schwarzem Samt überzogene Sperrholz-Silhouette des Roboters aufgestellt. Über diese wurden, unter Zuhilfenahme eines primitiven »Fahrstuhls«, an drei dünnen Drähten nacheinander zwei Ringe rauf- und runtergezogen: »Die Ringe waren aus so 'ner Art Stullenpapier, das das Licht verteilte. Wir haben mit unserem Quecksilberdampflicht den schwarzen Samt natürlich nicht von vorn beleuchtet, denn selbst die schwärzeste Farbe kriegt eine Kontur, wenn Licht darauf fällt. Dadurch, dass wir immer von hinten, also mit Gegenlicht, beleuchtet haben, konnten wir theoretisch hundertmal belichten.« Freilich musste das Negativ nicht hundertmal, sondern je Ring »nur« sechsmal belichtet werden, was *summa summarum* zwölf Ringe ergibt, die die Maschinen-Maria einschließen. Zur besseren Wirkung war dicht vor der Kamera eine kleine Glasscheibe aufgestellt, die Rittau gleichmäßig mit einer dünnen Fettschicht bestrichen hatte. Dann musste der strapazierte Film noch einmal auf die Anfangsstellung gebracht werden, um die elektrischen Entladungen an den Verbindungskabeln zwischen der Glasröhre mit der echten Maria und dem Maschinen-Menschen aufzunehmen. Das geschah an den Originaldrähten, aber unter Beibehaltung der dunklen Zwischensilhouette. Schulze: »Wir hatten natürlich 120 m Probekassetten, um die Mehrfachbelichtung zu testen. Aber danach haben wir sofort das Originalnegativ genommen, eingelegt, die Fahrpläne gemacht – und dann wurde gedreht. Wir hatten für diese Tricks eine Mitchell-Kamera. Eine hatte Freund für die Spielszenen, die andere Rittau für die Tricks. Und nach einer Weile waren die Einbelichtungen zur echten Routine geworden. Die Fahrpläne waren vorhanden. Es wurde gezählt. Das haben wir dann aus dem Handgelenk gemacht.«

DER LANGE MARSCH DER ZIGARETTEN

METROPOLIS – das war deutscher Filmtrick *par excellence*. Doch statt nun dieses Know-how schon damals in die Gründung einer großen Ufa-Trickabteilung einfließen zu lassen, ähnlich den Special Effects Departments der amerikanischen Studios, hat sich nach den Dreharbeiten alles in Wohlgefallen aufgelöst. Es wurde individuell weiter gewurstelt. Schulze: »Die damalige Filmtechnik hat sich praktisch als ein Geheimnis jedes einzelnen Kameramanns mit seiner Basteltechnik verbunden. Der Kameramann war nicht mehr, als was seine von ihm geheimnisvoll zusammengestellte, weiterentwickelte und umgebaute Apparatausrüstung war. Und wenn man einen Namen – nehmen wir mal den Guido Seeber – engagierte, dann meinte man die seeberschen Anlagen und Apparate, die kein anderer hatte. Diese Erfahrung, dass die Existenz des einzelnen in seinem Geheimnis lag, stand ja eigentlich

der Entwicklung kollegialer Trickabteilungen diametral entgegen. Das wäre eine Entwicklung gewesen, die dem damaligen Berufsstand zuwidergelaufen wäre.«
Wohl aber gab es bei der Ufa eine arbeitsteilig operierende Abteilung für Zeichen- und Werbefilme, in die Schulze nach seinem *METROPOLIS*-Engagement wechselte. Dort traf er den Ungarn Georg Pal, der später in Hollywood Puppen- und Science-Fiction-Filme produzierte. Schulze charakterisiert ihn als einen »ganz reizenden Kerl, verhältnismäßig schmächtig, sehr ruhig und sehr liebenswürdig«:
»Er hatte eigentlich immer nur gelächelt und wirtschaftliche Schwierigkeiten, die zu der Zeit an der Tagesordnung waren, hinter großer Gelassenheit und Liebenswürdigkeit versteckt. Ich habe Georg Pal kennen gelernt im Zeichentrickstudio der Ufa-Werbefilm, bei der wir beide angestellt waren. Ich war dort als Trickkameramann verantwortlich für die Einphasen-Modelltricks und für die fotografische Qualität des Zeichentricks. Georg Pal hatte die Absicht, von der Ufa wegzugehen und eine eigene Firma aufzumachen, und fragte mich, ob ich mitmachen wollte. Er habe etwas sehr Interessantes vor und wolle sein Trickstudio nach modernsten Gesichtspunkten aufziehen. Da ich schon immer an Experimenten interessiert war, sagte ich ihm zu. Die Firma Pal & Wittke befand sich in Berlin in der Nürnberger Straße. Anlass der Firmengründung war ein sehr schöner Auftrag, einen Werbefilm ganz besonderer Art zu schaffen für das Produkt Oberst-Zigaretten. Dieser Film sollte jedoch nicht im üblichen Zeichentrick hergestellt werden, sondern in einer neuen Art von Modelltrick. Es sollte sich ein Tabakblatt zusammenrollen, in eine Papierhülse hineinrutschen, aufstehen, Kopf und Füße bekommen und oben am Kopf den typischen Helm. Dann sollten sich die 20 Zigaretten einer Schachtel zu einer Kompanie formieren mit einem ›Oberst‹ vorneweg, und diese Kompanie sollte durch eine futuristische Landschaft

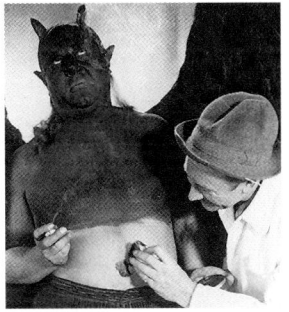

F. W. Murnau und sein Mephisto Emil Jannings: *FAUST* (1925/26)

marschieren. Die futuristische Landschaft entstand aus Zigarettenkartons, und zwischen den Kartons verlief eine Art Broadway, über den die Zigaretten die ganze Länge des Studios marschierten, so etwa acht bis neun Meter lang. Die Zigaretten waren auf Hartfaserplatten montiert, die nach meiner Schätzung ungefähr 40 Zentimeter breit und 1,20 Meter lang waren. Dabei wurden die Schrittphasen haargenau nach den Erfahrungen des Zeichentricks auf das Modell übertragen, d. h. für fast jede Schrittphase hatten wir eine eigene Platte mit aufmontierten Zigaretten, 16–18 Bretter voll. In die richtige Position gelegt wurden die Platten mithilfe von Anlageschienen, und wenn ein Marschtritt, 25 Filmbilder, durchanimiert war, wurden die Bretter wieder von vorne gelegt, jedoch eine entsprechende Position weiter. Nachdem dieses Prinzip geklärt war, dachten wir, dass es ja langweilig wäre, wenn die Kamera während der Aufnahme stehen bliebe. Da habe ich gesagt: Das machen wir ganz anders. Ich hänge die Kamera an einem längs verlaufenden Laufkatzensystem auf und darüber noch eine zweite, quer verlaufende Laufkatze, so dass wir vorwärts und zurück sowie nach rechts und links fahren können. Auf diese Weise konnten wir der Zigarettenkompanie vorausfahren oder sie verfolgen. Und da ich obendrauf noch einen Kranz für die Kamera setzte, konnten wir auch schwenken. Die Konstruktion ging über das ganze Studio, also etwa sechs bis sieben Meter Breite und acht bis neun Meter Länge. Und dann waren wir noch ganz kühn und entschlossen uns, an die Objekte ranzufahren, wie man es beim Spielfilm gewohnt war. Zu diesem Zweck haben wir einen teleskopartigen Fahrstuhl gebaut und so die erste dreidimensionale Trickkamera realisiert.«

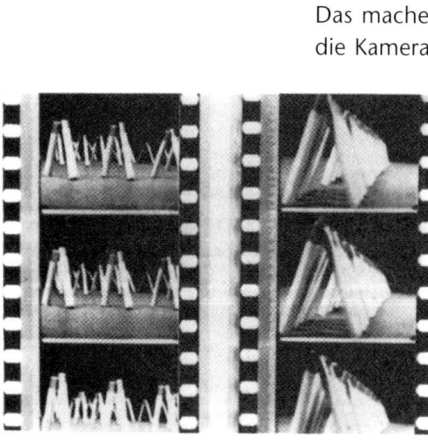

MURATTI GREIFT EIN von Oskar Fischinger

Der Oberst-Werbefilm wurde für Pal die Basis seiner späteren *PUPPETOONS* in der ihm eigenen Replacement-Animationstechnik. Der Eindruck, den der kleine Film gemacht hatte, war so überwältigend, dass er nachgeahmt wurde. 1934 ließ der Avantgardefilmer Oskar Fischinger die Zigaretten für einen Gasparcolor-Film tanzen: *MURATTI GREIFT EIN*. Das Publikum tobte vor Begeisterung. Weniger begeistert zeigte es sich von Fischingers abstrakten Versuchen. Der bekannteste war die farbige *KOMPOSITION IN BLAU/LICHTKONZERT NR. 1* (1934/35), eine Animation dreidimensionaler Formen, synchronisiert zur Ouvertüre der »Lustigen Weiber von Windsor« von Otto Nicolai. Was die Experimentalfilmer entwickelten, sollte erst Jahrzehnte später *mainstream* werden. Viele der heute so populären Musikvideos sehen aus wie elektronische Remakes von Avantgardefilmen. Fischingers Experimentalfilme trugen Titel wie *STROMLINIEN, ORGELSTÄBE, SPIRALEN, EIN FORMSPIEL* und *SEELISCHE KONSTRUKTIONEN*. Zum Broterwerb übernahm er Auftragsarbeiten vom Spielfilm und drehte Effekte für *DER UNÜBERWINDLICHE* (1928), Fritz Langs *FRAU IM MOND* (1928/29); *DIE FÖRSTERCHRISTEL* (1930), *ANNETTE IM PARADIES* (1933/34). Fischinger emigrierte wie Georg Pal, Eugen Schüfftan und (wenigstens zeitweise) die Silhouettenfilmerin Lotte Reiniger, die zwischen 1923 und 1926 mit den *ABENTEUERN DES PRINZEN ACHMED* den ersten abendfüllenden Animationsfilm geschaffen hatte. In der Modellanimation, im Puppentrick blieben die naturalistisch orientierten Ferdinand und Hermann Diehl, die einen abendfüllenden Märchenfilm nach einem Stoff der Gebrüder Grimm realisierten: *DIE SIEBEN RABEN* (1936/37). Bekannt wurde eine Figur aus ihrem Kurzfilm *DER WETTLAUF ZWISCHEN DEM HASEN UND DEM IGEL* (1938/39): In den fünfziger Jahren erhielt der Igel den Namen Mecki und sicherte den Diehl-Filmstudios lizenzrechtlich das Überleben. Im Lande blieb auch der Dokumentarfilm-

Regisseur Svend (Heinrich August) Noldan. Als Mitarbeiter des Ufa-Trickfilmstudios und eines eigenen Ateliers hatte er bei medizinischen Lehrfilmen mitgewirkt (*GESCHLECHTSKRANKHEITEN UND IHRE FOLGEN*, 1919/20) und 1926/27 an dem zweiteiligen Kompilationsfilm *DER WELTKRIEG*, für den er Kartenbilder animierte. Später beteiligte er sich an explizit nazistischen Werken (und war deswegen nach dem Krieg eine Zeit lang mit Berufsverbot belegt): Leni Riefenstahls *TRIUMPH DES WILLENS* (1934/35), *FELDZUG IN POLEN* (1939/40), *DER EWIGE JUDE* (1940), *SIEG IM WESTEN* (1940/41).

DER RITT
AUF DER KANONENKUGEL

Anfang der dreißiger Jahre endlich wurde in Neubabelsberg, im ehemals Großen Glashaus, ein Trickatelier eingerichtet, das sich besonders bei der Herstellung von Reinhold Schünzels antiker Götterkomödie *AMPHITRYON* (1935) hervortat: »In dem Film *AMPHITRYON* werden Rückprojektionen veranstaltet, wie sie bis hierher noch niemals gemacht worden sind. Bei allen Filmen, die bisher im Rückprojektions-Atelier aufgenommen wurden, handelte es sich darum, Hintergründe aufzunehmen, vor denen original aufzunehmende Personen spielten. Bei dem Film *AMPHITRYON* handelt es sich darum, Schauspieler aufzunehmen, die mit sich selber spielen, z. B. spielt Paul Kemp in dem Atelier eine Rolle als Merkur und spricht mit sich selbst in seiner Eigenschaft als Sosias. – Es muss nun das im Atelier aufgenommene Bild rückprojiziert werden auf die Mattscheibe. Vor dieser Mattscheibe spielt Herr Kemp die Rolle des Sosias, während er auf der Mattscheibe die Rolle

Ferdinand Diehl und Tochter arbeiten an einem *MECKI*-Film

An der Kamera:
Gerhard Huttula

des Merkur spielt.« (Technik-Direktor Hermann Grieving in einem Schreiben an die Direktion der Ufa, 24.1.1935)

Im Oktober 1935 wurde Guido Seeber in Neubabelsberg die Leitung der Abteilung Filmtrick und Rückpro übertragen, doch der Pionier war gesundheitlich angeschlagen. An der aktiven Produktion nahm er bald nur noch wenig Anteil. Er starb am 2. Juli 1940. 1938 beauftragte Kurt Waschneck, Direktor des Ufa-Kopierwerks Afifa, den aus Südamerika zurückgekehrten Kameramann Gerhard Huttula mit der praktischen Durchführung der Rückprojektion. Huttula hatte in den zwanziger Jahren bei dem Zeichenfilmer Wolfgang Kaskeline begonnen, seinem ehemaligen Zeichenlehrer in der Realschule. 1930 war er zur Afifa gekommen und hatte dort an der Truca gearbeitet, einer optischen Universal-Kopiermaschine aus Frankreich. Die Truca war ein Vorläufer der optischen Printer, d.h., über einen Projektorkopf wurde mit einer Spezialkamera Filmmaterial noch einmal fotografiert und dabei bearbeitet. So konnte beispielsweise ein klares Sommer- in ein Nebelbild verwandelt werden, man konnte das Bild verwischen und Bildteilungseffekte durchführen. Zeitrafferaufnahmen waren ebenso möglich wie Vergrößerungen sowie alle Arten von Kaschblenden, die damals groß in Mode waren, und natürlich auch Titelbearbeitung. So präzise wie ein Oxberry-Printer war das Gerät freilich nicht, eher klobig und »beinahe so lang wie ein Paddelboot« (Theo Nischwitz).

Huttula beherrschte die Klaviatur der Maschine bald meisterhaft. Er hatte sich, um die Möglichkeiten der Truca zu erproben und zu demonstrieren, einen Kurzfilm mit Leni Riefenstahl genommen, die damals auch noch tanzte. Die tanzende Riefenstahl hatte er vervielfacht, bis mehrere Lenis durchs Bild hüpften. Es war dies eine Vorwegnahme ähnlicher Experimente von Norman McLaren beim National Film Board of Canada. André Debrie, der Hersteller der Truca, war bei einem Besuch in

Berlin so angetan von dem Testfilm, dass er ihn mitnahm. Seither ist die Rolle verschollen.

Bei der Ufa leitete Huttula ein eigenes Atelier, das in Babelsberg an der Stelle des ersten Glashauses errichtet worden war. Während des Krieges bewies sich Huttulas Improvisationstalent: Er machte die Rückpro transportabel, so dass sie auch in anderen Ateliers eingesetzt werden konnte. Bei der Bildwand wurde von Glasplatte auf Kunststoff umgestellt. Als nach Kriegsbeginn keine weiteren Ersatzwände aus den USA beschafft werden konnten, ließ der findige Huttula bei einem Hersteller in Berlin-Reinickendorf transparente Wände aus Cellonlack fabrizieren, die auf Glasplatten gespritzt und dann abgezogen wurden. Auch kombinierte er häufig Modelle mit rückprojizierten Bildern.

In einem unveröffentlichten Arbeitspapier »Zweck und Aufgabe eines Trick-Departments« (Berlin-Köpenick, 31.1.1945) umriss Gerhard Huttula seine »Philosophie« im Umgang mit Modellen: »Die Optik sieht anders als das menschliche Auge, es ist deshalb notwendig, nach der Kameraeinstellung zu bauen. Wichtig ist dabei natürlich die zu wählende Brennweite, die sich ganz nach den geforderten Effekten richtet. In vielen Fällen wird es notwendig sein, die perspektivische Wirkung dadurch zu verstärken, dass man die Modellteile perspektivisch baut. Das muss aber stets unter Berücksichtigung der zu verwendenden Brennweite geschehen.

Das teuerste und naturgetreueste Modell ist nicht immer das beste und günstigste für eine Modellaufnahme. Die Erfahrung lehrt, dass man oft mit einfachen Mitteln viel stärkere Wirkungen hervorrufen kann. Einzig und allein maßgebend ist der Eindruck bei der Projektion. Mit welchen Mitteln diese Wirkung erreicht wird, ist vollkommen gleichgültig. Mit einem Stückchen schwarzer Pappe und einigen Lichtpünktchen kann man mitunter einen stärkeren und realistischeren Eindruck erzielen als mit dem kompliziertesten und

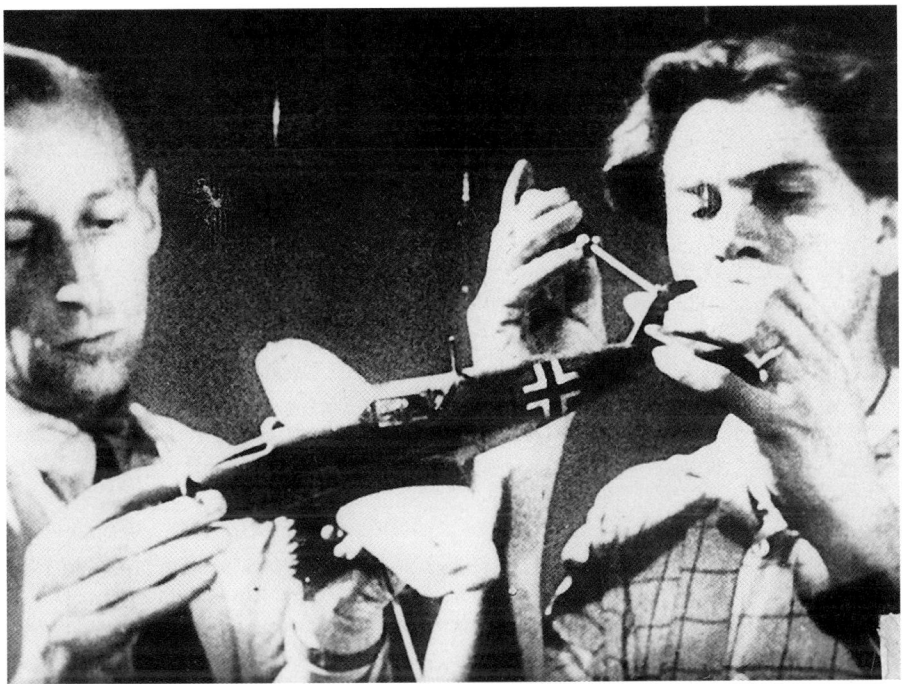

Modellspezialisten im Propaganda-Einsatz für den Krieg

sauber ausgeführten Modellteil. [...] Ent-scheidend für den Eindruck der Echtheit von bewegten Gegenständen ist auch die Frequenz, mit der das Modell aufgenommen wird. Eine gute Kamera, die ein Mehrfaches der normalen Bildzahl schafft, ist hierzu unbedingt erforderlich.

Wir haben Eisenbahn-Zusammenstöße im Modell aufgenommen, die umso natürlicher wirken, je höhertourig die Kamera lief. So betrug im Film *DAMALS* die Frequenz 48 Bilder/sec., im Film *QUAX IN FAHRT* stieg sie auf 96 Bilder. Dementsprechend mussten auch die Bewegungen der Modelle geändert werden. Für Brände, Wasserbewegungen und Explosionen gilt dasselbe. Es versteht sich, dass z. B. ›Balken‹ in der Stärke eines Streichholzes viel schneller durch die Luft wirbeln würden als echte Balken; ein Modellhaus würde ebenfalls schneller zusammenbrechen als ein richtiges Haus. Erst durch die Erhöhung der Bildzahl wird der Trick gelingen.«

Huttulas technisch wirkungsvollste Auf-nahmen finden sich in den Fliegerfilmen von Karl Ritter, einem alten Krieger und NSDAP-Mann der ersten Stunde, in *ÜBER ALLES IN DER WELT* (1940/41) und *STU-KAS* (1941): »Die Modelle werden nach genauen Maßstäben anhand von Bauzeichnungen oder Fotos angefertigt, unter Berücksichtigung der besonderen Anforderungen für die Trickaufnahmen. Die Flugzeugmodelle für die Nahaufnahme müssen sehr genau gebaut werden, die Propeller drehbar mit motorischem Antrieb, während die weiter entfernt liegenden Modelle einfacher werden und die entferntesten nur noch aus flachem Holz geschnitten werden, weil die Wirkung allein die einer Silhouette ist. Inzwischen werden die Wolkenaufnahmen gedreht, sofern in einem Filmarchiv nicht etwas vorrätig ist, was benutzt werden kann. Es empfiehlt sich immer, echte Wolkenaufnahmen zu verwenden, damit der Eindruck der Modelle möglichst echt ist. In der Regel wird man die Bewegung der Wolken entsprechend der Einstellung

Oben: Marika Rökk vor Rückpro
Mitte: Sprung vom Funkturm
Unten: Modellflugzeug

oder Unmöglichkeit auftritt. Diese Bewegung wird mit Hand oder mit Motor gesteuert, je nachdem, wie es praktischer ist. Künstlicher Nebel oder Rauch geben vielfach die notwendige Echtheit.« (»Zweck und Aufgabe eines Trick-Departments«)

Am bekanntesten wurde Hans Albers' Ritt auf der Kanonenkugel im Agfacolor-Jubiläumsfilm der Ufa, in dem von Erich Kästner unter Pseudonym (Berthold Bürger) geschriebenen *MÜNCHHAUSEN* (1942/43). Dr. Richard Schmidt, Leiter der Filmtechnischen Zentralstelle, war, was die Realisierbarkeit anging, skeptisch: »Nach meinem Dafürhalten sollte *MÜNCH-HAUSEN* erst gedreht werden, wenn wir den Nachweis erbracht haben, dass die Tricktechnik im Farbfilm den Trickmethoden des Schwarzweißfilms ebenbürtig ist.« (Schreiben an die Universum-Film AG vom 2.12.1941) Huttulas Team, das aus den Kameraassistenten Ewald Krause und Joop Huisken, einem nach Deutschland zwangsverpflichteten Holländer, sowie dem Vorführer Willi Körner bestand, laborierte an der Einstellung wochenlang.

»Von den in MÜNCHHAUSEN vorkommenden Trickaufnahmen erschien die Verwirklichung des Rittes auf der Kanonenkugel mit am schwierigsten zu gestalten. Verlangt wurde: Münchhausen sitzt auf der Kugel. Im Hintergrund ziehen Wolken vorbei. Totaleinstellung. Das bedeutete also, die ganze Person frei im Raume schwebend, ohne Berührung mit der Bildfeldkante. Ferner wurde verlangt: Durch einen Windstoß rutscht Münchhausen von der Kugel herab, erfasst im letzten Augenblick noch die Kugel und zieht sich wieder auf sie herauf. Es war klar, dass dieser Trick nur mittels Rückprojektion zu lösen war.

Die verlangte Totaleinstellung erzwang ein projiziertes Bild in einer Größe von ca. 3,5 x 4,5 m. Das bedeutete bei einer mittleren Schirmhelligkeit von ca. 6000 Lux ungefähr 90000 Lumen. Eine Leistung, die bis dahin von uns nicht erreicht worden war. Wir wurden gezwungen, die Leuchtdichte bis auf das überhaupt Mög-

Münchhausen auf der Kanonenkugel: die Festung Otschakow. Kamera: Konstantin Irmen-Tschet

mehr oder weniger übertreiben, um eine gute Steigerung der Wirkung zu erreichen.

Die Flugzeuge werden an haardünnen Stahldrähten aufgehängt, die gleichzeitig den Strom für die eingebauten Motoren führen. Die Bewegung der Flugzeuge muss genau den Originalen nachgeahmt werden, damit keine Unglaubwürdigkeit

liche zu steigern. Zur Verfügung stand hierzu ein AEG-Super-Projektor mit einem Spiegel von 350 mm Durchmesser. Diese Lampe wird normalerweise mit ca. 80 Ampere belastet. Es wurde notwendig, die Amperestärke auf über 200 Ampere zu erhöhen. Aber das allein genügte noch nicht, sondern, wie Versuche ergaben, steigerte sich die Schirmhelligkeit erheblich durch die Erhöhung der Lampenspannung. Der Spezial-Umformer für die Bogenlampenspannung wurde also auch erheblich überlastet. Der rasche Kohlenabbrand konnte durch den automatischen Kohlennachschub nicht ausgeglichen werden, sondern es musste der Lichtbogen durch Handverstellung reguliert werden, was hohe Anforderungen an die Geschicklichkeit des Vorführers stellte. Es erwies sich auch als notwendig, den Kupfermantel der Spezialkohlen zu verstärken, um den raschen Abbrand und das Nachlassen der äußersten Helligkeit zu verhindern. Die Kühlküvette musste aus dem Strahlengang verschwinden, weil der Lichtverlust nicht tragbar war. Dafür wurde das Bildfenster mit einem starken Luftstrom aufgeblasen und die rotierende Blende als Ventilator benützt. Die beschichteten Kipronare mit einer relativen Öffnung von 1,9 erwiesen sich wieder einmal als unentbehrliche Helfer. Alle diese Vorbereitungen nahmen längere Zeit in Anspruch, waren aber unbedingt notwendig, um ein gut durchbelichtetes Negativ zu erhalten, das den ausgeschnittenen Atelierszenen in der Dichte vollkommen gleichen musste, um Farbunterschiede zu vermeiden. Die technischen Vorbedingungen für ein einwandfreies Projektionsbild waren also erfüllt.

Gleichzeitig mit diesen Vorbereitungen hinter der Projektionswand liefen die Versuche mit der Spielhandlung vor der Wand. Für den Darsteller wurde nach seinen Körpermaßen ein Korsett angefertigt, das eine Aufhängung des Schauspielers an mehreren Stahldrähten erlaubte. Diese Stahldrähte gingen rücklings durch das

Jackett zur Atelierdecke und dort über Rollen an eine Seiltrommel. Diese Seiltrommel erlaubte durch Nachgeben und Anziehen ein Heben und Senken des an den Drähten hängenden Schauspielers. Nun blieb noch die Aufhängung der Kanonenkugel zu lösen. Eine leichte Hohlkugel aus Pappmaché wurde an der Innenseite des kräftigen Lederhandschuhs befestigt, so dass die Hand des Schauspielers stets im Kontakt mit der Kugel blieb, ganz gleich, welche Bewegung der Körper auch ausübte.

Die Ausleuchtung der Vordergrundhandlung wurde in der üblichen Art vorgenommen. Die allgemeine Aufhellung von der Kameraseite aus, ohne Rücksicht auf den Leuchtschirm, ergab bei dem projizierten (blauen) Himmel nur noch eine Steigerung der Färbung. Das Hintergrundbild bestand aus rasch vorbeiziehenden Wolken vor blauem Himmel. Sie wurden aus Nessel gemacht und auf eine Trommel gespannt, die in Rotation versetzt und dann (für den Rückpro-Film) aufgenommen wurde. Ein kräftiger Windapparat für die Bewegung der Kleider und

Kanonenkugel mit Passagier kurz vor dem Einschlag

Hans Albers vor der Rückpro: *MÜNCHHAUSEN* **(1942/43). Foto: Ewald Krause**

Haare des Schauspielers, ein Ventilator für die vor der Kamera seitlich vorbeiziehenden Rauchwolken vervollständigten die technische Einrichtung.

Die Aufnahme selbst dauerte keine halbe Stunde, die Vorbereitungen dagegen einige Wochen. Und das alles für eine Vorführungsdauer von ca. zwölf Sekunden. Doch waren der bildliche Eindruck und die Wirkung auf das Publikum außerordentlich gut. Die Menschen gerieten in helle Begeisterung, als sie auf der Leinwand in bunten Farben, mit Geräuschen und Musik untermalt, ein Bild sahen, das sie bisher beim Lesen der Erzählung sich nur mit lebhafter Fantasie vorstellen konnten.«

1945 war Huttula noch mit einem Großprojekt von Karl Ritter (Produktionsleitung) und Wolfgang Liebeneiner (Regie) befasst, *DAS LEBEN GEHT WEITER*, aber der Film wurde nur zu zwei Dritteln abgeschlossen. Das Babelsberger Filmgelände wurde von russischen Truppen besetzt, die sich über *DIE FRAU MEINER TRÄUME* und Marika Rökk begeisterten. Die Rückpro-Anlage wurde in die UdSSR verfrachtet. Dem Hörensagen nach gelangte sie nie ans Ziel.

Spiegeltrick:
DAS KALTE HERZ (1950)

DAS KALTE HERZ

Nach dem Krieg wurde auch das verbliebene Ufa-Erbe geteilt. Der große Atelierkomplex in Babelsberg, in der sowjetischen Besatzungszone, wurde zum volkseigenen Betrieb und firmierte fortan als wichtiger Teil der Defa. Es war der technische Betriebsdirektor Albert Wilkening, der Ernst Kunstmann heimholte. Mit Wirkung vom 1. Mai 1947 wurde dieser zum Trickkameramann der Deutschen Film AG: als Spezialist für Miniaturen und Vorsatzmodelle und insbesondere Einspiegelungen. Kunstmann hatte 1918 bei der Bioscop begonnen. Eugen Schüfftan assistierte er bei der Entwicklung des Spiegelverfahrens, begleitete den Erfinder nach Amerika und arbeitete für die Ufa an Filmen wie *AMPHITRYON*. 1936 wurde er Leiter der Tobis-Trickabteilung in Berlin-Johannisthal und war dort u. a. an Herbert Selpins *TITANIC*-Film von 1942/43 beteiligt. Jetzt arbeitete er an den frühen Nachkriegsfilmen wie *EHE IM SCHATTEN* (er ließ bei der »Reichskristallnacht« künstliche Schaufensterscheiben zu Bruch gehen, da echte 1947 in so großer Menge nicht zur Verfügung standen) und Wolfgang Staudtes *ROTATION* (er realisierte im Modell die Sprengung der Weidendammbrücke).

Kunstmanns Lieblingsprojekte waren die farbigen Märchenfilme der Defa, die ihm reichlich Gelegenheit für Spiegelaufnahmen, Modelle, optische Einbelichtungen, Bautricks und Linsentechnik gaben. Der erste entstand 1950 nach einer Geschichte von Wilhelm Hauff und hieß *DAS KALTE HERZ*. Darin agiert der Köhlerbursche Peter (Lutz Moik) auf seiner Gratwanderung zwischen Gut und Böse zusammen mit dem winzigen Glasmännlein (Paul Bildt) und dem riesenhaften Holländer-Michel, den Erwin Geschonnek spielte:

»Peter kommt in die Schlucht atemlos auf die Kamera zugelaufen. Hinter ihm der Riese. Da Peter nur so groß ist wie der Riese, muss Peter im eingespiegelten Raum laufen. Für den Riesen (Originalgröße) wird im Originalraum entsprechend groß die Dekoration gebaut. Er kann gerade so mit seinen Händen den oberen Rand der Schlucht erfassen, also müssen die Felswände ungefähr zwei Meter hoch gebaut werden. Wir drehen mit einem 35-mm-Objektiv. Ungefähr vier Meter von der Kamera entfernt (im Originalraum) steht die gläserne Leiter, die der Riese später zertrümmert.

Im eingespiegelten Raum wird dieselbe Dekoration spiegelverkehrt gebaut. Das Gebirge braucht nur ungefähr drei Meter hoch gebaut werden, denn der obere Teil fällt ja bei der Aufnahme (wegen der Einspiegelung) mit dem Originalgebirge zusammen. (Die Struktur der Felsen muss natürlich auch entsprechend groß gestaltet werden, damit Peter klein erscheint. Die Proportionen müssen zueinander passen.) Jetzt kommt Peter (im eingespiegelten Raum) angerannt. Der Riese (im Originalraum) verfolgt ihn. Er darf aber nicht zu nahe am Gebirge entlanglaufen, da er sonst aus der Leerzone herauskommt. Peter klimmt (im eingespiegelten Raum) die Leiter empor (16 Meter von der Kamera entfernt). In dem Moment, wo er aus dem Bild verschwindet, wird der Spiegel nach unten gezogen. Man sieht jetzt nur noch in den Originalraum. Der Riese, der nun die Leiter erreicht hat, zerschlägt diese. Die Leiter im eingespiegelten Raum besteht selbstverständlich aus Holz, muss aber mit der Glasleiter im Originalraum 100 % übereinstimmen.« (Kunstmann)

Kunstmann war ein Improvisator. Für die Vereisung eines Flugzeugmodells aus dem Tobis-Film *KAMPFGESCHWADER LÜTZOW* (1940/41) verwendete er eine Malerspritze mit flüssigem Paraffin. Für Curd Jürgens' Sturzflug in *DES TEUFELS GENERAL* (1954/55), für den er von der Defa an die Hamburger Realfilm ausgeliehen worden war, befestigte er das Modell vor der Kamera, die – entsprechend quer gestellt – mit dem Flugzeug einen sehr langen Wolkenprospekt entlangfuhr. Er wirkte 1959 auch an der ersten Verfilmung

Venus-Plasmabrunnen: *DER SCHWEIGENDE STERN* (1959)

eines Romans (»Astronauci«) von Stanislaw Lem mit: *DER SCHWEIGENDE STERN*, der wegen Unstimmigkeiten mit dem ökonomischen Direktor des Studios ein Jahr lang auf Eis lag. Ernst Kunstmann arbeitete am Start des Raumschiffs »Kosmokrator« (Abheben des fast mannsgroßen Modells mittels Zündung von Magnesiumpatronen), an einem Meteoritenschwarm (aus Silberpapier geknüllt), an den von Alfred Hirschmeier entworfenen surrealen Venuslandschaften und einem Plasmabrunnen. Um diesen zu realisieren, wurden ca. 40 Fässer Malerleim schwarz gefärbt, mit Pressluft nach oben gepumpt und mit 40–60 Bildern pro Sekunde aufgenommen. Die Kosmonauten, die vor dem Plasmastrudel auf einen (Modell-)Turm flohen, wurden aus ca. 30–50 m Entfernung fotografiert.

Wie viele Kameramänner der Stummfilmzeit war Kunstmann, klein von Wuchs, ein großer Geheimniskrämer, der seine Tricks und Kniffe mit strengen Blicken hütete, denn so geheimnisvoll waren sie nun auch wieder nicht. Betriebsfremden war der Zu-

Ernst Kunstmann »Unter
Wasser«: *DIE GOLDENE
JURTE* (1960–61)

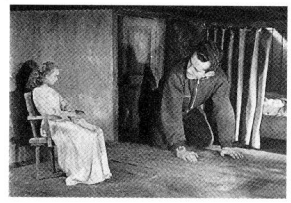

DAS FEUERZEUG (1956):
Einrichtung und Ausführung
eines Spiegeltricks

Frontprojektion mit animier-
tem Modell: *SCHNEEMANN
FÜR AFRIKA* (1977).
Trickkamera: Erich Günther

tritt zu seiner Abteilung verboten: »Trick-
filmatelier. Betreten nur nach vorheriger
Anmeldung gestattet!« Assistenten hatten
es schwer mit ihm, doch legte er umfangreiche, detaillierte Unterlagen über seine
Trickarbeit für die Familie an. Tochter Vera
half ihrem Vater bei *DAS SINGENDE,
KLINGENDE BÄUMCHEN* (1957) und *DER
SCHWEIGENDE STERN* und wurde als erste
Trickfrau gefeiert, doch es war ihr nicht
gegeben, in die Fußstapfen ihres alten
Herrn zu treten. Aber auch an dem Patri-
archen des Filmtricks wurde Kritik laut.
Man empfand Kunstmann mehr und
mehr als veraltet. Zum Beispiel seine Modelle aus dem Film *GESCHWADER FLEDER-
MAUS* (1958). Flugzeuge von ca. 15 cm
Spannweite hingen an je zwei Perlon-
fäden, während die Kamera ihnen unten
seitlich entgegenfuhr. Für bessere Lösungen als die schon aus Stummfilmzeiten
bekannten fehlten die Mittel.

Am 31. März 1963 ging der 65-jährige
Kunstmann, Nationalpreisträger der DDR,
in den Ruhestand und ward seitdem nicht
mehr zur Lösung von Trickproblemen hin-
zugezogen. Die Trickabteilung verküm-
merte. Diplom-Kameramann Hans-Wolf-
ram Redecker, eher ein Theoretiker, war
nicht in der Lage, sie mit neuem Leben zu
füllen. Allein Kurt Marks, der noch mit
Kunstmann gearbeitet hatte, und Ingo
Baar realisierten weiter Spiegel- und traditionelle Kameraeffekte. Siegfried Wunsch
baute Modelle. Hermann Ihde und Gerd
Petrasch standen an der 70-mm-Oxberry-
Trickbank (Blendentricks). Rudolf Ehrlich
bediente die Titelabteilung. Der Bedarf an
Rückpro-Aufnahmen, in den sechziger
Jahren noch sehr gefragt, ließ spürbar
nach. Anfang der Siebziger drehten die
Trickleute der Defa noch drei weitere
Science-Fiction-Filme, darunter den von
Kubricks *2001* inspirierten 70-mm-*EOLO-
MEA* (1972). Kurt Marks und Günter Mali-
nowski stellten die Kamera bei mehreren
Aufnahmen mit Raumschiffmodellen so-
zusagen auf den Kopf, damit das Publi-
kum nicht auf die Drähte achtete, die
die Raketen hielten und die es oben ver-
mutete.

Uwe Fleischer, seit 1979 in die Trickabteilung versetzt und ab Januar 1981 deren
Leiter, hatte für eine Serie weiterer Kinderfilme den guten Einfall, eine Truppe
heranzuziehen, die ursprünglich für das
Defa-Dokumentarfilmstudio und nur gelegentlich, in ihrem »Urlaub«, für das Spiel-
filmstudio gearbeitet hatte: Animator Heiko Ebert, Tony Loeser und Trickkamera-Ve-

Science-Fiction-Modelle
der Defa

teran Erich Günther waren unter Leitung des Puppenfilmgestalters Kurt Weiler im Wirtschaftsgebäude des Schlosses Babelsberg tätig und hatten für Hannelore Unterberg 1974 eine Sequenz mit einer animierten Teekanne im *KONZERT FÜR BRATPFANNE UND ORCHESTER*, für Rolf Losansky 1977 den *SCHNEEMANN FÜR AFRIKA* realisiert. Voll Schaffensfreude machte sich die Gruppe an die Arbeit: Eine trinkfreudige Katze aus der Werkstatt von Frank Wittstock wird mit einem kleinen Jungen in *MORITZ IN DER LITFASS-SÄULE* (1983) kombiniert. Für Bodo Fürneisens *DIE GESCHICHTE VOM GOLDENEN TALER* (1984), der vom Fernsehstudio Adlershof für »nicht realisierbar« gehalten wurde, entwickelte Erich Günther eine Matrizenkamera. Losanskys *SCHULGESPENST* wurde 1986 im Legetrick als Flachfigur in die Realszenen einbelichtet. Die Wende erlebt die Gruppe schmerzlich. Heiko Ebert: »... ich habe gewusst, dass auf der anderen Seite der Kinderfilm nicht diese Bedeutung hat wie bei uns. Mir war klar, dass meine Zeit zu Ende sein würde.«

RAUMPATROUILLE

Der amerikanische Regisseur Byron Haskin war entsetzt über die technischen Möglichkeiten in Deutschland, als ihn die King-Brüder 1962 nach Geiselgasteig einluden, um dort *CAPTAIN SINBAD* zu realisieren. Haskin kam die Bavaria vor wie Keystone anno 1917.

Immerhin wirkte damals in München mit Karl Ludwig Ruppel Deutschlands führender Fachmann für die Wandermaskentechnik. Jerry-Cotton-Darsteller George Nader nannte ihn nur »Mr. Blue Back«. Ruppel hatte schon während des Krieges Modellaufnahmen für *FRONT AM HIMMEL*

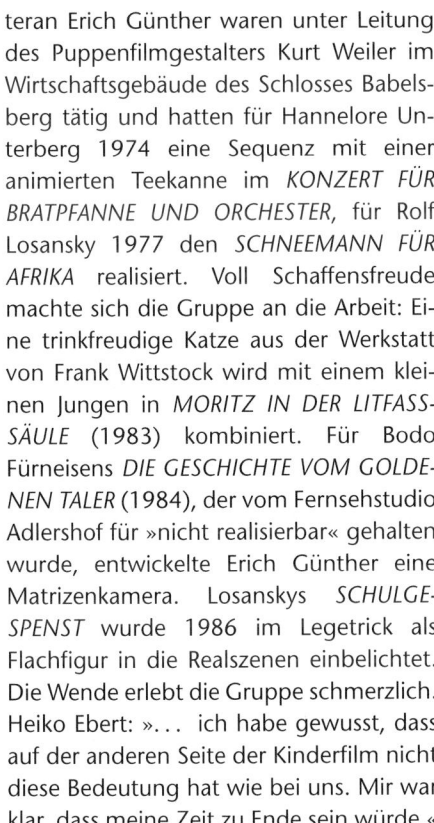

Spiegeltrick:
DIE GESCHICHTE VOM GOLDENEN TALER (1984)

RAUMPATROUILLE: *Bavaria-Trickatelier*
Aufnahmen für einen Werbefilm in Berlin-Tempelhof. Foto: Gerhard Huttula

RAUMPATROUILLE (1966):
»Orion«-Start

realisiert und bekam 1956 von der Neuen Emelka den Auftrag, die Luftkämpfe der Jagdfliegergeschichte *DER STERN VON AFRIKA* vorzubereiten (Joachim Hansen als deutsches Fliegerass Hans-Joachim Marseille): »Bei diesem Film führten wir die ersten Travelling-Matte-Versuche mit einer ausländischen Kopieranstalt durch. Als Alfred Weidenmann, der Regisseur, die Muster sah, fragte er uns: ›Können wir diese Szene nicht auch ohne Ränder haben?‹ Wir hatten verkehrt gemacht, was nur verkehrt zu machen war. Also wandten wir uns an Victor Margutti, den Travelling-Matte-Spezialisten von Rank in England, und der kam mit seiner Filterkiste rüber aus Pinewood. Dank Victor lief die Sache jetzt glatt über die Bühne.« Margutti hatte ein Patent auf Schwarzweiß-Travelling-Mattes, die auf Eastmancolor-Negativ vor selektiv blauem Hintergrund ohne Blaubeleuchtung des Vordergrunds entstanden. Der Blue Screen des *STERNS VON AFRIKA* maß 8 x 12 m. Wieder in Zusammenarbeit mit Margutti filmte Ruppel 1960 für einen anderen Kriegsfilm, *SOLDATENSENDER CALAIS*, Wandermasken im Vistavision-Verfahren, um durch

die Verwendung eines größeren Filmformats trotz der nachträglichen qualitätsmindernden Kopiervorgänge die Qualität eines Originalnegativs zu erreichen. Den fertig kopierten Filmstreifen ließ er dann auf 35-mm-Normalfilm verkleinern. Blaue Ränder, Folge von Schrumpfungen bei der Bildbearbeitung, waren so kaum zu sehen. Damit war Ruppels Patent (Reduced Matte) ein Vorläufer der Vistavision-Techniken, die George Lucas und seine Spezialisten Jahre später wieder entdeckten. Für Ruppels Travelling Mattes wurden auch zahlreiche Modellaufnahmen der TV-Serie *RAUMPATROUILLE* (1966) vor einem blauen Schirm gedreht. Theo Nischwitz leitete damals die Trickabteilung bei der Bavaria: »Die Tricks für *RAUMPATROUILLE* wurden, obwohl es sich um eine Schwarzweißserie handelte, alle in Farbe gedreht, nicht allein, weil wir dafür ein Blue-Screen-Verfahren verwendeten, sondern auch weil man daran dachte, die Serie im Fernsehen irgendwann mal in Farbe fortzusetzen, und dann bereits Standard-Color-Tricks im Kasten hätte. Der schwierigste Trick der Serie war der sich in jeder Folge wiederholende Start des Raumschiffs ›Orion‹, das wie ein Deckel aussah, unter Wasser, durch einen Strudel hindurch. Den Wasserstrudel haben wir mit Alka-Seltzer-Tabletten in einem Glasbassin erzeugt und mit einer kopfgestellten Kamera gefilmt. Die folgende Aufnahme, wenn das Raumschiff aus dem Strudel herauskommt, haben wir in einem Versuchsbecken für Wasserkunde an der Technischen Universität in München (Abteilung für Strömungstechnik) durchgeführt. Mit einer Cinemascope-Linse habe ich den runden Strudel sogar noch erweitert. Ganz lustig war auch die Szene, in welcher ein Planet explosiv ausgehöhlt wird. Zu diesem Zweck haben wir unseren Modellplaneten mit Kaffeebohnen, Rosinen, Grieß usw. gefüllt, den Inhalt mit Pressluft rausgetrieben und das Ganze mit 120 Bildern in der Sekunde gefilmt.«
Nischwitz und sein künstlerischer Ideenlie-

ferant Werner Hierl, der zuvor als Comic-Zeichner für Rolf Kaukas »Fix & Foxi« tätig war, waren mit der *RAUMPATROU-ILLE* anderthalb Jahre beschäftigt. Der Kölner Josef Hilger hat die Dreharbeiten ausführlich recherchiert: »Das große (1,8 m) ›Orion‹-Modell hing bei den Start-, Flug- und Landeszenen an drei, an seinen Werfern befestigten Stahltrossen, die wiederum auf je eine Winde eines Elektromotors aufgewickelt waren. Die Motoren konnten unabhängig voneinander betrieben werden und ermöglichten so die Eigenbewegungen des Raumschiffes.

Zusätzlich verlängerte man den Schwenkarm der auf einem Kugelkopf sitzenden, aufnehmenden Kamera und versah denselben am Ende der Verlängerung mit einer Kunststoffrolle. Der so verlängerte Schwenkarm fuhr eine zerklüftete, an der Rollenlauffläche ebenfalls kunststoffbeschichtete Holzkulisse ab. Die unregelmäßigen Bewegungen des Hebels übertrugen sich auf die Kamera und veranlassten diese zu jederzeit reproduzierbaren Bewegungen.«

Offensichtlich handelte es sich hier um einen Vorläufer der Motion-Control-Technik. Das Aufkommen des Neuen Deutschen Films reduzierte den Trickbedarf in den nächsten Jahren allerdings spürbar. Die Bavaria setzte später auf ein Videocenter unter Leitung von Nischwitz-Nachfolger Jörg-Michael Kunsdorff, in welches 1985 die Reste der Trickabteilung eingegliedert wurden. Um Position und Einkommen zu sichern, ging Nischwitz eine Allianz mit dem erfahrenen Spezialkamera-Konstrukteur Jan Jacobsen ein. Jacobsen

war ein gebürtiger Norweger, der viel für den Bond-Produzenten Harry Saltzman gearbeitet und den es aus familiären Gründen nach Deutschland verschlagen hatte. Jacobsens Schlager war ein kleiner, transportabler Frontprojektor, der bereits in zahlreichen Flugszenen des *SUPERMAN*-Films eingesetzt worden war. Mit diesem wurden Dia- und Laufbild-Hintergründe für Hans Jürgen Syberberg (*LUDWIG – REQUIEM FÜR EINEN JUNGFRÄULICHEN KÖNIG, KARL MAY, HITLER – EIN FILM AUS DEUTSCHLAND*), Billy Wilder (*FEDORA*), Rainer Werner Fassbinder (*BERLIN ALEX-*

Außenaufnahme für
RAUMPATROUILLE

ANDERPLATZ), Hans W. Geissendörfer (*DER ZAUBERBERG*) und Wolfgang Petersen (*DAS BOOT*) realisiert.

DIE UNENDLICHE GESCHICHTE

Für *DIE UNENDLICHE GESCHICHTE* nach Motiven des gleichnamigen Buches von Michael Ende entschied sich *DAS BOOT*-Regisseur Wolfgang Petersen allerdings auf Anraten seiner englischen und amerikanischen Spezialisten gegen die Aufprojektion. Stattdessen wurde in den Bavaria-Ateliers Europas größter Blauschirm errichtet. Zitat aus dem Drehbericht »Phantásien in Halle 4/5« (München 1984):
»Der 300 Quadratmeter große Blue Screen in Halle 4/5 sieht aus wie eine überdimensionale Schultafel. Auf Rollen beweglich sind sechs Elemente, fünf mal zehn Meter große Leichtmetallgerüste hochkant ne-

beneinander gestellt. Vorderseitig sind flächendeckend Aluminiumplatten verschraubt, aus denen Fassungen für insgesamt etwa 800 Leuchtstoffröhren herausschauen. Vor diese Lichtfläche wird in einem Leichtmetallrahmen eine besonders faltenfreie, nahtlose Kunststofffolie gespannt, wobei auf gleichmäßige Einfärbung besonderer Wert zu legen ist, weil sich hieraus wiederum die gleichfrequente Leuchtkraft der Anlage ergibt. Schaltet man nun die Neonröhren ein, wobei zu deren Abstimmung und Intensität eine programmierbare elektrische Steuertechnik verwendet wird, so leuchtet die Plastikfolie tiefblau auf, wie ein wolkenloser abendlicher Winterhimmel.
Vor diese Wand wird nun ganz normal die Studiokulisse gebaut [...] und die Szene mit einer Spezialkamera gedreht. Diese

Vistavision-Kamera ist ein unförmiges Gerät mit horizontal angeordneten Film-kassetten, die Geräusche von sich gibt wie ein Staubsauger und einige Zeit benötigt, bis sie hochgelaufen und auf Touren ist. Die Kamera hat eine Besonderheit: Sie zeichnet das Filmbild nicht wie üblich im Querformat auf, sondern ähnlich jeder Kleinbildkamera eines Hobbyfotografen im Längsformat. Das belichtete Filmbild ist fast doppelt so groß wie das querformatige 35-mm-Bild und somit wesentlich schärfer. Die leichten Qualitätseinbußen der späteren Kopierverfahren bei der Mas-kenherstellung, die mit dem Vistavision-Bild vorgenommen wird, garantieren dennoch ein einwandfrei scharfes Ergebnis im 35-mm-Format.«

Wolfgang Petersens nächster Film, *ENEMY MINE* (1985), war bereits eine ausschließlich amerikanische Produktion. Die Bavaria stellte »nur noch« eine nagelneue Studiohalle für diesen aufwändigen (aber erfolglosen) Science-Fiction-Film. Danach verließ der Regisseur Deutschland. (In den USA drehte er u. a. den effektreichen *PERFECT STORM* (Der Sturm) 1999/2000). Andere taten es ihm nach. Unter ihnen war auch Roland Emmerich.

VON SINDELFINGEN NACH HOLLYWOOD

Emmerich hatte die Münchner Filmhochschule absolviert (im Fach Ausstattung, nicht Regie) und danach in einer leer stehenden Halle in Magstadt nahe dem heimischen Sindelfingen, wo sein Vater eine Fabrik besaß, seine ersten Spielfilme gekurbelt: *DAS ARCHE NOAH PRINZIP* (1983) und *JOEY* (1984/85). Nachdem ihm die deutsche Kritik (nicht zu Unrecht) vorgeworfen hatte, er werte in Filmen wie *HOLLYWOOD MONSTER* (1987) und *MOON 44* (1989) allein Kinoerfahrungen aus, die er sich bei Lucas und Spielberg abgeschaut habe: ein veritabler Eklektizist oder, infamer, »Spielbergle«, gelang ihm mit Carolcos *UNIVERSAL SOLDIER* (1992) der Sprung nach Hollywood. Der Erfolg, den

er mit dem astroarchäologisch getönten *STARGATE* (1994) und seiner UFO-Apokalypse *INDEPENDENCE DAY* (1996) hatte, einer technisch aufgeblasenen, unerträglich militaristischen Neufassung von *THE WAR OF THE WORLDS* und *EARTH VS. THE FLYING SAUCERS*, ließ alle Neider auch daheim erblassen. Selbst Wim Wenders, der mit essigsaurer Miene in einer Fernsehsendung im Februar 1985 noch Spezialeffekte als Spezialdefekte tituliert hatte, gratulierte Emmerich. Viel zitiertes »Knallbonbon« von *INDEPENDENCE DAY* war die Zerstörung des Weißen Hauses durch eine

Modell des Weißen Hauses vor seiner Zerstörung: *INDEPENDENCE DAY* (1996)

Roland Emmerich (rechts)

außerirdische Invasionsarmada. Mit Effekt-Supervisor Volker Engel arbeiteten zwei weitere deutsche Trickkameraleute an dem Film: Anna Förster und Philipp Timme.

»Der Drehplan für INDEPENDENCE DAY«, so Timme in einem VFX-Seminar (Köln, 28.11.1997), »sah zwei Takes für jede pyrotechnische Einstellung vor; konsequenterweise gab es zwei Modelle für jede dieser Szenen – auch für das Weiße Haus. Dieser Sicherheitsfaktor erlaubte es, eine Einstellung so zu drehen, wie sie Roland und Volker geplant hatten – auch wenn unvorhergesehenerweise beim ersten Take etwas schief gehen sollte. Glücklicherweise wurde das zweite Modell des Weißen Hauses nie benötigt...

Um die Explosion von allen erdenklichen Winkeln einzufangen, setzten wir sieben Kameras ein, die zwischen 300 und 120 Bildern pro Sekunde liefen. Mit Ausnahme der Hauptkamera jedoch waren alle anderen Blickwinkel so geplant, dass sie keine weitere Nachbearbeitung erforderlich machen würden, sondern als reine In-Kamera-Effekte verwendet werden konnten. [...] Der Lichtaufbau wurde am Tag zuvor abgeschlossen, und als alle Kameras schließlich eingerichtet und drehfertig waren, ging alles recht schnell. Die Explosion war in wenigen Sekunden vorüber, und bereits auf den Videomonitoren sah das Ergebnis spektakulär aus, so dass das gesamte Set noch in derselben Nacht abgebaut wurde.« Für die Spezialeffekte wurde Volker Engel mit einem Oscar ausgezeichnet. Engel war federführend auch an Emmerichs nächstem Film beteiligt, und wieder nutzte er die technisch gut ausgerüstete Filmakademie Baden-Württemberg, wo er eine Zeit lang Dozent gewesen war, als Kaderschmiede.

Roland Emmerich und seine Produktionsfirma Centropolis nahmen sich jetzt eines Projektes an, das schon seit Jahren verhandelt wurde. Es ging um eine Amerikanisierung des japanischen Films GODZILLA. Der vorgesehene Regisseur, Jan de Bont,

hatte die Segel gestrichen und dem stürmischeren TWISTER den Vorzug gegeben. Roland Emmerich flog umgehend nach Japan, um sein Konzept von der Toho Company, dem Rechteinhaber der alten GODZILLA-Filme, absegnen zu lassen: »Ich habe den Herren in Tokio unser Godzilla-Modell präsentiert, das quasi über Nacht zusammengezimmert worden war, und zu meiner Überraschung gaben sie grünes Licht.« Ein Teil der

Aufnahmen mit der inzwischen von 50 (Japan: 1954) auf 130 Meter (USA: 1998) angewachsenen Echse sollte mit Animatronics, der große Rest mittels CGI entstehen. Zuerst probierte man es nach dem Motion-Capture-Verfahren, das mit Keyframe-Animation überarbeitet werden sollte. Elektroden werden an einen menschlichen Körper angeschlossen und senden Signale an einen Computer, der die vom Individuum vorgegebenen Bewegungen dekodiert und speichert. Mehrere Tänzer und Bodenturner waren verpflichtet worden, um Godzilla für den Rechner zu »spielen«. Doch die Bewegungen wirkten zu »menschlich«, das bedeutete, dass man Godzilla gänzlich im Computer animieren musste.

»Wir hatten Referenzmaterial über Alligatoren, dazu Filmaufnahmen von Tieren in vollem Lauf, Löwen, Leoparden und so weiter. Ich versuchte all ihre Eigenschaften in einer Kreatur zusammenzufassen, die superschnell und agil ist, aber gleichzeitig die Bösartigkeit und die Raubtiernatur eines Alligators besitzt«, erklärt Andy Jones die monströsen Computergrafiken. »Grundsätzlich hatte ich nur meine Fähigkeiten als Animator, das heißt, was ich über Animation an sich weiß, über Timing, über Gewicht etc. – all das wendete ich auf die Kreatur an.« (Es hat sich ge-

zeigt, dass die Leute mit der Computeranimation am besten zurechtkommen, die Erfahrungen im traditionellen Zeichenfilm haben.)

Einen Wechsel in seinem Filmschaffen, eine Abkehr von den infantilen Sujets der Godzilla & Co., bedeutete für Roland Emmerich *THE PATRIOT* (Der Patriot, 1999/2000). Das Buch stammte von Robert Rodat, der 1998 für *SAVING PRIVATE RYAN* eine Oscar-Nominierung erhalten hatte. Banalitäten à la Dean Devlin (Emmerichs früherer Koautor) sollten unter allen Umständen vermieden werden. Die dennoch eindimensionale, naive Geschichte spielt in den Wirren des amerikanischen Unabhängigkeitskrieges. VFX Supervisor war Stuart Robertson (Oscar für *WHAT DREAMS MAY COME*). Die Backgrounds waren an Originalschauplätzen in South Carolina gedreht worden. Wieder einmal wurde an nichts gespart. Eine komplette Hafenanlage musste miniaturisiert und Schiffsmodelle mussten gebaut werden. Dafür war Joachim Grüninger, ein alter Mitstreiter von Roland Emmerich, zuständig. In Grüningers Firma Magicon in München entstanden zehn historische Schiffe im Maßstab 1:12. Die beiden größten Schiffe hatten eine Länge von bis zu 7,5 m. Sie waren bestückt mit 20 cm langen Stahlkanonen, die so konstruiert

waren, dass sie beim Abfeuern in den Rumpf zurückgestoßen wurden wie echte Kanonen. Die Modelle für die Seeschlacht wurden einzeln vor Green Screen mit bis zu 300 Bilder/sec. gedreht. Die Kaianlage, an der zehn Modellschiffe vor Anker lagen, hatte eine Länge von über 25 m. Aufgrund der erforderlichen Tiefenschärfe waren zum Teil bis zu 1,5 Mio. Watt Licht erforderlich. Aufgenommen wurde diese »Miniatur« mit Motion Control. Aber letztlich war das alles viel Rauch um nichts.

DIGITAL COMPOSITING

In Deutschland hatten die drei Bibos von der Bad Homburger Postproduction-Company Bibo TV derweil ein »Digital Film Compositing«-System kreiert, das im Bereich der digitalen Bildbearbeitung von hochauflösenden Filmszenen einen neuen Standard setzen sollte. Zum damaligen Zeitpunkt musste, wer hochauflösende Bilder bearbeiten wollte, Software dazu selbst entwickeln. Nach drei Jahren war es so weit: Filmscanner, Bearbeitungssoftware sowie ein Filmrecorder, mit dem man die Filmszenen wieder auf Film belichten konnte, waren einsatzbereit. Man nannte es Toccata und investierte, um es mit großem Paukenschlag als Deutschlands Trompeten gegen Hollywood zu propagieren, in einen experimentellen Spiel-

Oben:

Kolberg damals und heute. Veit Harlan und Roland Emmerich, zwei deutsche »Patrioten«.

Oben links:

Mit großem Aufwand lässt Roland Emmerich historische Schiffsmodelle bauen, die im fertigen Film kaum in Erscheinung treten: *DER PATRIOT* (1999/2000)

TAXANDRIA (1989–94): Haus der Freuden und Portal der Kathedrale. Für die digitale Bearbeitung entwickelte Bibo TV eine eigene Software. Insgesamt wurden 65 Minuten digital bearbeitet

film von Raoul Servais, der seine Darsteller 1990 im Budapester Mafilm-Studio vor nichts anderem als blauen Wänden und Untergründen agieren ließ. Die gescannten Realszenen wurden am Computer in die gleichfalls digitalisierten, gemalten Hintergründe eingefügt, und zwar im hochauflösenden Format von über 2000 Linien: »TAXANDRIA ist eine aus irren, beeindruckenden und auch zeitweise beklemmenden Kulissen bestehende Welt, umgesetzt mit Pinsel und Spritzpistole, – ein Land ohne Vergangenheit und Zukunft, in dem 1899 die Zeit angehalten wird. Nach einer Katastrophe wird in Taxandria, das zwischen großen Sümpfen liegt, von einem doppelköpfigen Prinz und dessen undurchsichtigem Vertrauten (gespielt von Armin Müller-Stahl) der gesamte technische Fortschritt verboten. Die Zeit als Begriff sowie Uhren, Maschinen und Fotoapparate existieren nicht mehr. Männer und Frauen leben getrennt. Die Frauen werden außerhalb der Stadt als Gebärmaschinen gehalten. Erst als die junge Ailee (gespielt von Katja Studt) in die Männerwelt eindringt, kommen mit ihr und Aimé (gespielt von Elliott Spiers) die Liebe, die Fantasie und das Lachen zurück, aber auch das Chaos. Diese fiktive

Welt per Kulisse zu bauen, wäre kaum zu bezahlen gewesen. Durch die Kombination von Live-Action und handgezeichneten Hintergründen, die auf digitaler Basis mit dem Film-Compositing-System Tocatta zu einer Einheit zusammengeschmolzen werden, wurde diese Form der Filmsynthese erst möglich.« (Bernd Willim, »Professional Production«, Oktober 1992) Qualitativ, so die Bibos, sei man gegenüber optischer Tricktechnik in der ersten Generation geblieben, doch es gab enorme Verzögerungen bei der Herausgabe des Films, der zwar ein künstlerischer, aber vom Sujet her kein Publikumserfolg war.

Firmenchef Heinz Bibo musste sich nach einem Partner umsehen, der emsig die Entwicklung populärerer Filmgeschichten betrieb, und glaubte ihn in dem Münchner Produzenten Dieter Geissler gefunden zu haben. Geissler besaß die Filmrechte an Endes UNENDLICHER GESCHICHTE, hatte den ersten Teil an Bernd Eichinger vermittelt (und dabei eine gute Vermittlungsgebühr eingestrichen), mit dem damals noch am Musicalhimmel strahlenden Stuttgarter Rolf Deyhle DIE UNENDLICHE GESCHICHTE II (1989/90) hergestellt und ein Trickstudio namens CineMagic Film Effects eingerichtet, das sich inzwischen in

98

einer Baracke auf dem wieder vereinigten Babelsberger Filmgelände befand. Der Haulewald des dritten Teils der *UNENDLICHEN GESCHICHTE* sollte auf Geisslers Wunsch unbedingt mit reichlich Pomp in der ehemaligen Ufa-Stadt vor den Toren Berlins aufgebaut werden. Für die Spezialeffekte wurde wie beim zweiten Teil der Engländer Derek Meddings eingekauft; er durfte aber nicht die Kombinationsaufnahmen realisieren. Den Zuschlag bekamen die Bibos. Doch das Ergebnis, für dessen verwirrenden Final Cut nicht Regisseur Peter Macdonald, sondern der Produzent zeichnete, war nur noch ein trauriger Abklatsch des endeschen Phantásiens und eines der größten finanziellen Desaster der bundesdeutschen Filmgeschichte. Die Produktionskosten beliefen sich auf weit über 40 Millionen Mark.

Die deutschen CineMagic-Mitstreiter hatten gleichwohl an der Katastrophe nur peripher mitgewirkt. Für sie hatte Geissler, als Fingerübung, eine andere vorgesehen, einen Science-Fiction-Film der Bavaria: Peter F. Bringmanns *DIE STURZFLIEGER* (1994/95) mit Götz George als stotterndem Androiden (Blade Runner trifft Theo gegen den Rest der Welt) wurde zu einer kompletten Bruchlandung für alle Beteiligten. »Angeturnt« von Kindheitserinnerungen an den ersten *STAR-WARS*-Film, inspiriert durch die Lektüre der von Don Shay verlegten »Cinefex«-Hefte und angesteckt von dem tragischen Sisyphus-Fanatismus eines ungenannten deutschen Trickfilm-Freaks (»Wenn mein Film rauskommt, müssen die Kinos anbauen«), werkelte die junge und noch unerfahrene Schar der CineMagic-Mitarbeiter an Motion-Control-Aufnahmen und optischen Effekten, wie sie zehn Jahre früher vielleicht noch *state of the art* gewesen wären, aber jetzt nicht mehr den Anforderungen genügten. Nach diesem Film wurden die CineMagic-Aktivitäten in herkömmlicher Technik eingestellt, die gesunden Teile der Gruppe von Babelsberg

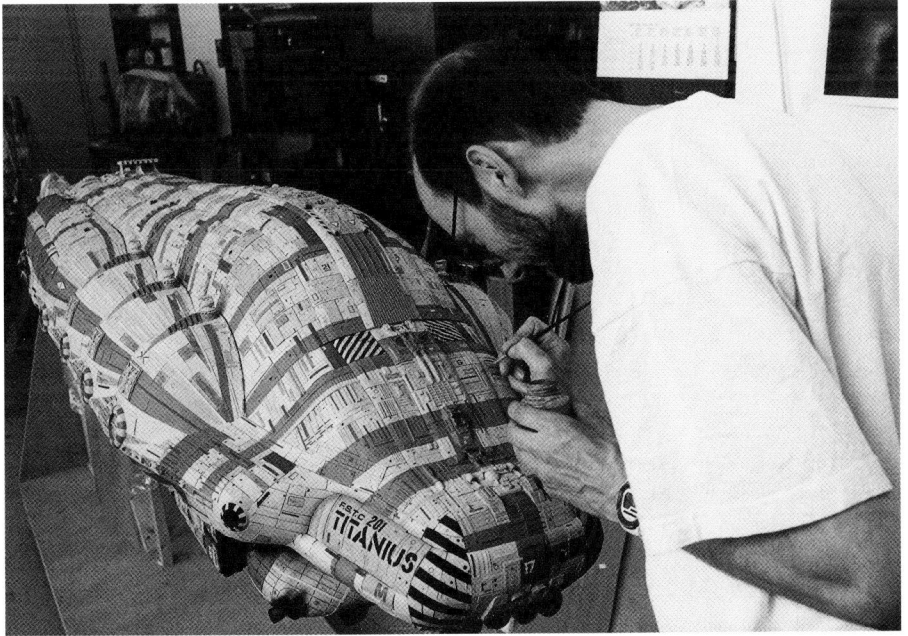

Holger Delfs beim Modellbau für *DIE STURZFLIEGER* (1994/95)

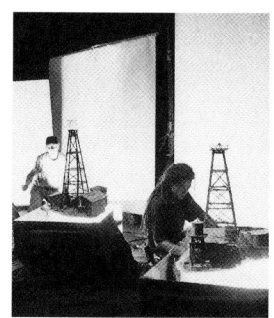

THE 13ᵀᴴ FLOOR (1995):
Reihe oben:
Hintergrund: Die Wüste wurde in Kalifornien aufgenommen.
Fertiges digitales Compositing: Die Modellbohrtürme sind eingesetzt; Bohrtum im Maßstab 1:12. Dreharbeiten im Studio mit Motion Control.
Reihe unten:
Hintergrund: Second-Unit-Dreh in Los Angeles.
Digitales Compositing: Die hinteren Häuser wurden als Modelle gebaut, mit Motion Control aufgenommen und im Computer kombiniert

nicht nach Kalifornien, sondern Oberhausen verlegt, wo bereits einige *STURZFLIE-GER*-Modellaufnahmen in einer Waschkaue der ehemaligen Zeche Osterfeld gedreht worden waren und wo neu erschlossene Fördergelder lockten. Als »Statthalterin/Ruhrgebiet« war Geisslers zeichenfilmerfahrene Brigitta Peitz ausersehen, die eine Animationsserie nach Michael Endes Kultbuch produzieren half und als »Kreativpotential« ein unentwegtes Häuflein weitgehend unbeschriebener Blätter, in Fachkreisen unbekannter Experten, mitbrachte. Auch deutsche Effektspezialisten sollten, ginge es nach den Oberhausenern, für den Akademiepreis nominiert werden. Hier konnte und wollte man sich ein Beispiel an den Brüdern Lauenstein und ihrem oscarprämierten Stop-Motion-Film *BALANCE* nehmen.

»VIELE TRICKS UND WENIG FILM«

Die Überschrift des »Spiegel« (43/1998)

bezeichnet treffend die Situation in Oberhausen. Mit einem Mal sollte im Ruhrpott, wo Branchen wie Kohle und Stahl vor sich hin kümmerten, blitzsaubere Medien-Hightech aus dem Boden gestampft werden. Wolfgang Clement, damals noch Chef der Düsseldorfer Staatskanzlei, später NRW-Ministerpräsident, sah in dem Filmzentrum HDO (High Definition Oberhausen) bereits ein »Hollywood im Ruhrgebiet«. Der »Spiegel« registrierte die rauhe Wirklichkeit. Das »Oberhausener Modell« lade zur Selbstbedienung ein und sei ein Fall für die Justizbehörden.

Die Vorgeschichte: Am 11. Juli 1990 war in Straßburg ein Projekt »VISION 1250/ 50« zur Schaffung eines eigenen Europäischen Hochauflösenden Fernsehformats (HDTV) aus der Taufe gehoben worden. Der deutsche Beitrag manifestierte sich im High Definition Center Oberhausen. »Nordrhein-Westfalen finanzierte das Projekt mit 400 Mio. Mark. Zielsetzung neben Fortbildungs-, Forschungs- und Entwick-

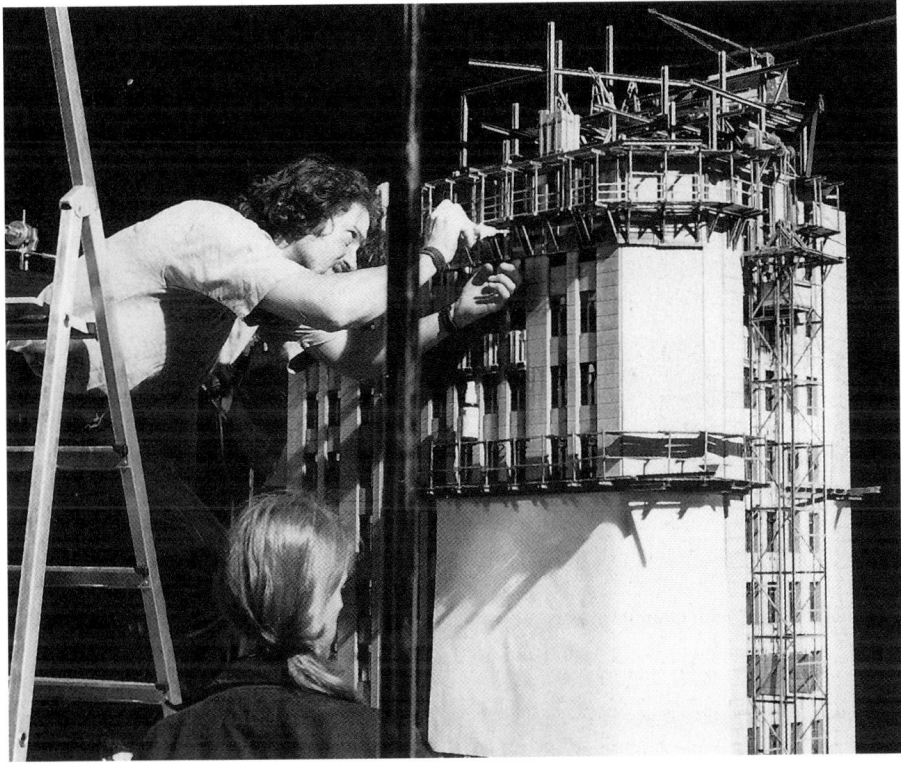

lungsaufträgen auf dem Gebiet der Anwendungen von HDTV war die Herstellung von experimentellen Produktionen, um alle Möglichkeiten der künstlerischen Gestaltung mit diesem neuen Produktionssystem auszuloten.« (Alexander Felsenberg: »Einführung des hochauflösenden Fernsehens«, 1990)

Es wurde allerdings in analoge Technik investiert und in ein Format, das sich nicht gegen den bereits mit erheblichem technischem Vorsprung von den Japanern entwickelten Standard durchsetzen konnte. »Doch weil das Geld nun einmal eingeplant war und rigorose Schnitte die Landesregierung in Erklärungsnöte gebracht hätten, wurde eine neue Geschäftsidee gepuscht. Statt HDTV sollte in Oberhausen – mit weiteren Geldern von Land, Bund und EU – eines der größten europäischen Trickfilmstudios entstehen.« (»Der Spiegel« 43/1998)

Einer, der die auf dem Silbertablett offerierte Dienstleistung in Oberhausen pres-

sewirksam in Anspruch nahm, war Roland Emmerich. Mit 4 Mio. Mark NRW-Förderungsmitteln (»Professional Production« 11/99) wurde im Hightech Park Oberhausen für den Cyperspace-Thriller *THE 13TH FLOOR* das Los Angeles des Jahres 1937 rekonstruiert: Wo sich heute ein schier endloses Häusermeer ausdehnt, bestimmte damals eine Unzahl hölzerner Bohrtürme das Panorama. Die Plates wurden in Kalifornien mit Motion Control aufgenommen. Dann wurden die Modelle der

**Wilshire Boulvard heute und damals: Straße in der Wüste als Hintergrund; Teile des heutigen Straßenzuges werden einkopiert. Fertiges digitales Compositing.
Links oben: Arbeiten am Modell**

101

Background: in Los Angeles gedrehtes Motiv.
Digitale Kombination: Die hinteren Häuser wurden als Modelle gebaut. Da es in Los Angeles keine Straßenbahnen mehr gibt, entstand die Bahn samt Schienen im Computer

Bohrtürme in Joachim Grüningers Magicon-Werkstatt realisiert, einige im Maßstab 1 : 12 für den Vordergrund, eine Menge kleinerer Varianten im Maßstab 1 : 24 für den Hintergrund. Die Türme wurden in Oberhausen in mehreren Motion-Control-Durchgängen gedreht (zuerst ein Beauty-Pass, danach ein Durchgang vor weißem, hellbeleuchtetem Background, um eine Maske zu erzeugen). Für die Aufnahmen der Vordergrundmodelle verwendete man die gleiche, jedoch herunterskalierte Kamerabewegung wie bei der Originalszene. Die hinteren Türme, perspektivisch nicht verändert, waren ohne Kamerabewegung aufgenommen worden. Sie wurden in der Nachbearbeitung am »Inferno« multipliziert und an die Kamerafahrt angepasst.

Ein knappes Dutzend Compositing-, 3-D- und Retusche-Techniker arbeitete in Oberhausen über ein halbes Jahr an zehn Einstellungen. Die Mehrzahl der insgesamt 42 Effect-Shots wurde von Centropolis FX in Los Angeles nach Abschluss der *GODZILLA*-Arbeiten übernommen. Trotz unterschiedlicher Zeitzonen und der räumlichen Entfernung ist eine Arbeitsteilung wie diese möglich: Abnahmen erfolgen via Internet.

Doch es war nicht die Arbeit an *THE 13TH FLOOR*, die Oberhausen einmal mehr in die Presse brachte: Im August 1998 hatte die Betreibergesellschaft HDA ihre Zahlungsunfähigkeit eingestehen müssen. Unklarheit herrschte über den Verbleib von zweistelligen Millionenbeträgen. Die Düsseldorfer Staatsanwaltschaft ermittelte gegen zwei frühere Manager der HDO, die des Subventionsbetrugs verdächtig waren. Vor allem aber fehlten der angeblich »technologically most advanced production facility outside of the Unites States« die qualifizierten Mitarbeiter. So wur-

den 1999 eilig neue Käufer gefunden, die als Digital Renaissance Abhilfe schaffen sollten. Bei den Rettern handelte sich um ein Konsortium, an dem auch die amerikanische Digital Domain beteiligt war.

Verstärkt soll jetzt in Training und Aufbau investiert werden, und der als Entwicklungshelfer nach Deutschland entsandte CG-Oscar-Preisträger Tim McGovern (*TRON, LAST ACTION HERO, SPEED*) verbreitet sogar etwas SFX-Glamour. Die technisch von Oberhausen betreute Geschichte vom kleinen Vampir (*LITTLE VAMPIRE*), der sich an (westfälischen?) Kühen vergreift, um seinen Blutdurst zu stillen, belegt in den VFX-Charts freilich nur einen der hinteren Plätze. Im Ruhrgebiet, so scheint es, werden weiterhin nur kleine Brötchen gebacken.

Auch in Babelsberg sollte Mitte der Neunziger ein Hightech-Medien Center installiert werden. Laut Peter Krieg, einem der Initiatoren, sollte das so genannte HTC der Industrie mehrere Software-Server zur Verfügung stellen. Das HTC wollte die dort geparkte Software dann sozusagen im Agenturverhältnis über Netz mithilfe eines zu entwickelnden Verteiler- und Zählersystems an die Anwender auf *Pay peruse*-Basis vertreiben. Daraus wurde aber nichts, und auch die Company b, die den HTC-Bau in der Babelsberger Medienstadt übernahm, geriet ins Schlingern: »Die Affäre um das Babelsberger fx.center beschäftigt auch die EU-Kommission. Der Hightech-Bau auf dem ehemaligen Studiogelände der Defa war ins Gerede gekommen, weil seine Betreibergesellschaft Company b vier Monate nach der Eröffnung und trotz neunzigprozentiger Förderung durch das Land Brandenburg und die EU Konkurs angemeldet hatte. Das fx.center, das eine digitale Ton- und Bildbearbeitung auf allerhöchstem technischen Niveau ermöglichen sollte, hatte 104 Millionen Mark gekostet. Davon waren 93 Millionen Mark Subventionen durch das Land Brandenburg und die EU, die ihren Anteil mit 52 Millionen Mark be-

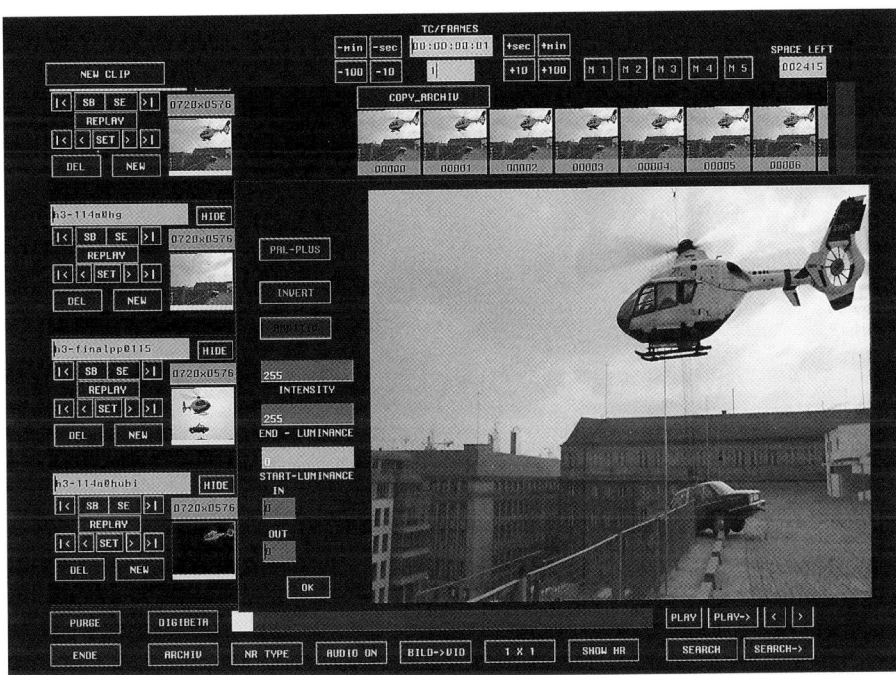

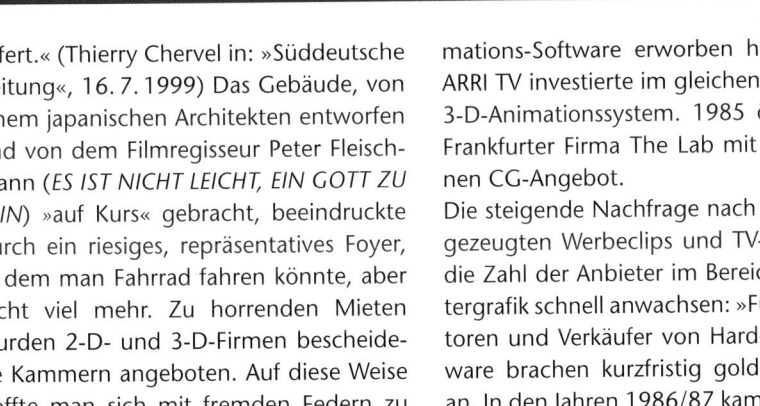

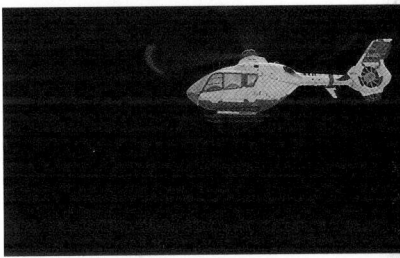

ziffert.« (Thierry Chervel in: »Süddeutsche Zeitung«, 16. 7. 1999) Das Gebäude, von einem japanischen Architekten entworfen und von dem Filmregisseur Peter Fleischmann (*ES IST NICHT LEICHT, EIN GOTT ZU SEIN*) »auf Kurs« gebracht, beeindruckte durch ein riesiges, repräsentatives Foyer, in dem man Fahrrad fahren könnte, aber nicht viel mehr. Zu horrenden Mieten wurden 2-D- und 3-D-Firmen bescheidene Kammern angeboten. Auf diese Weise hoffte man sich mit fremden Federn zu schmücken. Dennoch fand das potemkinsche Dorf eine neue Trägerfirma auf einem Gelände, das die Anforderungen der Besitzer, schwarze Zahlen zu schreiben, partout nicht erfüllen will.

COMPUTERANIMATION

Schwerer hatten es die Unternehmen, die ohne staatliche Aufbauhilfe auskommen mussten, aber wenigstens ging es dort hinter den Kulissen kreativer zu. Zu den Pionieren computergenerierter TV- und Werbegrafiken gehörten TV One bei München und Siegfried Steiner (Grünwald), der von Robert Abel 1984 Computerani-

mations-Software erworben hatte. Auch ARRI TV investierte im gleichen Jahr in ein 3-D-Animationssystem. 1985 öffnete die Frankfurter Firma The Lab mit einem reinen CG-Angebot.

Die steigende Nachfrage nach computergezeugten Werbeclips und TV-Logos ließ die Zahl der Anbieter im Bereich Computergrafik schnell anwachsen: »Für Distributoren und Verkäufer von Hard- und Software brachen kurzfristig goldene Zeiten an. In den Jahren 1986/87 kamen allein in der Bundesrepublik zu den vorhandenen vier Anbietern weitere zwölf Dienstleistungsanbieter mit Highendsystemen hinzu.« (Bernd Willim in »Leitfaden der Computergraphik«) Aber schon wenige Jahre später mussten einige der mit großem Optimismus gestarteten Newcomer aufgeben. Rechner und Software waren im Preis deutlich gesunken, die kommerzielle Verbreitung nahm rasch zu. CA wurde allenfalls als ergänzende Dienstleistung im Bereich der Videonachbearbeitung angeboten. Nur wenige Unternehmen wagten es, ausschließlich auf 3-D-Grafik zu setzen. 1989 gründeten Stephanie Stalf und Tho-

Von oben nach unten:
Originalszene: Das Auto
hängt an einem Kran.
Die Aufhängung wird
retuschiert.
3-D-Hubschrauber, angepasst
an Lichtstimmung und
Kamerabewegung.
Fertiges Compositing.
Links oben: Arbeitsoberfläche der Scanline-eigenen
Software

103

Schiff und Wasser aus dem
Computer: Havarie aus einer
HELICOPS-Episode

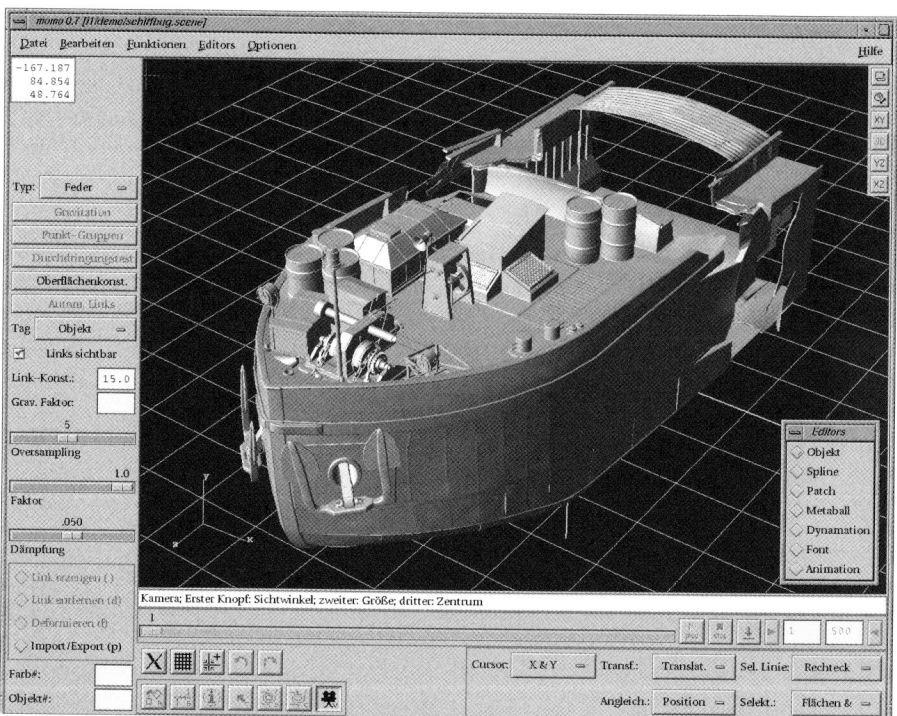

Das 3-D-Schiff wurde dem Original nachempfunden

Composing am Computer: Die einzelnen Elemente werden an die Hintergrundszene
angepasst. Arbeitsoberfläche der Scanline-eigenen Software

mas Zauner (die beiden hatten bereits bei TV One zusammengearbeitet) eines der ersten deutschen 3-D-Dienstleistungsunternehmen: CA Scanline. Die Auftraggeber waren Werbeagenturen, Filmproduktionen und TV-Sender, die 3-D-Animationen verstärkt im On-Air-Design und der Programm-Promotion einsetzten. Zauner und Stalf übernahmen teilweise die bei TV One entwickelte Software, portierten sie auf andere Betriebssysteme und verbesserten sie von da an fortlaufend. Noch heute arbeitet CA Scanline zu 90 Prozent mit der hauseigenen Software, da sie gegenüber den Lizenzprogrammen flexibler an spezielle Produktionsanforderungen angepasst werden kann.

In der bislang teuersten SAT.1-Actionserie *HELICOPS – EINSATZ ÜBER BERLIN* (1998 ff.) wurden Bilder von realen und digital realisierten Hubschraubern gemischt. Für den Pilotfilm, in dem ein Modell des Palastes der Republik in die Luft fliegt, als hätte Honecker dort vor der Wende noch alle Sprengstoffreserven der untergehenden DDR gebunkert, wurde der Helikopter noch von der in Babelsberg ansässigen Firma Nitrofilm digital generiert. Alle weiteren Folgen wurden von CA Scanline in München-Grünwald abgewickelt.

Nach zwei Jahren *HELICOPS*, meint Tho-

mas Zauner, werde die Bearbeitung zur Routine: »Wir haben im Endeffekt sieben Wochen Zeit für zwei Episoden, im Durchschnitt mit zwanzig bis dreißig CGI-Shots pro Folge. Da geht es nur mit eingespielten und kreativen Mitarbeitern, die am Tag zwei Szenen komplett durchprogrammieren können.« Scanline hat die entsprechenden Tools entwickelt, um einen Helikopter der Lichtstimmung entsprechend perfekt in eine Szene zu integrieren. Derartige Arbeitsvorgänge dauern nicht länger als eine halbe Stunde.

Auch vor einem der schwierigsten Special-Effects-Probleme schreckt CA Scanline nicht zurück: Für Szenen einer *HELICOPS*-Folge, in der ein Schiffshebewerk explodiert, wurde das Wasser der unter dem Druck der Explosion berstenden Schleusenwand komplett digital erstellt. Kleinste Partikel, Wasserstaub und -fontänen, eine brechende Schleusenmauer und eine Schiffshavarie – alles künstlich generiert.

Für die Pro 7-Serie *JETS – LEBEN AM LIMIT* gestaltete Arturo Sinclair vom Sendezentrum München (SZM Studios) die visuellen Effekte: »Oberste Priorität hatten reale Flugaufnahmen. Digitale Animationen sollten vor allem dazu dienen, die real gedrehten Elemente dramaturgisch miteinander zu verknüpfen bzw. mit real filmbaren Einstellungen zu ergänzen. Auf zusätzliche visuelle Trickeffekte wie Green Screen oder Model Shots wurde – im Gegensatz zum Pilotfilm – verzichtet. Einerseits sollte der Animationsanteil möglichst gering gehalten, andererseits noch mehr Wert auf die Qualität der einzelnen Animationen gelegt werden.« Das Sendezentrum München wurde 1998 um den Unternehmensbereich Animation/VFX erweitert. Ursprünglich lag der Schwerpunkt im Bereich der TV-Grafik. Dank Hugo, einem im Computer generierten (Echtzeit-)Teufel, der Mitte der neunziger

Szene aus dem Pilotfilm *JETS – LEBEN AM LIMIT*: Das Schild wurde als Modell aus Ton gebaut und durch ein Dummy-Flugzeug, das später durch ein Flugzeug aus dem Rechner ersetzt wird, zerstört

Lara Croft im Musikvideo *MÄNNER SIND SCHWEINE* von und mit den »Ärzten«

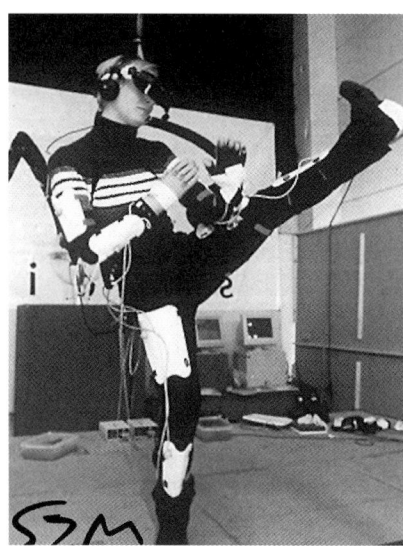

Motion-Capture-Anzug von
Lara Croft

Brennendes Dorf in
SCHLAFES BRUDER (1995).
Rund 100 Sekunden wurden
am Cineon digital ver-
ändert.
Das auf Glas gemalte abge-
brannte Dorf wurde mit
einer hochauflösenden
Digitalkamera abgefilmt

Jahre durch eine eigene Live-Sendung geisterte, konnte man auf einschlägige Erfahrungen mit Motion Capture zurückgreifen. 1998 wurde auch ein dreieinhalbminütiges Musikvideo der »Ärzte« in Quentin-Tarantino-Manier von SZM durch den Auftritt der aus *TOMB RAIDER* bekannten Lara Croft »veredelt«. Bei den Realaufnahmen wurde die Kunstfigur von der Tänzerin Uta Geyer in einem (der Licht- und Schatteneffekte und der Referenz-Bewegungen wegen) weißen Anzug gedoubelt. Beim Motion Capturing wiederholte die Tänzerin die Choreografie ihrer Bewegungen. 18 Sensoren übertrugen die Daten auf eine Figur aus 55 000 Polygonen. In der Nachbearbeitung an Henry und Flame wurde die im Computer generierte Lara in die Realaufnahmen eingepasst.

In der 3-D-Charakteranimation gilt seit 1991 die Hamburger Firma Spans & Partner als Vorreiter. Im Vergleich zu der bei Lara Croft verwandten Technik des Motion Capture setzt Peter Spans auf traditionelle Keyframe-Animation, die den Phasen beim Trickfilm ähnlich ist: »Wir erwecken mit dem Computer Figuren zum Leben,

machen sie bewusst plastisch und verleihen ihnen Emotionalität.« Spans überzeugte die Werbewelt von den Möglichkeiten der 3-D-Computeranimation. Sprechende Kaffeetassen und Klodeckel stellten zudem keine großen Probleme für die Animatoren dar.

VOM WERBEFILM ZUM SPIELFILM

Die steigende Nachfrage nach computergestützten Allheilmitteln (»We fix it in the post«) schuf schließlich einen wachsenden Wirtschaftszweig: die digitale Postproduktion. Die meisten Anbieter mussten sich jedoch auf die Videobearbeitung beschränken. Filmbearbeitungssoftware war zu Beginn der Neunziger nicht käuflich – lediglich In-House-entwickelte Software wie das Toccata-System ließ die Bearbeitung von Filmbildern zu.

1994 erwarb ARRI als erstes Unternehmen auf dem europäischen Festland das Filmcompositing-System *Cineon* von Kodak. Mit dem Know-how, das man bei der Bearbeitung von Werbefilmen erworben hatte, bot die Firma digitale Effekte für Kinofilme an. In Joseph Vilsmaiers Spielfilmversion von *SCHLAFES BRUDER* sollte ein Dorf in Flammen aufgehen. Live-Action und ein unter Aufsicht von Volker Engel im Studio angezündetes Einfachmodell wurden einschließlich Reflexion von Lichtschein,

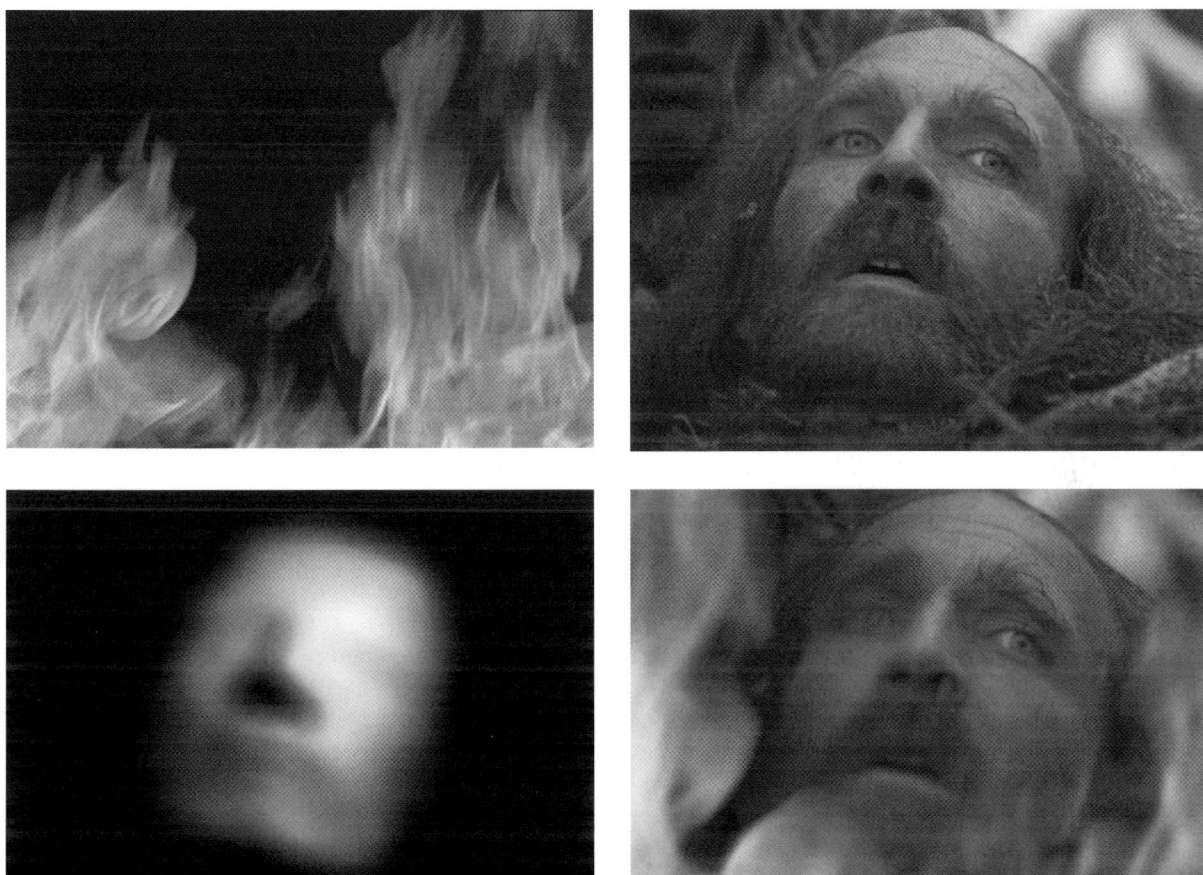

Flammen und Rauch digital kombiniert. Ende 1991 hatten Stefan Jonas, Christian Leonhard sowie die ehemaligen Bibo-Mitarbeiter Ralf Drechsler und Stefan Jung Das Werk ins Leben gerufen. In der 1995 eröffneten Werk-Filiale in München entstehen neben Werbespots mittlerweile komplett digital nachbearbeitete Spielfilme. In *BANG BOOM BANG* fährt die Kamera bei einer nächtlichen Autofahrt von außen in das Wageninnere und auf die Gesichter der Mitfahrer, dann gleitet sie wieder aus dem Auto: eine Inszenierung, die mit herkömmlichen Mitteln nicht möglich gewesen wäre. Also wurde das Auto im Studio ohne Dach vor Blau gedreht und nachträglich mit einem computergenerierten Dach versehen. *The discreet charm of an invisible effect.*

CREATURES VERSUS SCIENCE

Für Jean-Jacques Annauds Stalingrad-Opus *ENEMY AT THE GATES* (2000) steht der Werk AG ein Produktionsvolumen von 6,6 Mio. Mark für die Bearbeitung der VFX zur Verfügung. Die Postproduktion findet in der 1999 eröffneten vierten Werk-Niederlassung in Düsseldorf statt. Doch das sind Ausnahmen. Nach wie vor sind große Produktionsvolumen für digitale Effekte in Deutschland die Seltenheit.

Kleinere, wendigere Firmen, die ab Mitte der neunziger Jahre von dem stetigen Preisverfall auf dem Hard- und Softwaremarkt profitierten, spezialisierten sich mit bescheidenerer Infrastruktur auf preiswerte digitale Effekte für Fernsehserien. Dennoch ist ihr Überleben nicht in allen

Digital Compositing bewahrte den Darsteller vor den Flammen: Die Flammen wurden separat vor schwarzem Hintergrund aufgenommen.
Digital erzeugter Gesichtsabdruck, auf dem der Lichtschein der Flammen reproduziert wurde.
Fertiges Compositing

LEXX – THE DARK ZONE
(1998)

Pilotfilm *LEXX – THE DARK ZONE* (1995/96): Darsteller wurde im Cockpit vor Green Screen gedreht

Fällen gesichert, weil stets neue Software-Pakete auf den Markt geworfen werden, kaum dass die alten bezahlt sind. Ein in Babelsberg realisierter Pilotfilm einer Odyssee aus dem Jahr 2217, *STAR COMMAND* (1994/95), geriet (trotz Besuchs der Dreharbeiten durch Roman Herzog) zum Flop. Dafür gelang es einer deutsch-kanadischen Koproduktion, wenigstens zeitweise in Serie zu gehen: *LEXX: THE DARK ZONE* (1997 ff.) war eine konfuse Trash-Mischung aus *DARK STAR, STAR WARS, STAR TREK, MONTY PYTHON, PER ANHALTER DURCH DIE GALAXIS*. Ähnlich wie bei *BABYLON 5* entstanden die bizarren außerirdischen Welten und Galaxien im Elektronengehirn von Silicon-Graphics-Rechnern und mithilfe der Programme Prisms und Alias Power Animation. Das insektoide Raumschiff »*Lexx*« und seine zahlreichen »Motten« wurden detailgetreu im Rechner nachgebaut und die Bewegungsabläufe der Creatures denen wirklicher Insekten angeglichen. Fotos von Insekten wurden für die Texturen eingescannt und koloriert. Die Berechnung eines einzelnen Filmbildes nahm 1997 noch bis zu zwanzig Minuten in Anspruch. Die »*Lexx*« entstand bei c.o.r.e. digital pictures in Babelsberg, später in Effectory Filmeffekte GmbH umbenannt.

Kaum überzeugend fällt dagegen die entfernt an *ALIEN* erinnernde CGI-Version ei-

nes deutschen Gentechnik-Monsters aus, das in *PROBE 17 – DAS BIEST IM BODENSEE* (1998) aus dem Wasser plantschte, auch wenn sich RTL-Redakteure und die von ihnen mit anatomisch bedenklichen Vorschlägen (in der Wirklichkeit wäre dieses Wesen nicht »lauffähig«) überhäuften Spezialisten der Firma Upstart! unter Bodo Keller allen Ernstes brüsten, mit diesem »Creature Movie« einen immensen Schub in Sachen technischer Innovation erbracht zu haben.

Für eine zweiteilige Fernsehdokumentation realisierte die 1997 von Michael Kain, Christian Pothmann und Thomas Schröter gegründete Liquid Vision eine computergenerierte *MAMMUTJAGD*, die sich für die Macher aus Pixeln und Zahlen zusammensetzte: »Sowohl die Animationen als auch die Postproduction – das Compositing der gedrehten Filmsequenzen und des 3-D-Mammuts – wurden komplett auf Multiprozessor-Workstations unter Windows NT produziert. Die Modellierung und alle folgenden Arbeiten an den virtuellen Mammuts wurden wie auch die Animation und das Rendering mit 3-D-Studio MAX 2.5 durchgeführt. Für die 3-D-Arbeiten standen als Hardware vier Dual Pentium PRO 200 MHz mit jeweils 256 MB Hauptspeicher, Elsa-Gloria-Synergy-3-D-Beschleuniger sowie eine IBM Z-PRO Workstation mit jeweils zwei Intel XEON 400

CPUs mit einer Intergraph REALIZM-II-3-D-Grafikkarte mit 16 MB zur Verfügung. Die Verbindung der Rechner untereinander wurde durch ein 100 Mbit Netzwerk erreicht.« (»digital production« 4/98) Seit den Tagen von Seeber, Schüfftan, Huttula und Kunstmann hat sich vieles geändert, einschließlich der Fachterminologie. Texturiert wurden die Polygonraster der Mammut-Geometrie mittels handgemalter Texturen, die Haare des Fells entstanden unter Verwendung eines speziellen Fur-Shader-Plugins, die Bewegungen wurden anhand von Elefantenaufnahmen und an einem gesonderten Dynamikmodell studiert.

Wissenschaft und Fiktion mischen wollen die Macher des Magazins *WELT DER WUNDER* (die H5B5 Media AG) in der Science-Fiction-Serie *ICEPLANET*: »Teil des Plans ist es, auf Grundlage wissenschaftlicher Kenntnis ein anderes Universum zu schaffen; wer sich auskennt mit den Gesetzen der Physik, dem fällt es leichter, neue zu erfinden: Materialien, die weder wirklich wie Stein wirken noch wie Metall, beispielsweise. Die Welt der fremden Wunder sozusagen.« (»Süddeutsche Zeitung«, 13. 5. 2000) Dazu wird tief in die utopische Klamottenkiste gegriffen: Nach einem Angriff auf die Erde werden die Protagonisten von einem Raumschiff entführt und auf einen fremden Planeten gebracht. Fünf Folgen haben sie Zeit, die Menschheit zu retten.

Rechts oben:
MAMMUTJAGD. Fernsehdokumentation (1998). Die Darsteller nahmen erst im Computer den Kampf mit dem Mammut auf. Sie wurden separat gedreht und später mit dem computergenerierten Mammut kombiniert.
Rechts unten: Die Folge der einzelnen Einstellungen wird bereits vor Drehbeginn im Storyboard festgehalten

Production Design von
Sikkander Goldau.
Der Königsplatz auf
einem unbekannten
Planeten.
Fotocollage mit gemalten
Elementen und 3-D-Flug-
objekten

DIE GELEHRIGEN SCHÜLER

Internationale Anerkennung verschafft
sich immerhin so manches Studienwerk
angehender 2-D und 3-D Artists, so auch
SANDLAND, ein vollständig im Computer
erzeugter 13-Minuten-Film von Heiko
Lueg (Filmakademie Baden-Württemberg).
Erzählt wird die Geschichte eines Einzel-
kindes, das nie erwachsen wird.

In den letzten zehn Jahren ist ein ganzer

Bereich der Filmindustrie in
Deutschland neu entstanden.
Seterweiterungen, Crowd-Shots,
Retuschen oder schlichtweg
die Tatsache, dass Schauspieler und Stuntmen nicht in Gefahr gebracht werden, ge-
hören mittlerweile in allen
Postproduktionshäusern zum
digitalen Standard-Repertoire. In Zukunft
wird es für die deutsche VFX-Branche darauf ankommen, flexible Organisations-
strukturen zu schaffen, um auf die immer
rasanteren Entwicklungen der Medien-
landschaft reagieren zu können, was im
»freien Spiel der Kräfte« unbarmherzig
weitere Opfer fordern wird. Dazu gehört
auch der Dialog mit Autoren und anderen
relevanten Produktionsdepartments. Um
dies zu unterstützen, sollte die Kategorie

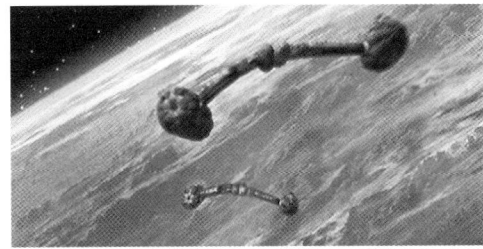

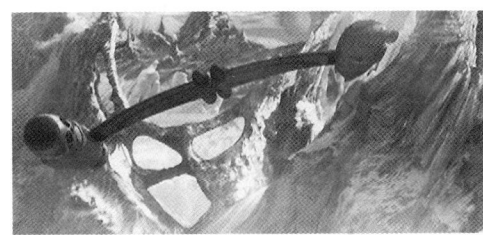

Effekte in den Bundesfilmpreis, in den Europäischen Filmpreis aufgenommen werden. Auch hier sind uns die Amerikaner mit ihren Oscars voraus.

Es bleibt abzuwarten, was für eine Bildsprache unsere Trick- und Computerleute entwickeln werden. Träumen sie noch von der großen optischen Symphonie, wie es Paul Wegener tat? Hier wäre eine Chance. Denn der Hang zum Traumerlebnis, wie es »virtuelle Welten« bieten, ist tief in der menschlichen Psyche verwurzelt: »Der Traum ist nicht nur eine (möglicherweise chiffrierte) Mitteilung, sondern auch eine ästhetische Aktivität, ein Spiel der Imagination, und dieses Spiel ist ein Wert an sich. Der Traum beweist, dass das Fantasieren, das Träumen des Nicht-Geschehenen, zu den tiefsten Bedürfnissen des Menschen gehört.« (Milan Kundera: »Die unerträgliche Leichtigkeit des Seins«, München-Wien 1984)

ICEPLANET (1998–2001):
Die Oberfläche des Eisplaneten ist eine Fotocollage mit gemalten Elementen. Storyboard-Entwurf: Start der Wings

Ganz oben: *SANDLAND* (1998) von Heiko Lueg. Arbeit aus dem Projektstudium Animation/Digitale Bildgestaltung der Filmakademie Baden-Württemberg. Oben und links: *MASKS* (1999) von Piotr Karwas. Arbeit aus dem Projektstudium Animation/Digitale Bildgestaltung

111

Entwurf zu *THE LOST WORLD* (1924)

Oben: **Entwurf für das Projekt** *THE LOST WORLD*
Mitte links: THE LOST WORLD *Mitte rechts:* THE MAN WHO WOULD BE KING
Unten links: OKLAHOMA CRUDE *Unten rechts:* MAME

Links: Ray Harryhausen und Medusa:
CLASH OF THE TITANS
Oben rechts: Miniatur-Rückpro *JASON
AND THE ARGONAUTS*
Unten links: Homunkulus aus *THE
GOLDEN VOYAGE OF SINBAD*
Unten mitte: Großes Kraken-Modell
aus *CLASH OF THE TITANS*
Unten: Seleniten aus *FIRST MEN IN
THE MOON*

Oben: Entwürfe von Byron Crabbe für das *CREATION*-Filmprojekt des Harryhausen-Mentors Willis O´Brien
Mitte links: Gwangi-Modell vor der Restaurierung   *Unten rechts:* Nautilus (Tintenfisch) aus *MYSTERIOUS ISLAND*

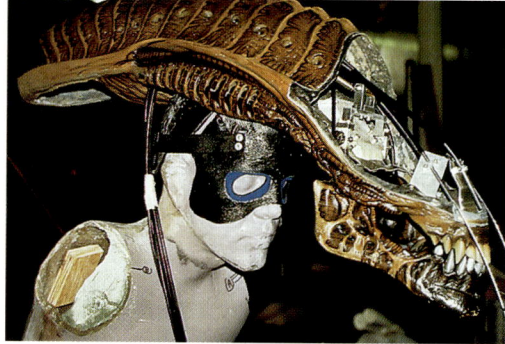

Oben: *ALIEN* basiert auf einem Konzept des
Schweizer Künstlers H. R. Giger
Unten: Kinder radeln himmelwärts und retten E.T.
in dem gleichnamigen Film von Steven Spielberg.
Realisierung des Effekts: Dennis Muren und ILM

Oben: THE FIFTH ELEMENT
Mitte links: BLADE RUNNER Mitte rechts: 2001: ODYSSEE IM WELTRAUM.
Unten: Der Weltraum auf einem *IMAX*-Filmstreifen (Originalgröße) von Lester Novros

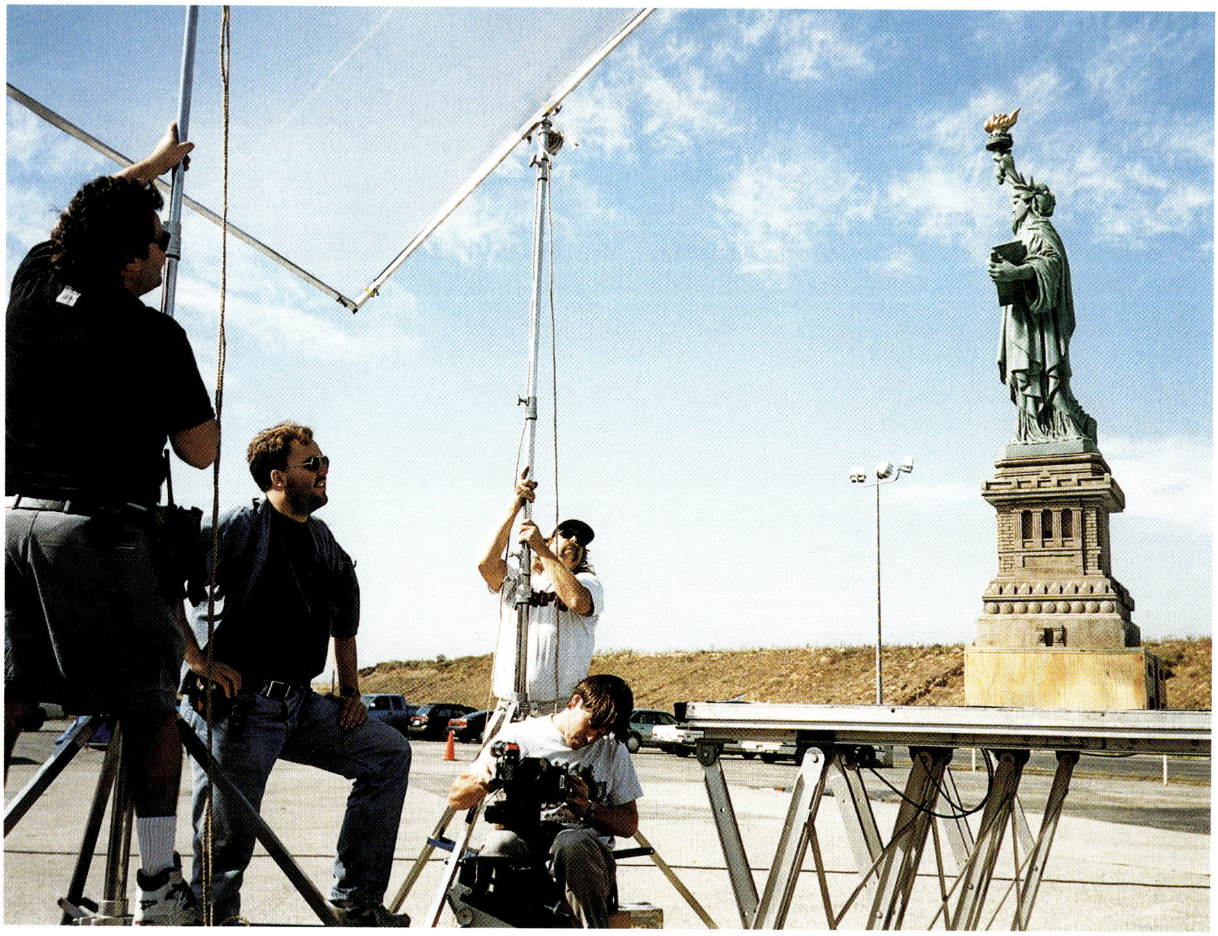

A

B

C

D

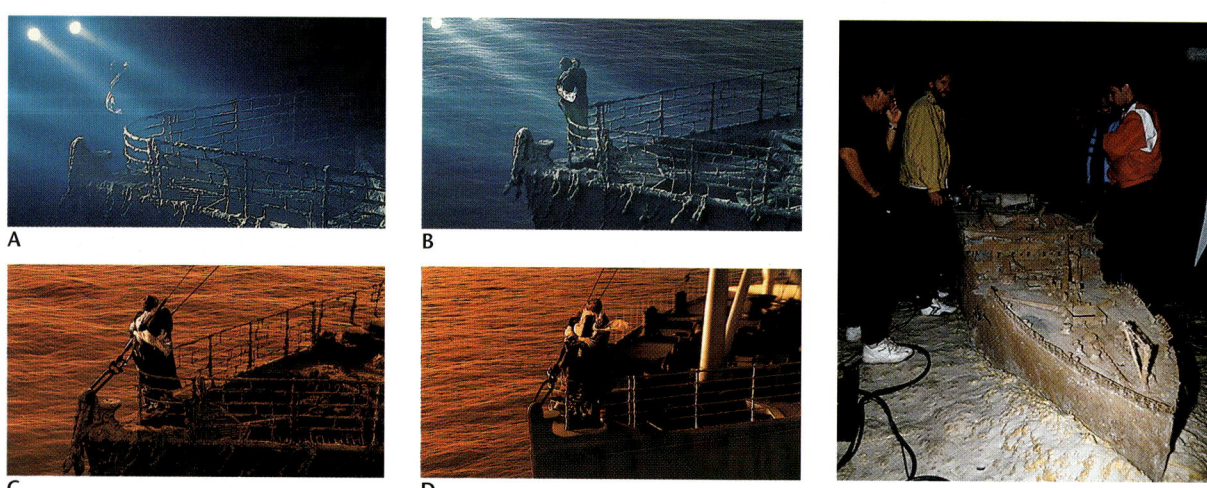

Oben: Modellaufnahme der Freiheitsstatue in *INDEPENDENCE DAY.*
Unten (A–D): Filmsequenz aus *TITANIC.* *Unten rechts:* Modell der untergegangenen »Titanic«

SEVEN DAYS TO LIVE – Horror aus dem Rechner: Der Darsteller löst sich in moorige Flüssigkeit auf

A: Darsteller mit Referenzflüssigkeit *B:* Gittermodell *C–D:* Partikelströme aus dem Computer *E–L:* fertige Filmbilder

Szenenbilder aus *TAXANDRIA*

OTTO –
DER KATASTROFENFILM
Oben: Compositing
A: Bugwelle
B: Hintergrund
C: Schiffsmodell im Studio
D: Compositing

MAMMUTJAGD
Links:
Hintergrund
Rechts:
Compositing

Einzelne
Bildelemente:
Blue-Screen-
Aufnahmen und
Mammut aus
dem Rechner
mit entsprechen-
den Mattes

Oben und links: *DER GROSSE BAGAROZY*
Green-Screen-Aufnahme und Compositing
Mitte: Til Schweiger springt im Studio
auf eine Matte mit grünem Bezug.
Im Film stürzt er von einem Hochhaus.
Unten: Sturz auf Glaskuppel in
SCHLARAFFENLAND

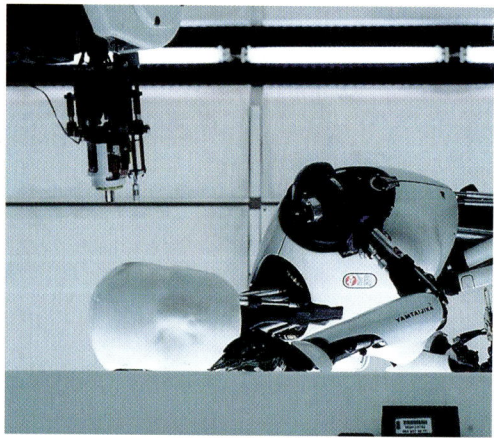 

 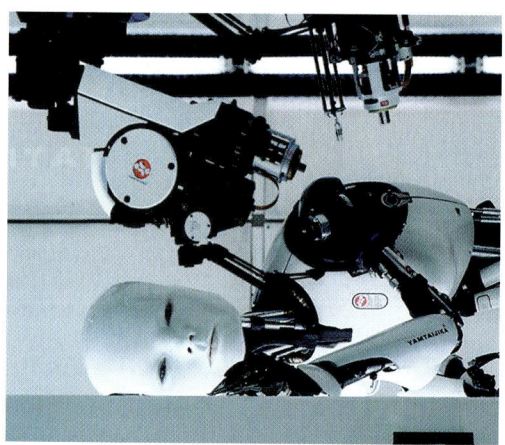

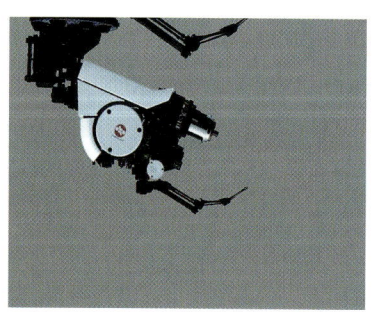 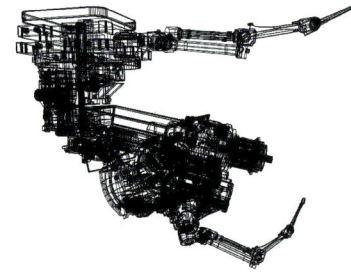

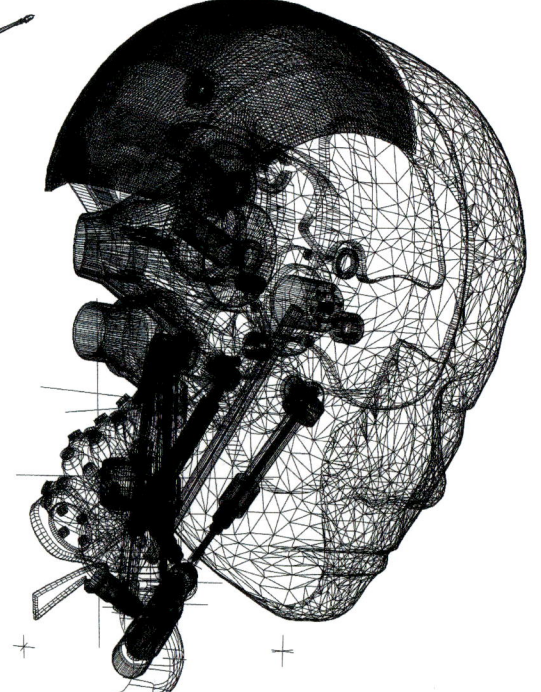

ALL IS FULL OF LOVE: Musikvideo von Björk

Oben links: Fiberglasmodell des Roboters mit computergeneriertem Kopf

Oben rechts und Mitte links: Augen, Mund und Nase der Sängerin werden auf das Computermodell projiziert

Mitte rechts: Fertiges Compositing *Unten links und mitte:* Roboterarme aus dem Rechner

Rechts: Gittermodell des computergenerierten Kopfes

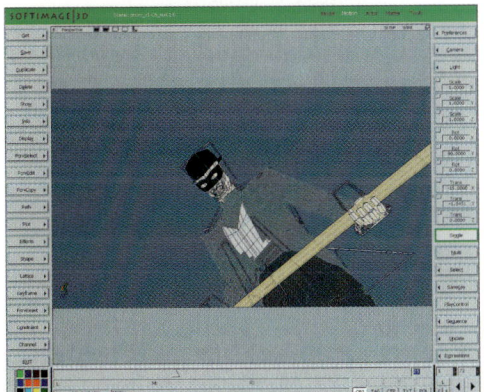

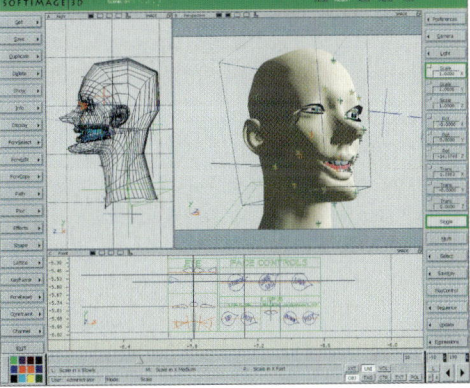

TIGHTROPE:
**Kurzfilm von
Digital Domain**

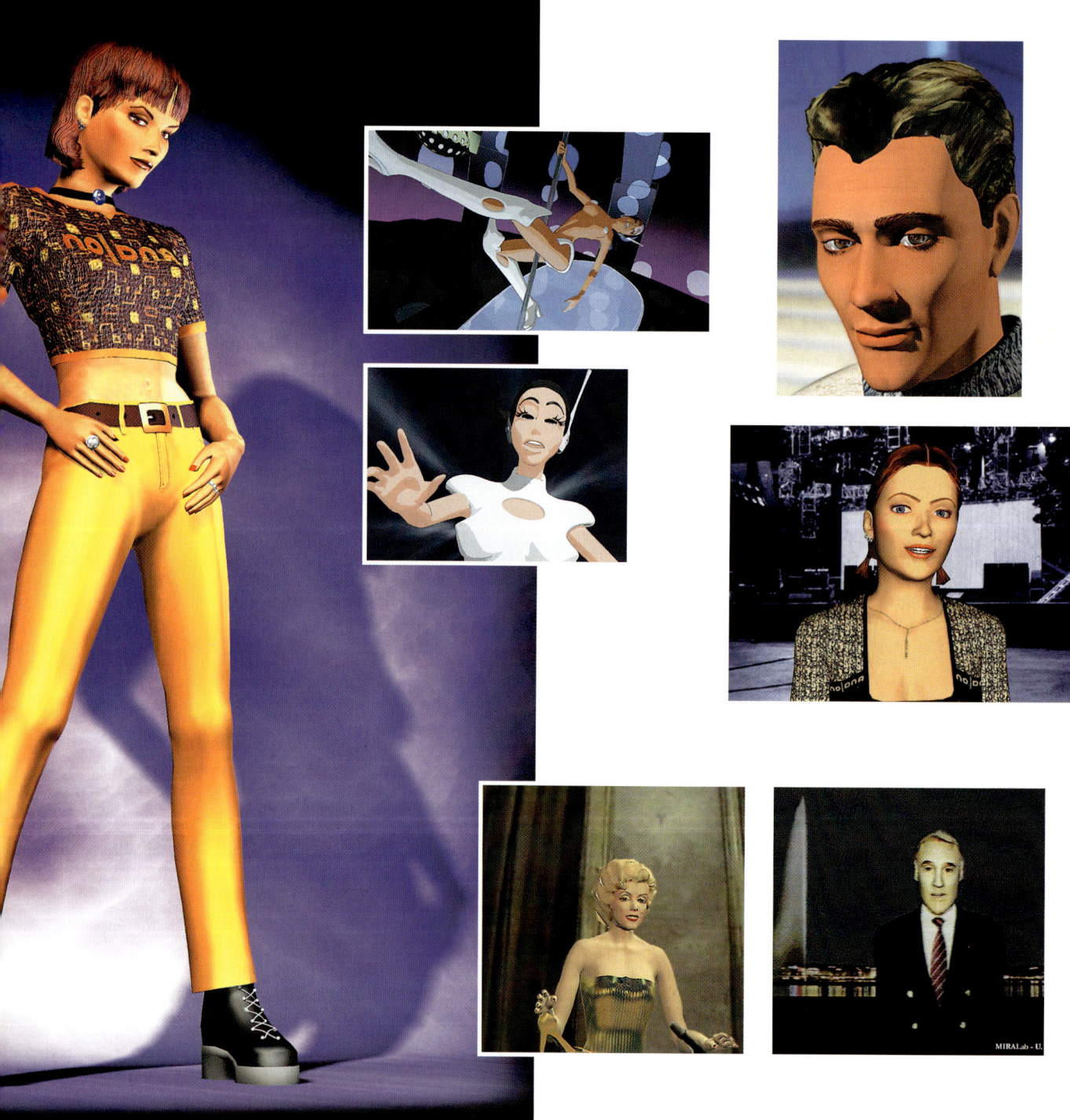

Links: *AIMEE.* Avatar der Firma noDNA *Mitte oben:* virtueller Darsteller im Musikvideo *DOMO ORIGATO*
Oben rechts: CHRIS. Avatar der Firma noDNA *Mitte rechts:* *AIMEE* als Moderatorin
Unten links: Nadia Thalmanns *MARILYN* bei der *UNO* und Modell eines virtuellen Ministers

Oben links: ALIEN TRILOGY Mitte links: ACTION HEROES (Wavefront)
Unten links: GOLDMAN (Wavefront) *Oben rechts:* Motion-Capture-Anzug
Unten rechts: GHOST-Musikclip mit Michael Jackson

DISNEY´S DINOSAURS

special effects: eine chronik

Viele FX-Filme haben eine längere Herstellungszeit. In solchen Fällen bezeichnet die erste Jahreszahl den Produktionsbeginn, die zweite das Uraufführungsjahr.

1898

RAILWAY COLLISON
Robert William Paul, England.
Effekte: Walter R. Booth.
Das erste Zugunglück en miniature.

1902

LE VOYAGE DANS LA LUNE
(Die Reise zum Mond)
Star Film, Frankreich.
Effekte: Georges Méliès, Claudel, Michaut.
Eine Farce nach Motiven von Verne und Wells: Ein von einer Riesenkanone unter dem Zeichen der Trikolore abgefeuertes Projektil bohrt sich in das Auge eines überraschten Pudding-Mondgesichtes, das von grotesken Seleniten, mit Vogelköpfen und Hummerscheren, bevölkert wird.

1904

LE VOYAGE À TRAVERS L'IMPOSSIBLE
Star Film, Frankreich.
Effekte: Georges Méliès.

Die Reise zum Mond

Die Mitglieder einer »Gesellschaft für inkohärente Geografie« reisen mit einem fantastischen Konglomerat aus Flugmaschinen und Fahrzeugen zur Sonne.

1906

LES 400 FARCES DU DIABLE
Star Film, Frankreich.
Effekte: Georges Méliès.
Der Teufel, der hier ein wissenschaftliches Labor betreibt, offeriert dem Ingenieur William Crackford im Tausch für seine Seele einen von einem mechanischen Gaul gezogenen Sternenwagen.

1907

ARMURES MYSTERIEUSES
(Die geheimnisvolle Rüstung)
Pathé, Frankreich.
Effekte: Segundo de Chomón.
»Zwei schöne Mädchen, mit funkelnden Rüstungen bekleidet, verstehen sich auf Zauberei. Ihre Schwerter lassen sie erscheinen und wieder verschwinden wie auch mehrere Gruppen von Liliputaner-Kriegern. Diese retten sich mit viel Ritterlichkeit vor einem äußerst höflich geführten Angriff. Am Ende, nach einigen ebenso witzigen wie unerwarteten Übungen, zaubern sich die beiden Mädchen schließ-

lich selbst weg, um inmitten höllischer Feuerflammen an die Seite ihres Herrn Satan zurückzukehren.«
(Juan Gabriel: »Los 500 films de Segundo de Chomón«. Zaragoza: Universidad de Zaragoza 1988)

DEUX CENT MILLE LIEUES SOUS LES MERS OU LE CAUCHEMAR D'UN PÊCHEUR
Star Film, Frankreich.
Effekte: Georges Méliès.
Der Fischer Yves träumt sich mit einem Unterseeboot auf den Meeresgrund, wo er Seejungfrauen und Najaden trifft und gegen Seeanemonen, Korallen, einen Oktopoden und einen bösartigen Schwamm kämpfen muss, bevor er aufwacht. Die Kreaturen sind denen der verneschen Originalillustrationen von Alphonse de Neuville nachempfunden.

1909

THE LIFE OF MOSES
Vitagraph, USA.
Effekte: James Stuart Blackton, Albert E. Smith.
Blackton und Smith waren die Ersten, die die Wasser des Roten Meeres mittels Kopiertrick über den ägyptischen Verfolgern der Israeliten zusammenschlagen ließen. Zuerst wurden die Soldaten am Strand von Coney Island gefilmt. Dann wurde eine hohe Welle einbelichtet, die von rechts kommend über den Ägyptern zusammenbrach. Der Film wurde zurückgespult und eine zweite Welle von links einkopiert.

1912

À LA CONQUETE DU PÔLE
Star Film, Frankreich.
Effekte: Georges Méliès.
Méliès' letzter großer Fantasyfilm: Am Nordpol beschießen die Forschungsreisenden die mechanisch gefertigte Attrappe eines Schneeriesen mit einer Kanone.

Der Dieb von Bagdad: Entwurf von William Cameron Menzies

WAR IN TOYLAND
Charles Urban, England.
Effekte: Edward Rogers.
Der erste Puppenfilm in Farbe (Kinemacolor).

1913

DER STUDENT VON PRAG
Romantisches Drama in vier Akten
Bioscop, Deutschland.
Effekte: Guido Seeber.
Doppelgängeraufnahmen mit dem Schauspieler Paul Wegener, der den Studenten Balduin und sein verselbstständigtes Spiegelbild verkörpert.

1914

CABIRIA
Itala Film, Italien.
Effekte: Segundo de Chomón.
Cabiria ist ein Sklavenmädchen, das während des Zweiten Punischen Krieges lebt. Nach dem Roman »Karthago in Flammen« von Emilio Salgari.

RUSLAN I LJUDMILA
Jossif Jermoljew, Russland.
Effekte: Wladislaw Starewitsch.
Erste Verfilmung des Poems von Aleksandr Ptuschkin: Ljudmila, die Verlobte Ruslans, wird von dem Zauberer Tschernomor in sein Reich entführt.

1923

THE TEN COMMANDMENTS
(Die zehn Gebote)
Paramount, USA.
Effekte: Roy J. Pomeroy, Fred Moran.
Cecil B. DeMilles erste Teilung des Roten Meeres mittels zweier wabbliger Geleeklumpen und einbelichtetem Wasser.

1923 – 24

THE THIEF OF BAGDAD
(Der Dieb von Bagdad)
Douglas Fairbanks-United Artists, USA.
Effekte: William Cameron Menzies, Philip H. Whitman, Ned H. Mann.
Mithilfe eines fliegenden Teppichs und anderer Zauberei vereitelt Douglas Fairbanks als strahlender orientalischer Held die Invasion von Bagdad. Die Unterwasserszenen einschließlich einer Riesenspinne wurden »trocken« in einem 14 Meter tiefen Tank gedreht, der mit drei Waggonladungen Seetang gefüllt war. Bewegungen wurden mithilfe von Drähten manipuliert. Die Kamera, mit einem speziellen Filter ausgerüstet, nahm in Zeitlupe auf.

1924 – 25

THE LOST WORLD
(Die verlorene Welt)
First National Pictures in Zusammenarbeit mit Watterson R. Rothacker, USA.
Effekte: Willis H. O'Brien, Marcel Delgado, Ralph Hammeras, Fred W. Jackman, Hans F. Koenekamp, Vernon L. Walker, J. Devereaux Jennings, Frank D. Williams, Bert Willis, J. L. Roop, Charles Baker, George Teague (?), Edwin Hammeras, Cecil Holland.
Eine Expedition unter Leitung Professor Challengers (Wallace Beery) entdeckt auf einem schwer zugänglichen Plateau tief im Regenwald des Amazonas prähistorisches Leben. Ein Brontosaurus wird als Beweis nach London verfrachtet, wo er ausbricht. Nach Entwürfen von Charles R. Knight bauten Willis O'Brien und sein Assistent Marcel Delgado für die Stop-Motion-Animation 49 Modellsaurier mit Körpern aus rotem Badeschwamm und einer dünnen Gummihaut und Stahlarmaturen als Skelett. Die Massenflucht der Saurier vor einem Vulkanausbruch wurde auf einer Trickbühne von 22 x 45 m realisiert.

Die verlorene Welt

1924 – 25

BEN-HUR
Metro-Goldwyn-Mayer, USA/Italien.
Effekte: Ferdinand P. Earle, Paul Eagler, A. Arnold Gillespie, Frank D. Williams.
Matte Paintings und Vorsatzmodelle sollen die Größe der antiken Welt demonstrieren.

1925

MACISTE ALL'INFERNO
(Maciste in der Hölle)
Olympia, Italien.
Effekte: Segundo de Chomón.
Bartolomeo »Maciste« Pagano, ein ehemaliger Hafenarbeiter, im Kampf gegen die Teufel und Dämonen einer doréschen Unterwelt.

1925 – 27

METROPOLIS
Ufa, Deutschland.
Effekte: Günther Rittau, H. O. Schulze, Otto Hunte, Erich Kettelhut, Konstantin Tschet(werikoff), Edmund Ziehfuß, Eugen Schüfftan, Helmar Lerski, Ernst Kunstmann.
Ein Roboter in weiblicher Gestalt wiegelt die Arbeiterschaft in den unterirdischen Fabriken einer riesenhaften Metropolis gegen ihre »Herren« auf: Modelle, Einspiegelungen, Mehrfachbelichtungen, »Maltricks«.

1927

WINGS
Paramount, USA.
Effekte: Roy J. Pomeroy, Paul Perry.
Fliegerfilm mit verschiedenen Modellaufnahmen, doch der erste Technik-Oscar der Filmgeschichte wurde der Toneffekte wegen an Roy Pomeroy verliehen, einen Pionier der Filmeffekte ebenso wie der frühen Tonaufnahme.

1927 – 28

GEHEIMNISSE DES ORIENTS
SHEHERAZADE
Ufa/ACE, Deutschland und Frankreich.
Effekte: Paul Minine, Nicolas Wilcke.
Die imposanten Szenerien aus Tausendundeiner Nacht in dem Film des Exilrus-

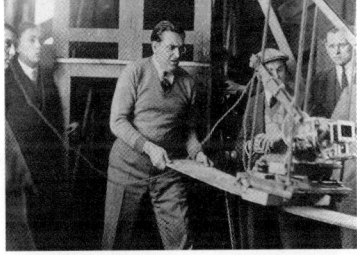

Metropolis – der unübertroffene Klassiker

sen Alexander Wolkoff sind geschickt ausgeführte Vorsatzmodelle.

1928 – 29

DIE FRAU IM MOND
Ufa, Deutschland.
Effekte: Oskar Fischinger, Konstantin Tschet(werikoff), Ernst Kunstmann.
Fritz Langs Vision eines bemannten Mondflugs schwankt zwischen Science-Fact und banaler Kolportage: »Keine internationale Extraklasse. Schade!« (»Die Filmbühne«, Dezember 1929)

1929

NOAH'S ARK (Die Arche Noah)
Warner Bros.-First National, USA.
Effekte: Fred W. Jackman, Hans F. Koenekamp, Ned H. Mann.
Zahlreiche Modell- und Glasaufnahmen können nicht die Tatsache verbergen, dass beim Dreh der Flutszenen drei Menschen ihr Leben verloren, ein weiterer ein Bein einbüßte und ein halbes Dutzend zu Krüppeln wurden.

Die Frau im Mond

1930

HELL'S ANGELS

Howard Hughes, USA.

Effekte: E. Roy Davidson, Harry Zech, Cecil D. Love.

Vergleichsweise überzeugende Miniaturflieger. Howard Hughes verlangte so lange nach Retakes, bis die Aufnahmen »stimmten«.

JUST IMAGINE

Fox, USA.

Effekte: Ralph Hammeras, George Teague, Kenneth Strickfaden, Willis H. O'Brien, Marcel Delgado.

In einem Zeppelinhangar wurde ein riesiges, 250 000 Dollar teures Großmodell des futuristischen New York aufgebaut.

1932

AIR MAIL

Universal, USA.

Effekte: John P. Fulton, Charles Baker.

Universal hatte soeben für 50 000 Dollar einen neuen Atelierbau fertig stellen lassen, der als Process Stage ausschließlich der Trickabteilung unter John Fulton zur Verfügung stand. John Fords Fliegerfilm *AIR MAIL* war das erste größere Projekt, das in diesem Atelier realisiert wurde. Um die Plates für die Hintergründe selbst aufnehmen zu können, nahm Fulton bei Stunt-Flieger Paul Mantz Flugstunden, flog mit seiner Maschine und einer Kamera eine Woche lang täglich vier Stunden in den High Sierras und schoss Wolkenauf-

nahmen für die Rückpro, damals noch auf einer sandstrahlgeblasenen Glasplatte. Fünf Monate wurde an den Modellaufnahmen gearbeitet. Die Modellflugzeuge waren über Drähte mit einer exakten Cockpitnachbildung verbunden und konnten daher wie richtige Flugzeuge gesteuert werden.

1932 – 33

KING KONG

(Die Fabel von King Kong. Ein amerikanischer Trick- und Sensationsfilm/King Kong und die weiße Frau)

RKO Radio, USA.

Effekte: Willis H. O'Brien, Marcel und Victor Delgado, Elgen Brooks Gibson, Mario und Juan Larrinaga, Byron L. Crabbe, Ernest Smythe, Orville Goldner, W. G. »Gus« White, Fred Reese, John Cerisoli, Charles Cristadoro, Carroll L. Shepphird, Edwin G. Linden, Vernon L. Walker, J. O. Taylor, Kenneth Peach, Bert Willis, Clifford R. Stine, Harold E. Wellman, Ellis J. »Bud« Thackery, Harry Cunningham, Linwood G. Dunn, Cecil D. Love, William Ulm, William Reinhold, Peter Stich, Zachary Hoag, Thol (Si) Simonson, Albert Maxwell Simpson, Clarence W. D. Slifer, Sidney Saunders, Frank D. Williams, Williams Composite Laboratories, C. Dodge und Carroll H. Dunning, Dunning Process Co., Robert A. Mattey, Harry Redmond jr.

Hervorgegangen ist *KING KONG* aus einem Filmprojekt über prähistorische Saurier, *CREATION*, das von RKO-Produktionsberater Merian C. Cooper zugunsten einer Idee abgebrochen wurde, die einen

King Kong

Riesengorilla ins Zentrum der Handlung stellte, der in New York von Jagdflugzeugen auf dem Empire State Building abgeschossen wird. Die Atmosphäre von Kongs Heimat, der Schädelinsel unweit

Sumatras, wurde von Stop-Motion-Supervisor Willis O'Brien und seinen künstlerischen Mitarbeitern Byron Crabbe und Mario Larrinaga in Anlehnung an die Zeichnungen Gustave Dorés gestaltet.

1933

THE INVISIBLE MAN
(Der Unsichtbare)
Universal, USA.
Effekte: John P. Fulton, Bill Heckler, Frank D. Williams, Williams Composite Laboratories, John Mescall, Charles Baker, Al Johnson, Bob Laszlo, Roswell A. Hoffman, Donald Jahraus.
Zehn Drehbuchautoren versuchten sich an der Adaption des Romans von H. G. Wells. In einer Version war der Unsicht-

Der Höhepunkt findet nicht am Schluss, sondern am Anfang statt: Ein Riesenmodell von Manhattan wird von einer Flutwelle überschwemmt. Die »Miniatur« wurde in acht Sektionen gebaut, die auf Tracks montiert und elektrisch betrieben waren. Acht Kameras nahmen die Katastrophe mit bis zu 240 Bildern pro Sekunde auf.

1933 – 35

NOWY GULLIWER
(Der neue Gulliver)
Mosfilm, UdSSR.
Effekte: Aleksandr Ptuschko, Nikolai Renkow, Igor Schkarenkow, Juri Schwez, Sara Mokil, S. Olga Taezhnaya.

Der neue Gulliver

1934 – 36

THINGS TO COME
London Film Productions, England.
Effekte: László Moholy-Nagy, Ned H. Mann, Lawrence W. Butler, Edward Cohen, Ross Jacklin, Harry Zech, Jack Thomas, Paul Morell, Walter Percy Day, Peter Ellenshaw, Wally Veevers.
H. G. Wells' Utopie vom Untergang und Wiederaufbau des fiktiven Everytown sollte eigentlich »One Hundred Years to Come« heißen. Ned Mann arbeitete mit einem Team amerikanischer Trick-»Entwicklungshelfer« für Alexander Korda in England: Larry Butler war sein Assistent, Eddie Cohen der Kameramann für Modellaufnahmen, Harry Zech überwachte die Rückpro und Paul Morell die Mattes, Ross Jacklin war der Spezialist für Vorsatzmodelle, und Jack Thomas erstellte optische Kombinationen.

1935

AMPHITRYON –
Aus den Wolken kommt das Glück
Ufa, Deutschland.
Effekte: Werner Bohne, Ernst Kunstmann, Hans Weidemann, Theodor Nischwitz.
Eine Doppelgängergeschichte um antike Götter und ganz gewöhnliche Menschen.

THE BRIDE OF FRANKENSTEIN
(Frankensteins Braut)
Universal, USA.
Effekte: John P. Fulton, David Stanley Horsley, Charles Baker, John Mescall, Kenneth Strickfaden, Frank D. Williams, Williams Composite Laboratories.
Die quicklebendigen Homunkuli, die Dr. Pretorius (Ernest Thesiger) in Phiolen verschlossen hat, wurden via Travelling Mat-

Things to Come

bare ein Marsianer, in einer anderen (von Preston Sturges) rächt sich ein russischer Chemiker namens Zarkov an den Bolschewisten. *FRANKENSTEIN*-Regisseur James Whale und sein Freund, der Schriftsteller R. C. Sherriff, retteten schließlich jedoch den Geist der Vorlage.

DELUGE
KBS-Admiral Productions, USA.
Effekte: Ned H. Mann, Russell E. Lawson, William N. Williams, Al Cahen, Donald Donaldson.

Der junge Pionier Petja (W. Konstantinow) träumt sich nach Liliput, wo er als neuer Gulliver eine Revolution erlebt. Die Liliputaner werden ausschließlich von Animationspuppen dargestellt. Sara Mokil entwarf, wenigstens laut Presseberichten, 1500 Puppen, von denen in den Massenszenen bis zu zweihundert mitwirkten. Für die Hauptrollen – König, Polizeipräsident, Parlamentssprecher und andere – mussten zusätzlich (Replacement-)Gesichtsmasken angefertigt werden, um die mimischen Veränderungen zu registrieren.

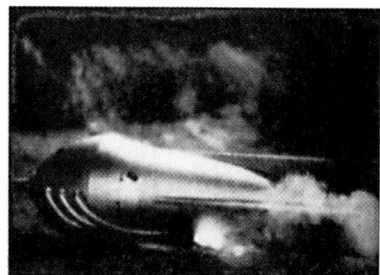

Flash Gordon

Der Untergang von Pompeji

und ich die Menschen, die in den Gefäßen platziert werden sollten, vor schwarzem Samt auf. Als nächstes kam ein Rohschnitt der Szenen. Ein Inch (2,54 cm) entsprach einem Fuß (30,48 cm), soweit es um die Menschen ging: Eine Gestalt, die sechs Fuß groß war, sollte im Verhältnis zu den Flaschen sechs Inches sein. Nachdem die Figuren und einige der Background-Aufnahmen von Dr. Pretorius' Gesicht fertig geschnitten waren, gingen wir an die Arbeit. Zuerst stellte ich auf einer Kopiermaschine ein Dupnegativ her. Dann gab mir Mr. Fulton die Aufgabe, die Figuren in die Flaschen zu integrieren.«

DANTE'S INFERNO
Fox, USA.
Effekte: Fred Sersen, Ralph Hammeras, Louis Witte, William O'Neal, James Donnelly, Edwin Hammeras, Sol Halprin, J. O. Taylor.
Eine imposante Traumsequenz schildert den Hades wie in den Illustrationen von Gustave Doré.

THE LAST DAYS OF POMPEII
(Der Untergang von Pompeji)
RKO Radio, USA.
Effekte: Willis H. O'Brien, W. G. »Gus« White, Byron L. Crabbe, Mario Larrinaga, Edwin G. Linden, Vernon L. Walker, Carroll L. Shepphird, Clarence W. D. Slifer, Harry Redmond jr., Linwood G. Dunn, Marcel Delgado.
»A FLAMING PANORAMA OF EXCITEMENT HURLED TO THE SCREEN WITH A SURGING POWER THAT WILL STORM THE HEARTS OF THRILL-HUNGRY MILLIONS OF TODAY! Behold the wonders of the biggest show in 2,000 years!« (Verleihreklame)

1935 – 36

FLASH GORDON
Universal, USA.
Effekte: Jerome H. Ash, Elmer R. Johnson, Norman Dewes, Kenneth Strickfaden, Raymond Lindsay, Robert A. Mattey.
13-teiliges Serial nach den Comic-Strips von Alex Raymond mit Buster Crabbe als Science-Fiction-Held, der mit einem Feuerspuckenden Raumschiff auf dem Planeten Mongo landet. Die Modelle stammten aus der Werkstatt von Elmer Johnson, einem gebürtigen Schweden.

tes realisiert. Stan Horsley, der Assistent John Fultons, über die Arbeit an den Effekten: »Pretorius' Labor stand schon sehr früh auf dem Drehplan, am zweiten oder dritten Tag. Wir waren etwa zwei Tage dort, drehten auch alle Objekte auf dem Tisch, in denen die kleinen Menschen erscheinen sollten. Ich nahm sehr genau Maß, mit der Tischkante als Bezug. Das galt auch für die jeweilige Höhe und Position der Objektive. Ich notierte die Höhe des Objektivs je Einstellung, die Objektivnummer, Brennweite sowie, mithilfe eines Winkelmessers, den Kamerawinkel. Nach dem Hauptdreh – ungefähr fünf oder sechs Wochen später – nahmen John

1936

DETI KAPITANA GRANTA
(Die Kinder des Kapitäns Grant)
Mosfilm, UdSSR.
Effekte: Aleksandr Ptuschko, Wladimir Li-
chatschow.
Russische Jules-Verne-Verfilmung: »Ein Film
mit kolossalen Modellaufnahmen – Vulkan-
ausbrüche, Schiffe auf See, Matte-Aufnah-
men von gigantischen Klippen und Was-
serfällen, ein Riesenvogel, der ein Kind entführt, und viel Erstaunliches mehr.« (Alan
Upchurch in »Video Watchdog« Nr. 8)

SAN FRANCISCO
Metro-Goldwyn-Mayer, USA.
Effekte: James Basevi, A. Arnold Gillespie,
Maximilian Fabian, John Hoffman.
Zum Schluss wütet ein rasant geschnitte-
nes Erdbeben. Dank sorgfältiger Vorberei-
tung wurde keiner der vierhundert Statis-
ten verletzt.

1938 – 39

GONE WITH THE WIND
(Vom Winde verweht)
Selznick in Verbindung mit MGM, USA.
Effekte: Jack Cosgrove, Clarence W. D. Slifer,
Fitch Fulton, Albert Maxwell Simpson, Jack
Shaw, George Teague, William Neumann,
Russell Hoover, Bert Willis, Rube Boyce, John
Hamilton, Dave Jordan, Nelson Cordes, Bob
Creso, Lee Zavitz, Winton C. Hoch, Peter
Ballbush.
Rund einhundert Matte-Gemälde illustrie-
ren die Geschichte vom Untergang des
alten Südens im Sezessionskrieg.

SOLOTOI KLJUTSCHIK
(Das goldene Schlüsselchen)
Mosfilm, UdSSR.
Effekte: Aleksandr Ptuschko, Nikolai Ren-
kow, Juri Schwez.
Verfilmung von Aleksej Tolstois klassi-
schem Märchen von der Holzpuppe Bura-
tino. Erstklassige Vorsatzmodell-Technik.

THE WIZARD OF OZ
(Das zauberhafte Land)
Metro-Goldwyn-Mayer, USA.
Effekte: A. Arnold Gillespie, Maximilian Fabi-
an, Warren Newcombe, Marcel Delgado,
Jack McMasters, Franklin E. Milton, Glen Ro-
binson, Hal Millar.

Vom Winde verweht

Buddy Gillespie und sein Team schufen
einen Tornado aus Musselin und ließen
Scharen der geflügelten (Modell-)Affen
der bösen Hexe des Westens, viele nur
15 Zentimeter klein, an insgesamt elf-
hundert Pianodrähten durchs Trickstudio reiten. Jedes Äffchen war mit vier
Drähten verbunden, damit auch die Flügel bewegt werden konnten. – »Eines
Morgens, als wir kamen«, so Jack Mc-
Masters, »war einer der Hauptdrähte ge-
rissen, und das ganze Zeug lag auf dem
Boden.«

1939

THE HUNCHBACK OF NOTRE DAME
(Der Glöckner von Notre Dame)
RKO Radio, USA.
Effekte: Vernon L. Walker, Mario Larrinaga,
Chesley Bonestell, Clifford R. Stine, Harold E.
Wellman, Linwood G. Dunn, Perc Westmore.
William Dieterles Version des Romans
»Notre-Dame de Paris« von Victor Hugo.
Linwood G. Dunn über die komplizierte
Schlusseinstellung: »Wir hatten ein 2,10 m
breites Gemälde von der Kathedrale, in
das wir hoch droben bei den Wasser-
speiern Charles Laughton als Quasimodo
projizierten. Im optischen Printer gingen
wir dann ganz nah auf Laughton und fuh-

ren zurück in die Totale. Einen optischen
Zoom dieser Art hatte es vorher noch
nicht gegeben, und es kam sogar ein
Mann von einem anderen Studio, um unsere Arbeit zu studieren.«

1939 – 40

THE THIEF OF BAGHDAD
(Der Dieb von Bagdad)
London Films, England/USA.
Effekte: Lawrence W. Butler, Tom Howard,
Johnny Mills, Wally Veevers, Walter Percy
Day, Tom Day, Peter Ellenshaw, Henry Imus,
Wilkie Cooper, Stanley Sayer, Ted Samuels,
Elmer Dyer, Chris Mueller jr., Edward Cohen.
Alexander Kordas üppige 1001-Nacht-
Fantasie markiert den Beginn von Blue
Screen Travelling Mattes in Technicolor:
Sabu begegnet einem turmhohen
Dschinn (Rex Ingram), Miles Malleson
und Bösewicht Conrad Veidt reiten auf
dem Rücken eines fliegenden Pferdes. Für
einen Artikel über die Tricks des *DIEBS*
VON BAGDAD recherchierte Jim Danforth
eine Zahl von ca. 50 Blue-Backing-Setups
für insgesamt 99 Einstellungen. Zahlreiche Matte Paintings (Latent-Image-Tech-
nik) aus der Abteilung von Percy Day: die
blaue Stadt Basra – das Interieur und die
Terrasse des Palastes der Spielzeuge –

Der Dieb von Bagdad (Vorsatzmodell)

Tumak, der Herr des Urwaldes

Großaufnahmen vom Kopf der Göttin des Lichts. Beim Entwurf seiner Process Shots kam Day die Zeit, die er als Kunstmaler in Tunesien verbrachte, zugute.

ONE MILLION B. C.
(Tumak, der Herr des Urwaldes)
Hal Roach, USA.
Effekte: William V. Draper, Frank William Young, Louis H. Tolhurst, Fred Knoth, Roy Seawright, Jack Shaw, Charles Oelze.
Die erste Filmversion gab optisch vergrößerte Iguanen, Panzerechsen und einen 15 Jahre alten Zwergalligator als Dinosaurier aus.

1940 – 41

CITIZEN KANE
RKO Radio, USA.
Effekte: Gregg Toland, Vernon L. Walker, Russell A. Cully, Linwood G. Dunn, Mario Larrinaga, Chesley Bonestell, Harold E. Wellman.
Die Geschichte vom Aufstieg und Tod des Pressezaren Charles Foster Kane, von Orson Welles nach dem Vorbild des William Randolph Hearst geformt, bezog einen Teil ihrer ästhetischen Wirkung aus dem geschickten Einsatz der Filmtechnik. Linwood Dunn: »Beachtung verdienen

Gregg Tolands Experimente mit der Tiefenschärfe. Oft nahm er, um überall totale Schärfe zu erhalten, Vorder- und Hintergrund mit unterschiedlichen Belichtungen getrennt auf, wollte aber ursprünglich mithilfe von Abdeckmasken in der Kamera kombinieren. Ich schlug ihm vor, die Kombination hinterher auf der optischen Bank zu erledigen. Damit ihm die Entscheidung leichter fiel, sollte er bei einer Szene einmal beide Wege ausprobieren, mit Abdeckmasken vor der Optik bei direkter Kombination in der Kamera und über Nachbearbeitung im optischen Printer. Er entschied sich dann ganz klar für den Printer. Ich habe eine Menge solcher Aufnahmen für ihn zusammengesetzt.«

1941 – 42

THE JUNGLE BOOK
(Das Dschungelbuch)
Alexander Korda, USA.
Effekte: Lawrence W. Butler, Fitch Fulton.
Mechanische Attrappen (Kobra, Krokodil), Matte Paintings der Dschungelvegetation und der Brand einer Dschungelstadt.

1942

HAWAI MARÈ OKIKAISEN
Toho, Japan.
Effekte: Eiji Tsuburaya, Akira Watanabe.
Aufwändige Luftkampf-Miniaturaufnahmen geben den Startschuss zur japanischen Filmtrick-Produktion, deren Spezialität der Modellbau wird.

Citizen Kane – eine Modelllandschaft wird im schwarz kaschierten Bereich durch ein Matte Painting von Kanes Schloss ergänzt

1942 – 43

MÜNCHHAUSEN
Ufa, Deutschland.
Effekte: Konstantin Irmen-Tschet(werikoff), Gerhard Huttula, Ewald Krause, Willi Körner, Joop Huisken, Ernst Kunstmann, Hans Held, Theodor Nischwitz.
Miniaturen – Vorsatzmodelle – Rückpro – Spiegelaufnahmen – Zeichentrickelemente.

1942 – 44

THE THREE CABALLEROS
(Drei Caballeros)
Walt Disney Productions, USA.
Effekte: Ub Iwerks, John Hench, Joshua Meador, George Rowley, Edwin Aardal, John McManus, Claude Coats, Eustace A. Lycett.
Farblich opulenter Mischfilm in knallbuntem Technicolor mit Donald Duck auf Tour durch Südamerika.

1944

THIRTY SECONDS OVER TOKYO
(Dreißig Sekunden über Tokio)
Metro-Goldwyn-Mayer, USA.
Effekte: A. Arnold Gillespie, Maximilian Fabian, A. D. Flowers, Donald Jahraus, Marcel Delgado, Warren Newcombe.
Bombermission gegen die japanische Hauptstadt.

1944 – 45

WONDER MAN (Der Wundermann)
Samuel Goldwyn, USA.
Effekte: John P. Fulton.
Danny Kaye spielt Zwillingsbrüder. Weil der eine tot ist, muss der andere seinen Platz einnehmen. Travelling Mattes in Technicolor.

1945

BLITHE SPIRIT (Geisterkomödie)
Two Cities & Cineguild/Rank, England.
Effekte: Tom Howard, George Minassian.
Tom Howard färbte Geisterdarstellerin Kay Hammond für Regisseur David Lean grün ein.

1946 – 49

MIGHTY JOE YOUNG
(Panik um King Kong)
Argosy Pictures/RKO Radio, USA.
Effekte: Willis H. O'Brien, Ray Harryhausen, Peter Peterson, Harold E. Stine, Bert Willis, Linwood G. Dunn, Marcel und Victor Delgado, George Lofgren, Harry Cunningham, Fitch Fulton, Louis Lichtenfield, Jack Shaw, Peter Stich, E. B. Gibson, Scott Witticker, Jack Lannon.
Eine in der Animation verbesserte, in der Dramaturgie weniger interessante Neuauflage des King-Kong-Stoffes.

1947

THE BEAST WITH FIVE FINGERS
(Die Bestie mit den fünf Fingern)
Warner Bros.-First National, USA.
Effekte: Hans F. Koenekamp, William McGann.
Koenekamp hielt die halluzinatorische Sequenz, in der eine Hand Klavier spielt, für seine beste Arbeit als Trickkameramann.

1949 – 50

DESTINATION MOON
(Endstation Mond)
George Pal/Eagle-Lion, USA.
Effekte: Lee Zavitz, Herman Townsley, Chesley Bonestell, John S. Abbott, Fred Madison, Dale Tholen, Miles E. Pike (Zeichenfilmsequenz: Walter Lantz Productions).
Mit diesem Film eröffnete Produzent George Pal den Science-Fiction-Boom der fünfziger Jahre. Den Mondkrater Harpalus hatte Chesley Bonestell, der astronomisch-künstlerische Berater der Produktion, als Landeplatz gewählt. Zuerst formte Bonestell ein Modell des Kraters aus Plastilin. Dann fertigte er ein Ölgemälde, sechs Meter lang und sechzig Zentimeter hoch, und ließ davon eine fotografische Vergrößerung machen, die den Studiomalern als Vorlage für den Hintergrundprospekt diente. Der darüber für den Weltraum gespannte schwarze Samt wurde von 1500 Autoscheinwerfer-Sternen aufgehellt. Das Raumschiff »Luna«, laut Drehbuch 30 Meter hoch, war ein 1,20 Meter großes Modell. Um Schwerelosigkeit auch im Kontrollraum des Raumschiffs zu simulieren, konstruierten Lee Zavitz und seine Mitarbeiter für 35 000 Dollar eine große rotierende Trommel.

Endstation Mond

SAMSON AND DELILAH
(Samson und Delilah)
Paramount, USA.
Effekte: Gordon Jennings, J. Devereaux Jennings, S. R. Stancliffe jr., Frank Butler, Paul K. Lerpae, Jan Domela, Ivyl Burks, A. Farciot Edouart, W. Wallace Kelley.
Die Modellspezialisten bauten für das biblische Epos mit Victor Mature und Hedy Lamarr eine über zehn Meter hohe Tempelkulisse einschließlich eines sechs Meter großen heidnischen Götzen, der von Samson zum Einsturz gebracht werden muß. Ein spezielles Motion-Repeater-System gestattete, den Einsturz in einer bewegten Aufnahme zu bringen und für Nachbelichtungen exakt zu wiederholen.

1950

MIRACOLO A MILANO
(Das Wunder von Mailand)
Alexander Korda/Produzione de Sica, Italien.
Effekte: Ned H. Mann, Vaclav Vich, Enzo Barboni.
Am Schluss des Vittorio-de-Sica-Films entschweben die von der Gesellschaft ausgestoßenen Protagonisten auf Besen vor einer Rückpro-Wand über den Mailänder Dom.

1951

WHEN WORLDS COLLIDE
(Der jüngste Tag)

Paramount, USA.
Effekte: Gordon Jennings, J. Devereaux Jennings, Harry Barndollar, Paul K. Lerpae, Ivyl Burks, Irmin Roberts, Jan Domela, Chesley Bonestell, A. Farciot Edouart.

Astronomen errechnen, dass von zwei Planeten, die sich auf die Erde zu bewegen, der erste, Zyra, die Erde streifen und gewaltige Erdbeben, Springfluten und Brände auslösen, der zweite, Bellus, 19 Tage später mit ihr kollidieren wird. Um den Fortbestand der Menschheit nach dem Untergang zu sichern, wird eine Raum-Arche gebaut, die 40 Menschen, Männlein und Weiblein, nach Zyra bringen soll.

1952 – 53

THE BEAST FROM 20 000 FATHOMS
(Panik in New York)

Mutual Films of California, USA.
Effekte: Ray Harryhausen, Fred Harryhausen, George Lofgren, Paul Eagler, Willis Cook, Eugene Lourié.

Für diesen Film um einen atomar aus der Arktis aufgeschreckten »Rhedosaurus« schuf Ray Harryhausen ein Split-Screen-Verfahren, das ihm erlaubte, seine Stop-Motion-Figuren mitten in eine Realaufnahme zu »sandwichen«.

THE WAR OF THE WORLDS
(Kampf der Welten)

Paramount, USA.
Effekte: Gordon Jennings, W. Wallace Kelley, Paul K. Lerpae, Aubrey Law, Jack Caldwell, Albert Nozaki, Chesley Bonestell, Ivyl Burks,

Der jüngste Tag

Jan Domela, Marcel Delgado, Albert Silva, Romaine Brickmeyer, Charles Davis, Soldier Graham, Royal Lowe, Milt Olsen, Chester Pate, Bob Springfield, Eddie Sutherland, Bud Thompson, George Ulrick, Lee Vasque, Kenneth Strickfaden, Charles Gemora, Walter Hoffman, A. Farciot Edouart.

Für den von H. G. Wells erdachten und von George Pal für die Leinwand produzierten Angriff der Marsmenschen wurden drei fliegende Untertassen in Miniaturform gebaut, halbrunde Scheiben mit einem Durchmesser von jeweils 105 Zentimetern, entworfen von Albert Nozaki. Sie hatten einen langen Kobrahals, aus dem ein tödlicher Vernichtungsstrahl schoss, ein elektrisches Auge an einer kameraähnlichen Drehantenne sowie Flammenwerfer an den Flügelspitzen. Manipuliert wurden die Maschinen über Drähte.

1953 – 54

20 000 LEAGUES UNDER THE SEA
(20 000 Meilen unter dem Meer)

Walt Disney Productions, USA.
Effekte: Ralph Hammeras, Les Wharburton, William Ray Hamilton, Ub Iwerks, Peter Ellenshaw, Harper Goff, Robert Broughton, Joshua Meador, John Hench, Eustace Lycett, Art Cruickshank, Don Iwerks, Chris Mueller jr., Robert A. Mattey, Don Post, Marcel Delgado, Howard und Theodore Lydecker, Albert Whitlock.

Außer einer CinemaScope-Optik lieh sich Walt Disney auch Spezialisten der Fox-Studios für die Modellaufnahmen mit der »Nautilus« aus. Die Überwassereffekte wurden im Studiobassin bei der 20th Century-

Panik in New York

Kampf der Welten

Fox (Sersen Lake) gedreht. Das Bassin war 90 Meter lang, 57 Meter breit und ungefähr 90 Zentimeter tief. Der wolkenbemalte Horizont war 22 Meter hoch und 67 Meter breit. Gewöhnlich benutzte das Team ein kabelgezogenes Oberdeckmodell von Kapitän Nemos Tauchboot, das 6,60 Meter lang war. Die Unterwasseraufnahmen wurden – teils trocken, teils nass – mit einer 3,30 Meter langen »Nautilus« in den Disney-Studios in Burbank gedreht. Das Modell war mit fünf Autobatterien bestückt und wurde über eine Spezialaufhängung gesteuert. Höhepunkt der Show war der Angriff eines enormen Polypen. In den Unterwasserszenen handelte es sich um eine kleine Puppe, deren Fangarme mit Fäden am Modell befestigt wurden. Für die Überwasserszenen entschieden sich die Disney-Leute für eine Riesenattrappe. Der Kampf wurde zuerst bei ruhiger See gefilmt, doch da man die Führungsdrähte der Tentakel allzu gut sah, ließ Disney den Kampf bei stürmischer See wiederholen.

1953 – 56

THE TEN COMMANDMENTS
(Die zehn Gebote)
Paramount, USA.

20 000 Meilen unter dem Meer

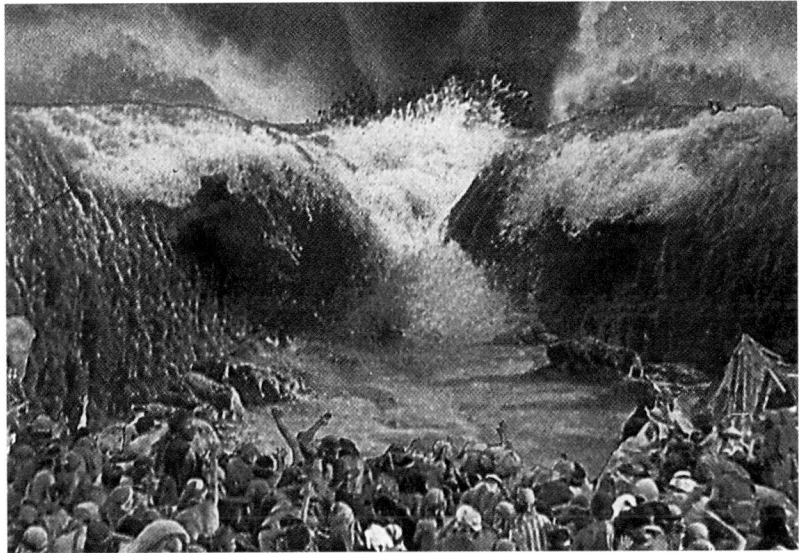

Die zehn Gebote

Effekte: John P. Fulton, Paul K. Lerpae, Frank Stanley, Jack Caldwell, Aubrey Law, Ivyl Burks, Jan Domela, Irmin Roberts, A. Farciot Edouart, W. Wallace Kelley, Howard A. Anderson, Albert Nozaki, Joseph Alves, David Stanley Horsley, Richard Parker.
Für die neuerliche Teilung des Roten Meeres unter Cecil B. DeMilles Regie wurden 10 000 Kubikmeter Beton für Bassin und Barrieren verbaut, über die in zehn Minuten 8 000 Liter Wasser stürzten.

1954

GOJIRA (Godzilla)
Toho, Japan.
Effekte: Eiji Tsuburaya, Akira Watanabe, Teisho »Sadamasa« Arikawa, Sokei Tomioka, Yoichi Manoda, Kuichiro Kishida, Yukio Kabayama, Masakatsu Asai, Shinji Akiichi, Hideo Hata, Yasuyuki Inoue, Yoshio Irie, Kazusuke Abe, Kintaro Makino, Yoshikazu Tanaka, Mitsukazu Toshibukuro, Hajime Takayama, Sadao Yamamoto, Fukutaro Suzuki, Teizo Toshimitsu, Koei Yagi, Kanji Yagi, Eizo Kaimai, Fuminori Ohashi, Masao Yagi, Yoshio Suzuki, Yukio Odagiri, Mitsuo Tomigashi, Sakai Terui, Fumio Nakadai, Shoji Ogawa, Takao Yuki, Tadao Izuka, Hiroshi Mukaiyama, Yasuaki Sakamoto, Hajime Tsuburaya.
Nachdem er Harryhausens *THE BEAST FROM 20 000 FATHOMS* gesehen hatte, setzte Toho-Produzent Tomoyuki Tanaka auf ein japanisches Riesenreptil, das durch H-Bombentests aus millionenjährigem Schlaf geweckt wird und Tokio in Schutt und Asche legt. Die technische Realisierung begann mit einem noch sehr humanoiden Entwurf des Titelstars. Dann wurden die Storyboards gezeichnet. Unterdessen wurde ein Gojira-Modell angefertigt, und nach Abnahme wurde der Gummianzug für die Monsterakteure (Haruo Nakajima und Katsumi Tetzuka) hergestellt. Trick-Regisseur Tsuburaya vermutete sehr richtig, dass die Stop-Motion-Technik sehr spezialisierte Mitarbeiter voraussetzen würde, über die er nicht verfügte. *Men-in-suit* waren demnach eine Notlösung. Die Temperaturen im Godzilla-Anzug erreichten unter den Studioscheinwerfern über 40 Grad.

1954 – 55

THIS ISLAND EARTH
(Metaluna 4 antwortet nicht)
Universal, USA.
Effekte: David Stanley Horsley, Charles Baker, Fred Knoth, Clifford R. Stine, Roswell A. Hoffman, Wes Thompson, Russell A. Lawson, Evan Baldwin, Eddie Stein, Ralph Howle, Cecil Swartz, Frank Tipper, Jack Kevan.
Die fliegende Untertasse, mit der irdische Wissenschaftler zum Planeten Metaluna gebracht werden, war aus Aluminium gefertigt und wog 18 Pfund. Die mit den

Godzilla

Tarantula

1955

TARANTULA
Universal, USA.
Effekte: Clifford R. Stine, Charles Baker, Roswell A. Hoffman.
Regisseur Jack Arnold über den Umgang mit einer überdimensionalen Tarantel: »Die Spinne wurde mit Luftdüsen so lange in Position gebracht, bis ich die Szene hatte, die ich mir vorstellte. Gewöhnlich hatten wir die Aufnahme nach zehn Versuchen im Kasten. Wir nahmen die Spinne gegen einen schwarzen Hintergrund auf, dann kombinierten wir diese Bilder mit denen der Schauspieler.«

1955 – 56

FORBIDDEN PLANET
(Alarm im Weltall)
Metro-Goldwyn-Mayer, USA.
Effekte: A. Arnold Gillespie, Maximilian Fabian, Glen Robinson, A. D. Flowers, Logan Frazee, Dean Pearson, Joe Zomar, Jack McMasters, Robert A. MacDonald, Max Gebinger, Earl McCoy, Chuck Frazier, Dion Hansen, Eddie Fisher, Warren Newcombe, Matthew Yuricich, Howard Fisher, Henri Hillinck, Irving G. Ries, Joshua Meador, Ub Iwerks, Joseph Alves, Dwight Carlisle, Ron Cobb, Ken Hultgren, Art Cruickshank, Walt Disney Productions.
Eine utopische Adaption des Shakespeare-Stücks »Der Sturm« (The Tempest) in CinemaScope und Eastmancolor. Prospero, der freigeistige Gelehrte des Märchendramas, wird im Film zum faustischen Gelehrten Morbius. Aus dem Luftgeist Ariel wird der getreue Roboter Robby. Aus Prosperos missgestaltetem Knecht Caliban das nach freudschen Ideen geformte Id-Mons-

Metaluna 4 antwortet nicht

Herrschern von Metaluna verfeindeten Zahgon-Jäger, die sie auf ihrem Heimflug angreifen, hingen an schwarzen Pianodrähten. Über ebensolche wurden auch die flammenden Meteore auf Metaluna abgefeuert. Sie waren gefüllt mit Magnesium und Kaliumchlorat. Die Metaluna-Dekoration maß 33 Meter, und die Effektsequenzen darin wurden in 26 Tagen abgedreht.

ter, das dem hoch kultivierten Planetenvolk der »Krell« zum Verhängnis wurde. Im Widerspruch zur Intention der Autoren Irving Block und Allen Adler, die das Id als unsichtbare Masse beschrieben, erstand es auf der Leinwand (*thanks to Walt Disney Productions*) als brüllendes (Zeichentrick-) Löwenhaupt auf zwei Beinen.

1956

ILJA MUROMEZ
(Ilja Muromez/Der Kampf ums Goldene Tor – Die verwegenen Abenteuer des Ilja Muromez)

Mosfilm, UdSSR.
Effekte: Aleksandr Ptuschko, Fjodor Proworow, Jewgeni Kumankow, Alex Renkow, Boris Trawkin, J. Swidetelew, W. Smirnow.
Der erste sowjetische Film in Scope erzählt ein Heldenlied aus den Bylinen: Der bärenstarke Ilja siegt im Kampf gegen die nach Kiew vorrückenden Tugaren und erschlägt den Drachen Gorynytsch, eine riesenhaft aus drei Köpfen Feuer speiende Attrappe, die W. Smirnow für Regisseur Ptuschko gebaut hatte.

1956 – 57

THE INCREDIBLE SHRINKING MAN
(Die unglaubliche Geschichte des Mister C.)

Universal, USA.
Effekte: Clifford R. Stine, Ray Cory, Roswell A.

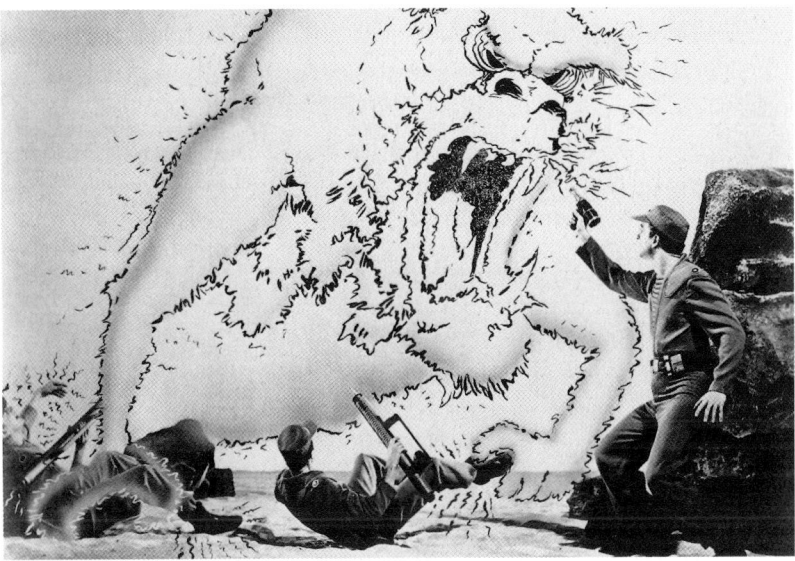

Alarm im Weltall

Hoffman, Everett H. Broussard, Charles Baker, Ben »Whitey« MacMahon, Fred Knoth.
Scott Carey (Grant Williams) gerät während eines Bootsausflugs in einen radioaktiven Nebel und schrumpft zum Däumling, der ein Spinnenmonster mit einer Stecknadel bezwingen muss. Regie führte Jack Arnold: »Für die Szene, in der er die Spinne aus ihrem Netz lockt und durchbohrt, nahm ich zuerst die Spinne auf. Es ist wirklich nicht leicht, einer Spinne Regieanweisungen zu geben. Ich ließ ihr also (wie bei *TARANTULA!*) Luft ins Gesicht

blasen, um sie in die gewünschte Richtung zu dirigieren. Wir flogen 60 panamaische Taranteln ein, weil unsere heimischen zu klein waren, um scharfe Bilder von ihnen zu bekommen. Wir brauchten die größten, die es gab, und die geisterten nun mal in Panama herum. Das waren ungeheure Biester – 15 Zentimeter Durchmesser! Wir mussten so viele haben, weil wir während der Aufnahmen derart viel Licht auf sie knallen mussten, dass sie kochten. Nachdem wir die Szenen mit der Spinne im Kasten hatten, bauten wir in

Ilja Muromez

Der Kampf ums Goldene Tor

Die unglaubliche Geschichte des Mister C.

Universals größtem Atelier, in voller Höhe, einen Teil der Wand, den Sims, das Spinnennetz, Schere, Wollknäuel – alles so groß, dass Grant im Vergleich nur zweieinhalb Zentimeter war. Dann schnitt ich die Aufnahmen der Spinne nach meinen Erfordernissen. Mithilfe eines Metronoms berechnete ich die Aktionen der Spinne. Das Atelier wurde schwarz drapiert mit Ausnahme der überdimensionierten Dekoration. In die Kamera steckte ich ein Stück Negativ von der Spinne und stimmte die Sets so lange mit der Szene auf dem Negativ ab, bis beide zusammenpassten. Die Kamera musste rund 75 Meter von Grant und den Sets entfernt sein, damit er klein genug erschien. Als ich die Szene mit Grant probte, half uns das Metronom beim Timing. Bei jedem Taktschlag musste Grant was Bestimmtes tun. Hinaufgehen und am Netz ziehen – was meinetwegen acht Schläge dauerte. Beim neunten Schlag begann die Spinne runterzukrabbeln. Schlag 14 war die Spinne unten. Schlag 18 kam sie näher. Schlag 19 passierte dieses und jenes usw. Alles musste exakt mit den Aufnahmen von der Spinne zusammenpassen.«

VYNÁLEZ ZKÁZY
(Die Erfindung des Verderbens)
Československy Film/Studio Gottwaldov, ČSSR.
Effekte: Antonín Horák, Karel Zeman, Bohuslav Pikhart, Jiří Tarantík Arnošt Kupčík, Zdeněk Rozkopal, Jindřich Liška, František Krčmár, Zdeněk Ostrčil, Josef Zeman.
Karel Zemans berühmte Jules-Verne-Adaption.

1957

CHIKYU BOEIGUN
(Weltraum-Bestien/Phantom 7000)
Toho, Japan.
Effekte: Eiji Tsuburaya, Teisho Arikawa, Hidesaburo Araki, Masao Shiroda, Hiroshi Mukaiyama, Tadao Izuka, Akira Watanabe, Shigeru Komatsuzaki, Yasuyuki Inoue, Yoshio Irie, Fumio Nakadai, Yukio Odagiri, Mitsuo Tomigashi, Masakatsu Asai.
Die seit vielen Generationen Strontium-90-verseuchten Bewohner des Planeten Mysteroid planen die kriegerische Übersiedlung auf die Erde, aber unter Führung der Japaner geht die Menschheit als Sieger aus dem Tohoscope-Strahlenkrieg hervor.

1957 – 58

THE 7TH VOYAGE OF SINBAD
(Sindbads siebente Reise)
Morningside Productions/Columbia Pictures, USA/Spanien/England.
Effekte: Ray Harryhausen, Fred Harryhausen, George Lofgren, Wilkie Cooper, Enzo Musumeci-Greco, Lawrence W. Butler, Donald C. Glouner.

Weltraum-Bestien

Das Geheimnis der verwunschenen Höhle

Sindbads siebente Reise

Der Zyklop, die populärste Gestalt dieser erfolgreichen 1001-Nacht-Verfilmung im Low-Budget-Rahmen (Produktionskosten: ca. 650 000 Dollar), durchlief laut Harryhausen eine Evolution: »Ich wollte nicht, dass die Leute dachten, es handle sich dabei um einen Mann im Anzug, also gab ich ihm den Körper eines Satyrs mit Bocksbeinen – so konnte man unmöglich die Beine eines Menschen krümmen! Dann setzte ich ihm zwei Hörner auf, aber das gefiel mir nicht, also platzierte ich nur ein Horn, und das in der Mitte seines Kopfes. Ich zeichnete alles auf und modellierte es in Ton, um zu sehen, wie es aus verschiedenen Blickwinkeln ausschaute.«

tom thumb (der kleine däumling)
George Pal/Metro-Goldwyn-Mayer, England/USA.
Effekte: Tom Howard, Gene Warren, Wah Ming Chang, Don Sahlin, Herbert Johnson, Project Unlimited, Bob Baker.

Regisseur George Pal ließ Russ Tamblyn als kleinen Däumling aus großer Höhe filmen und in »normalgroße« Szenen einkopieren. Als Bonus gibt es noch eine Sequenz mit den Puppetoons.

1958 – 59

BEN-HUR: A TALE OF THE CHRIST (Ben-Hur)
Metro-Goldwyn-Mayer, USA/Italien.
Effekte: A. Arnold Gillespie, Lee LeBlanc, Matthew Yuricich, Robert R. Hoag, A. D. Flowers, Glen Robinson, Robert A. MacDonald, Harold E. Wellman.
In MGMs großem Wasserbassin treffen die Galeeren der Römer und Piraten zur Seeschlacht aufeinander.

DARBY O'GILL AND THE LITTLE PEOPLE (Das Geheimnis der verwunschenen Höhle)
Walt Disney Productions, USA.

Effekte: Winton C. Hoch, Peter Ellenshaw, Albert Whitlock, Eustace A. Lycett, Ub Iwerks, Art Cruickshank, Danny Lee, Joshua Meador, Don MacManus.
Eine irische Kobold-Geschichte, in der Titeldarsteller Albert Sharpe zusammen mit Heinzelmännchen agiert. Für Steven Spielberg war es das »perfekteste Perspektivenspiel der Filmgeschichte«. Peter Ellenshaw: »Im Hintergrund platzierten wir die Darsteller der Leprechauns. Dann leuchteten wir mit ungeheuer viel Licht aus. Das Filmmaterial war damals noch grobkörniger. Indem wir mit der Perspektive spielten – das heißt, wir täuschten das Auge, denn die Kamera hat ja nur ein Auge –, konnte man nicht mehr erkennen, dass die Leute sich eigentlich im Hintergrund befanden.« Bei der Vorführung sah es so aus, als stehe Sharpe hinten, die Kobolde vorn, bei der Aufnahme aber war es genau umgekehrt.

der kleine däumling

Ben-Hur

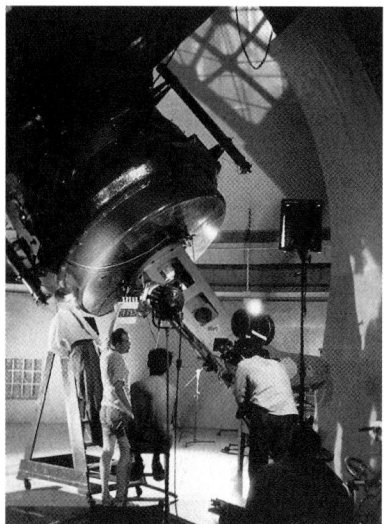

Universe

Die Reise zum Mittelpunkt der Erde

1959

JOURNEY TO THE CENTER OF THE EARTH
(Die Reise zum Mittelpunkt der Erde)

Twentieth Century-Fox, USA.
Effekte: James B. Gordon, L. B. Abbott, Ralph Hammeras, Emil Kosa jr., Menrad Von Mull- dorfer, Herb Cheek, Frank O'Connor.
Jules Vernes Expedition ins Innere der Erde bringt eine Begegnung mit zu Riesen- getier aufgeblasenen Eidechsen, einen Sturm im Wassertank und die Entdeckung des versunkenen Atlantis.

Herr der drei Welten

UNIVERSE
National Film Board of Canada.
Effekte: Wally Gentleman, Jim Wilson.

1959 – 60

THE ANGRY RED PLANET
(Weltraumschiff »MR-1« gibt keine Antwort)

Sino, USA.
Effekte: Herman Townsley, Norman Maurer, Howard Weeks, Bob Baker, Stanley Cortez, Howard A. Anderson jr., Howard A. Ander- son Company, Ib Melchior.
Die Reise zum Mars, wo Marsmenschen den Erdlingen den Einblick in ihre Ge- heimnisse verwehren, fand im Cinemagic- Verfahren statt. Norman Maurer hatte eine Linse konstruiert, die eigentlich Men- schen in gezeichnete Hintergründe integ- rieren sollte. Nun wurde sie primär be- nutzt, um die Mars-Aufnahmen rot zu färben. Als Zugabe gibt es eine als Mario- nette realisierte Fledermaus-Spinnen-Rat- ten-Krabbe und eine Riesenamöbe mit kreisendem Auge.

DER SCHWEIGENDE STERN/
MILCZACA GWIZADA
(Raumschiff Venus antwortet nicht)

Defa/Film Polski, DDR/Polen.
Effekte: Helmut Grewald, Ernst Kunstmann, Vera Kunstmann, Kurt Marks, Günter Ge- ricke, Erich Günther, Herbert K. Schulz, Jan Olejniczak, L. Kunka, T. Myszork, J. Potocki,

Die Zeitmaschine

P. Lehmann, W. Schäfer, S. Ochs, A. Schulz.
Stanislaw Lems totenstarre Vision von der Venus.

THE 3 WORLDS OF GULLIVER
(Herr der drei Welten)

Morningside/Columbia, England.
Effekte: Ray Harryhausen, Wilkie Cooper, Victor Margutti, Enzo Musumeci-Greco.
Nach dem Sodium-Travelling-Matte-Ver- fahren entstandene Verfilmung von Jona- than Swifts »Gullivers Reisen«.

THE TIME MACHINE
(Die Zeitmaschine)

George Pal/Metro-Goldwyn-Mayer, USA.
Effekte: Gene Warren, Wah Ming Chang, Tim Barr, David Pal, William Brace, Don Sahlin, Jim Danforth, Ralph Rodine, Project Unlimited, Howard A. Anderson jr., Howard A. Anderson Company.
Eine Zeitreise in Metrocolor aus der Fe- der von H. G. Wells: »Für die Szene, in

der London durch einen Vulkanausbruch zerstört wird, baute die Mannschaft von Project (Unlimited) das detaillierte Modell einer Londoner Straße auf mit dem Ziel, es fachgerecht zu zerstören. Um die Lavaflut zu simulieren, füllten sie einen Behälter mit rot gefärbtem Haferschleim, der sich dann durch das Modell wälzte. [...] Wah Chang verwendete für eine Sequenz kurz vor Filmende, wo sich der Körper eines Morlocks rasend schnell auflöst, ein wirkliches Skelett, über das er den Körper eines Morlocks drapierte. Dave Pal, der Sohn von George Pal, filmte dann die Auflösung des Wesens Bild für Bild.« (Gail Morgan Hickman: »The Films of George Pal«, Cranbury, NJ/London 1977)

UCHU DAISENSO
(Krieg im Weltenraum)
Toho, Japan.
Effekte: Eiji Tsuburaya, Teisho Arikawa, Hidesaburo Araki, Kuichiro Kishida, Akira Watanabe, Yasuyuki Inoue, Yoshio Irie, Fumio Nakadai, Yukio Odagiri, Mitsuo Tomigashi, Yoichi Manoda, Hiroshi Mukaiyama, Masakatsu Asai.
Aggressoren vom Planeten Natal starten einen Großangriff gegen die Erde. Eiji Tsuburaya war ein erklärter Fan von George Pals *THE WAR OF THE WORLDS.*

Gorgo

1959 – 61

GORGO
King Bros./MGM British, England.
Effekte: Tom Howard, Eugene Lourié, Ray Mercer & Company.
60 Meter große Sauriermutter befreit nach *GODZILLA*-Vorbild ihr Junges, das in einem Londoner Zirkus gefangen gehalten wird. Regisseur Lourié: »Als ich nach England kam, setzte ich mich mit fünf Special-Effects-Technikern zusammen, fünf kräftigen Burschen in weißen Kitteln. Jedes Meeting bescherte dem armen Mann, der in der Gummihaut steckte, eine neue schwere Hydraulik am Kopf, an den Schultern und am Rücken. Augen, Ohren und Schwanz wurden über unabhängige hydraulische Systeme manipuliert. Auf den Kopf des Mannes wurde ein helmähnlicher Kasten gestülpt – und die Studioschmiede fabrizierten etwas, das aussah wie die Rüstung eines mittelalterlichen Ritters. Es war die reine Hölle. Das ganze Zeug war so schwer, dass es ein Mann nicht länger als drei Stunden tragen konnte. Also mussten mehrere Monstermänner her, die in kurzen Schichten Gorgos Part füllten.«

1960

THE ABSENT-MINDED PROFESSOR
(Der fliegende Pauker)
Walt Disney Productions, USA.
Effekte: Eustace Lycett, Peter Ellenshaw, Albert Whitlock, Joshua Meador, Ub Iwerks, Art Cruickshank, Robert Broughton, Robert A. Mattey, Danny Lee, Walter Stone, Donald Da Gradi, Arthur J. Vitarelli.
Dank »Flubber« (Flummi) gehen Fred MacMurray und sein altersschwacher Ford in die Luft.

1960 – 61

MYSTERIOUS ISLAND
(Die geheimnisvolle Insel)
Ameran/Columbia, England.
Effekte: Ray Harryhausen, Wilkie Cooper, Victor Margutti, Wally Veevers, Arthur Hayward.
Ray Harryhausen integrierte in die Geschichte von Jules Verne den künstlich von Kapitän Nemo gezeugten Riesenwuchs von Krebsen und Bienen.

Krieg im Weltenraum

1960 – 62

JACK THE GIANT KILLER
(Der Herrscher von Cornwall)
Edward Small/Zenith, USA.
Effekte: David Stanley Horsley, Wes Thompson, Philip Kellison, Howard A. Anderson jr.,

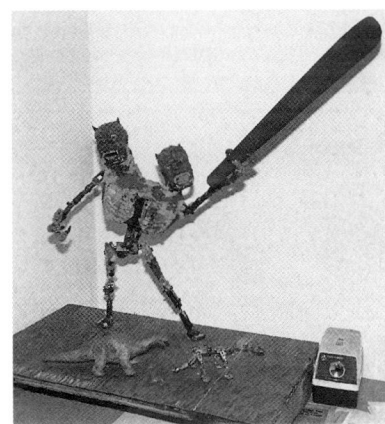

Der Herrscher von Cornwall

Howard A. Anderson Company, Albert Whitlock, Louis MacManus, Lloyd L. Vaughan, Boyd Vaughan, Don MacManus, Nancy van Rensaeller, August J. Lohman, Project Unlimited: Gene Warren, Wah Ming Chang, Tim Baar, Jim Danforth, David Pal, Tom Holland, William Brace, Paul LeBaron, Marcel und Victor Delgado, Ralph Rodine, Howard Weeks, Don Sahlin.

145

»Fantascope«-Fantasygeschichte im Stil von *7th VOYAGE OF SINBAD*: Der Zauberer Pendragon beschwört gehörnte und doppelköpfige Riesen und Furien, um den Thron von Cornwall für sich zu erringen.

1961

MOSURA (Mothra bedroht die Welt)
Toho, Japan.
Effekte: Eiji Tsuburaya, Teisho Arikawa, Sokei Tomioka, Kuichiro Kishida, Akira Watanabe, Yoichi Manoda, Yasuyuki Inoue, Yoshio Irie, Teizo Toshimitsu, Fumio Nakadai, Masakatsu Asai, Hiroshi Mukaiyama, Yukio Odagiri, Mitsuo Tomigashi, Noboyuki Yasamaru.

Als ihre telepathisch begabten 30-Zentimeter-Priesterinnen (The Peanuts) von der Beiru-Insel entführt werden, greift Mosura, zuerst in Raupenform, dann als riesenhafter Falter, die Atommacht Rolisika an, eine verwegene Mischung aus USA und UdSSR (»Roshia« ist das japanische Wort für Rußland).

1961 – 62

THE WONDERFUL WORLD OF THE BROTHERS GRIMM (Die Wunderwelt der Gebrüder Grimm)
George Pal/Metro-Goldwyn-Mayer/Cinerama, USA.
Effekte: Gene Warren, Wah Ming Chang,

Die Wunderwelt der Gebrüder Grimm

Tim Baar, Don Sahlin, Jim Danforth, David Pal, Peter Pal, Ralph Rodine, William Brace, Peter Von Elk, Marcel und Victor Delgado, Project Unlimited, Robert R. Hoag (MGM).
Die sentimental verbrämte Lebensgeschichte von Wilhelm und Jacob Grimm, in Cinerama und garniert mit drei ihrer Märchen. Zwei davon werden in Stop-Motion-Technik erzählt. George Pals Puppetoons helfen des Nachts einem armen Schuster (Laurence Harvey, der auch den

Cleopatra

Wilhelm Grimm spielt). Terry Thomas und Buddy Hackett begegnen einem Feuer speienden Comic-Drachen.

1961 – 63

CLEOPATRA
Twentieth Century-Fox, USA/Italien.
Effekte: Emil Kosa jr., John DeCuir, L. B. Abbott, Ralph Hammeras, August J. Lohman, Gerald Endler, Carlo Rambaldi, Wah Ming Chang, Bill Middlestedt, Herb Cheek, Frank O'Connor.
L. B. Abbott: »Diese Produktion war schuld daran, dass das Studio 80 Hektar seines Geländes veräußern musste. Heute ragt dort Century City auf. *CLEOPATRA* war so unverschämt teuer, dass der Film fast zum Ruin des ganzen Studios geführt hätte. Drei Jahre war das Drehbuch im Studio herumgereicht worden. Zwei der Höhepunkte darin waren der Brand der Bibliothek von Alexandria und die Seeschlacht von Aktium. Als sich die ökonomische Lage jedoch verschlechterte, entschied man sich dafür, Brand und Seeschlacht einfach auszulassen, in der festen Hoffnung, der Film würde auch ohne diese Sequenzen genug Kasse machen. Dann löste, angesichts der bevorstehenden Katastrophe, Darryl F. Zanuck, dessen Familie ein beträchtliches Aktienpaket der Fox besaß, den Fox-Präsidenten Spyros P.

Skouras ab und übernahm die Verantwortung für die Fertigstellung von *CLEOPATRA*. Zanuck war der Überzeugung, dass man in einem Film das, wovon man rede, auch zeigen müsse. Also verständigte er den Art Director und mich, dass die Seeschlacht von Aktium und der Brand der Bibliothek unter allen Umständen stattzufinden hätten. Doch hatten sie kein Studiobassin in der Stadt, das groß genug gewesen wäre, um eine Seeschlacht solchen Ausmaßes zu fassen. Wir setzten uns daraufhin mit Vertretern des Art Departments und anderen Studioleuten zusammen und suchten uns eine flache Ebene auf der Fox-Ranch, um dort ein entsprechend großes Bassin zu bauen.«

JASON AND THE ARGONAUTS
(Jason und die Argonauten)
Morningside Productions/Columbia Pictures, England/Italien.
Effekte: Ray Harryhausen, Wilkie Cooper, Arthur Hayward, Fernando Poggi, Les Bowie, Kit West.
Aus den Zähnen der von Jason erschlagenen siebenköpfigen Hydra, die der Sage nach das Goldene Vlies bewacht, wachsen sieben Skelettkrieger, die drei griechischen Recken den Rückweg verbauen. Am Drehort probierten Harryhausen und Stunt-Koordinator Fernando Poggi die Sequenz zehnmal mit den drei Darstellern und sieben Stuntleuten. Bei der Aufnahme verschwanden die Stuntleute aus dem Bild, und die drei Darsteller kämpften gegen Luft. Die Skelette wurden erst viel später im Stop-Motion-Verfahren in die Aufnahme eingesetzt.

1962

PLANETA BUR (Planet der Stürme)
Lennautschfilm, UdSSR.
Effekte: Pawel Kluschanzew, Arkadi Klimow, Aleksander Jakowlewitsch Nadjeschin, Walentina Wasilijewna Malakhijewa.
Kosmonauten samt Roboter John (im Innern ein Ringkämpfer namens Prudkowskij) entdecken bei der Landung auf der Venus nicht nur prähistorisches Leben (Modelle des Leningrader Puppentheaters), sondern auch Spuren einer intelligenten Zivilisation: »Sie sind wie wir!« Pawel Kluschanzews Verfilmung eines Buches des Prä-Astronautik-Apologeten

Die Vögel

Aleksandr Kasanzew. 20 Millionen Menschen sahen den Film, der in 28 Länder verkauft wurde, bei seinem Start in der Sowjetunion.

1962 – 63

THE BIRDS (Die Vögel)
Universal, USA.
Effekte: Albert Whitlock, Roswell A. Hoffman, Ub Iwerks, L. B. Abbott (Twentieth Century-Fox), Linwood G. Dunn (Film Effects of Hollywood), Robert R. Hoag (MGM), Lawrence A. Hampton, Marcel Delgado, George Lofgren, Theodore Lydecker, Dave Fleischer, Jon Hall.
Bei Produktionsbeginn ließ sich Hitchcock die Verwendung künstlicher Vögel einreden, mechanischer Nachbildungen mit künstlichen Flügeln. »Es wurden einige Tests mit den mechanischen Vögeln gefahren, aber es wirkte alles sehr unecht«, erinnert sich Effekt-Schnittmeister Bud Hoffman. »Für eine Testaufnahme stellten sie ein paar junge Leute auf eine Tretmühle, um den Krähenangriff des Films zu simulieren. Dann ließen sie diese seltsamen Kreaturen auf sie los, die wie Modellflugzeuge mit Flügeln aussahen. Es gab auch einen segelflugähnlichen Vogeltyp, der an einem Draht runterkam und fast genauso lächerlich war.« Berater für die Travelling Mattes war Trickfilmpionier Ub Iwerks.

Nachdem ihn sein Chef Walt Disney für diesen Film freigestellt hatte, traf sich Iwerks fast täglich mit Alfred Hitchcock und begann mit einer Szene zu experimentieren, in der ein Geschwader Spatzen durch den offenen Kamin angreift. Die Studio-Vögel vervielfachte Iwerks mit Sodium-Vapour-Travelling Mattes im Glaskasten herumflatternder Vögel. Als man bemerkte, dass der Disney-Mann für die relativ kurze Sequenz Wochen benötigte, verschob man den Starttermin vorsorglich von Thanksgiving 1962 auf das Frühjahr 1963. Schließlich waren 412 Kombinationsaufnahmen geplant. Man sah sich sogar gezwungen, einzelne Komplexe in andere Trickstudios auszulagern, um den neuen Termin zu halten.

1963

KAITEI GUNKAN
(U 2000 – Tauchfahrt des Grauens)
Toho, Japan.
Effekte: Eiji Tsuburaya, Shigeru Komatsuzaki, Akira Watanabe, Yasuyuki Inoue, Yoshio Irie, Teisho Arikawa, Sokei Tomioka, Kuichiro Kishida, Kazuo Sagawa, Fumio Nakadai, Hiroshi Mukaiyama, Tadao Izuka, Teruyoshi Nakano, Gunji Model Craft, Toida Warehouse.
Um die vergleichsweise kurze Drehzeit für einen Special-Effects-Film (drei Monate)

147

U 2000 – Tauchfahrt des Grauens

zu bewältigen und die Fabel von der Schlacht eines Tauch-/Flugboots (»Gohten-go«) gegen die Unterwasserleute des im Pazifik versunkenen Mu-Reiches fristgerecht in die Kinos zu bringen, wurden drei Teams gebildet: Team A mit Regisseur Ishiro Honda und den Schauspielern, Team B und C unter der Gesamtleitung von Eiji Tsuburaya, mit zwei verschiedenen Regisseuren und zusammen 160 Technikern, für die Spezialeffekte. Insgesamt fünf Modelle des fliegenden Tauchboots wurden gebaut. Das längste, zum Preis von anderthalb Millionen Yen, war fünf Meter lang und groß genug, neben ferngesteuerten Elementen auch einen Techniker aufzunehmen, der diverse Teile manuell bediente. Die anderen Modelle waren drei, zwei, einen Meter und dreißig Zentimeter lang. Auch von Manda, der Seeschlange, die das Unterwasserreich vergeblich gegen »Gohten-go« schützen soll, gab es mehrere Versionen – zehn an der Zahl. Die unter Tsuburayas persönlicher Leitung entwickelten Marionetten variierten von zwanzig Zentimeter bis zu fünf Meter Länge, aber nur Letztere war halbwegs überzeugend.

1963 – 64

FIRST MEN IN THE MOON
(Die erste Fahrt zum Mond)
Ameran/Columbia Pictures, England.
Effekte: Ray Harryhausen, Wilkie Cooper, Les Bowie, Kit West, Derek Meddings, Arthur Hayward.
H. G. Wells' Seleniten waren diesmal sowohl Stop-Motion-Figuren als auch, in den Massenszenen, kleinwüchsige Akteure, die entsprechend kostümiert waren.

MARY POPPINS
Walt Disney Productions, USA.
Effekte: Peter Ellenshaw, Constantine (Deno) Ganakes, Robert A. Mattey, Danny Lee,

Walter Stone, Marcel Delgado, Eustace A. Lycett, Art Cruickshank, Ub Iwerks, Robert Broughton, Bill Justice, Xavier Atencio, Hamilton S. Luske.
Ursprünglich sollte die Geschichte von der guten Fee Mary Poppins ganz und gar Zeichenfilm werden, aber damit war die Autorin Pamela Travers nicht einverstanden. Von der Animationsfilm-Idee blieben lediglich ein paar Figuren, die in einer einzigen Sequenz zusammen mit den Hauptdarstellern Julie Andrews und Dick Van Dyke agierten.

SEVEN FACES OF DR. LAO
(Der mysteriöse Dr. Lao)
George Pal/Metro-Goldwyn-Mayer, USA.
Effekte: William Tuttle, Charles Schram, Duninger (George L. Boston), Wah Ming Chang, Jim Danforth, Ralph Rodine, Gene Warren, Peter Kleinow, William Brace (Project Unlimited), Robert R. Hoag (MGM), Paul B. Byrd.
Die Spezialmasken, die William Tuttle für den wandlungsfähigen Schauspieler Tony Randall präparierte, wurden mit dem ersten Make-up-Oscar der Filmgeschichte honoriert. Jim Danforth animierte zusätzlich einen in Sekundenschnelle zum Un-

geheuer anschwellenden Fisch, der von dem zauberkundigen Dr. Lao gebannt werden muss.

1965 – 66

FANTASTIC VOYAGE
(Die phantastische Reise)
Twentieth Century-Fox, USA.
Effekte: Art Cruickshank, L. B. Abbott, Ernest Laszlo, Harper Goff, Dale Hennesy, Emil Kosa jr., Howard Lydecker, Marcel Delgado, Roy Arbogast, Peter Foy.
Die Proteus, ein atomgetriebenes Spezialtauchboot, wird samt Besatzung auf Molekulargröße geschrumpft und in die Blutbahn eines lebensgefährlich verletzten Wissenschaftlers injiziert. Der Plot nimmt das, was heute als Nano-Technik bekannt ist, vorweg.

RAUMPATROUILLE (TV)
Bavaria, Bundesrepublik Deutschland.
Effekte: Werner Hierl, Jörg-Michael Kunsdorff, Georg Kramer, Götz Weidner, Peter Hilpert, Vincenz Sandner, Theodor Nischwitz, Bernd Schlichting, Hans Nothof, Flo Nordhoff, Karl Ludwig Ruppel.
Fernseh-Mehrteiler: Die Besatzung der »Orion« unter Commander Dietmar Schönherr im Kampf gegen die außerirdischen Frogs.

Die phantastische Reise

Raumpatrouille

1965 – 68

2001: A SPACE ODYSSEY
(2001 – Odyssee im Weltraum)
Metro-Goldwyn-Mayer, England.
Effekte: Stanley Kubrick, Wally Veevers, Douglas Trumbull, Con Pederson, Tom Howard, Colin J. Cantwell, Bryan Loftus, Frederick Martin, Bruce Logan, Tony Masters, David Osborne, John Jack Malick, Roy Naisbitt, Richard Yuricich, Les Bowie, Charles Staffell, Brian Johncock (Johnson), Roger Dicken, Wally Gentleman, Stuart Freeborn, Colin Arthur, George Merrit.
Zahlreiche Kombinationsaufnahmen wurden auf besonderen Wunsch von Regisseur Kubrick mithilfe von Hand gemalter Travelling Mattes realisiert.

1966 – 67

ONE MILLION YEARS B. C.
(Eine Million Jahre vor unserer Zeit)
Hammer Films/Seven Arts, England.
Effekte: Ray Harryhausen, Wilkie Cooper, Arthur Hayward, George Blackwell, Les Bowie.
Neuverfilmung der Produktion von Hal Roach (1939 – 40) mit Raquel Welch als steinzeitlichem Busenwunder und Stop-Motion-Sauriern.

1967 – 69

THE VALLEY OF GWANGI
(Gwangis Rache)
Morningside/Warner Bros.-Seven Arts, England/Spanien.
Effekte: Ray Harryhausen, Arthur Hayward, Erwin Hillier.
Mit 335 Effektszenen die umfangreichste Animationsaufgabe, die Ray Harryhausen je übernommen hat. Die Geschichte von einem Tyrannosaurus, der in einem verborgenen Tal sein Unwesen treibt, basier-

Eine Million Jahre vor unserer Zeit

2001 – Odyssee im Weltraum

Gwangis Rache

te auf einem Projekt von Willis O'Brien. In einer Sequenz fangen Cowboys das Tier mit Lassos ein. Für die Plates, die Background-Aufnahmen mit den Darstellern, hatte Harryhausen anstelle Gwangis einen Jeep mit einer hohen Holzlatte darin: »Die Cowboys warfen ihre Lassos nach der Latte, der Jeep zog an, und die Pferde brachten ihre ganze Kraft auf, um die Lassos stramm zu ziehen. Den Jeep entfernte ich mittels Split Screen. Wir nahmen beide Hälften separat auf, und als das Plate für die Rückprojektion vorbereitet wurde, trennten wir das Bild in einem optischen Printer genau in der Mitte. Wir hatten es bei der Aufnahme separiert, den Jeep aus dem Bild gefahren und auch diese Hälfte getrennt aufgenommen. Beide Hälften haben wir dann im Printer kombiniert. Die Lassos gingen in die Mitte, dort platzierten wir den Dinosaurier.«

1968 – 70

TORA! TORA! TORA!
Twentieth Century-Fox, USA/Japan.
Effekte: L. B. Abbott, A. D. Flowers, Art Cruickshank, Ivan Martin, Gail Brown, Vision

Sindbad und das Auge des Tigers

Photography, Inc.
Die Explosionen der in Pearl Harbor von den Japanern angegriffenen Schlachtschiffe wurden mit 15-facher Bildgeschwindigkeit gedreht. Für die Modellaufnahmen wurden 40 Drehtage benötigt.

1969 – 70

WHEN DINOSAURS RULED THE EARTH (Als Dinosaurier die Erde beherrschten)
Hammer Films/Seven Arts, England.
Effekte: Jim Danforth, Roger Dicken, David Allen, Allan Bryce, Brian Johncock (Johnson), Les Bowie, Ted Samuels.
Nach dem Remake *ONE MILLION YEARS B. C.* ein weiteres steinzeitliches Stop-Motion-Drama aus der Hammer-Produktion mit einer eindrucksvollen Plesiosaurus-Sequenz und einem frisch geschlüpften Saurierjungen, das Victoria Vetri buchstäblich nach der Pfeife tanzt.

1971 – 72

SILENT RUNNING (Lautlos im Weltraum)
Universal, USA.
Effekte: Douglas Trumbull, John Dykstra, Richard Yuricich, Richard O. Helmer, James Rugg, Marlin Jones, Vernon Archer, R. L. Helmer, Wayne Smith, Richard Alexander, John Baumbach, Leland McLemore, Bob Shepherd, Gary Richards, William Shourt, Harry Sunby, James Dow, Paul Kraus, Don Trumbull.
Utopische Öko-Fabel von einer Raum-Arche. Um Arbeiten am optischen Printer auf das absolute Minimum zu reduzieren, griffen Regisseur Douglas Trumbull und seine Trickkameraleute Richard Yuricich und John Dykstra bei der Umsetzung der Raumschiff-Aufnahmen auf frontprojizierte Hintergründe, Kompositionen am Tricktisch und Bi-Pack-Fotografie zurück. So mussten für optische Leistungen nur 18 000 Dollar ausgegeben werden.

1972 – 73

THE GOLDEN VOYAGE OF SINBAD (Sindbads gefährliche Abenteuer)
Charles H. Schneer/Columbia Pictures, England/Spanien.
Effekte: Ray Harryhausen, Francisco Prosper, Ted Moore, Victor L. Margutti, Dennis C. Bartlett, Colin Arthur.
Zauberer Koura (Tom Baker) mobilisiert in 253 Effekt-Einstellungen einen geflügelten Homunkulus, einen einäugigen Zentaur, der einen Greif erwürgt, eine hölzerne Galionsfigur und eine sechsarmig schwertschwingende Kali gegen Sindbad (John Phillip Law).

1973 – 74

EARTHQUAKE (Erdbeben)
Filmmakers Group-Universal, USA.
Effekte: Albert Whitlock, Roswell A. Hoffman, Glen Robinson, Frank Brendel, Jack McMasters, Lou Ami, Preston Ames, Clifford R. Stine, Charles Baker.
Neben zahlreichen Matte Paintings gab es auch einige Modellaufnahmen. Der Hollywood Dam wurde auf dem Freigelände der Universal City Studios in Miniatur nachgebaut (Länge: 15 m). Neun Kameras filmten seine Zerstörung.

1975 – 77

SINBAD AND THE EYE OF THE TIGER (Sindbad und das Auge des Tigers)
Andor/Columbia Pictures, England.
Effekte: Ray Harryhausen, Ted Moore, Tony McVey, Les Bowie, Colin Arthur.
John Waynes Sohn Patrick als Sindbad auf einer gefahrvollen Reise nach Lemuria. In Stop Motion spielt ein Pavian, der in Wahrheit ein verwunschener Prinz ist, Schach und kämpft ein gehörnter Troglodyt gegen einen Säbelzahntiger, in den sich eine Zauberin verwandelt hat.

STAR WARS (Krieg der Sterne)
Lucasfilm Ltd./Twentieth Century-Fox, USA/ England.
Effekte: Industrial Light & Magic, John Dykstra, Richard Edlund, Dennis Muren, Joseph Johnston, Ralph McQuarrie, Lorne Peterson, Robert Blalack, Paul Roth, Colin J. Cantwell, George E. Mather, Bob Shepherd, Lon Tinney, Bruce Logan, Adam Beckett, Jerry L. Jeffress, Alvah J. Miller, Richard Alexander, William Shourt, Grant McCune, David Beasley, Jon Erland, Steve Gawley, Paul Huston, David Jones, Joe Viskocil, Peter Kuran, Jonathan Seay, Chris Casady, Jon Berg, Phil Tippett, Dan O'Bannon, Larry Cuba, John Wash, Jay Teitzell, Image West, Mary M. Lind, James Shourt, Harrison Ellenshaw, Douglas Barnett, Stuart Ziff, Modern Film Effects, Ray Mercer & Company, Van der Veer Photo Effects, Master Film Effects, DePatie-Freleng Enterprises, Patricia Rose Duignan, Bruce

Lautlos im Weltraum

Nichsolson, Les Bowie, John Stears, Dick Hewitt, William Reinhold, Don Trumbull, Stuart Freeborn, Rick Baker.

George Lucas: »Mir kam die Erkenntnis, dass der Western der letzte amerikanische Mythos war und dass seit Mitte der Fünfziger keine neue Mythologie mehr geschaffen worden war. Folgerichtig dachte ich, das All wäre das nächste Umfeld, in dem man so eine Mythologie entwickeln könnte.« Um diese Vision zu realisieren, wurde Industrial Light & Magic gegründet. John Dykstra, der erste Chef des Trickstudios, über die Anfänge: »ILM kurbelte die Integration von Elektronik und Filmemachen gewaltig an. Wir nahmen eingestaubte Kameras, die gebaut worden waren, bevor wir geboren wurden, und daraus bastelten wir Hybriden, indem wir verschiedene Teile miteinander verbanden. Niemand sonst erfand Kameras, um 1975 Filme zu machen. Wir waren zur Stelle, als ein Genre geboren und wieder geboren wurde.«

CLOSE ENCOUNTERS OF THE THIRD KIND (Unheimliche Begegnung der dritten Art)

Columbia Pictures in Verbindung mit EMI, USA.

Effekte: Douglas Trumbull, Future General Corporation, Gregory Jein, Richard Yuricich, Matthew Yuricich, Rocco Gioffre, Dave Stewart, Robert Swarthe, Dennis Muren, Bob Baker, Don Trumbull, Robert Hall, Don Jarel, J. Richard Dow, Jor Van Kline, Michael McMillen, Kenneth Swenson, Robert Worthington, Lorne Peterson, Jon Erland, Peter Anderson, Larry Albright, Ken Ebert, Paul Huston, David Jones, George Randle, Jeff Shapiro, Rourke Engineering, David Gold, Harry Moreau, Carol Boardman, Eldon Rickman, Scott Squires, Jerry L. Jeffress, Alvah J. Miller (Interface Systems), Bob Shepherd, Larry Robinson, Carlo Rambaldi, Isidoro Raporí, Dick Cobos, Jerry Zeitsman, Tom und Ellis Burman, Roy Arbogast.

Steven Spielbergs ufologisches Glaubensbekenntnis. Douglas Trumbull und seine Future General Corporation realisierten die Effekte: »Ich entwickelte für Columbia einen Filmstoff mit dem Titel *HIERO'S JOURNEY*, als das Studio sich entschloss, *CLOSE ENCOUNTERS* zu produzieren. Da man jedoch nicht zwei verschwenderische Science-Fiction-Epen zur gleichen

Krieg der Sterne

151

Unheimliche Begegnung der dritten Art

Douglas Trumbull

Greg Jein

Zeit machen wollte, war ich mit meinem Spielfilmprojekt wieder mal draußen. Dann rief mich Steven Spielberg an und wollte wissen, ob ich für die Effekte seines Films zur Verfügung stünde. Ich traf mich also mit ihm, obwohl ich nicht so furchtbar interessiert war. Einige Monate vorher hatte ich George Lucas und *STAR WARS* einen Korb gegeben, weil ich damals nicht mehr für einen anderen Regisseur arbeiten wollte; auch wollte ich keine weitere Weltraumoper machen, keine Sachen mehr mit Raumschiffen, Planeten und dem ganzen Zeug. Ich war für den kleinen Unterschied. Dennoch mochte ich Steven auf Anhieb, als ich mich mit ihm traf. Ich las das Skript und fand es großartig. Mir gefiel die Aussage des Films. Ich dachte mir: Das lohnt sich. Und da Steven und ich uns einig waren, alle Effekte in 70 mm aufzunehmen, ergab sich für mich nebenbei die ausgezeichnete Möglichkeit, mir über die Produktion von *CLOSE ENCOUN-TERS OF THE THIRD KIND* eine breitere technische Basis in diesem Format anzueignen.« Das hieß im Klartext: Trumbull ging einen Handel mit Columbia ein, der

vorsah, dass seine Company mit 70-mm-Kameras, entsprechenden optischen Kopiermaschinen, Slit-Scan-Equipment und anderen *Goodies* bestückt wurde.

1976

KING KONG
Dino De Laurentiis, USA.
Effekte: Frank Van der Veer, Barry Nolan,

King Kong

Van der Veer Photo Effects, Harold E. Wellman, Rick Baker, Carlo Rambaldi, Louis Lichtenfield, Glen Robinson, Joe Day, Aldo Puccini, Don Chandler, Eddie Surkin.

Der von der Publicity als »Wunderwerk« gepriesene Kong-Roboter hatte lediglich einen 30-Sekunden-Auftritt. Den Rest besorgte Rick Baker im Affenkostüm.

1977 – 78

SUPERMAN

Dovemead für International Film Production/Warner Bros., England.

Effekte: Zoran Perisic, Wally Veevers, Jan W. Jacobsen, Denys Coop, Colin Chilvers, Roy Field, Les Bowie, Derek Meddings, Paul Wilson, Stuart Freeborn, John Harris, Bob Bailin, Peter Allwork, Harry Oakes, Bob Kindred, Dennis C. Bartlett, Ray Caple, Doug Ferris, Jack Greenfield, Brian Smithies, Janet Stevens, Peter Voysey, Ed Gimmel, Sheldon Elbourne, Camera Effects Ltd., Peter Parks, Oxford Scientific Films Ltd., Sean Morris, National Screen Services Ltd., Neilson-Hordell, Charles Staffell, Howard A. Anderson jr., Howard A. Anderson Company, Gillie Potter Productions Ltd., Delecluse Realisations, Peter Daniel, Cinema Research Corporation, Van der Veer Photo Effects, Rank Post Production Ltd., Cinefex (London) Ltd., Vee Films Ltd., General Screen Enterprises, John Richardson, Robert MacDonald, George Gibbs, Steve Frankfurt Communications/R. Greenberg Assoc. Inc.

Zoran Perisics Zoptic-Frontprojektionen ließen Superman Christopher Reeve über Dächer und Türme schweben. Reeves Position veränderte sich bei der Aufnahme in keiner Sekunde. Das übernahm die Zoom Optic (Zoptic). Zoomte die Kamera auf den Superman-Darsteller, dann verkleinerte die mit der Kameralinse synchronisierte Zoomlinse des Frontprojektors das Hintergrundbild entsprechend, sodass es für die zoomende Kamera gleich groß blieb. Das sah dann so aus, als fliege Superman auf die Kamera zu.

1978 – 79

ALIEN (Alien – Das unheimliche Wesen aus einer fremden Welt)

Brandywine Productions/Twentieth Century-Fox, England.

Effekte: Brian Johnson, Nick Allder, H. R. Gi-

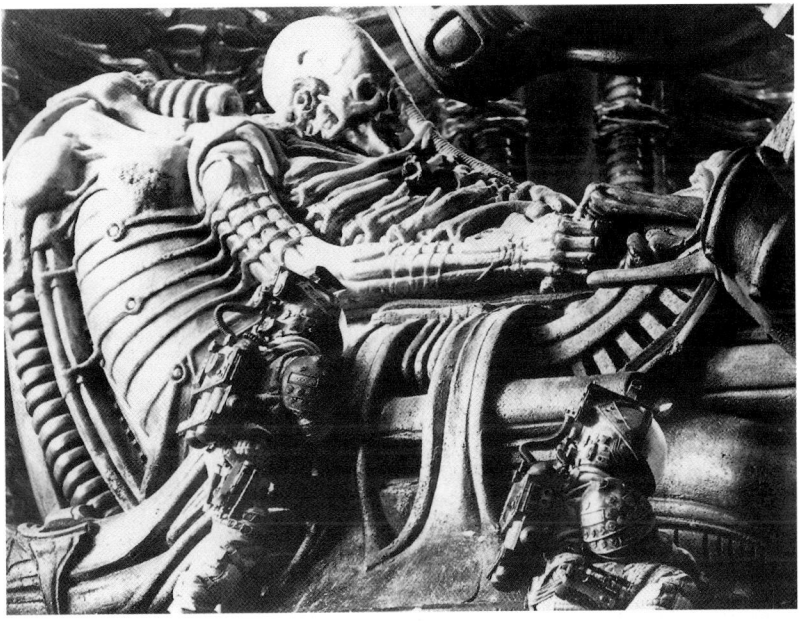

Alien

ger, Carlo Rambaldi, Carlo DeMarchis, Roger Dicken, Colin Arthur, Ron Cobb, Chris Foss, Allan Bryce, Martin Bower, Bill Pearson, Peter Voysey, Ray Caple, Filmfex Animation Services, Bernard Lodge, Dick Hewitt.

Es war Koautor Dan O'Bannon, der Ridley Scott ein Buch des Schweizer Künstlers H. R. Giger (»Necronomicon«) gezeigt hatte: »Ich fiel beinahe hintenüber. Ich war mir noch nie im Leben einer Sache so sicher gewesen. Ich hatte befürchtet, wir würden uns monatelang streiten, wie das

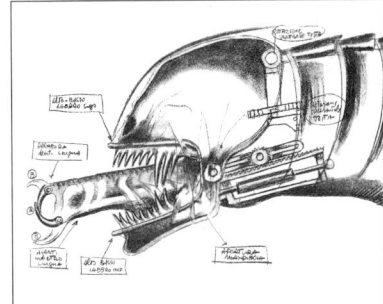

Alien

Superman

Monster aussehen sollte, aber hier war es: vorausgesetzt, wir konnten Gigers Zeichnungen umsetzen. Ich flippte förmlich aus. Und O'Bannon strahlte wie eine Glühbirne.«

1941 (1941 – Wo, bitte, geht's nach Hollywood?)

A-Team für Columbia Pictures und Universal, USA.
Effekte: A. D. Flowers, Larry Robinson, William A. Fraker, Gregory Jein, Matthew Yuricich, L. B. Abbott, Robin Leyden, Van der Veer Photo Effects, John Russell, Jim Liles, Kenneth Swenson, Michael McMillen, Susan Turner, Ken Ralston, Larry Albright, Robert Short, Logan Z. Frazee, Logan R. Frazee, Terry Frazee.

Gregory Jein: »Man fühlte sich wie ein moderner Gulliver, wenn man durch die Sets ging. Man musste auf Händen und Füßen herumrutschen, um die Delikatessen in den Schaufenstern, das Essen auf den Restauranttischen, die Flipper in den Spielhallen und die zeitgenössischen Filmplakate an den Wänden erkennen zu können. Es lagen sogar Miniaturzeitungen im Schmutz, die über den Angriff auf Pearl Harbor berichteten.«

STAR TREK: THE MOTION PICTURE (Star Trek – Der Film)

Century Associates/Paramount, USA.
Effekte: Douglas Trumbull, Future General Corporation, John Dykstra, Apogee Inc., Richard Yuricich, Robert Swarthe, Dave Stewart, Matthew Yuricich, Rocco Gioffre, Gregory Jein, Mark Stetson, Don Jarel, Scott Squires, Hoyt Yeatman, Jim Dickson, Bruce Logan, Larry Albright, Al Broussard, Michael McMillen, Scott Farrar, Jonathan Seay,

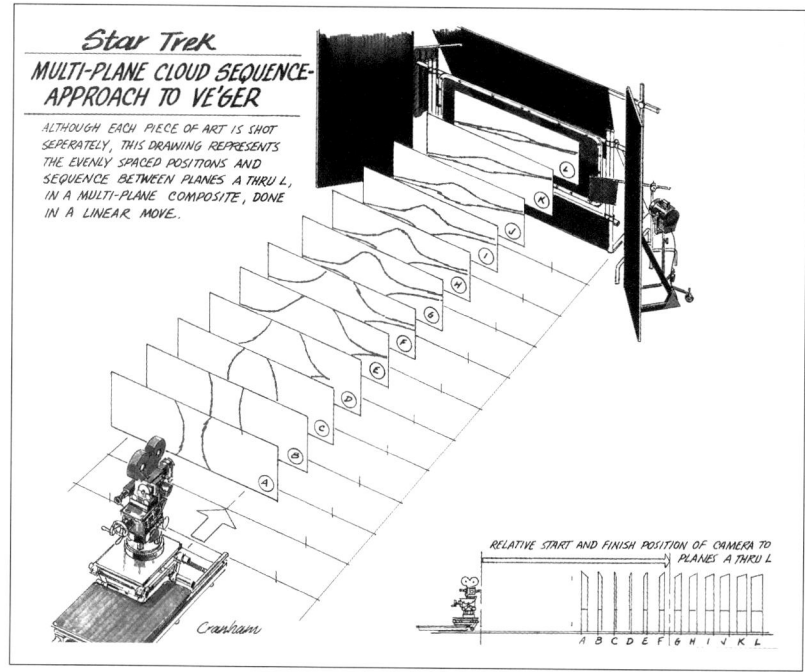

Star Trek

George Randle Co., Rourke Engineering, Bob Shepherd, Grant McCune, Harry Moreau, Alvah J. Miller, Syd Mead, John Shourt, Richard Alexander, William Shourt, Don Trumbull, Jonathan Erland, David Beasley, Richard O. Helmer, David Scott, Janet Dykstra, B/G Engineering, Polaroid Corporation, Robert Abel & Associates Inc., Richard W. Taylor, Con Pederson, Bill Hansard, James Dow, Alex C. Weldon, Joe Viskocil, Brick Price.
Es bedurfte der geballten Kraft zweier großer Trick-Companies (Future General und Apogee), um das Raumschiff »Enterprise« zum ersten Mal auf die Leinwand zu bringen.

1979 – 80

CLASH OF THE TITANS (Kampf der Titanen)

Charles H. Schneer/Peerford Films – Metro-Goldwyn-Mayer, England.
Effekte: Ray Harryhausen, Jim Danforth, Steven Archer, Van der Veer Photo Effects, Roy Field, Dennis C. Bartlett, Janet Stevens, Brian Smithies, David Knowles, Colin Chilvers, Lyle Conway, Colin Arthur, Camera Effects Ltd.

Kampf der Titanen

1941 – Wo, bitte, geht's nach Hollywood?

Ray Harryhausens letzter Ausflug in die klassische Stop Motion: Perseus, Andromeda, Pegasus, Medusa und Kraken, das vierarmige Seeungeheuer.

THE EMPIRE STRIKES BACK
(Das Imperium schlägt zurück)

Lucasfilm Ltd., England/USA.

Effekte: Industrial Light & Magic, Richard Edlund, Dennis Muren, Brian Johnson, Bruce Nicholson, Conrad Buff, Michael Kelly, Joe Johnston, Dick Gallegly, Thomas Brown, Jenny Oznowicz, George Randle Co., Jim Beaumonte, David Grafton, J. L. Wood Optical Systems, Fries Engineering, Jerry L. Jeffress, Kris Brown, Stuart Ziff, Lorne Peterson, Steve Gawley, Paul Huston, Joe Viskocil, Ivor Beddoes, Janet Stevens, Peter Kuran, Jon Berg, Phil Tippett, Douglas Beswick, Tom St. Amand, Nilo Rodis-Jamero, Harrison Ellenshaw, Ralph McQuarrie, Michael Angelo Pangrazio, Neil Krepela, Craig Barron, Ken Ralston, Stanley Sayer, Jim Veilleux, Don Dow, David Berry, Modern Film Effects, Ray Mercer & Company, Van der Veer Photo Effects, Westheimer Company, Lookout Mountain Films, Nick Allder, Allan Bryce, Neil Swan, David Watkins, Stuart Freeborn, Frank Oz (Yoda).

Nach dem ersten *STAR WARS*-Film hatte George Lucas sein Industrial Light & Magic Studio nach Marin County, nördlich von San Franciscos Golden Gate Bridge, verlegt. Er hatte einige Szenen für *AMERICAN GRAFFITI* in San Rafael gefilmt, und dort entstand jetzt in einem äußerlich bescheiden wirkenden Büro- und Lagerkomplex an der Kerner Street das neue Effektzentrum.

In »Cinefex« Nr. 80 erinnerte sich Phil Tippett an die herausragende Stop-Motion-Sequenz mit den stählern stampfenden Snow-Walker-Kampfmaschinen, die das Imperium gegen die Rebellen auf dem Eisplaneten Hoth ausgeschickt hatte: »Jon Berg verbrachte Monate damit, einen Walker-Prototyp zu entwickeln, nach dem Tom St. Amand die endgültigen Puppen

Das Imperium schlägt zurück

konstruierte, mit all den winzigen Teilen, die selbst-animierend waren. Vier oder fünf Monate arbeiteten wir an der Sequenz. Es war grausam. Diese Dinger waren so groß, dass es schon Arbeit war, sie nur umzustellen. Die Bewegungen mussten infinitesimal sein, damit sie auch schwer genug wirkten. Das erforderte ungeheuer viel Kraft. Manchmal konnten wir nicht einmal mehr messen, wie weit wir sie (in winzigsten Abständen) bewegten – wir mussten uns dann vollkommen auf

Das Boot

unser Gefühl verlassen. Eine ganze Gruppe von Leuten trug dazu bei, die bestmöglichen Aufnahmen in den Kasten zu bekommen. Die Berge im Hintergrund hatten Nilo Rodis und ich gebaut. Dennis Muren gab eine Menge Anregungen, was Animation und Kamera anging. Wir alle – Dennis, Jon Berg, Tom St. Amand und ich – hatten die gleiche Garagenmentalität, waren auf der gleichen Wellenlänge. Für uns war es die größte Chance, die wir bis dahin bekommen hatten. Es war der richtige Ort, das Timing war richtig, wir waren jung und hatten jede Menge Energie. Es gab keine Erwachsenen, die auf uns aufpassten. Und das Beste: Unser Boss war Millionär.«

1979 – 81

DAS BOOT
Bavaria Atelier GmbH/Radiant Film/WDR/ SDR, Bundesrepublik Deutschland.
Effekte: Karl Baumgartner, Ernst Wild, Jan W.

Der Drachentöter

Jacobsen, Theodor Nischwitz, Thomas Gitt, Jörg-Michael Kunsdorff, Rudolf Ruemmelt, Sebastian Schwerte, Peter Maiwald, Frieder Thaler, Hans Nothof, Gerhard Neumeier, Erwin Schnetzer, Oliver Nothof, Alfred Schallmeier, Max Gretmann, Willi Neuner, Michael Strohhofer, Nick Middleton, Fritz Kirschke.

»Panne bei den Dreharbeiten«. Aus einem Gespräch zwischen Lothar-Günther Buchheim (Autor der Vorlage) und Rolf Zehetbauer (Filmarchitekt) über die Arbeit mit »Modellen«:

B: In der Zeitung steht, ihr hättet das Elfmeter-Boot fast verloren.

Z: Das hätten wir nie verloren. Das war ja im Chiemsee – der Chiemsee ist ja nicht so tief.

B: Na, der Chiemsee – so flach ist er auch nicht. Das Boot ist untergegangen auf siebzehn Meter Tiefe. Ist also faktisch gesunken ...

Z: Ja, beim ersten Tauchversuch.

B: Das will ich ja wissen. Und da ist das Boot weg gewesen. Und lag siebzehn Meter tief. Habt ihr's bergen müssen? Und wie habt ihr's das zweite Mal verloren?

Z: Wir haben's nie mehr verloren.

B: Na, dann habt ihr also aufgepasst.

Z: Dazu sind wir ja mit Absicht zum Chiemsee gegangen. Es war der erste Test. Wir haben gesagt, wir machen das in einem Binnensee, da kriegen wir das Boot in jedem Fall wieder hoch.

B: Im Starnberger See würdet ihr's nicht wieder hochkriegen, weil der sehr tief ist.

Z: Da ist es ja auch nicht untergegangen. Also so blöd sind wir auch nicht, uns die tiefste Stelle auszusuchen.

(Zit. nach »Der Film Das Boot«, München 1981)

1980 – 81

DRAGONSLAYER
(Der Drachentöter)
Paramount/Disney, USA/England.
Effekte: Industrial Light & Magic, Dennis Muren, David Bunnett, Phil Tippett, Ken Ralston, Tom St. Amand, Stuart Ziff, Gary Leo, Jon Berg, Dave Carson, Chris Walas, Bruce Nicholson, Rick Fichter, Michael McAlister, Jim Veilleux, Warren Franklin, Kenneth Smith, John Ellis, Alan Maley, Chris Evans, Michael Angelo Pangrazio, Neil Krepela, Craig Barron, John Van Vliet, Visual Concept Engineering, Peter Kuran, Alpha Cine Laboratories, RGB Film Processing, Lookout Mountain Films, Modern Film Effects, Thomas Smith, Lorne Peterson, Jerry L. Jeffress, Kris Brown, Brian Johnson, Dennis C. Bartlett, David Watkins, Nick Allder, Dennis Lowe, Danny Lee (Walt Disney Studios).

Einführung der Go-Motion-Technik für fluidere Stop-Motion-Animation. Es war nur noch eine Frage der Zeit, bis die Kreaturen endgültig aus dem Computer kamen.

RAIDERS OF THE LOST ARK
(Jäger des verlorenen Schatzes)
Lucasfilm Ltd.-Paramount, USA/England.
Effekte: Industrial Light & Magic, Richard Edlund, Joseph Johnston, Ed Verreaux, Michael Lloyd, Sam Comstock, Dietrich Friesen, Robert Abel & Associates, Steve Gawley, Bruce Nicholson, John Van Vliet, Chris Walas, Wesley Seeds, Marc Thorpe, Tom Smith, Ken Ralston, Stuart Ziff, Alan Maley, Michael Angelo Pangrazio, Kim Knowlton, Jim Veilleux, Tom St. Amand, Conrad Buff, MGM, Modern Film Effects, Kit West, William Warrington.

Höhepunkt war die Öffnung der Bundeslade und die dadurch entfesselte explosive Effektanimation, die den Nazis den Garaus macht. Richard Edlund: »In der Altarsequenz, mit der totalen Verwüstung am Ende, wo die vielen Geister herumfliegen, benutzten wir prinzipiell nur Rotoscope Mattes. Es gibt darin Naheinstellungen der Geister in unmittelbarer Nähe der Nazis. Das erforderte sehr geschickte Animationsarbeit, besonders dort, wo sich eine Sache mit einer anderen an einem bestimmten Punkt überschnitt.«

Jäger des verlorenen Schatzes

1981 – 82

BLADE RUNNER (Der Blade Runner)
The Ladd Company in Verbindung mit Sir Run Run Shaw, USA.
Effekte: Douglas Trumbull, Richard Yuricich, David Dryer, Effects Entertainment Group, Syd Mead, Dave Stewart, Robert Hall, Don Baker, Rupert Benson, Glen Campbell, Charles Cowles, David Hardberger, Jonathan Seay, Matthew Yuricich, Rocco Gioffre,

Blade Runner

Don Jarel, Alan Harding, Mark Stetson, Michael McMillen, Dream Quest Inc., Terry Frazee, Logan Frazee.
Philip K. Dicks Fabel vom Aufstand der Antimenschen. Die Herstellung der visuellen Effekte – Matte Paintings und Modelle – dauerte fast ein Jahr.

E. T. THE EXTRA-TERRESTRIAL
(E. T. – Der Außerirdische)
Universal, USA.
Effekte: Industrial Light & Magic, Dennis Muren, Ralph McQuarrie, Mike McAlister, Robert Elswitt, Don Dow, Pat Sweeney, Karl Herrmann, Selwyn Eddy III, Mike Owens, Kenneth F. Smith, David Berry, Ralph Gordon, Duncan Myers, Tom St. Amand, Lorne Peterson, Ease Owyeung, Michael Angelo Pangrazio, Chris Evans, Frank Ordaz, Neil Krepela, Craig Barron, Conrad Buff, Tom Smith, Warren Franklin, Ted Moehnke, Dave

Childers, Wade Childress, Jerry L. Jeffress, John Ellis, Craig Reardon, Carlo Rambaldi, Steve Townsend, Robert Short.

Kinder helfen einem auf der Erde gestrandeten Außerirdischen, nach Hause zu kommen. Auf Fahrrädern, mit denen sie himmelwärts radeln, entkommen sie ihren Verfolgern. Steven Spielberg: »Wir bemühten uns bei den Special Effects um Realitätsnähe. Die Fantasie war nur die Grundidee, erst durch die Realitätsnähe konnten wir sie den Leuten verkaufen. Mit dem Fahrrad zu fliegen ist der Traum jedes Achtjährigen, aber das Konzept, die Sonne real wirken und Überstrahlungen durch Objektive hervorrufen zu lassen, das ist der Realismus, der die Einstellung glaubhaft macht. Ich meine, Mittagswolken sind weiß, nicht violett. Wenn man also Wolken für eine Mittagsszene sucht, sollten sie weiß sein. Für den Film ist es sehr wichtig, dass jeder, der ihn gesehen

E. T. – Der Außerirdische

Tron

hat, glaubt, E.T. könne auch in seinen Hinterhof kommen, um seine Kinder zu besuchen. Das erreicht man aber nicht mit einer märchenhaft unrealistischen Dekoration. Ich habe mich angestrengt, um den fantastischen Bildern die Realität der Vororte und Städte gegenüberzustellen.«

TRON

Walt Disney Productions, USA.
Effekte: Bruce Logan, Richard W. Taylor, Robert Abel & Associates, John Scheele, Peter Blinn, Neil Viker, Cathy Crum, Deena Burkett, Harrison Ellenshaw, Art Cruickshank, Syd Mead, Craig Newman, Don Baker, Michael Gibson, John Grower, Linda Stokes, Don Button, MAGI (Mathematical Applications Group, Inc.), Jerry Rees, Bill Kroyer, Lee Dyer, John Norton, Dave Stephan, Larry Elin, Nancy Campi, Chris Wedge, Art Durinski, Information International, Frank Crow, Larry Malone, John Van Vliet, Chris Casady, Barry Cook, Mike Wolf, Hal Mann Laboratory, Martha Russell, G2 Graphic Service.

Der polnische Science-Fiction-Autor Stanislaw Lem witzelte einmal, es gebe Autofahrer, die dächten, im Motor ihres fahrbaren Untersatzes wüteten geschäftige kleine Teufel. Dass wir, trotz unseres materialistischen Anspruches, so aufgeklärt nun doch nicht sind, dass wir Technik gern

mystifizieren, dafür ist *TRON* ein schlagendes Beispiel. Hier wüten die Teufelchen in einem Super-Computersystem, in das – in seine elektronischen Komponenten aufgelöst – ein junger Computerbastler (Jeff Bridges) geschleust wird. Sein Hauptgegner ist das allmächtige Master Control Program, das ausschaut wie der Zauberer von Oz. Bei der Herstellung spielte die Computergrafik eine untergeordnete Rolle, bei den Kinobesuchern blieb eher die Kodalith-Technik haften, mit der die Computerwesen schwarzweiß aufgenommen und dann koloriert wurden: »Das sind große Schwarzweiß-Negative, die alle farbigen Flächen weiß wiedergeben. Diese Kodaliths wurden nun Zeichnern gegeben, die sämtliche Weißflächen ausmalen sollten. Das stellte sich jedoch als unbefriedigend heraus. Denn die Animationsfarben waren zwar sehr gefällig, aber für die Welt der Elektronen nicht ›energisch‹ genug. Dann versuchte man es mit ›backlit color effects‹: Die Kodaliths wurden nicht von oben beleuchtet und fotografiert; das durch Filter gefärbte Licht strahlte vielmehr von unten direkt in Richtung Kamera. Der Effekt dabei war, dass das von unten durchscheinende Licht leichte Überbelichtungen erzeugte, was wie ›Energiestrahlen‹ wirkte.« (Elmar Biebl: »Hinter den Kulissen«)

Die Rückkehr der Jedi-Ritter

STAR TREK II: THE WRATH OF KHAN (Star Trek II – Der Zorn des Khan)
Paramount, USA.
Effekte: Industrial Light & Magic, Jim Veilleux, Ken Ralston, Bob Dawson, Don Kracke & Rodger Johnson, Modern Film Effects, Visual Concepts Engineering, Peter Kuran, Steve Gawley, Thaine Morris, Bob Diepenbrock, Warren Franklin, Walter Koenig, Paul Winfiel, Frank Ordaz, Chris Evans, Jim Dow (Magicam), Selwyn Eddy III, Joe Fulmer, Art Repola, Jeff Mann, Dr. Robert Langridge (University of California), Bruce Nicholson, Don Dow, Mike Owen, Neil Krepela, Craig Barron, Rose Duignan, Lucasfilm Computer Divison, Ed Catmull.

Der Genesis-Effekt, das Entstehen einer neuen Welt aus einem toten Planeten, war Lucas' erster, noch zögerlicher Großversuch mit 3-D-Computergrafik.

Star Trek II

Ghostbusters

1982 – 83

RETURN OF THE JEDI
(Die Rückkehr der Jedi-Ritter)

Lucasfilm Ltd., England/USA.
Effekte: Industrial Light & Magic, Dennis Muren, Ken Ralston, Richard Edlund, Phil Tippett, Joe Johnston, Bruce Nicholson, Lorne Peterson, Steve Gawley, Tom Smith, Rose Duignan, Michael Angelo Pangrazio, Craig Barron, Art Repola, Don Dow, Selwyn Eddy III, Bob Elswit, Scott Farrar, Rick Fichter, Bill Neil, Michael McAlister, Warren Franklin, John Ellis, David Berry, Ken Smith, George Jensen, Chris Evans, Frank Ordaz, Neil Krepela, Paul Huston, Jerry L. Jeffress, Kris Brown, Tom Duff, Wade Childress, Thaine Morris, Lookout Mountain Films, Monaco Film Labs, Movie Magic, Visual Concepts Engineering, Kit West, Stanley Sayer, Roy Arbogast.
Monumental in jeder Beziehung: 150 Modelle, Dutzende von Puppen und Figuren, optische Kombinationen aus zwanzig bis achtzig Elementen. Für eine wahnwitzige »Speeder Bike«-Verfolgungsjagd nahm eine Steadicam-Crew den Waldhintergrund auf, indem sie nur ein Bild je Sekunde belichtete.

1983 – 84

GHOSTBUSTERS

Ivan Reitman Productions/Columbia – Delphi Productions, USA.
Effekte: Visual Effects Entertainment Group, Richard Edlund, Dave Stewart, Mark Stetson, Matthew Yuricich, Neil Krepela, Leona Phillips, John Bruno, Conrad Buff, Thaine Morris, Bill Neil, Stuart Ziff, James Aupperle, John Lambert, Richard Coleman, Available Light Ltd., Constantine (Deno) Ganakas, Robert Spurlock, Jon Berg, Doug Beswick, Jerry L. Jeffress, Robin Leyden, Kris Brown, David Grafton, George Randle Co, Chuck Caspar, Joe Day.
Die Energiestrahlen, die Bill Murray, Dan Aykroyd und Harold Ramis auf wildgewordene Geister abfeuern, sind rotoskopierte Animationseffekte, das bizarre Gebäude am Central Park ist ein Matte Painting, die Terrorhunde sind Stop-Motion-Figuren, der riesenhafte Mr. Staypuft ist ein Mann in einer Art Michelin-Kostüm.

INDIANA JONES AND THE TEMPLE OF DOOM (Indiana Jones und der Tempel des Todes)

Lucasfilm Ltd./Paramount, England/USA.
Effekte: Industrial Light & Magic, Dennis Muren, Lorne Peterson, Michael McAlister, George Gibbs, Michael Angelo Pangrazio,

Bruce Nicholson, Tom Smith, Warren Franklin, Tom St. Amand, Patrick Fitzsimmons, Charles Mullen, Peter Kuran, Phil Tippett, Chris Evans, Frank Ordaz, Caroleen Green, Craig Barron, Visual Concepts Engineering, Wade Childress, Greg Beaumonte, Jerry L. Jeffress, Ned Gorman, Richard Conway, David Watkins.
Eine Verfolgungsjagd durch eine Mine wurde auf einem miniaturisierten 15-Meter-Schienenstrang mit Stop Motion und einer speziell entwickelten Nikon-Kamera gedreht. Die Figuren waren das Werk von Tom St. Amand: »Unsere größte Schwierigkeit war, an die Modelle in den kleinen Wagen heranzukommen. Wir mussten ihre Beine abhacken, damit sie in die kleinen Loren hineinpassten. Ich baute winzige Gelenkverbindungen an ihrem Hintern,

Indiana Jones und der Tempel des Todes

Die unendliche Geschichte

YOUNG SHERLOCK HOLMES
(Das Geheimnis des verborgenen Tempels)

Amblin/Paramount, USA.
Effekte: Industrial Light & Magic, Dennis Muren, Pixar Computer Animation Group, John Lasseter, David DiFrancesco, Don Conway, Douglas Scott Kay, Bill Reeves, Scott Farrar, Michael Owens, Pat McArdle, David Allen, Jay Davis, Barbara Brennan, Harry Walton, Tom St. Amand, Bob Cooper, Paul Huston, Jeff Mann, Chris Evans, Michael Angelo Pangrazio, John Ellis.

Ein in einer Halluzinationssequenz aus einem Kirchenfenster springender Ritter war die erste CG-Figur in einem abendfüllenden Kinofilm.

1988

sodass sie hin- und her-, vor- und zurückgeschleudert werden konnten. Auf einer Seite der Lore war eine versenkte Schraube angebracht, und mit einem Schraubenzieher konnte ich die Neigung der Lore einstellen. Wenn der Wagen in eine scharfe Kurve kam, neigte sich die Lore, und ich musste dann die Figuren in genau die entgegengesetzte Richtung kippen.

Diese Szenen sollten beängstigend aussehen, sie konnten nicht mit den Schauspielern gemacht werden, weil die das kaum überlebt hätten.«

THE LAST STARFIGHTER (Starfight)

Lorimar/Universal, USA.
Effekte: Ron Cobb, John Whitney jr., Gary Demos, Kevin Rafferty, Sherry McKenna, Digital Productions.

STAR WARS-Epigone aus dem Computer.

DIE UNENDLICHE GESCHICHTE

Neue Constantin Film Produktion in Zusammenarbeit mit Bavaria Atelier und WDR, Bundesrepublik Deutschland.
Effekte: Brian Johnson, Ul De Rico, Frieder Thaler, Colin Arthur, Ron Hone, Joe Brayda, Philip Knowles, Henry Whitrod, Mike White, Dennis Lowe, Dennis C. Bartlett, Steven Archer, Juan und Giuseppe Tortora, Industrial Light & Magic, Bruce Nicholson, Jim Danforth, Michael Angelo Pangrazio, Don Clark, John Ellis, David Berry, Ralph Gordon, Chris Evans, Caroleen Green, Frank Ordaz, Craig Barron.

Wolfgang Petersens Verfilmung des Buches von Michael Ende um das Geheimnis von Phantásien: mit Nachtalb, Kindlicher Kaiserin, Uralter Morla, Felsenbeißer und dem plüschigen Glücksdrachen Fuchur, der in den USA aus einsichtigen Gründen (*fuck*) Falkor hieß.

ROBOCOP

Orion, USA.
Effekte: Rob Bottin, Peter Kuran, VCE, Rocco Gioffre, Phil Tippett, Craig Davies, Peter Ronzani, Harry Walton, Randal M. Dutra, Tom St. Amand, Sheila Duignan, Tamia Marg, Blair Clark, The Chiodo Bros.

Peter Weller als Cyborg-Polizist. Zu seinen Antagonisten gehören zwei Stop-Motion-animierte ED-209-Roboter.

Starfight

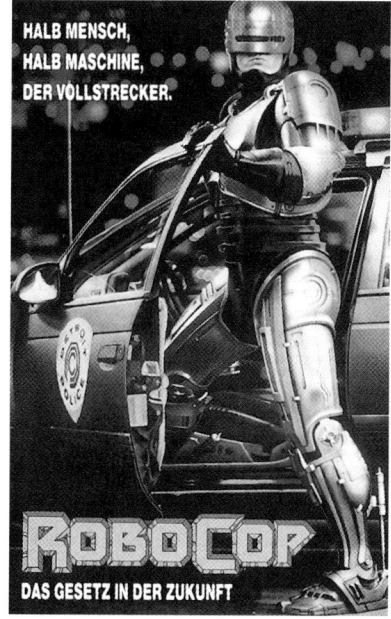

Robocop

Willow (2. v. r.: George Lucas)

WILLOW

MGM/Lucasfilm, USA.
Effekte: Industrial Light & Magic, Phil Tip-
pett, Dennis Muren, Michael McAlister, Dave
Lowery, Chris Evans, Paul Swendsen, Craig
Barron, Wade Childress, Lorne Peterson, Tad
Krzanowski, David Allen, Jeff Olson, Bob
Cooper, Tom St. Amand, Blair Clark, Randal
M. Dutra, Craig Davies, Sheila Duignan,
John Knoll, Scott Farrar, Doug Smythe, Tom
Brigham, John Richardson.
In einer Verwandlungssequenz dieser Fan-
tasygeschichte wurde der Morphing-
Effekt eingeführt: Eine Zauberin und ver-
schiedene Tiere sowie Puppen wurden
separat vor Blue Screen gefilmt, die Auf-
nahmen wurden gescannt und digital
nahtlos ineinander überblendet.

Falsches Spiel mit Roger Rabbit

WHO FRAMED ROGER RABBIT?
(Falsches Spiel mit Roger Rabbit)

Touchstone Pictures/Amblin, USA.
Effekte: Richard Williams, Industrial Light &
Magic, Ken Ralston, Scott Farrar, Tom St.
Amand, Harry Walton, Blair Clark, George
Gibbs.
Gelungene Kombination aus Zeichen-
und Realfilm. Erklärtes Ziel von Richard
Williams und ILM war es, die animierten
Figuren dreidimensional glaubwürdiger in

die Live-Action mit Bob Hoskins zu integrieren, als dies in früheren Mischfilmen
der Fall war.

1989 – 90

THE ABYSS (Abyss)

GJP Prod./Twentieth Century-Fox, USA.
Effekte: Industrial Light & Magic, Dennis
Muren, John Knoll, Mark Dippé, Jay Riddle,
Steve Williams, Jim Morris, Doug Kay, Eric
Brevig, Walt Conti, Rick Anderson, Steve
Johnson, John Bruno, Lincoln Hu, Scott An-
derson, Steve Johnson, Michael Bigelow, Do-
nald Pennington, Ron Cobb, Jean »Moe-
bius« Giraud, Robert Skotak, Dennis Skotak,
Hoyt Yeatman, Ted Krzanowski, David
Goldberg, Scott Beattie, Dream Quest, Alex
Funke, Gene Warren jr., Fantasy II, Yancy
Calzada, Ernest D. Farino, Joe Unsinn, Pat
McClung, Rick Zarro.
Nichtterrestrischer Unterwasser-Pseudo-

pod aus dem Computer in einem Film von
James Cameron, dem späteren *TITANIC*-
Macher. Cameron hatte vor, für die Reali-
sierung zuerst Stop Motion, Replacement
Animation oder hydraulische Wassersyste-
me zu benutzen. Nach einem Treffen mit
Dennis Muren entschied er sich für eine
3-D-Schöpfung. Die 75 Sekunden waren
ein erster Höhepunkt der Computer-
animation. Unterstützt wurden die ILM-
Macher von der kanadischen Software-
Firma Alias.

1990 – 91

TERMINATOR 2: JUDGMENT DAY
(Terminator 2 – Tag der
Abrechnung)

Pacific Western/Lightstorm/Carolco, USA.
Effekte: Industrial Light & Magic, Dennis
Muren, Doug Chiang, Lincoln Hu, Steve
Williams, Stefen Fangmeier, Michael Natkin,

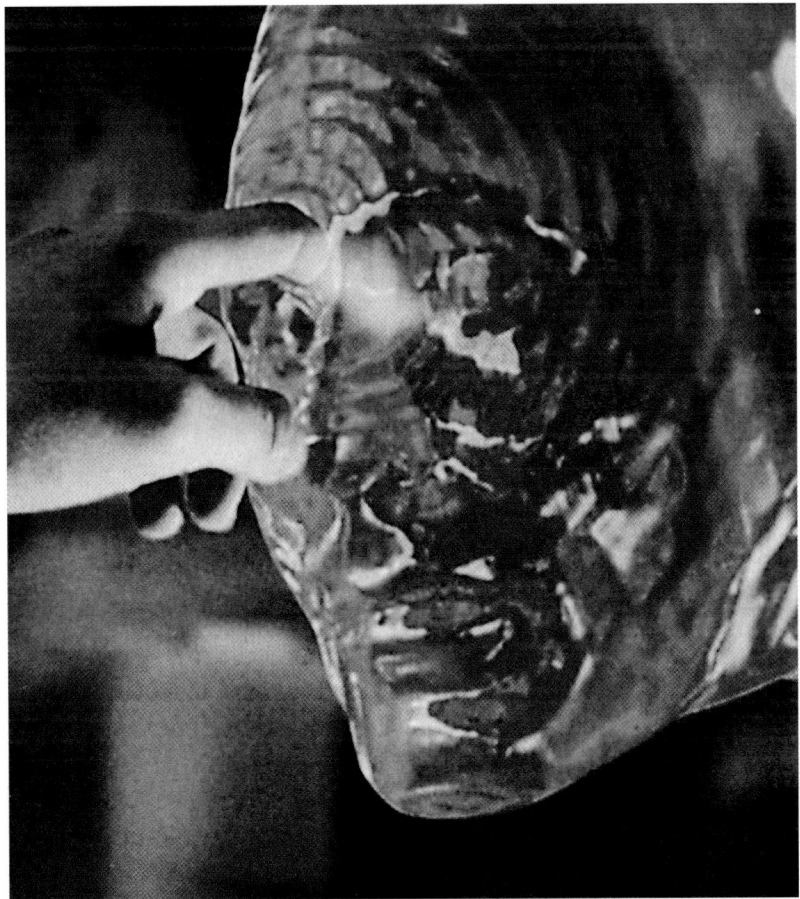

Abyss

Angus Poon, Eric Enderton, Tom Williams, Thomas L. Fischer, Janet Healy, Judith Weaver, Robert Skotak, Jamie Dixon, Stan Winston, Fantasy II, Gene Warren jr., Peter Kleinow, Paul Gentry, Michael Karp.

Aus den Bodenfliesen formt sich der Flüssigmetall-Cyborg T-1000 und nimmt Gestalt an. Damals wurde bei ILM an 35 Silicon-Graphics-Workstations gearbeitet. Mit diesem James-Cameron-Film wurde das Morphing-System endgültig zum Standard der Effektfilmer. Ein Human-Motion-Team bei ILM zeichnete die Bewegungen des Cyborg-Darstellers Robert Patrick fotografisch auf, digitalisierte die Aufnahmen und baute ein digitales Skelett. Eigens für diesen Film wurde neue Software kreiert (Body Sock und Make Sticky).

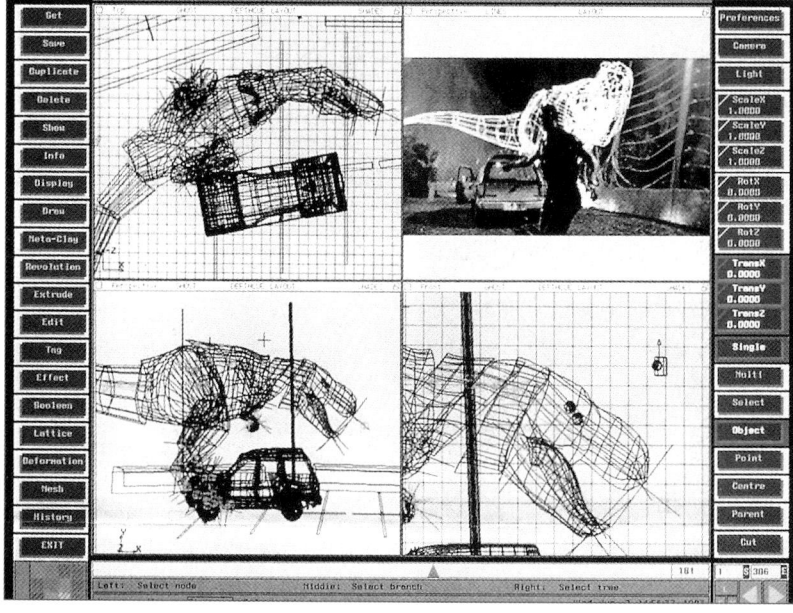

1991

HOOK

Amblin/Columbia Pictures, USA.
Effekte: Industrial Light & Magic, Eric Brevig, John Knoll, Patrick Myers, Michael Lantieri, Charles Clavadetscher, Patrick Myers, Stefen Fangmeier, Carolyn Rendu, Mark Sullivan, John Ellis, Chris Evans, Pat Sweeney, Ray Gilberti, Colin Campbell, Yusei Uesugi, Rocco Gioffre, Greg Cannom.

Eric Brevig, der die Effekte von Steven Spielbergs Peter-Pan-Version überwachte: »Die Figur von Tinker Bell, wie Spielberg sie sich vorstellte, hatte die Kraft und Dynamik von Mighty Mouse, transluzide Flügel, die flattern sollten, und einen glühenden Schein, der mit der Szene

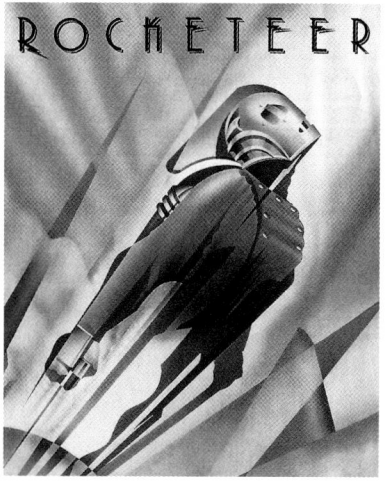

korrespondierte und die Essenz ihrer Energie reflektierte. Darüber hinaus war Tink auch noch sehr freigebig mit ihrem Feenstaub. Es gab keine einfachen Lösungen; Tinker Bell stellte einen komplexen Effekt dar.« Die winzigen Flügel, an einer Go-Motion-Vorrichtung befestigt, wurden separat mit einer Animationskamera aufgenommen, und die Aufnahmen wurden Bild für Bild an den Körper der Feendarstellerin Julia Roberts angefügt, die vor Blue Screen gefilmt worden war. Das typische Feenglühen lieferte die optische Abteilung mittels Diffusion-Filtern und Matte-Techniken.

THE ROCKETEER (Rocketeer)
Disney, USA.
Effekte: Industrial Light & Magic, Wes Takahashi, Tom St. Amand, Richard Miller, Jean Bolte, Peter Daulton, Ken Ralston, Mark Sullivan, Ira Keeler, Steve Gawley, John Goodson, Patty Blau, John Ellis, Jon G. Belyeu, Rick und Ron Zarro, Bruce Kuroyama, Rick Baker.

Der Raketenmann Cliff Secord in Joe Johnstons Verfilmung eines Comics von Dave Stevens aus dem Jahr 1982 war in Teilen Stop Motion und stellte so etwas wie eine Hommage an die Republic-Serials um die Könige der Raketenmänner dar.

Jurassic Park

1992 – 93

JURASSIC PARK
Amblin/Universal, USA.
Effekte: Industrial Light & Magic, Dennis Muren, Steve Williams, Mark Dippé, Stan Winston Studios, Tippett Studio, Phil Tippett, Tom St. Amand, Craig Hayes, Bart Trickel, Randy Dutra, Craig Hayes, Eric Armstrong, Stefen Fangmeier, Carolyn Rendu, TyRuben Ellingson, Dave Lowery, John Bell, Mark Moore, John Schlag, Brian Knep, Thomas A. Williams, George Murphy, Yusei

Jurassic Park

Uesugi, Andy Schoneberg, Geoff Campbell, James Straus, Charles Clavadetscher, John Rosengrant.

In Steven Spielbergs Michael-Crichton-Verfilmung gab es neben Stan Winstons Animatronic-Sauriern ca. sieben Minuten mit dem SoftImage-Paket kreierte Urwelt-Giganten. Via DID (Direct Input Device), einem Motion-Capture-Verfahren, wurden die Stop-Motion-Phasen von Animator Phil Tippett in die Computergrafik-Technologie übersetzt und dann mit Hauttextur überzogen (das »Enveloping«-System verhalf zu realistischen Bewegungen von Muskeln und Haut): »Wenn es entscheidend ist, dass diese Dinge real aussehen, haben wir jetzt die Fähigkeit und die Technologie, Dinge im Computer fotorealistisch abzubilden. Diese Revolution wird womöglich die industrielle Revolution übertreffen. Es wird im Verlauf eine Menge Blut fließen. Aus der Perspektive des traditionellen Künstlers komme ich mir wie bombardiert vor. Es wird zu großen personellen Veränderungen führen.

Der Computer wird viele Handwerker allein durch Geschwindigkeit und seine wunderbaren, Wunder wirkenden Möglichkeiten ersetzen. Aber der Computer verlangt, dass man sich bestimmten Verfahren unterordnet und eine bestimmte Sprache benutzt, um zu kommunizieren und zu kontrollieren. Es ist eine andere Beziehung als die zu Materalien und Werkstoffen. Meine Sorge ist, dass in diesem technischen Umfeld die Dinge sehr monolithisch werden können und man sehr leicht den Bezug zur realen, physikalischen Welt verliert.«

1993 – 94

TOY STORY
Disney/Pixar, USA.
Effekte: John Lasseter, Ed Catmull, David DiFrancesco, Pete Docter, Cynthia Dueltgen, Ralph Eggleston, Robert Gordon.
Verlebendigtes Spielzeug (Woody, Buzz Lightyear und andere Toys) in einem zu hundert Prozent computeranimierten Film.

1994

FORREST GUMP
Paramount, USA.
Effekte: Industrial Light & Magic, Ken Ralston, Stephen Rosenbaum, Yusei Uesugi, Doug Chiang, Tom Williams, John Schlag, George Murphy, Patrick Myers, Debbie Denise, Steven J. Boyd, Rick Porras, Jon Alexander, Peter Daulton, Eddie Pasquarello.

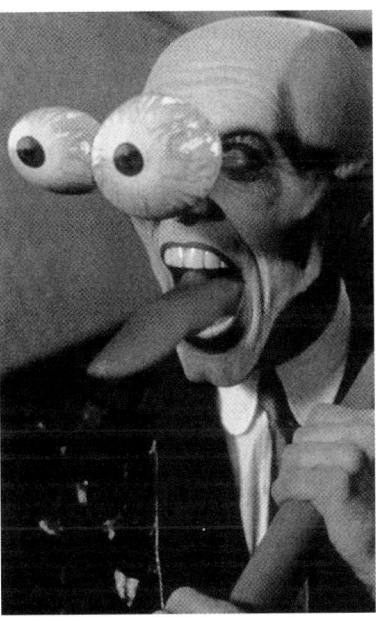

Die Maske

Ein Höhepunkt der digitalen Bildmanipulation: Der schwejksche Titelheld, gespielt von Tom Hanks, schüttelt im Oval Office John F. Kennedy die Hand (und legt ihm das Wort »Pinkeln« in den Mund), wird von Lyndon B. Johnson und Richard Nixon ausgezeichnet und in der Dick-Cavett-Show an der Seite von John Lennon ausgefragt. Er meistert ein Pingpong-Turnier in China, und einem mit ihm befreundeten Vietnam-Veteranen (Gary Sinise) werden optisch die Beine amputiert.

THE MASK (Die Maske)
New Line Cinema, USA.
Effekte: Industrial Light & Magic, Scott Squires, Steve Williams, Tom Bertino, Clint Goldman, Patty Blau, Benton Jew, Doug Chiang, Ken Ralston, Ellen Poon, Jim Mitchell, Christian Kubsch, Sandra Ford Karpman, Chris Armstrong, Dream Quest Images, Gary Platek, JEX-FX, Greg Cannom, Cheryl Ptak, Larry Odien.
Die Metamorphosen des Comic-Helden, verkörpert von Jim Carrey, der im Coco-Bongo-Club wie ein Wolf heult, erinnerten in ihrer Wildheit an Kreationen des Zeichenfilmers Tex Avery (*RED HOT RIDING HOOD, WILD AND WOLFY*) und stellten eine Herausforderung an die Computerkünstler dar (90 CGI-Einstellungen): *From Zero to Hero.*

Forrest Gump – Zeitungs-Cartoon

Jumanji

1994 – 95

JUMANJI

Tri-Star Pictures, USA.
Effekte: Industrial Light & Magic, Stephen L. Price, Ken Ralston, Doug Chiang, Mark S. Miller, Carl Frederick, Jeff Yost, David Benson, Dale McBeath, Ellen Poon, Stan Parks, Kyle Balda, Carl Frederick, Doug Smythe, Lorne Peterson, Joel Aron, Barbara Nellis, Christophe Hery, Tim McLaughlin, Dave Penikas, Terryl Whitlatch, Amalgamated Dynamics Inc., Tom Woodruff jr., Alec Gillis, Yuri Everson, Andy Schoneberg.
Verfilmung eines bekannten Kinderbuchs von Chris Van Allsburg: Peter und Judy finden ein mysteriöses Spiel, das sie in ein »übernatürliches« Geschehen verwickelt. Höhepunkt ist eine mithilfe von 3-D-Animation realisierte wilde Flucht von Dschungeltieren. CGI-Elefanten machen Autos platt. Regie führte der ehemalige ILMer Joe Johnston.

Dragonheart

1995

CASPER

Amblin/Universal, USA.
Effekte: Industrial Light & Magic, Eric Armstrong, Dennis Muren, Stefen Fangmeier.
30 CG-Animatoren arbeiteten an rund 400 synthetischen Einstellungen mit dem kleinen Cartoon-Geist und anderen Spukgestalten (Fatso, Stinkie, Stretch), viele davon liefen über 1 700 Kader.

1995 – 96

DRAGONHEART

Universal, USA.
Effekte: Industrial Light & Magic, Rob Cohen, Phil Tippett, Scott Squires, Steve Price, Kevin Rafferty, James Straus, Paul Giacoppo, Cary Philips, Judith Weaver, Pete Konig, Richard Miller, Mark Siegel, Howie Weed, Erik Jensen, Robert Cooper, Eben Stromquist, Carolyn Rendu, Illusion Arts, Kit West, Charles Clavadetscher.
Ein Ritter und gelernter Drachentöter (Dennis Quaid) macht gemeinsame Sache mit dem sprechenden (CGI-)Drachen Draco, dem Sean Connery die Stimme lieh. Fünf Monate waren fünf Modellierer damit beschäftigt, eine 3-D-Version der von Phil Tippett vorgefertigten Drachen-Formteile zu präparieren. Diese Marquettes wurden mit einem Cyberware-Scanner digitalisiert. Für die Modellierung wurde Alias-Software eingesetzt. Im Gegensatz zu dem T-Rex aus *JURASSIC PARK*, der über 37 173 Kontrollpunkte (1,03 MB Geometriedaten im Flächenformat) verfügte, hatte das Wire-

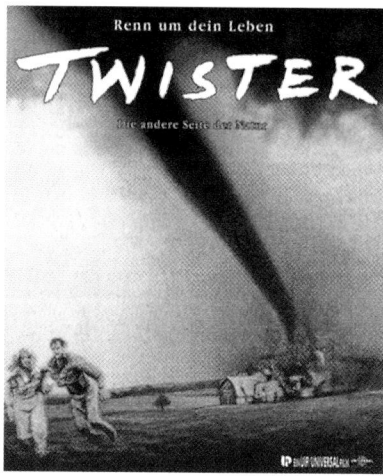

Twister

frame-Modell von Draco bereits 261 400 (5,68 MB Geometriedaten im Flächenformat) zur Animation der einzelnen Körperteile. James Straus, Animation Supervisor: »Während die Dinos in *JURASSIC PARK* nur grunzen oder brüllen mussten, sollte Draco die Dialoge von Sean Connery lippensynchron sprechen. Das verlangte eine ausgefeilte Animation seines Gesichtes.« Während der Synchronarbeiten auf den Bahamas wurde Connery daher mit einer Kamera aufgezeichnet. Rob Cohen, der Regisseur: »Wir haben Connerys emotionales Leinwand-Leben regelrecht zerlegt, haben studiert, wie er seine Augen einsetzt, seine Mimik und seinen Körper – und haben das auf Draco übertragen.«

TWISTER

Warner Bros./Universal/Amblin, USA.
Effekte: Industrial Light & Magic, Stefen Fangmeier, Terry Chostner, Guy Dyas, Tom Rosseter, Sandy Karpman, Sean Schur, Van Ling, Josh Kirschenbaum, Banned from the Ranch, John Frazier, Ralph Kerr, Arnie Peterson, David Amborn, Bruce Hayes, Chuck Caspar.
Die ersten CG-Tests für Jan de Bonts Wirbelsturm fanden im Herbst 1994 unter Leitung von Dennis Muren statt.

1996

INDEPENDENCE DAY

Twentieth Century-Fox/Centropolis, USA.
Effekte: Volker Engel, Douglas Smith, Joe Viskocil, Emmet Kane, Anna Foerster, Philipp

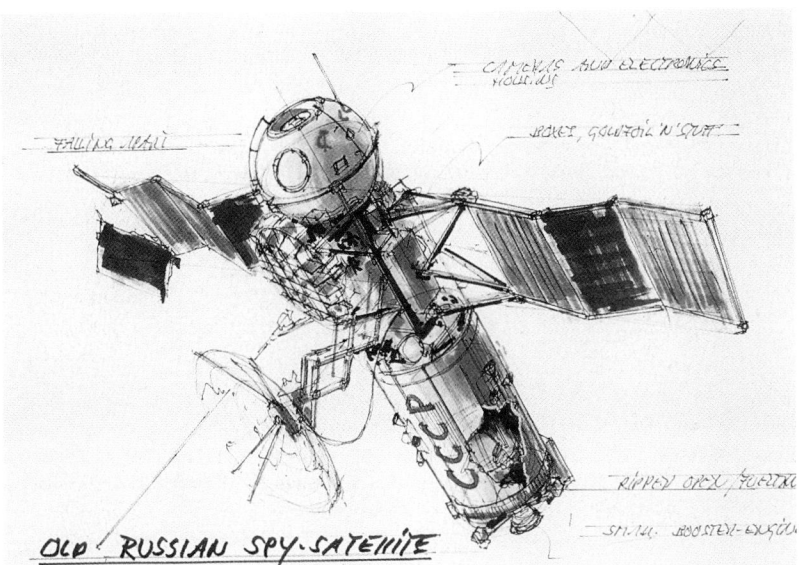

Independence Day – Detailentwurf

Timme, Michael Joyce, Ken Swenson, Conny Fauser, Patrick Tatopoulos, Peter Winther, Steve Kirshoff, Pablo Helman, Joe Francis, Chris Simmons, Mike Joyce, Ken Larson, David Beasley, Dave Emery, Jim McGeachy, Greg Stuhl, Mitchell Drain, Digiscope, Pacific Ocean Post, Josh Rose, VisionArt, Chris Evans, Craig Barron, Matte World Digital, Pixel Magic, Clay Pinney, Tully Summers.
Roland Emmerichs Neuinszenierung des Krieges der Welten wird mit teutonischem Ernst abgespult.

MARS ATTACKS!
Warner Bros., USA.
Effekte: Industrial Light & Magic, Mark Miller, Jim Mitchell, Dave Andrews, Jill Brooks, Patty Blau, Jim Morris, Warner Digital, Mike Fink, Lauren Ritchie, Guy Williams, Ellen

Mars Attacks!

Somers, Tim Sarnoff, Michael Lantieri.
Tim Burtons computergenerierte marsianische Untertassen erinnern an Ray Harryhausens *EARTH VS. THE FLYING SAUCERS.*

1996 – 97

THE FIFTH ELEMENT
(Das fünfte Element)
Columbia/Gaumont, USA/England/Frankreich.
Effekte: Digital Domain, Darren Gilford, Daniel Robichaud, Christine Lo, Thomas Johnson, Ron Gress, Jonathan Egstad, Bryan Grill, Kevin Mack, Wayne Haag, Bill Neil, Mark Stetson, Niels Nielsen, John Rogers, George Ball, Mykel Denis, Tannia Montero, Stuart Ziff, Nick Allder.

Um seine utopischen Fantasien zu gestalten, umgab sich Regisseur Luc Besson zwölf Monate lang mit den besten Zeichnertalenten aus der französischen Comic-Branche: Jean »Moebius« Giraud und Jean-Claude Mézières. Nahtlos wurden Computer- (Digital Domain) und Modelleffekte (Mark Stetson) kombiniert, um eine Vision von New York City im Jahr 2259 zu entwerfen.

1997

MEN IN BLACK
Amblin/Columbia Pictures, USA.
Effekte: Industrial Light & Magic, Eric Brevig, Jacqui Lopez, Rob Coleman, Brenton Jew, Carl

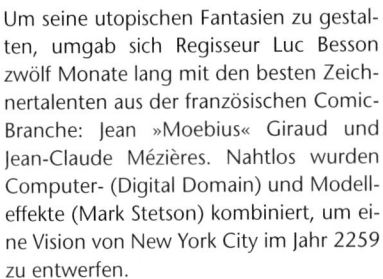

Men in Black

Frederick, Steven R. Moien, Scott Farrar, Ellen Poon, David Nakabayashi, Geoff Campbell, Joel Aron, Robert Marinic, Ira Keeler, Howie Weed, Mark Siegel, Rick Baker, Cinovation, Steve Johnson, XFX, Peter Chesney.
Will Smith im paranoiden Großeinsatz gegen die fünfte Kolonne der Aliens.

Das fünfte Element

Mein großer Freund Joe

Das große Krabbeln – die Macher

1997 – 98

A BUG'S LIFE (Das große Krabbeln)
Disney/Pixar, USA.
Effekte: John Lasseter, Andrew Stanton, William Reeves, Eben Ostby, Rick Sayre, Sharon Calahan, Lee Unkrich, William Cone, Tia Kratter.
Karikierte Insekten bereiten den Computerkünstlern keine Probleme.

MIGHTY JOE YOUNG
(Mein großer Freund Joe)
Disney, USA.
Effekte: Rick Baker, Matt Rose, Cinovation,

Hoyt Yeatman, Christian Juhring, Dream Quest Images, Jim Mitchell, Industrial Light & Magic, Daniel Jeannette, Carl Frederick, Chris Bailey, Patrick Taylor, Craig Barron, Matte World Digital.
Neuverfilmung der Willis O'Brien/Ray Harryhausen-Zusammenarbeit aus den späten vierziger Jahren. Nicht nur die unter Rick Baker gebauten großen und kleinen Gorillas dürfen als seine Meisterleistung in Sachen Primaten gelten (Baker war beteiligt an DeLaurentiis' *KING KONG* und *GREYSTOKE*), erstaunlich sind auch die CGI-Einstellungen mit überraschend natürlichem Gorillahaar.

STARSHIP TROOPERS
Columbia Pictures, USA.
Effekte: Phil Tippett, Craig Hayes, Jules Roman, Bart Trickel, Scott Squires, Sony Pictures Imageworks, Scott E. Anderson, David Rosenthal, Dennis Webb, Thunderstone, Kevin Yagher, Industrial Light & Magic, Boss Film.
Aus allen Rohren wird auf Riesenkäfer gefeuert. Das Tippett Studio in Berkeley gestaltete insgesamt 218 Einstellungen. Zuerst wurden 3-D-Modelle der Käfer digitalisiert und Silicon-Graphics-Computer mit ihren Koordinaten »gefüttert«, dann wurde mit Softimage weitergearbeitet. Während ein großer Teil der Animation und des Rendering über SGI realisiert wurde, wurden Kolorierung und Compositing mit Mackintosh ausgeführt.

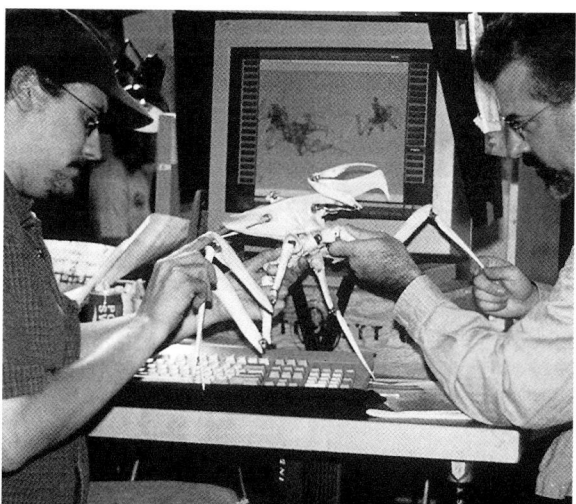

Starship Troopers

Titanic

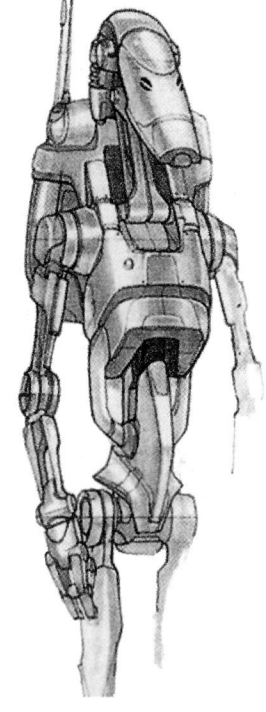

TITANIC

Lightstorm/Twentieth Century-Fox, USA/
Mexiko.

Effekte: Digital Domain, Robert Legato,
Mark Lasoff, Thomas L. Fisher, Mike Kanfer,
Erik Nash, Crystal Dowd, Cari Thomas, Ju-
dith Crow, Michael Backauskas, George Ste-
vens, Mark Forker, Price Pethel, Leslie Ekker,
Gene Rizzardi, Karen M. Murphy, Dean
Wright, Carey Villegas, Richard Kidd, Dan
Ma, Andy Jones, Daniel Loeb, Kenneth Mir-
man, Michael Sanders, Christine Lo, Mike
O'Neal, Peter Nye, Jeff Olm, Donald Pen-
nington, Inc., Craig Barron, Chris Evans,
Matte World, Banned from the Ranch, Van
Ling, 4-Ward FX, Dave Carson, Industrial
Light & Magic, Light Matters, Jamie Dixon,
Edson Williams, Hammerhead, Camille Cel-
lucci, The Post Group, Rainmaker, House of
Moves, James Scanlon, Richard Hollander,
VIFX, Aaron Dem, Jerry Pooler, Cinesite, Pa-
cific Title Optical, Mark Noel, Greg Cannom.
Romeo und Julia an Deck eines zum
Untergang verurteilten Schiffes. Den
Hauptteil der Effektarbeit leistete Digital
Domain, ein Studio, das Regisseur James
Cameron zusammen mit Scott Ross und
Stan Winston gegründet hatte. Es wurde
u. a. ein ca. 16 Meter langes Modell der
»Titanic« eingesetzt, bevölkert von CGI-
Menschen. Trotz des hohen Effektanteils
waren die Modell- und CGI-Aufnahmen
so gut in die Dramaturgie integriert, dass
sie kaum als dominierend und die Fabel
erdrückend empfunden wurden.

1998 – 99

THE MATRIX (Matrix)

Warner Bros., USA.

Effekte: John Gaeta, Manex Visual Effects,
Janek Sirrs, Steve Courtley, Jon Thum, Brian
Cox, Grant Niesner, Steve Burg, Innovation
Arts, Amalgamated Pixels, Rodney Iwashi-
na, George Borshukov, Dan Piponi, Animal
Logic Film, Make-up Effects Group Studio,
Bob McCarron, Paul Katte.
Keanu Reeves widersetzt sich der digitalen
Unterwanderung. Fließende Musikvideo-
Ästhetik. Der Computer wird zur virtuel-
len Kamera und verwandelt 2-D-Aufnah-
men in bedrohliche 3-D-Welten.

Episode 1: Die dunkle Bedrohung

STAR WARS EPISODE 1:
THE PHANTOM MENACE
(Die dunkle Bedrohung)

Lucasfilm Ltd., England/USA.

Effekte: Industrial Light & Magic, Dennis
Muren, John Knoll, Scott Squires, Rob Coleman, Doug Chiang, Scott Farrar, Christopher Hery, Ned Gorman, Richard Miller, Mark
Siegel, Nick Dudman, Steve Gawley, Iain

Matrix

Mission to Mars

Stuart Little

McCaig, Tony McVey, Howie Weed, Lorne Peterson, Scott McNamara, Pat Sweeney, David Dozoretz, Jay Shuster, Fon Davis, Phil Brotherton, Brian Flora, Bill George, Chuck Wiley, Don Bies, Bob Hill, Paul Huston, Habib Zargarpour, Tami Carter, Eddie Pasquarello, Pat Turner, Andrew Cawrse, John Duncan, Geoff Heron, Grant Imamura, Susan Kelly, Trang Bach, Yusei Uesugi.
Trotz des Großeinsatzes von CG- und Modelleffekten ist die Fortführung vom »Krieg der Sterne« weniger lebendig, weil das menschliche Drama von George Lucas sehr statisch in Szene gesetzt wird.

1999

WILD WILD WEST
Warner Bros./Village Roadshow Pictures, USA.
Effekte: Eric Brevig, Pablo Hellman, Michael Lantieri, Don Elliott, Lorne Peterson, Jacqui Lopez, Dean Yurke, Industrial Light & Magic, Rick Baker, Jeff Doran, Bo Welch, Alex Jaeger, Simon Cheung, Dan Taylor, Nick Bogle, Peggy Hrastar.
Amüsante Westernkomödie mit Science-Fiction-Einlagen in Anlehnung an die mit Jules-Verne-Elementen gespickte TV-Show THE WILD, WILD WEST.

THE MUMMY (Die Mumie)
Universal, USA.
Effekte: John Andrew Berton jr., Daniel Jeannette, Chris Corbould, Ben Snow, Scott Farrar, Industrial Light & Magic, Jeff Mann, Derek Thompson, Brian O'Connel, Miles Tee-

ves, Carlos Huante, Mark Moore, James Doherty, Dennis Turner, Jeff Light, Nick Dudman, Ben Snow, CineSite Visual Effects.
Neuverfilmung des Boris-Karloff-Klassikers (1932) um die wieder erweckte Mumie Imhotep, realisiert mit Motion Capture und jeder Menge CGI-Effekte, die die sukzessive Menschwerdung des altägyptischen Untoten illustrieren.

STUART LITTLE
Columbia Pictures, USA.
Effekte: John Dykstra, Jerome Chen, Henry F. Anderson III, Jay Redd, Jim Berney, Scott Siokdyk, Armin Bruderlin, Eric Armstrong, Sony Pictures Imageworks, Robin Griffin, Centropolis Effects, Bill Westenhofer, Craig Seitz, Amy Christensen, Gary Jakemuk, Lyse Beck, Rhythm & Hues, Illusion Arts, Robert Scifo Images, Michele Moen, Marty Kline, Eric Allard, All Effects, Patrick Tatopoulos (Patrick Tatopoulos Designs Inc.).
Die Fabel von einer sprechenden Maus, die von menschlichen Eltern adoptiert wird, stammte aus der Feder von E. B. White und erschien erstmals 1945. Auf die Leinwand gelangte sie digital.

SLEEPY HOLLOW
Scott Rudin/American Zoetrope, USA.
Effekte: Jim Mitchell, Joss Williams, Kevin Yagher, Industrial Light & Magic, The Computer Film Co.
Tim Burtons Hommage an die Horrorfilme der fünfziger und sechziger Jahre, insbesondere an die britischen Filme der Hammer-Produktion. »Tim wünschte sich stilisierte Enthauptungen, wie man sie bisher noch nicht gesehen hatte«, bemerkt Kevin Yagher. So dreht sich im Film ein Kopf drei- oder viermal um seine Achse, bevor er abfällt.

Wild Wild West

Sleepy Hollow

1999 – 2000

MISSION TO MARS
Jacobson Company, USA.
Effekte: Industrial Light & Magic, Hoyt Yeatman, John Knoll, Dream Quest Images
Brian de Palmas Marsmission ist einmal mehr ein Beispiel dafür, dass technisch perfekte Spezialeffekte allein noch keinen guten Film ausmachen.

THE GLADIATOR (Gladiator)
Universal/Dreamworks SKG, USA.
Effekte: John Nelson, Neil Corbould, Tim Burke, Tim Caplan, Dave Early, Paul Edwards, Steven Hall, Rob Harvey, Ivor Middleton, Mill Films.
Ridley Scotts Neubelebung des Monumentalfilm-Genres mit zahlreichen digitalen Matte Paintings.

Der Sturm

THE PERFECT STORM (Der Sturm)
Baltimore Springcreek Pictures/Radiant Productions, USA.
Effekte: Industrial Light & Magic, Stefen Fangmeier, John Frazier, Helen Ostenberg Elswit, Ginger Theisen, Tim Alexander, Doug Smythe, Habib Zargapour, Stephen Rosenbaum, Dan Goldman, Curt Miyashiro, Joakim Arnesson, Joel Aron, Gerald Gutschmidt,

Gladiator

Samir Hoon, Henry Preston, Robert Weaver.
Regisseur Wolfgang Petersen bleibt dem Boot treu und wirft eine Nussschale mit dem Untergang geweihten Schwertfischfängern an Bord in einen mit CG entfesselten »Halloween Hurricane«.

DISNEY'S DINOSAURS
(Disney's Dinosaurier)
Walt Disney, USA.
Effekte: Al Broussard, Thomas R. Bryant, Bruce D. Buckley, Floyd Casey, D. Wallace Colvard, Neil Eskuri, Joel Fletcher, Jim Hillin, Chris Hummel, Evan Jacobs, Neil Krepela, Kama Moiha, Patrick Roberts.
Lebewesen aus der Urzeit, diesmal als 3-D-Computercartoon.

X-MEN
Twentieth Century Fox in Verbindung mit Marvel Entertainment Group/The Donners' Company/Bad Hat Harry, USA, Kanada.
Effekte: Michael Fink, Gordon Smith, FX Smith Inc., Digital Domain, David Prescott, Jonathan Egstad, Michael J. McAlister, Cinesite, Hammerhead Productions, POP Film & Animation, Kleiser-Walczak, Craig Barron, Matte World Digital, Bob Munroe, c.o.r.e. digital pictures, Illusion arts, Rythm & Hues, Colin Chilvers.

Comic-Strip-Verfilmung um genetische Giganten mit einzigartigen Fähigkeiten.

2000

ENEMY AT THE GATES
Duel Film Productions, Frankreich/England/ USA/Bundesrepublik Deutschland.
Effekte: Kit West, Peter Chiang, Alex Hope, Das Werk.
Jean-Jacques Annauds filmische Rekonstruktion des Infernos von Stalingrad.

PEARL HARBOR
Disney, USA/Mexiko.
Effekte: Industrial Light & Magic.
Einmal mehr: der japanische Angriff aus amerikanischer Sicht.

X-Men

Claudia Meglin

aufbruch ins digitale zeitalter
eine geschichte der computeranimation

Ivan E. Sutherland, einer der Pioniere, verstand den Computer als ein Fenster in Alices Wunderland: »In ihm kann ein Programmierer sowohl Objekte darstellen, die den bekannten Naturgesetzen unterliegen, als auch solche, die seiner Fantasie entspringen und den Gesetzmäßigkeiten folgen, die er in seinem Programm beschreibt. Mithilfe des Sichtgerätes habe ich ein Flugzeug auf einem Flugzeugträger landen lassen, habe beobachtet, wie ein Kernteilchen auf eine Potentialmulde trifft, bin sogar in einer Rakete nahezu mit Lichtgeschwindigkeit geflogen.«

Fast dreißig Jahre lang waren es vorwiegend Fachleute, die Sutherlands Erfahrungen teilten. Die auf Linien und Punkten basierende Welt der frühen Computergrafik war den Ingenieuren und Wissenschaftlern großer Forschungsinstitute vorbehalten. Vektorgrafik nannten die Techniker die Darstellungen ihrer grafischen Muster. Vektoren sind durch Anfangs- und Endpunkte festgelegte Strecken. Anfangs- und Endpunkte wiederum werden durch Koordinaten bestimmt. Der Elektronenstrahl eines CRT-Monitors (Cathode Ray Tube = Kathodenstrahlröhre) springt von einer Koordinate zur anderen und erhellt somit die Strecke zwischen verschiedenen Punkten. Bei den heutigen Raster-Monitoren werden im Vergleich dazu Bildpunkte mit einem Elektronenstrahl einzeln zum Leuchten gebracht.

1966 entstand einer der ersten digitalen Computer-Kurzfilme: *PERMUTATIONS*.

◄ *2001: ODYSSEE IM WELTRAUM* (1965–68)

John Whitney sen. hatte die sich verändernden Muster weißer Punkte vom Monitor abgefilmt, damals der einzige Weg, sie festzuhalten. Mit dem optischen Printer wurden auf fotomechanischem Weg Linien, Punkte und grafische Muster in verschiedenen Animationen miteinander kombiniert und eingefärbt.

Bald erschienen die technischen Grafiken in Science-Fiction-Filmen als Displays für Computermonitore, meist als Rückpro eingespielt.

ERSTE ERFAHRUNGEN IM RAUM

Die Luft- und Raumfahrt sowie militärische Forschungsinstitute trieben die Entwicklung der Computergrafik rasch voran. Am

Computer konnte die Landung auf dem Mond ebenso simuliert werden wie die Steuerung eines Jagdbombers oder des modernsten Passagierflugzeugs.

2001: ODYSSEE IM WELTRAUM (1968): Wireframes als Displays für den Bordcomputer

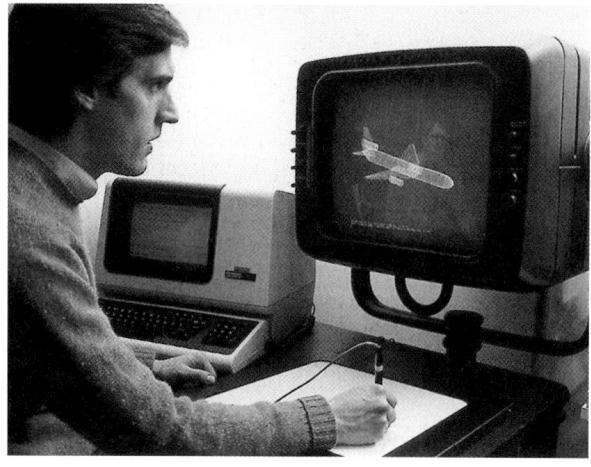

Computerarbeitsplatz um 1983

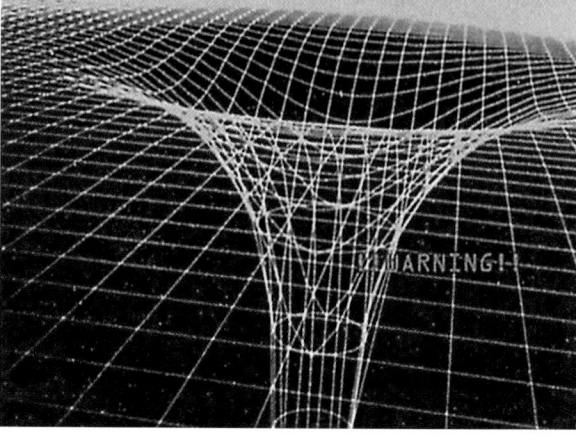

Titelsequenz für *THE BLACK HOLE* (1979)

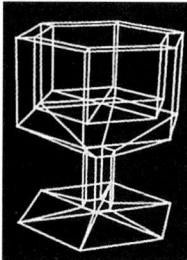

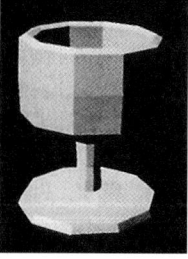

EVOLUTION EINES KELCHES
von Dr. James F. Blinn.
Von der Vektorgrafik zum
Polygon-Modell

Eines der anfänglich größten Probleme war die fehlende Raumtiefe der Computergrafiken. Objektpunkte konnten zwar Koordinaten im Raum zugewiesen bekommen, doch da alle abgebildeten Flächen optisch auf einer Ebene lagen, war eine räumliche Wirkung kaum zu erkennen. 1969 wurde ein Prozess entwickelt, mit dessen Hilfe Oberflächen, die von anderen Flächen verdeckt waren, nicht abgebildet wurden. Das Verhalten von Oberflächen bei Lichteinfall konnte ab Anfang der siebziger Jahre im Computer in einfacher Form ohne Reflexion simuliert werden, womit sich der räumliche Eindruck verstärkte. Doch ohne spezifische Textur sahen die Abbildungen wie Plastik aus. Realistischer wurden die Darstellungen, als man dazu überging, die Oberflächen mit solchen Texturen zu versehen. 1975 führte Ed Catmull das Verfahren ein, bei dem zweidimensionale Bilder oder Muster als Oberflächenstruktur (Textur) auf dreidimensionale Computerobjekte gelegt werden konnten.

Im gleichen Jahr entstand an der Universität von Utah der *TEAPOT*. Hier wurde eine Technik des Modellierens eingeführt, die lange Zeit Bestand haben sollte. Die Teekanne wurde vermessen und abgezeichnet, wichtige Punkte wurden zum Modellieren mit Koordinaten versehen, die dann in den Computer eingegeben wurden. Aus Linien, die die einzelnen Punkte verbanden, entstand ein Gittermodell. Individuelle Kontrollpunkte am Computer mussten mit der Eingabe über Kommandozeilen positioniert werden. Der *TEAPOT*, lediglich als Studienobjekt gedacht, entwickelte sich zur Ikone der jungen Computergrafik-Industrie. Doch außerhalb der eingeschworenen Hightech-Gemeinde fanden die technischen Raffinessen nur wenig Anklang. Der größte Teil potenzieller Geldgeber hielt das Ganze für »elektronischen Unsinn«. Zudem war die Technik teuer und zeitintensiv.

DIE WELT IM COMPUTER – WISSENSCHAFT UND EXPERIMENT

Bis Anfang der achtziger Jahre waren es fast ausschließlich groß angelegte Forschungsprojekte, die über die Möglichkeit verfügten, im Computer 3-D-Räume zu kreieren. Die ersten frei im Handel erhältlichen 3-D-Softwareprodukte gab es ab Mitte der Achtziger. In diese Zeit fiel auch die Gründung von Firmen wie Alias Research und Wavefront Technology. Parallel dazu entwickelte sich die Hardwarebranche. Vorreiter auf dem Gebiet war Silicon Graphics. Ihre Grafik-Workstations sollten die Visualisierung auf medizinisch-wissenschaftlichem und militärischem Gebiet erleichtern.

Mit der zunehmenden Verfügbarkeit von Hard- und Software verbreitete sich auch die Idee, die Computeranimation als Mittel zu benutzen, um neue Märkte zu erschließen. Doch die Nachfrage hielt sich in Grenzen. Fachkräfte, die es verstanden, die Systeme zu bedienen, waren rar – und so musste ein großer Teil der darauf spezialisierten Firmen bald wieder dichtmachen. Am Ball blieben nur diejenigen, die eigene Software entwickelten und diese kontinuierlich verbesserten.

Regelmäßig eingesetzt wurden Computeranimationen allein in experimentellen Kurzfilmen, die meist von Forschungsinstituten subventioniert wurden. Via Computergrafik wurden physikalische Naturgesetze abgebildet. Mithilfe des Superrechners

Connection Machine, der mit 64 000 Prozessoren bestückt war, schuf Karl Sims 1988 einen künstlichen Wasserfall: ein Prozessor für jedes Partikel. Bewegungen wurden durch physikalische Simulationen erzeugt. 1990 bildete Sims in *PANSERMIA* künstliche Welten ab, die sich selbst reproduzieren: Pflanzen wachsen, vermehren sich, es entstehen aus ihnen neue Lebensformen. Doch das, was dort wächst, ist nicht identisch mit dem, was uns vertraut ist. Es wirkt fremd, artifiziell und unwirklich. Die breite Öffentlichkeit ignorierte – mit wenigen Ausnahmen – die Resultate.

PARTICLE DREAMS (1988).
Visualisierung eines
künstlichen Wasserfalls

PANSERMIA (1990). Digitale Evolution aus dem Rechner

173

THE WORKS (1978–83).
Ausschnitte aus unvollendetem CG-Spielfilm

SYNTHETISCHE BILDER FÜR SPIELFILME

1980 wurden auf der Fachmesse Siggraph erste Szenen der als Spielfilm geplanten animierten Zukunftsvision *THE WORKS* vorgestellt. Die Erde wird darin von einem global operierenden, allmächtigen Computer beherrscht. Die Menschen, die in Fabriken schuften müssen, treten nicht in Erscheinung. Vielmehr sind Roboter, die die Erde retten, indem sie den Computer ausschalten, die Protagonisten. 1983 wurde das Projekt aus Kostengründen eingestellt.

Von der gottgleichen Omnipotenz des Computers erzählte auch der 1982 entstandene Disney-Film *TRON*. Philipp Mittelmann, Gründer einer der beteiligten CG-Firmen: »Wir waren so enthusiastisch, dass wir das Gefühl hatten, wenn *TRON* in die Kinos kommt, dann werden alle großen Filmproduktionen auf diesen fahrenden Zug aufspringen und künftig auch Computeranimationen für die Herstellung von Action-Szenen einsetzen. Jeder in der Branche glaubte, dass dies ein Start in eine völlig neue Welt sei, aber, wie bei so vielen Dingen, war das ein Trugschluss.« An dem, was den Plot anbetrifft, gänzlich absurden *TRON* arbeiteten Spezialisten der Mathematical Application Group (MAGI), der Infomation International Inc. (Triple-I) sowie Robert Abel and Associates. Abels Team war sowohl mit der Titelsequenz als auch jenen Bildern beauftragt, die den Übergang von der realen in die

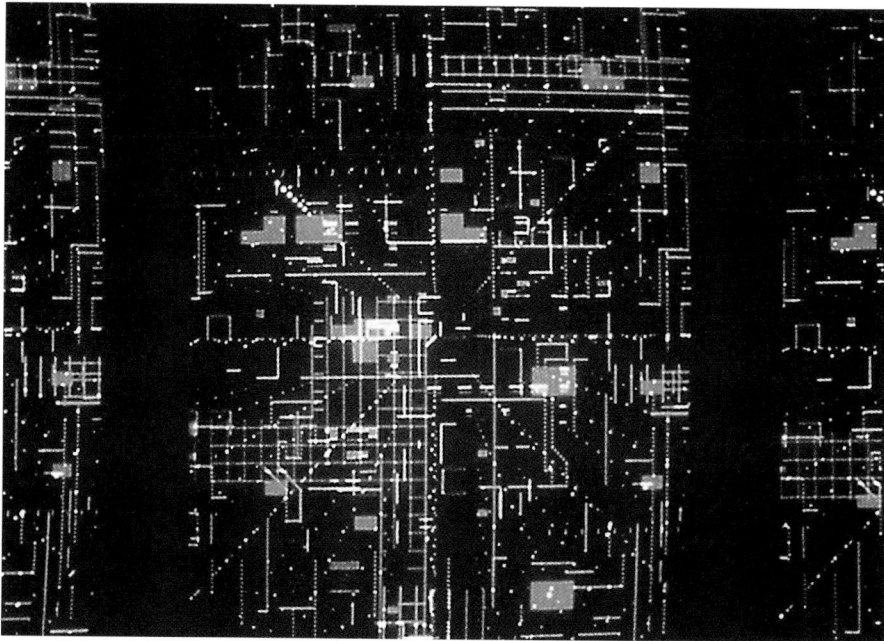

Rechts: *TRON* (1981).
Eingang in künstliche Welten

Computerwelt darstellen sollten. Der größte Teil der Animationen waren Rastergrafiken, die vom Monitor abgefilmt wurden. Eine fertige Einstellung bestand aus einer Vielzahl von einzelnen Animationen, die mehrfach aufgenommen und im optischen Printer miteinander kombiniert wurden. 400 Stunden dauerte es, bevor erste Ergebnisse einer 55 Sekunden langen Szene auf Film sichtbar wurden.

Technisch als Triumph gefeiert, kamen die künstlichen Welten aus dem Hause Disney bei der Masse jedoch nicht an. Überhaupt waren die ausschließlich im Computer entstandenen Bilder des Films in der Minderzahl. Klassische Animationstechniken übernahmen den Hauptpart.

DIE GENESIS
DES KÜNSTLICHEN MENSCHEN

In dem Film *FUTUREWORLD* (Futureworld – Das Land von übermorgen) formt sich vor unseren Augen der Roboter-Klon eines von Peter Fonda gespielten Reporters. Mit

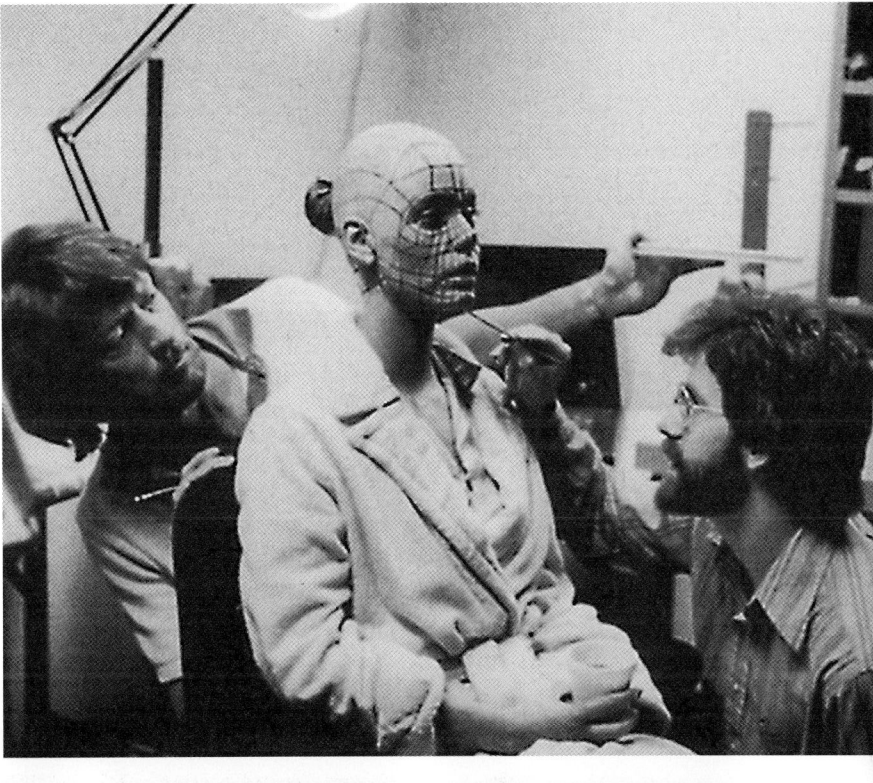

diesen Bildern gab 1976 die 3-D-Rastergrafik ihr Debüt in einem Spielfilm. Anders als die Vektorgrafiken bestehen die Rastergrafiken aus vielen Polygonen, die einzelne Flächen überspan-

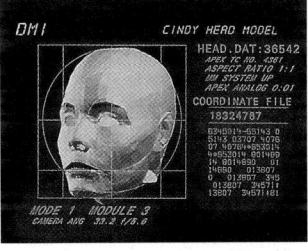 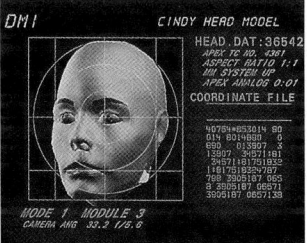

nen. Sie erscheinen realistischer, da die Oberflächen Lichtreflexionen simulieren können und somit plastischer wirken. Auf Peter Fondas weiß geschminktes Gesicht wurde ein Raster projiziert und von zwei Seiten fotografiert. Die Ansichten wurden als Vorlage für das Computermodell verwendet. Im Film rotiert der Kopf und wandelt sich von einem einfachen Polygon-Modell zu einem plastikartig glänzenden Darstellerkopf. Geschaffen wurde das digitale Antlitz bei Triple-I unter Mitwirkung von John Whitney jr.

Auf ähnliche Weise wurde 1980 der komplette Körper der Darstellerin Susan Dey

für *LOOKER* im Computer nachgebaut. Im Film ist die Metamorphose des Gittermodells zum texturierten Körper zu sehen.

Belebt, d. h. vollends animiert wurden die künstlichen Wesen aber erst ein paar Jahre später. 1985 produzierte Robert Abel einen überraschend attraktiven künstlichen Menschen: den (nur sechsmal gesendeten) *SEXY ROBOT*. Auftraggeber des im Rahmen einer Promotion-Kampagne für Aluminiumdosen im Computer erzeugten TV-Spots war das National Canned Food Information Council: Ein Chrom-Roboter preist das Aroma von Dosengerichten. Die realistischen Bewegungen der Computer-

LOOKER (1980). Susan Dey wird für die Aufnahmen vorbereitet. Im Bild sieht man die Metamorphose von einem Gittermodell zum texturierten Kopf

Dame verblüfften nicht nur die CG-Gemeinde. Schließlich waren die Bewegungen einer Schauspielerin in den Computer übernommen worden, was die Angelegenheit um so lasziver machte. Die Akteurin wurde im Studio mit Markern bestückt und von drei Kameras gleichzeitig aufgenommen: von vorne, von der Seite und von oben. Parallel entstand im Rechner das detailgetreue Abbild des Realdrehs. Die »Kameras im Computer« wurden in die gleiche Position gebracht, die sie im Atelier hatten. Zur Anpassung des Computermodells an die wirkliche Person wurde der real gedrehte Film auf den Computermonitor projiziert. Einen anderen Weg des Abgleichens gab es damals nicht. Als *SEXY ROBOT* entstand, konnte man Live-Action noch nicht in den Computer laden. Die Zuordnung eines Markers im Raum wurde erreicht, indem die Filme mit der Seiten- bzw. Aufsicht nacheinander projiziert wurden. Dann legte man die Position am Gittermodell des Roboters im Computer fest und verglich diese je Ansicht miteinander. Dieser Prozess fand von Hand statt und nahm mehrere Wochen in Anspruch.

Da 1985, als Industrial Light & Magic in *YOUNG SHERLOCK HOLMES* (Das Geheimnis des verborgenen Tempels) das Abbild eines schwertschwingend halluzinierten Ritters aus einem Kirchenfenster springen lassen wollte, real gedrehte Szenen nicht in einer dem Filmmaterial entsprechenden Auflösung in den Computer transferiert werden konnten, behalf man sich mit Malerei. Das Kirchenfenster und der Innenraum wurden auf Glas gemalt, abfotografiert und als Einzelbild gescannt. Angepasst wurden diese Glasmalereien mit einem hauseigenen Computer-Malprogramm.

Making of
SEXY ROBOT (1985)

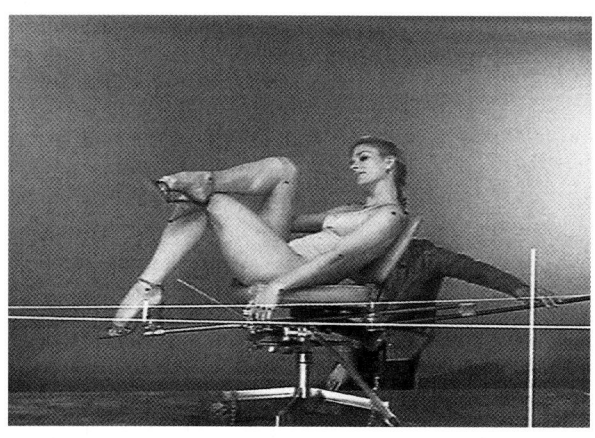

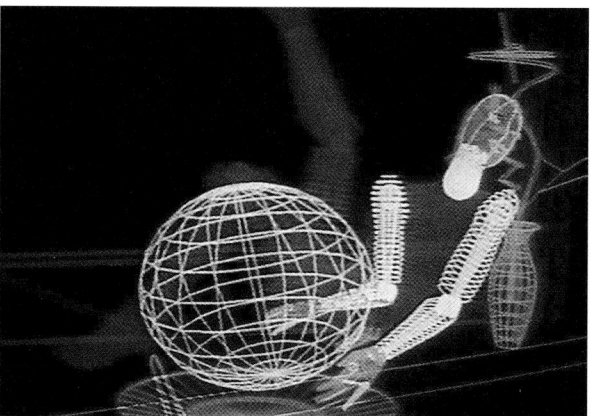

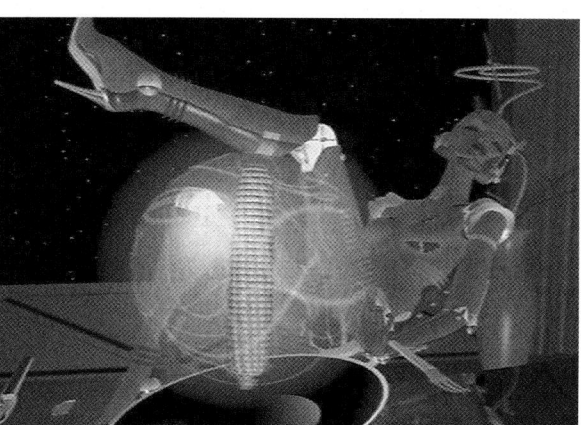

Bis Anfang der Neunziger waren die Möglichkeiten, Realfilm-Plates in der für Kinoprojektion notwendigen Auflösung zu digitalisieren und als Hintergründe im Computer zu verwenden, sehr begrenzt. So blieben die Computerwesen meist unter sich.

WASSERWESEN UND ANDERE LIQUIDE LEBENSFORMEN

Indem es gelang, Grundformen zu verschmelzen, löste sich die Computergrafik immer mehr von jenem technisch-künstlichen Look, der die breite Masse der Zuschauer so sehr verstörte. In dem Fantasyfilm *WILLOW* wurden 1988 mittels Morphing-Software Einzelbilder so deformiert, dass sie einen flüssigen Übergang von einer Gestalt zur nächsten formten: Ein Strauß mutiert zu einem Löwen und sodann zu einer Frau.

James Camerons Wasserwesen aus *THE ABYSS* wurde von den ILM-Spezialisten zuerst als reales Modell gebaut. Diese Miniatur diente als Vorlage für das Computermodell. Abgetastet wurde mit dem Laser von 3-D-Scannern. Aus den Daten entstand im Computer ein dreidimensionales Gittermodell. Die Lichtbrechung wurde mit eigens entwickelten Algorithmen simuliert. Für die Reflexion des Raumes auf dem digitalen Wasserwesen wurden Setfotos gescannt und im Computer zu großformatigen Bildern zusammengefügt.

Die Kombination der 3-D-Elemente mit den original gedrehten Filmszenen erfolgte im optischen Printer. Immer noch bereitete die Digitalisierung von Filmbildern das größte Kopfzerbrechen. Das Abtasten der um ein Vielfaches größeren Filmkader nahm noch viel Zeit in Anspruch. Ein einziges Filmbild zu digitalisieren dauerte mehrere Minuten. Letzteres bewog Lucasfilm und Kodak, in gemeinsamer Entwicklungsarbeit die In-House-Filmscanningtechnik von ILM zu verbessern. 1990 dauerte das Scannen eines einzelnen Filmbildes nur noch zwischen 20 und 30 Sekunden. 1992 stellte Kodak seinen Scanner der Öffentlichkeit vor; damit war

es möglich, Scanning als allgemeine Dienstleistung anzubieten. Mit der verbesserten Scantechnik konnte man nicht nur wie bisher Standbilder, sondern komplette Laufbildphasen als Reflexionstexturen verwenden. Das Grundprinzip der in *THE ABYSS* verwendeten Vorgehensweise wurde verfeinert. Erst dadurch, dass ganze Filmsequenzen digitalisiert werden konnten, wurde die Kombination von 3-D-Elementen und Live-Action im Computer möglich. Computerelemente konnten an

YOUNG SHERLOCK HOLMES (1985). **Erster digitaler Darsteller, der in eine Realszene integriert wurde**

177

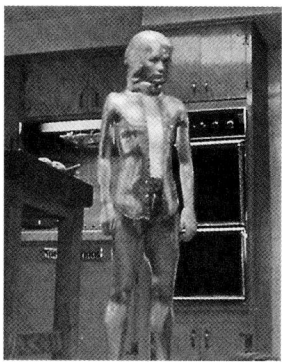

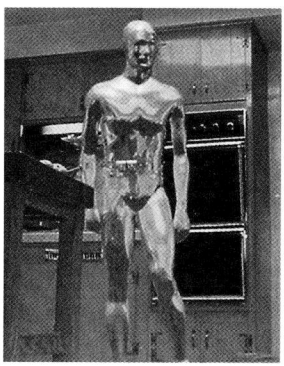

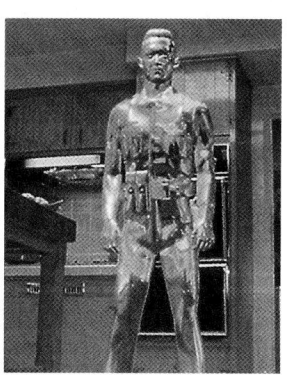

TERMINATOR 2 (1991):
Morphing

die Realszenen angepasst werden; Live-Action wurde per Computer in liquide Formen »gemorpht« wie etwa in *TERMINATOR 2*.

In *DEATH BECOMES HER* (Der Tod steht ihr gut) generierten die Leute von ILM, inzwischen Marktführer auf diesem Sektor, fotorealistische Versatzstücke von Körperteilen im Computer. CG-Elemente wie Hals und Partien des Kopfes wurden an die Bewegung der Live-Action-Plates angeglichen. Grundlage hierfür war die digitale Bildanalyse, die der Computer selbst durchführt. Automatisch werden ein oder mehrere Bildmuster über den Verlauf der Sequenz verfolgt. Aus diesen Daten lässt sich die Bewegung eines Objektes oder der Kamera ableiten. Im Fachjargon heißt diese Technik »Tracking«.

Extensiv genutzt wurde die digitale Bildanalyse 1992 in *JURASSIC PARK*. Erstmals klappte die Integration fotorealistischer Lebewesen in Realsequenzen tadellos. Die Anpassung der Szenen im Computer auf Kamerabewegung und Lichtstimmung der real gedrehten Sequenzen hin erweckte einen natürlichen Eindruck. Die Grenzen von Real- und Computerfilm begannen sich immer mehr aufzulösen.

Anfang der neunziger Jahre war die hochauflösende Bildbearbeitung nur jenen Firmen vorbehalten, die eigene Entwicklungsabteilungen hatten. Doch das änderte sich schnell. Schon wenige Jahre später hatten sich Softwarefirmen, die Kombinationen von 3-D-Computergrafiken und Realfilm anboten, auf breiterer Front etabliert. Überall schossen Companies aus dem Boden, die sich auf die digitale Nachbearbeitung von Film und Videofilm spezialisierten. Zuvor langwierige optische Prozesse wurden jetzt in einem Bruchteil der Zeit digital umgesetzt. *What you see is what you get.*

Überhaupt waren Dinosaurier dankbare Objekte in den Händen der Computeranimatoren: *THE FLINTSTONES* (Flintstones – Familie Feuerstein), *THE LOST WORLD: JURASSIC PARK* (Vergessene Welt: Jurassic Park), Roland Emmerichs *GODZILLA*. Gemalte Texturen, etwa die schuppige Haut von Echsen, sind einfacher zu erzeugen als Haare und Fell. Und wer weiß schon, wie ein Stegosaurus sich wirklich bewegt hat? Trotzdem sollte die Urzeit so realistisch wie möglich entstehen. Für die BBC-Dokumentarreihe *WALKING WITH DINOSAURS* (Dinosaurier – Im Reich der Giganten, 1998/99) wurden wissenschaftlich exakte Ton-Modelle der prähistorischen Tiere angefertigt und mit einem 3-D-Scanner digitalisiert. Diese 3-D-Gittermodelle dienten als Referenz für die CG-Modelle. Mit solch einem 3-D-Scanner erhält man sehr genaue Abbilder, doch eignen sich diese kaum zur Bewegungsanimation und müssen deshalb vereinfacht werden. Ein Computermodell setzt sich aus einzelnen Gliedmaßen zusammen, diese werden unterteilt und mit Steuerungshilfen versehen. Spezifische Bewegungsphasen werden simuliert, die Zwischenphasen vom Computer errechnet. Über Kurven können die Phasen verändert und angepasst werden. Gerade bei schnellen Schwenks und der Verfolgung der Tiere wurde mittels Bildanalyse im Computer eine auf Dokumentarfilmästhetik ausgerichtete Kameraführung angestrebt. Um die Lichtstimmung im Rechner nachempfinden zu können, wurden beim Drehen große weiße Bälle eingesetzt, die als neutrale Referenz für den Computer Artist dienten. Im Gegensatz zur Ultima ratio einer realistischen Darstellung kommen abstrakte und von der Malerei inspirierte Bilder (*WHAT DREAMS MAY COME*) sowie künstliche Comic-Welten schon ganz gut heraus. Computergenerierte, anthropomorphe Helden entzücken die Zuschauer immer wieder aufs Neue. Nach *TOY STORY I* und *II, ANTZ, A BUG'S LIFE* (Das große Krabbeln) sind es auch bei Disney Dinosaurier (*DINOSAURS*), die das Publikum mit Kanidenkulleraugen scharenweise in die Kinos locken. Die prähistorische Geschichte wird aus dem Blickwinkel der ausgestorbenen Urtiere erzählt, ganz so, wie man es von einem Disney-Film erwartet. Ein eigens dafür geschaffener Kamerakran erlaubte die Dino-Perspektive aus luftiger Höhe. Vorlagen für die Computersaurier waren, wieder ganz der Disney-Tradition folgend, keine 3-D-Modelle wie bei *WALKING WITH DINOSAURS*, sondern klassische Zeichentrickvorlagen. Der dokumentarische Anspruch ist hier auf null reduziert. Zur Unterscheidung der einzelnen Charaktere bekam jeder Dino eine eigene Hautfarbe.

Die Hintergründe wurden stilistisch an die Protagonisten angepasst. Zum Teil wurden die Backgrounds mit mehreren Kameras aufgenommen. Diese Sequenzen wurden im

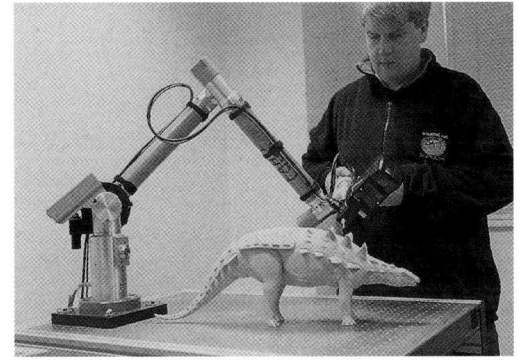

Ganz oben: Scannen der Marquette via Handlaser-Scanner mit computergesteuertem Arm.
Oben links und rechts: Ein weißer Ball bei der Aufnahme dient als Referenz für die Lichtstimmung

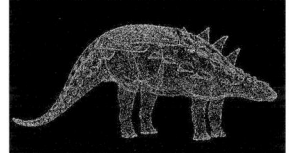

Von der Marquette zum texturierten 3-D-Objekt. Bis zu zwei Millionen Polygone entstehen beim 3-D-Scannen. Zum Animieren müssen die Modelle stark vereinfacht werden

WALKING WITH DINOSAURS
(1997–1999)

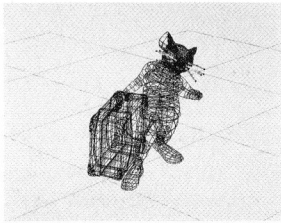

Gittermodell.
Leerer Hintergrund.
3-D-Modell mit
einfachem Shading.
Fertiges Filmbild

STUART LITTLE (1999):
Die CG-Maus wurde mit der
Software Maya Cloth
eingekleidet

Computer auf einfache geometrische Objekte projiziert und mit digitalen Filtern farblich verändert. So konnten die digitalen Wesen in einem künstlichen Filmset frei bewegt werden.

EINE FRAGE DES STYLINGS

Im Gegensatz zu den uns unbekannten, bizarren Spezies Alien und Saurier ist die Simulation von Haaren, Fell und Federn alltäglicher Lebensformen aufwändig. Grundlage vieler heute verfügbarer Haar- und Fellsimulationssoftware-Pakete sind Partikel (die ein ähnliches Verhalten aufweisen wie 1988 die einzelnen Elemente des Wasserfalls von Karl Sims):

Affen, Löwen und andere Tiere erscheinen auf dem magischen Brettspiel von *JU-MANJI*. Das Fell der Affen sah 1995 noch matt und leblos aus.

Für *MIGHTY JOE YOUNG* (Mein großer Freund Joe) investierte ILM erfolgreich in die hauseigene Weiterentwicklung von Fell-Simulationen.

1999 wagte sich Rhythm & Hues an einen anderen digitalen Hauptdarsteller: *STU-ART LITTLE,* der als neues Mitglied einer menschlichen Familie eingeführt wird, ist eine Maus. Der Anspruch war, einen erfolgreichen Cartoon-Charakter zu schaffen, ähnlich dem putzigen Spielzeug aus *TOY STORY*, der jedoch fotorealistisch, also unserer Wahrnehmung entsprechend, in eine reale Umgebung integriert werden sollte. Jeder weiß zum Beispiel, wie Fell aussieht, wenn es nass oder wenn es trocken ist, wie es sich im Wind verhält usw. Stuart ist sogar mit einer ganzen Garderobe ausgestattet – für jeden Anlass das richtige Styling: Strickpullover, Jeans, und auch ein karierter Straßenanzug darf nicht fehlen. (In *STAR WARS EPISODE I: THE PHANTOM MENACE* [Die dunkle Bedrohung] trug man nicht ohne Grund schwere Lederwesten.) Die realistische Bewegungssimulation von Stoff und Textilien ist nicht weniger kompliziert als die von Fell und Haaren. Und neben dem Outfit müssen die CG-Animatoren ja auch noch

den Charakter formen. Mimik und Gestik digitaler Charaktere müssen ebensolche Emotionen spiegeln, wie wir sie von echten Darstellern gewohnt sind. Dafür werden einzelne Phasen mit spezifischer Gesichtsmimik präpariert. Wenn der digitale Charakter nun von einer nachdenklichen Stimmung in eine heitere wechselt, übernimmt der Computer erst einmal die Zwischenphasen. Die schauen mitunter noch sehr unrealistisch aus und müssen von Hand korrigiert werden. Ähnlich verhält es sich mit dem Sprechen. Einzelne Vokale werden vorbereitet und nach der Sprachvorlage aneinander gereiht. Bei Tieren, die man sprechen lassen will, werden nur die Teile des »Gesichts« im Computer nachgebaut, die sich bei den Mundbewegungen verändern. Je »wirklichkeitsgetreuer« und mitunter »menschelnder« die CG-Charaktere werden, umso schwieriger ist die Simulation. Ganz oben rangiert da natürlich der als »Krone der Schöpfung« apostrophierte Mensch selbst. Was kann es Schöneres geben, als der Evolution »ins Handwerk zu pfuschen«, die Schöpfung unserer selbst zu »verbessern«, und das in Sekundenschnelle, wie wir es in *THE FIFTH ELEMENT* (Das fünfte Element) gesehen haben?!

DIGITALE SCHAUSPIELER

Die Karriere fotorealistischer Digi-Darsteller begann im zweiten Glied: als Stuntmen in *JUDGE DREDD* oder *BATMAN FOREVER*. Zwölf Jahre nach *SEXY ROBOT* werden die Darsteller nach dem gleichen Grundprinzip animiert. Die Bewegungen eines Darstellers werden festgehalten und auf das Computermodell übertragen. Zur Aufzeichnung der Daten werden entweder optische, elektromagnetische oder elektromechanische Verfahren eingesetzt. Welches System auch verwendet wird, der Akteur wird mit Markern bestückt, deren Position im Raum festgehalten wird. Mithilfe dieser Motion-Capture-Technik können so gut wie alle Bewegungen simuliert werden. Für die Komparserie von *TITANIC*

180

wurde eine Bibliothek mit Personen in Bewegung angelegt, Passagiere, die sich unterhalten oder auf dem Deck promenieren, spielende Kinder usw.

Bei einigen Filmversicherungen ist es mittlerweile Pflicht, ein virtuelles Abbild der Hauptdarsteller parat zu haben, für den Fall, dass der Schauspieler während der Dreharbeiten ausfällt. Neben Arnold Schwarzenegger, Sylvester Stallone und Marlon Brando haben sich bereits Dutzende von US-Schauspielern digitalisieren lassen. Damit sichern sie sich gleichzeitig das »Copyright« an ihrem Körper und werden solcherart »unsterblich«. Tony Curtis soll begeistert gewesen sein, als ihm die Manager von Virtual Celebrity Productions vom Scan-Verfahren berichteten, und wollte wissen, ob man nicht gleich sein junges Selbst konservieren könne: Tony

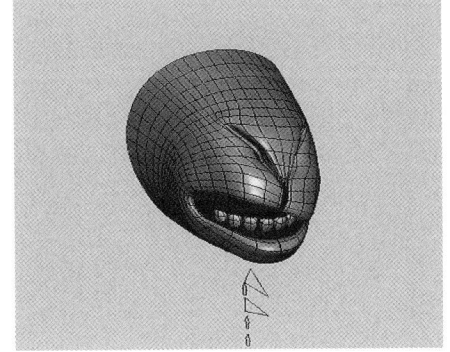

OTTO – DER KATASTROFEN-FILM (1999). Für die singenden Schafe wurde im Computer nur die Schnauze nachgebaut und animiert

Curtis wie ehedem, nicht mit Bauch, sondern als strahlender Adonis aus dem digitalen Jungbrunnen. Als Endziel lockt der Titel eines Romans von H. G. Wells: »Menschen, Göttern gleich«.

Mit Augenaufschlag warb Marlene Dietrich für Virtual Celebrity (es hat freilich nicht geholfen, die Firma ist Anfang des

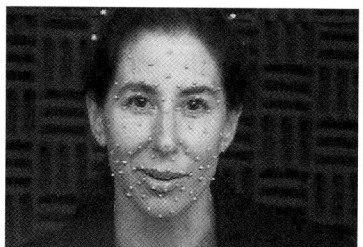

»Unberechenbar« ist noch das Verhalten der Haut bei der Muskelkontraktion, die beim Sprechen entsteht. Die Computergrafik steht hier vor einem Problem. Das CG-Modell ist lediglich eine Hülle – ohne Muskeln und Knochen. Um das Verhalten der Gesichtsmuskulatur richtig zu simulieren, wäre es notwendig, das Modell entsprechend der realen körperlichen Vorlage nachzubauen und zu animieren. Vorlagen dafür könnten ohne weiteres medizinische Computermodelle sein. (In der Medizin werden Operationen bereits am Computermodell simuliert, zum Teil auch bereits durchgeführt.) Doch mit der Modellierung allein wäre es nicht getan: Die Bewegung aller einzelnen Muskeln müsste aufeinander abgestimmt werden.

ELEKTRONISCHE REVOLUTION

Die frühen Flugsimulationen aus Vektorgrafiken waren Vorbild der ersten Computerspiele. Per Joystick oder Mausklick avancierten selbst erklärte Pazifisten zu Piloten von Kampfjägern. Die Computerspiele mussten visuell reduziert werden, um trotz minderer Grafikleistung höchste Interaktivität zu bieten. Grob gerasterte Hintergründe und einfach animierte Charaktere störten die Zielgruppe dennoch in keiner Weise. Die Frage nach der Echtheit der Bilder kam hier gar nicht erst auf. In den letzten Jahren ist die Grafikleistung der Computerspiele allerdings immens gestiegen: Längst sind die Helden und Bösewichter fotorealistische Spielgenossen. Mit der Sony Playstation II (und FiFi, dem Star der Sony-Promotion) werden neue Maßstäbe in Sachen Realismus gesetzt. Inzwischen hat sich die Spieleindustrie ihren festen Platz in der Entertainment-Branche gesichert. In Nordamerika werden bereits mehr Spiele als Videos verkauft.

Jetzt können sich die Spielemacher auch für viele wertvolle Anregungen beim Militär bedanken. In der US Army proben die Soldaten schon heute den Ernstfall in virtuellen Schlachten. In Zusammenarbeit

Marlene für ein Promotionvideo digital wieder zum Leben erweckt. Das Gesicht einer Darstellerin wird mit Markern bestückt und dient als Vorlage für die Mimik der virtuellen Marlene Dietrich

Jahres 2000 eingegangen). Die »Texture« des digitalen Antlitzes wurde aus Fotografien lebender Personen entwickelt. Für die Sprachanimation und Gesichtsmimik wird eine Art Motion Capture eingesetzt. Das Gesicht einer Schauspielerin wird mit vielen kleinen Markern bestückt und gefilmt. Facial Tracking nennt sich das. So können einzelne Gesichtspartien animiert werden.

mit Videospiel-Designern werden im Computer Situationen simuliert, die Gefühle wie Angst und Panik freisetzen. Die Konditionierung geschieht heute virtuell.

Auch das Kino selbst wird, wiewohl es inhaltlich und formal (Guckkasten-Prinzip) bestehen bleibt, technisch »revolutioniert«. In absehbarer Zeit werden Spielfilme digital aufgezeichnet werden. Alle Informationen sind auf Datenspeichern festgehalten und können unendlich manipuliert werden. Der lineare Prozess des Filmemachens wird sich sozusagen schrittweise selbst auflösen. Mehr noch: Der Film der Zukunft wird vom Verleih direkt auf die Festplatte des Kinobesitzers geladen und via Videobeamer projiziert. Zwischen Fernsehen, Film, Internet und Computerspielen herrscht so etwas wie grenzüberschreitender Verkehr.

DIE REPLIKANTEN KOMMEN

Apropos, der erste künstliche TV-Darsteller Max Headroom, der seit 1985 verschiedene Fernsehauftritte absolviert hat, kam trotz seines scheinbaren CG-Looks nicht aus dem Computer – es war der Schauspieler Matt Frewer, der eine Latex-Maske

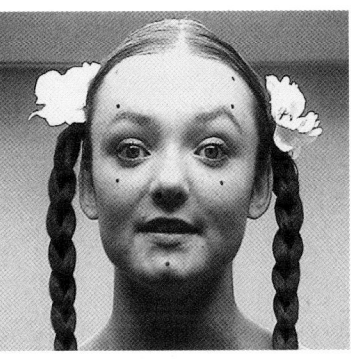

trug. Auch hinter Robert T-Online verbirgt sich in der Werbekampagne ein Darsteller. Aber sonst boomt das Geschäft mit den genuin virtuellen Akteuren.

Zu denen, die sich von Anfang an mit virtuellen Menschen beschäftigten, gehört Nadia Magnenat Thalmann mit ihrer digitalen Marilyn Monroe. Mit öffentlichen Fördermitteln erforschte Thalmann am MIRALab der Universität Genf die Automatisierung von Bewegungsabläufen sowie die Beschaffenheit von Haaren und Bekleidung virtueller Menschen.

Verwendung finden die uns zu lyrischen Vergleichen anregenden, engelgleichen Geistwesen aus ätherischen Sphären erst

LAND ON YOUR MOON: **Werbeclip für Sony Playstation. Die reale Fifi wurde digital deformiert und dadurch verfremdet**

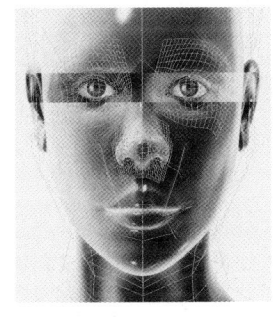

CG-Kopf mit Wireframe-Fragmenten. Die Kontraktion von Muskeln beim Sprechen kann im Computer nur angedeutet werden

Michael Jackson beim Motion Capture für das Video *GHOST*

Der virtuelle Popstar Tyra (rechts) war bereits Gast in TV-Talkshows und kann als Moderatorin für Veranstaltungen, Messen und andere Events gebucht werden. Links die virtuelle Echtzeit-Moderatorin Aimee der Agentur noDNA

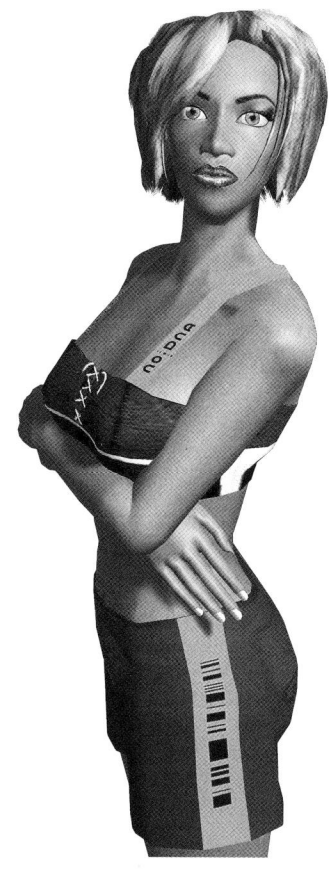

Hinter Max Headroom, dem ersten künstlichen TV-Darsteller, steckte 1985 noch ein Mensch mit Latex-Maske

einmal sehr profan anlässlich von Modenschauen, Großevents und bei Auftritten in TV-Sendungen. Die Topagentur für Fotomodelle, Elite, vermittelt neben Naomi Campbell und Claudia Schiffer auch synthetische Stars für den Laufsteg. Bei noDNA, einer deutschen Agentur, die ausschließlich virtuelle Darsteller vertritt, können die »Standard«-Modelle nach den Wünschen der Kunden modifiziert werden. Außerhalb dieser auf Echtzeitdarstellung basierenden Technologien ist das Internet Hauptverwerter für künstliche Menschen. Immer häufiger wird man im Net von virtuellen Empfangsdamen, Kundenberatern und anderem verkaufsförderndem Personal angequatscht und vollgelabert. Künstliche Menschen als Wirtschaftsfaktor: Kyoko Date, die die 40 000 Polygone ihres virtuellen Körpers mit Madonna-Tanzschritten bewegt. Lara Croft, das mittels Maus oder Joystick »domestizierte« Super-

weib der *TOMB RAIDER*-Saga. Für ein anderes Cyber-Model, Webbie Tookay, ist eine virtuelle Talkshow avisiert.

Anfang der neunziger Jahre noch Utopie, tummeln sich heute tagtäglich Menschen in 3-D-Communities. Dreidimensionale Chat-Worlds, die zum Shopping und zur Freizeitgestaltung jeglicher Form einladen, werden unser Leben zunehmend bestimmen. Vertreten werden wir in dieser künstlichen Welt durch Avatare, durch unsere virtuellen Abbilder. Die Menschen nutzen Avatare (ein dem Sanskrit entlehnter Begriff), um in der Virtualität kommunizieren zu können. Wem sein eigenes Spiegelbild auf die Nerven geht, der kann es nach Belieben verändern und der persönlichen Idealvorstellung annähern. Frei von körperlichen Beschränkungen, wie der Schamane in Trance, können wir in andere Rollen schlüpfen: Sei, der du sein willst, oder werde, der du bist.

Die Computergrafik, deren Geschichte mit Vektoren begann, schickt sich an, unser Leben zu verändern, und dies – wie immer betont wird – zu unserem eigenen Nutzen und Frommen. Die geschilderten wie auch andere sich in der Gentechnik beschleunigt vollziehende Entwicklungen sollen dazu beitragen, dass wir uns zu einer höheren, womöglich allem Materialismus abschwörenden Lebensform entwickeln. Per »Automorphing« werden wir uns in ein Paket Information verwandeln – und doch werden wir nicht jene neue Stufe individueller Freiheit erreichen, sondern mit implantierten Chips im Schädel und, weil durch Glasfasernetze verbunden, selbst gläserner und damit kontrollierbarer, eingestöpselt in die Matrix, die virtuelle Realität des globalen Datennetzes. Wenn heute vom Big Brother geredet wird, gibt es, anders als zu Orwells Zeiten, stürmischen Beifall. Alle finden diesen Bruder *cool*. Vorbehaltlos.

KÜNSTLICHE INTELLIGENZ

Derweil imaginiert Nadia Thalmann virtuelle Humanoide, die, basierend auf einem Modell des gegenwärtigen Zustandes der virtuellen Welt, in der Lage sind, selbstständig Aufgaben zu planen und durchzuführen: Schauspieler, die keiner kontinuierlichen Eingriffe durch den Benutzer bedürfen, die frei auf ihre Umwelt reagieren und Entscheidungen treffen können, die ihren Wahrnehmungssystemen und ihrer »Denkfähigkeit« entsprechen.

Vielleicht werden sich auf diese Weise Spielfilme eines Tages selber schreiben. Dann könnten wir uns bequem dem Diktat der sich selbst reproduzierenden Bilder, des virtuellen Perpetuum mobile, unterwerfen.

Oben: ROBERT-T-Online-Werbeclip. Ein realer Schauspieler mit Latexmaske wird zum Avatar
Links: Marilyn am Genfer See

ALL IS FULL OF LOVE: Maschinenmensch im Björk-Musikvideo (1999)

185

Karl-Heinz Christmann

motion control: kameraroboter

Aller Anfang, auch in der Filmtechnik, ist kindliche Imitation. Wie viele meiner Kollegen, die visuelle Effekte für Kino und Fernsehen basteln, war es eine Zeit naiver Unschuld, in der ich, überwältigt von Science Fiction, Stop Motion und der frühen *STAR TREK*-Reihe, meine eigenen kleinen Katastrophen auf Super 8 nachahmte. Ein 2,10-m-Hochhausmodell aus Holzleisten und Transparentpapier sowie

Puppenstuben fielen vor der Schmalfilmkamera dem Feuer zum Opfer. Schwache, aber notwendige Versuche, den Eindruck, den Filme wie *EARTHQUAKE* und *THE TOWERING INFERNO* hinterlassen hatten, zu bewältigen. Unser eigentliches Ziel aber waren die unendlichen Weiten des Alls, doch die Flüge von Raumschiffmodellen vorbei an Planeten aus Hartschaumkugeln wirkten unbeholfen, künstlich und lösten

Der Motion-Control-Kamerakran wird programmiert

◀ *THE FIFTH ELEMENT* (1996)

Heiterkeit bei den Zuschauern aus. Deutlich sah man die Fäden, an denen die Modelle herumschaukelten. Dann, als *STAR WARS* anlief, hörten wir von einem Kameraroboter, der die Raumschiff-Aufnahmen geradezu entfesselte und überdies kontrollierbar machte. Fäden und Drähte waren endgültig passé. Mit einem selbstgebauten Kamerawagen auf Schienen versuchte ich wenigstens etwas von dem Schwung der durch die Dykstraflex ermöglichten neuen Filmwelle einzufangen. Ich befestigte ein Raumschiffmodell an einer Stange vor einer schwarzen Wand und leuchtete es für die Kamerafahrt aus. Bei der Vorführung sah es so aus, als würde das Raumschiff in Richtung der Kamera fliegen. Es ist, als ob man im Bahnhof in einem Zug sitzt. Man schaut aus dem Abteilfenster auf einen anderen Zug, der auf dem Nebengleis losfährt, und hat unwill-

Arbeiten mit Modellen:
THE HIGH CRUSADE

kürlich das Gefühl, selbst zu fahren. Allerdings war eine gleichmäßige, saubere Kamerafahrt manuell kaum zu bewerkstelligen. Mehr Glück hatte ich, als ich an

meinen Kamerawagen einen Garagentorantrieb mit Spindel adaptierte. Krude Experimente wie diese schärfen unseren Sinn für die technische Improvisation, die dem Initianden hilft, sich in der Wildnis der Filmtricks zurechtzufinden. Kaum eine Special-Effects-Biografie, die nicht so oder ähnlich begann.

FRIKASSEE AUS DEM WELTRAUM

Bei Maschinenbau- und Informatikstudenten erkundigte ich mich schließlich, wie man eine Kamerafahreinheit mit Computersteuerung realisieren könnte. Daraus entstand ein kleiner 16-mm-Film mit *STAR TREK*-Modellen. Wir alle waren Autodidakten und Seiteneinsteiger. Mein erster professioneller Spielfilm war *THE HIGH CRUSADE,* den Klaus Knoesel und Holger Neuhäuser 1992 für die Produzenten Claussen & Wöbke und Roland Emmerich gestalteten. Designer Oliver Scholl hatte ein Raumschiff entworfen, das von einer Münchner Modellbaufirma auf 40 cm Länge miniaturisiert worden war. Damit die Szenen mit dem Modell dynamischer wirkten und die Struktur des Raumschiffs optimal im Licht erschien, ließen wir es um die eigene Achse rotieren. In einem von der Produktion gemieteten Atelier wurden an drei Wandseiten Holzrahmen mit gelochtem schwarzem Karton aufgebaut. Das war unser Weltall. Die weißen Studiowände dahinter dienten, von Scheinwerfern angestrahlt, als Reflexionsflächen, um die Sternenlöcher funkeln zu lassen. Aus Kosten- und Qualitätsgründen wurden die Aufnahmen als In-Kamera-Effekte hergestellt, ohne zusätzliche optische Arbeiten in der Postproduktion. Hier leistete eine von mir inzwischen modifizierte Motion-Control-Anlage erhebliche Dienste. Ich entwickelte eine Technik mit fahr- und drehbaren Glasebenen, die das Raumschiff vor den Sternenwänden frei schweben ließen. Durch kontrollierte Motion-Control-Abläufe konnten Kamera- und Modellbewegungen exakt wiederholt werden, was bei Mehrfachbelichtungen

sowie Aufnahmen mit Kasch und Gegen-
kasch unerlässlich ist. Im Verlauf mehrerer
Durchgänge wurde erst der Sternenhin-
tergrund mit der an der beweglichen
Glasebene montierten Silhouette des
Raumschiffs gefilmt. Danach wurde das
beleuchtete Raumschiff selbst auf der –
um Spiegelungen zu vermeiden – mit
schwarzem Samt abgedeckten Glasscheibe fotografiert. Für Einstellungen, in der
das Schiff eine Raumstation anfliegt, benutzten wir ein 5 cm kleines Modell.

DER KAMERAMANN ALS PROGRAMMIERER

Grundsätzlich gibt es zwei Arten von Mo-
tion-Control-Fotografie: Model Motion
Control für Miniaturaufnahmen und Realtime Motion Control für Live Action. Beide
Systeme garantieren saubere Kamerafahrten mit absoluter Wiederholgenauigkeit.
Modell-Systeme müssen langsame Fahrten in niedriger Bildfrequenz ausführen;
die dadurch entstehende lange Belichtungszeit ergibt bei entsprechender Beleuchtung große Tiefenschärfe. Ebenso
wird durch eine lange Belichtungszeit
während der Motion-Control-Fahrt eine
realistische Bewegungsunschärfe erzielt.
Und durch die Wiederholbarkeit der Kamerafahrt ist es zum Beispiel möglich, die
Triebwerke eines Raumschiffs mit einem
speziellen Glowfilter aufzunehmen oder
zusätzliche Beleuchtung in weiteren Belichtungen einzufügen. Meist handelt es
sich bei Model-Motion-Control-Einheiten
um schwere Konstruktionen, die fest in einem Studio montiert sind. Der Programmierer der Anlage ist gleichzeitig Kameramann. Echtzeit-Systeme sollten dagegen
leicht und transportabel, sowohl für
schnelle als auch langsame Fahrten geeignet sein; oft sind es modifizierte Kamera-
dollys. Die Kameracrew kann via Fern-
steuerung alle Bewegungsachsen steuern.
Dabei überwacht der Motion-Control-
Operator die Bewegungsabläufe und
zeichnet die Bewegungsdaten auf. Die
Fahrten können auch mit Keyframes pro-

5-cm-Raumschiff (Bild-
mitte) beim Anflug auf
eine Raumstation

grammiert werden. Beide Systeme benutzt man für Kamerafahrten, deren Daten an die Computeranimation übermit-
telt werden können. Umgekehrt muss
man mechanische Grenzen, Bewegungs-
radius, Geschwindigkeit usw. berücksichti-
gen. Eine weitere Variante ist die Übertra-
gung von Bewegungsdaten einer Real-
time-Motion-Control-Aufnahme zu einem
Model Motion Control Rig, um maßstabs-
getreue Modelle passgenau mit Live-
Action-Motion-Control-Szenen zu kombinieren. Dabei wird die Kamerafahrt der
Model-Motion-Control im Maßstab des
Modells, etwa 1:24, reduziert.
Aus meinen Erfahrungen habe ich ein völlig neues Motion Control Rig konstruiert,

189

DISNEYS DSCHUNGELFIEBER:
Modellaufnahmen

das beiden Ansprüchen gerecht wird. Das transportable System für Realtime-Aufnahmen und Modelltricks kann von zwei Personen an jedem beliebigen Ort aufgebaut werden. Auf stabilen Schienen fährt der Dolly mit dem Rotate, auf dem die Boomlift-Einheit mit Camerahead montiert ist. Die Bewegungsdaten können an ein Computergrafik-Programm übertragen werden. Einer der Vorteile eines transportablen Systems ist, dass man zum Beispiel unter freiem Himmel arbeiten, auf einem großen Parkplatz Modellaufnahmen oder Aufnahmen mit Schauspielern vor Greenscreen bei natürlichem Licht machen kann, um sie später digital mit Modellaufnahmen zusammenzufügen.

Heute werden Motion-Control-Systeme hauptsächlich in der Werbefilmproduktion eingesetzt. Bei so genannten »Packshots« (Produktaufnahmen) muss die Motion-Control-Kamera in einer bestimmten Szenenlänge von Punkt A nach Punkt B fahren und genau und beliebig oft wiederholen können.

Das alte Gefühl kindlicher Unschuld stellt sich nur noch selten ein. Die Tage der Bastler sind in der Computerära gezählt. Aber hin und wieder hat man Glück. Im Opening der Spielshow *DISNEYS*

Karl-Heinz Christmann
wurde 1961 in Kaisers-
lautern geboren.
Er betreibt dort einen
Motion-Control-Service.

DSCHUNGELFIEBER sollte eine JU-52 in ein Gewitter geraten und mit einem durch Blitzschlag verursachten Motorschaden über dem Urwald abstürzen. Die Aufnahmen sollten einen etwas surrealistischen Look haben. Daher konnte ich Gewitterwolken aus einer speziellen Füllwatte benutzen, wie sie in der Möbelfabrikation eingesetzt wird. Die Modell-Landschaft war in mehreren Ebenen gestaffelt: gemalter Hintergrund, Modellbäume und im Vordergrund auf Glas gemalte Äste. Die Poesie der Bastelei, von der Claude Lévi-Strauss einmal sprach, sie ist in einer sich »virtuell« gerierenden Welt rar geworden...

190

Volker Engel

neue welten entdecken

mit roland emmerich nach hollywood

Ich erinnere mich an ein Spiel aus meiner frühesten Kindheit: Orte entdecken, wo noch nie jemand gewesen ist. Das konnte die hinterste Ecke auf dem Dachboden oder der dreißig Zentimeter breite Spalt zwischen der Garage und dem Nachbarhaus sein, durch den kein Erwachsener dringen konnte. Diese wichtigen Eroberungen gingen einher mit der Entdeckung einer neuen Ebene der Realität: der Film-Ebene.

Mit einem alten Dux-Projektor, der mit einer Handkurbel angetrieben wurde, konnte ich Disney-Kurzfilme an die Wand projizieren. Das Praktische an der Kurbel war, dass man den Film vorwärts, rück-

wärts und einzelbildweise ansehen konnte. Das war meine erste Filmschule. Ich war sechs. Mit 14 kaufte ich mir von meinen Ersparnissen eine Super-8-Ausrüstung: Das Schicksal nahm seinen Lauf. Das Equipment wurde komplexer, die Motivation blieb dieselbe: Welten kreieren, wo noch niemand gewesen ist. Ich fand schnell heraus, dass ich mit den wunderbaren Mitteln des Trickfilms mein eigenes Universum erschaffen konnte.

Nach zwei kurzen Anläufen auf Schüler-Filmfestivals verspürte ich in mir den unweigerlichen Zwang zum Langstrecken-

Engels Skizzen für die Landeplattform

MOON 44:
Volker Engel bei der Detailarbeit am feindlichen »Flugzeugträger«, kurz vor der Aufnahme (links).
Feindliche Jäger, verankert im »Flugzeugträger«, der von Oliver Scholl entworfen wurde (rechts)

Die 70 cm große Landeplattform aus der Titelsequenz des Films

lauf: Ein 90-minütiges Science-Fiction-Epos musste auf die Beine gestellt werden, und das partout im Alleingang. Dieses Modelltrick-Projekt habe ich fünf Jahre lang stur durchgezogen, habe mich darin verbissen: das Drehbuch geschrieben, die Modelle gebaut, einige Sequenzen abgedreht. Heraus kam eine 15-minütige Dokumentation über den Entstehungsprozess eines Films, der nicht vollendet wurde. Diese »Bestandsaufnahme«, als Showreel etikettiert, sicherte mir einen Studienplatz in der Trickfilmklasse der Stuttgarter Kunstakademie. Mehr noch, sie verhalf mir zwei Jahre später zu meinem ersten Job als Visual Effects Supervisor bei Roland Emmerichs letztem in Deutschland produziertem Film: MOON 44.

DIE WELT DER IN-KAMERA-EFFEKTE

MOON 44 – das war Brainstorm in der Sindelfinger Büro-Küche, dreimonatiger Trickdreh im wabernden Kunstnebel, das waren 100-Stunden-Wochen und jeden Tag eine neue, scheinbar unlösbare Herausforderung. Es war das Paradies. Zumindest wenn ich in verklärter Romantik an das Jahr 1988 zurückdenke. Die Rechnung war einfach, es gab nur zwei Möglichkeiten: Leute, die pünktlich um

sechs Uhr nachmittags den Hammer fallen ließen, waren offensichtlich nicht sonderlich am Ergebnis der Arbeit und damit an einer beruflichen Laufbahn in diesem künstlerischen Bereich interessiert. Für den Rest von uns, die Filmenthusiasten, aber war es eine Freikarte ins Visual-Effects-Schlaraffenland.

Ein Journalist hat einmal bemerkt, dass Roland Emmerich mit seinen Filmen, die er in Deutschland produziert hat, zur effektivsten Ein-Mann-Filmhochschule avanciert ist – vergleichbar mit dem amerikanischen Produzenten Roger Corman, der immer wieder und konsequent junge Talente, von Francis Ford Coppola bis James Cameron, in seinen Stab geholt hat.

Das Budget von MOON 44 war vergleichsweise bescheiden; so viel wird heute in Deutschland für ein besseres TV-Movie ausgegeben. Alle Effekt-Einstellungen, 300 an der Zahl, wurden mit einer schlagkräftigen Truppe in einer alten Lagerhalle in Sindelfingen bei Stuttgart gefilmt. Unser hoch talentierter Production Designer war Oliver Scholl, der damals selbst noch mitten im Industrie-Design-Studium steckte. Mit Rolands Input entwarf er den Look des ganzen Films, von den Sets bis zu den Firmen-Logos auf den Kostümen der Schauspieler.

Ein solches Unternehmen ließ sich nur mittels einiger wichtiger Parameter durchführen: lange Vorbereitungszeit mit Test-

Dreh, geringe Studiomiete (deshalb Lagerhalle), kleines Team (preiswert, gute Kommunikation).

Ich wurde mit 23 Jahren als einer von drei In-House-Modellbauern angeheuert und fand mich nach einem knappen Jahr harter Arbeit beim Trickdreh als Visual Effects Supervisor für das gesamte Projekt wieder. Im Film geht es um den Kampf zweier großer Konzerne um einen Rohstoff-Mond. Eine bunt zusammengewürfelte Gruppe von Häftlingen muss zusammen mit einer Hand voll Computer-Geeks den Mond in einer selbstmörderischen Aktion gegen die Angreifer verteidigen.

Eine der Aufgaben, die uns gestellt wurden: Ein Containerfrachtschiff landet nachts auf einer riesigen Plattform. Im Hintergrund stehen die sieben gigantischen Wolkenkratzertürme des Firmen-Headquarters mit ihren Tausenden von erleuchteten Fenstern. Mir fiel es zu, die Landeplattform, das Schiff und die Wolkenkratzer als Modelle zu bauen. Bei der

Plattform und den Hochhäusern handelte es sich um bemaltes Plexiglas, das von innen mit Leuchtstoffröhren illuminiert wurde. Für die Wolkenkratzer musste ich ca. 70 000 Löcher in die Farbschicht auf das Plexi kratzen. Diese sahen dann im Film aus wie zahllose erleuchtete Fenster. Beide Modelle wurden mittels ausgeschlachteter Modellbausätze der Firma Kibri mit sehr vielen Details beklebt, die ihnen zusätzliche Größe verliehen. Das Frachtschiff baute ich in drei Tagen, ebenfalls nach einem Entwurf von Oliver Scholl. Für die Landung auf der Plattform wurde das ca. 30 Zentimeter große Modell an Angelschnüre gehängt und konnte, mittels eines Eimers mit Sand als Gegengewicht, sehr sanft aufsetzen. Die Triebwerke bestanden aus kleinen Halogenlampen, die aufgrund ihrer großen

Entwurf und Modell der Wolkenkratzer »Galactic Mining Headquarters«

Raumfrachter und Lande-plattform-Modell bei einem ersten Kameratest

Volker Engel und das Frachter-Modell, das er in drei Tagen aus den Resten von Modellbausätzen konstruierte

stab 1:24), die mit 48 Bildern pro Sekunde und einer extremen Weitwinkeloptik gefilmt wurden. Bei all diesen Modellaufnahmen galt für die Beleuchtung: viel Gegenlicht und nur eine leichte Aufhellung von vorne. Das unterstreicht einerseits die Plastizität und hilft andererseits, den Modellcharakter zu minimieren.

Durch *MOON 44* wurde Hollywood auf Roland Emmerich aufmerksam, und nach *UNIVERSAL SOLDIER* und *STARGATE* stand 1995 die ultimative Herausforderung an: eine Neuauflage des »War of the Worlds«-Themas.

INDEPENDENCE DAY

Inzwischen hatte ich mein Studium an der Stuttgarter Kunstakademie beendet und in den USA die Modellaufnahmen von *UNIVERSAL SOLDIER* überwacht. Anschließend begann ich ein Aufbaustudium im Bereich Animation an der neu gegründeten Filmakademie Baden-Württemberg. Nach zwei Semestern wechselte ich die Fronten und übernahm für die nächsten zweieinhalb Jahre die Organisation des Studiengangs. Wenige Wochen nach meinem Entschluss, wieder in die freie Wirtschaft zu gehen, erreichte mich ein Anruf von Roland Emmerich aus den USA, der eine erneute Zusammenarbeit vorschlug. Gleichzeitig sollte ich eine Gruppe talentierter Deutscher als Mitarbeiter gewinnen. Es ergab sich, dass wir zwölf Studenten der Filmakademie auswählten.

Uns wurde schnell klar, dass die Amerikaner ein sehr ausgeprägtes Hierarchiedenken hatten. Das kann für den Supervisor einerseits sehr angenehm sein, denn es wird ihm nicht ständig in seine Entscheidungen »reingeredet«. Es brachte aber auch mit sich, dass wir die Mitarbeiter regelrecht dazu anhalten mussten, auch eine eigene Meinung zu haben und nicht alles dem Supervisor zu überlassen, d. h. gelegentlich Verbesserungsvorschläge zu machen und kollektiv zu denken. Ich gewöhnte mir rasch an, meinem amerikanischen Team vor Beginn einer Aufnahme

Hitze immer nur für die Dauer eines Takes angeschaltet werden konnten. Beim Aufsetzen wirbelte das Schiff eine Menge Staub auf. Wir verwendeten Mehl, das mittels Druckluft aus Plastikschläuchen von der Plattform geblasen wird. Maßstabsgetreuer Regen im Vordergrund wurde mithilfe von Garten-Sprayern simuliert, die normalerweise zum Besprühen von Bäumen eingesetzt werden.

Die Helikopter, die zur Verteidigung des Mondes durch ein Labyrinth enger Schluchten fliegen, waren gleichfalls an Angelschnüren befestigte Modelle (Maß-

Für die Landung eines Frachters auf der Plattform zu Beginn des Films wird Mehl mittels zweier kleiner Plastikröhrchen in Richtung Kamera aufgewirbelt

Die Felsen auf Moon 44 bestanden aus einem Styroporkern, auf dem mit »Haftputz« per Hand die Details modelliert wurden

Um während der Helikopterflüge den Blick des Piloten aus dem Cockpit zu simulieren, wurde eine Cockpit-Attrappe vor der Kamera befestigt

immer den Gesamtzusammenhang des jeweiligen Shots zu erläutern. Zusammen mit dem Motion-Control-Spezialisten Doug Smith leitete ich schließlich ein Team von insgesamt 325 Spezialisten. Bereits in den ersten Gesprächen wurde festgelegt, dass die Mehrzahl der visuellen Effekte unter Verwendung von traditionell gefilmten »Miniatures« entstehen sollte. Niemand ahnte, dass sich *ID4 (INDEPENDENCE DAY, JULY 4ᵀᴴ)* zum größten Modell-

Dreh aller Zeiten entwickeln würde. Nach einer sehr kurzen Vorbereitungsphase (mir selbst blieben sechs Wochen Pre-Production) begannen im Juni 1995 die Dreharbeiten. Vier Kamerateams arbeiteten parallel, um die mehr als 4 000 Modell-Elemente aufzunehmen, die später digital kombiniert wurden. 3-D-Computeranimationen kamen hauptsächlich dann zum Einsatz, wenn ganze Schwärme der Alien-Raumschiffe auftauchten oder eine Arma-

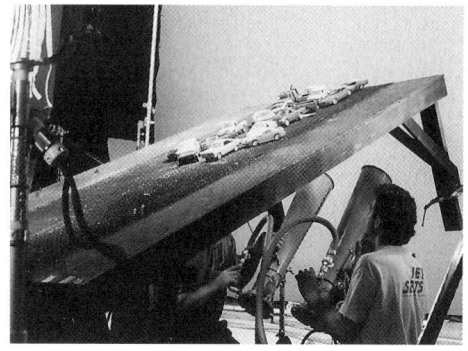

INDEPENDENCE DAY:
Spielzeugautos im Maßstab 1:24 werden auf einem Drahtgitter vor Blue Screen positioniert... und mittels Druckluft auf die Kamera geschleudert

da von Düsenjets. Die einzige bildfüllende Computeranimation im Film ist die Explosion des Mutterschiffs im Weltraum.

Die Entscheidung, in erster Linie mit Modelltricks zu arbeiten, hatte mehrere Gründe. Ein vorherrschendes Element bei *ID4* war die Pyrotechnik. Das Chaos der Zerstörung ganzer Städte mit interaktivem Feuer im Computer zu erzeugen hätte, 1995 sowieso, viel zu lange gedauert. Die relativ kurze Produktionszeit von nur ei-

nem Jahr war ein weiterer Grund, auf bewährte Techniken zurückzugreifen. Es blieb wenig Spielraum für Experimente, und es galt, effiziente und einfache Lösungen für die mehr als 400 Effekt-Einstellungen zu finden. Einige Beispiele: Die Autos, die während der großen Zerstörungswelle in Richtung Kamera geschleudert wurden, waren Plastikmodelle aus dem Spielzeugladen, die mittels Druckluft vor Blue Screen durch die Luft gewirbelt wurden. Gefilmt mit 200 Bildern pro Sekunde, wurden sie später mit der Hintergrund-Pyrotechnik kombiniert.

Das Präsidenten-Flugzeug Airforce One war ca. 40 Zentimeter lang und hing an dünnen Angelschnüren vor einem Foto-

30 cm große Düsenjets werden auf dem Studioparkplatz auf dem Tabletop-Modell eines Rollfeldes aufgestellt. Mechaniker und Piloten werden separat aufgenommen und digital in den Shot eingefügt

Airforce One hängt an dünnen Angelschnüren vor einem Fotohintergrund

Der Schatten, der im Film über einige berühmte Bauwerke wandert, wurde erzeugt, indem auf dem Studioparkplatz ein mit Stoff bespanntes Gestell zwischen Sonne und Modell gefahren wurde

Volker Engel erhielt für seine Arbeit an INDEPENDENCE DAY als erster deutscher Trickspezialist einen Oscar.
Im Oktober 1998 verlieh ihm Roman Herzog das Bundesverdienstkreuz für seinen Einsatz um den deutschen Filmnachwuchs.
Engel lebt in Los Angeles, wo er 1999 mit seinem Kollegen Marc Weigert die Produktionsfirma Uncharted Territory gründete und als Produzent eigene Spielfilm- und TV-Projekte entwickelt.

hintergrund. Um zu zeigen, wie die Piloten eines Geschwaders am frühen Morgen zu ihren Maschinen laufen, wurde ein Dutzend kleiner Plastikmodelle der Jets auf ein Tabletop-Rollfeld gestellt und auf dem Parkplatz vor dem Studio bei Sonnenuntergang gedreht. Die Piloten wurden später separat vor Green Screen aufgenommen und digital in den Hintergrund eingefügt.

Jede Sequenz hatte ihre eigenen Gesetze und Techniken. Ob Düsenjets an einem Bungeeseil durch eine Schlucht flitzen oder dafür mittels Model-Mover und Motion Control aufgenommen werden sollten, hing von den Erfordernissen des jeweiligen Shots ab. So kamen beim Dreh von *ID4* alle erdenklichen Verfahren zum Einsatz, was die Arbeit letztlich sehr spannend und abwechslungsreich gestaltete.

Nach *INDEPENDENCE DAY* leitete ich das Trickteam von Roland Emmerichs *GODZILLA*. Der »Hauptdarsteller« entstand zu 90 Prozent im Computer. Aufgrund der in der vorangegangenen Produktion gemachten Erfahrungen realisierten wir die Zerstörung der Bauwerke jedoch wiederum mit Modellen.

Über kurz oder lang wird die Computeranimation, ähnlich wie wir es im »Creature«-Bereich erleben, den traditionellen Modellbau fast komplett ablösen. Eine Nische für qualitativ hochwertige Modelle wird es allerdings weiter geben. Die Umwelt realistisch abzubilden gehört zu den großen Herausforderungen der Computer-Operatoren und ihrer Supervisoren. Wie ein Maler muss der CG-Künstler dafür ein gutes Auge haben. Mit dem Erlernen einer Software ist es allerdings nicht getan. Der Computer stellt letztlich nur ein Werkzeug dar, nichts anderes als Hammer oder Pinsel. Für welche Lösung man sich auch entscheidet, essenziell ist die Chemie im Filmteam: eine Lektion, die wir schon in den »Guerilla«-Tagen von *MOON 44* gelernt haben. Wo die Kommunikation nicht funktioniert, wird die Technik – und sei sie noch so genial – immer versagen. Hinter jedem Computer, jeder Maschine, jedem Werkzeug steht ein Mensch, der in einer Gemeinschaft Gleichgesinnter seinen Teil zum Gelingen des Gesamtkunstwerks beisteuern will, seinen Beitrag leistet, mittels des Mediums Film Orte zu entdecken, an denen noch niemand war.

Frank Petzold

ein unsichtbarer unter wasser
special effects im tippett studio

Eine Arriflex-Kamera war meine Filmschule, diese Kamera und der bleibende Eindruck, den tschechische Jugendfilme im Fernsehen bei mir hinterlassen hatten, die ebenso einfach wie genial Animationen und optische Effekte mischten. Science-Fiction-Produktionen wie *STAR WARS* waren für einen Anfänger, der sich das erste Mal mit den Möglichkeiten des Mediums Film befasste, technisch viel zu komplex. Dagegen war der Weg, den die Tschechen beschritten hatten, äußerst lehrreich und machte mir das grundlegende Konzept der Filmeffekte bewusst. Mit Filmexperimenten wie Doppelbelichtungen, Spiegeleffekten und Einzelbildphasen näherte ich mich langsam dem Medium an: Titel-Animationen, Bildmanipulationen, Cartoons. Der Weltraum war eine Wand aus löchriger Aluminiumfolie. Wie ich später herausfand, wurde in den frühen *STAR TREK*-Fernsehfilmen nach dem gleichen Prinzip verfahren.

Unterdessen hatten sich in den USA mehr und mehr Animationsstudios der computerunterstützten Bildmanipulation zugewandt. Kurze Computeranimationen in Filmen wie *THE ABYSS* kündigten die Ära des »Computer Graphics Imaging« im Spielfilm an. Aber aufgrund der noch viel zu hohen Budgets und der entgegengesetzten inhaltlichen Ausrichtung des europäischen Films wegen führte der CG-Filmeffekte-Markt hierzulande damals ein Schattendasein. Inspiriert durch Steven Spielbergs digitale Dinosaurier in *JURASSIC PARK* habe ich seinerzeit in Köln mit

wachsendem Erfolg Experimente mit computergenerierten Bildern durchgeführt. Mit der Trickkamera konnte ich digitale Bilder, die von einem Paint-Box-System erstellt wurden, durch ein optisches Farbseparationsverfahren auf 35-mm-Film ausbelichten. Allerdings ließ die Bildqualität noch zu wünschen übrig und erforderte weitere Versuche, die ich trotz des Interesses von Agfa ohne zusätzliche Hilfe nicht hätte leisten können.

NEUSTART BEI PHIL TIPPETT

Um meine Versuche mit digitalen Effekten gezielt fortsetzen zu können, bin ich mit meiner Frau 1995 nach Kalifornien gegangen und im Tippett Studio in Berkeley gelandet. Unter dem Einfluss der Filme von Ray Harryhausen war Phil Tippett einer der führenden Spezialisten für Stop-Motion-

Phil Tippett und Frank Petzold testen den Ablauf einer Visual-Effects-Szene für *THE HAUNTING*

◀ *HOLLOW MAN* (2000)

Animation gewesen und hatte mit seinem Partner Craig Hayes den Schritt von der traditionellen zur Computer-Animation gewagt. Mit dem praktischen Background als Kameramann für optische Filmeffekte und meinen Experimenten im CG-Bereich wurde ich von Phil und seinem Team zunächst als Technical Director und dann als Visual Effects Supervisor engagiert. Paul Verhoevens *STARSHIP TROOPERS,* in dem bis zu 600 digitale Kreaturen die Menschheit bedrohen, war ein für Computer Graphics geradezu gigantischer Film. Es mussten die technischen Anforderungen von 250 Einstellungen gelöst werden: sechs verschiedene Monster, CG-Feuer, -Wasser, -Rauch, -Explosionen und vor allem Interaktionen mit echten Schauspielern. Um solche nie zuvor gezeigten Illusionen zu realisieren, haben sich, abgesehen von drei Monaten Drehzeit in der Wüste von Wyoming, ca. 150 Spezialisten, Animatoren und Programmierer anderthalb Jahre lang den Kopf zerbrochen. Ein generelles Problem war die Entwicklung von Computerprogrammen, die von Animationskünstlern einfach bedient werden konnten. Eine solche Art von Software

verlangte nach Programmierern aus verschiedensten Bereichen, die in Zusammenarbeit mit den Künstlern ein leicht zu bedienendes Interface herstellen konnten. Weil mit jeder Science-Fiction-Geschichte die Erwartungen an die Visual Effects steigen, muss für jedes neue Projekt eine maßgeschneiderte Software vorbereitet werden. Da es zum Beispiel in der Computergrafik sehr schwierig ist, Objekte organischen Charakters mit anorganischen oder metallischen Objekten zu paaren, mussten für John Brunos Film *VIRUS* grundlegende Änderungen im Arbeitsprozess vorgenommen werden: Die Software, die für die virtuelle Beleuchtung der Mensch-Maschine Goliath verwendet wurde, musste häufig umgeschrieben werden. Die Leiter der Animations-Abteilung hatten mit einem Computermodell zu kämpfen, das aus 5 000 Objekten bestand.
Für Disneys Kinderfilm *MY FAVORITE MARTIAN* (Der Onkel vom Mars) wurde ein spezieller »Body Suit« für die digitale Umwandlung von Körperbewegungen entwickelt. Dieser Anzug konnte mit 150 Sensoren Bewegungen eines Schauspielers in den Computer übertragen. Nur so war es möglich, dem Charakter Zoot, der aus einem leeren Raumanzug bestand, Leben zu geben. Weitere Herausforderungen

stellten für mich die digitalen Komodo-Drachen für den in Australien produzierten Film *KOMODO* dar, der Action-Thriller *ARMAGEDDON*, Jan de Bonts Horrorfilm *THE HAUNTING* (Das Geisterschloss) sowie *THE HOLLOW MAN*, der wieder unter der Regie von Paul Verhoeven entstand.

KEVIN BACON – TRANSPARENT

Eine Story besser und glaubwürdiger zu visualisieren bedeutet, mit jedem Projekt innovative Techniken zu erarbeiten. Die Story von *HOLLOW MAN* handelt von Wissenschaftlern, die im Auftrag des Militärs ein Serum herstellen, das Menschen unsichtbar macht. Ein interessantes, aber filmtechnisch kompliziertes Thema, das in der Geschichte des Kinos schon mehrfach variiert wurde. Die Computergrafik bietet sich für ein derartiges Sujet als perfektes Werkzeug an, um jeden Aspekt der Idee zu verwirklichen. Es war uns sofort klar, wie schwierig es ist, etwas darzustellen, was eigentlich nicht sichtbar ist. In den Storyboards wurde der Unsichtbare nur durch den Einfluss verschiedener Elemente wie Wasser, Feuer, Regen, Blut und Staub sichtbar.

Eine technisch besonders schwierige Szene war der Tod eines Generals, der in seinem eigenen Swimmingpool nach einem Unterwasserkampf mit dem Unsichtbaren ertrinkt.

Wie aber sieht ein unsichtbarer Mann unter Wasser aus?

In den Vorbesprechungen mit Phil Tippett und meinem Kollegen Craig Hayes einigten wir uns, als ersten Schritt ausführliche Testaufnahmen durchzuführen, um selbst mehr über transparente Körper zu erfahren. Nach endlosen Unterwasser-Experimenten mit Luftblasen, Chemikalien und einem durchsichtigen Plastik-Menschen konnten wir uns ein klares Bild vom Hollow Man machen und somit in der Vorplanungsphase den Einsatz und das gewünschte Ziel der Visual Effects mit dem Regisseur diskutieren.

Kurz darauf folgten die abschließenden

Dreharbeiten des Unterwasserkampfs mit den beiden Schauspielern Kevin Bacon (der Unsichtbare) und William Devane (General) in einem eigens für diese Szenen konstruierten Swimmingpool im Sony Studio in Hollywood. Verlangt wurde ein enormer Aufwand an wasserdichter Computertechnik und entsprechenden VFX-Kameras, ganz zu schweigen von den fünf Tagen, die ich im Taucheranzug verbringen musste, um Bewegungsreferenzen der Schauspieler zu fotografieren. Während der Aufnahmen wurde im Tippett Studio an weiteren Layouts und projektbezogener Software gearbeitet, um Paul Verhoeven Vorschläge zur Verwirklichung der einzelnen Szenen anzubieten.

Mit der Idee, einen unsichtbaren Menschen zu entwickeln, war auch die Notwendigkeit verbunden, ein künstliches Menschen-Modell für die Computergrafik herzustellen. Kevin Bacon musste von Kopf bis Fuß mit einem Lasersystem digitalisiert werden und in einem New Yorker

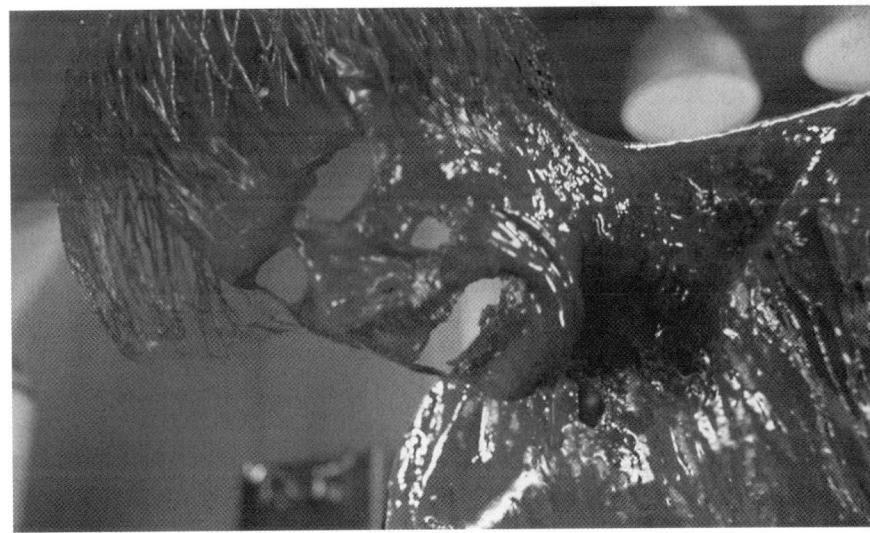

Fotostudio 250 verschiedene Gesichtsausdrücke für das Computermodell vor der Kamera darstellen. Tom Gibbons, unser Animation Supervisor, hatte unterdessen mit seiner Crew der CG-Figur das Laufen beigebracht und somit die ersten Anima-

Der blutbespritzte Unsichtbare in einer Szene aus *HOLLOW MAN*

Phil Tippett, Frank Petzold und Steven Spielberg bei Filmaufnahmen zu *UNIVERSAL MAGIC:* Steven Spielberg verfüttert Popcorn an CG-Dinosaurier

Die fertige Bildkomposition: Kleine CG-Dinosaurier machen sich über Steven Spielbergs Popcorn her

Frank Petzold, geboren 1968 in Wuppertal, ist heute als Visual Effects Supervisor für das amerikanische Tippett Studio tätig und Mitglied der Visual Effects Society. Er wohnt seit 1995 in San Francisco. Mit der Spezialisierung im Bereich »Creature Effects« für Science-Fiction-Produktionen arbeitet er gewöhnlich an drei Filmen pro Jahr, die meist in Amerika, Kanada oder Australien produziert werden.

tionen für die virtuelle Beleuchtung im Computer freigegeben.

Bald stellten wir fest, dass unser Hollow Man sich nur sehr schwer in den Hintergrund integrierte. Um das Problem zu lösen, wandte ich mich wieder einmal der klassischen Filmtechnik zu und drehte weitere kinematografische Elemente in unserem hauseigenen Atelier. Um den Unsichtbaren endgültig mit dem Original-Filmbild zu kombinieren, filmten wir Luftblasen, Blutspritzer und Rauchelemente vor einem Greenscreen, die wir später in die fertige Bildkomposition einmischten. Das Studio war nach Abschluss der Dreharbeiten für mehrere Wochen unbenutzbar, weil überall Filmblut klebte, und auch die gesamte Filmtechnik musste mehrmals gereinigt werden.

Jetzt konnte ich mich voll auf die Realisierung der Charakter-Animationen, die virtuelle Beleuchtung und die Komposition des Effektes mit dem Background konzentrieren. Das Einfügen der CG-Figur in den Original-Hintergrund erforderte ein geschultes Auge für Farbe und Kontraste, damit sich das Endprodukt auch nach unzähligen Film- und Video-Kopien noch sehen lassen konnte.

In zwanzig Wochen war es uns gelungen, einen Unsichtbaren zu erschaffen, der durch Wasser, Rauch, Feuer und Blut vor den Augen seiner Gegenspieler aus dem Nichts erscheint. Ein grundsätzliches Problem, das immer wieder neu gelöst werden muss (und hier schließt sich für mich der Kreis), ist die Kombination traditioneller Filmtechniken mit moderner Computergrafik – die Verknüpfung technischer und menschlicher Eigenschaften. Trotz der Vielzahl der Anwendungen in der digitalen Bildverarbeitung muss nicht jeder gute Effekt »aus der Büchse« kommen. Auch bei heutigen Produktionen greift man gerne auf altbewährte optische Systeme zurück. In dem Film *PRACTICAL MAGIC* (Zauberhafte Schwestern) konnte ich ein Matte Painting, das eine Mehrfachbelichtung des Negativs erforderte, mit einer alten deutschen Crass-Kamera aus den 50-ern innerhalb von ein paar Stunden fertigstellen. Eine Computer-Lösung wäre in diesem Fall weit umständlicher und zeitaufwändiger gewesen.

Wolfgang Borgfeld

das werk der digitalen wunder

Geld, wahnsinnig viel Geld. Und aberwitzig fantastische Geschichten. Hollywood erzeugt Superlative. Nirgendwo sonst auf der Welt sind derart große Budgets verfügbar, um derart unglaubliche Geschichten zu inszenieren. Die FX-Industrie in Hollywood lebt davon, dass Regisseure ihr Publikum auf realistisch anmutende Reisen in zuvor nicht abbildbare Universen schicken wollen: zu weidenden Dinosauriern, flüssigen Robotern, Lebensformen aus Wasser und sogar zu Gott. Die fortwährende Konfrontation mit unvorstellbaren Bildern konditioniert das Publikum: Das Wesen digitaler Effekte liegt darin, den Zuschauer zum Staunen zu bringen. Und sei es, dass das Publikum über die Budgets staunt. Bevor James Cameron sich an die Dreharbeiten für *TITANIC* machte, hatte er bereits mehr als zehn Millionen Dollar in die Entwicklung von Soft- und Hardware gesteckt. Mit diesem Budget drehen deutsche Produzenten im Schnitt drei Filme.

VORREITER
»COMEDIAN HARMONISTS«

Solche Dimensionen werden in Deutschland nur in der Werbung erreicht: Das Budget von 250 000 Mark für einen durchschnittlichen Werbespot entspricht einem Spielfilmbudget von 45 Millionen Mark. Aber in der Werbung soll nicht über die Effekte gestaunt werden. Das Digitale muss hinter dem Produkt zurückstehen, sich eigentlich unsichtbar machen: »Der beste Effekt ist der, den man nicht sieht.« Der Werbeindustrie ist es zu verdanken, dass heute die digitale Postproduktion zwischen München und Hamburg international konkurrenzfähig ist. Deutschen Werbe- und Spielfilmen ist das nicht immer anzusehen. Beispiel *COMEDIAN HARMONISTS:* Mehr als vierzig Einstellungen des Films wurden von der Münchner Postproduktion Das Werk digital bearbeitet. Die Effekte bleiben unsichtbar, stehen voll und ganz im Dienste des auf Authentizität setzenden, in den dreißiger Jahren spielenden Films: Moderne Gebäude wurden wegretuschiert, eine Hand voll Komparsen digital in einer Szene so oft vervielfältigt, bis sie das Bild als tausendköpfige Zuhörermenge füllte, eine Friedhofsanlage, die beim Dreh in sommerlichem Grün stand, wurde in der Bearbeitung mit novemberfahler Tristesse versehen. Regisseur Joseph Vilsmaier, der sich als Kameramann alter Schule zurückhaltend der digitalen Filmbearbeitung näherte, war schnell überzeugt: »Dös sig i scho, dös wird«, meinte er angesichts der Bearbeitungsgeschwindigkeit der Quantel Dominos.

Das Bildbearbeitungssystem Domino von Quantel erlaubt die hochauflösende Digitalisierung von zwei Minuten 35-Millimeter-Film. Da jede Sekunde Film aus 24 Einzelbildern besteht, können bis zu 2 880 Einzelbilder geladen werden. Hierzu wird jedes einzelne Bild von einem Scanner abgetastet und digitalisiert. Die hohe Auflösung eines vollen Kinobildes (das die 16-fache Auflösung eines Videobildes hat) wird beibehalten. Die Bilder können jetzt digital bearbeitet werden. Wenn man bedenkt, dass es einer Diskette von 1,2 Megabyte (MB) bedarf, um nur ein Videobild

Compositing der New
Yorker Matrosen-Szene in
COMEDIAN HARMONISTS.
Drei Momentaufnahmen
des Rohmaterials – teilweise
mit grünabgehängtem
Hintergrund

abzuspeichern, kann man die Speicherka-
pazität eines Domino ermessen. Ein Quantel Domino kostet rund 2,4 Millionen
Mark.

Die Produktion hatte zunächst nur die
»Audience Replication« genannte Ver-
mehrung der New Yorker Matrosen mit
digitaler Hilfe geplant. Vilsmaier drehte
den Auftritt der Comedian Harmonists im
New Yorker Hafen, wo die »USS Independence« an der 52. Straße festgemacht
liegt. Ohne die Kamera zu bewegen, wurde achtmal ein und dieselbe Totale eines
Pontons mit Podest und Klavier, einer am
Ponton angelegten Korvette und eines dahinter liegenden großen Flugzeugträgers
gedreht. Der einzige Unterschied war,
dass die rund 200 Komparsen in Matro-
senuniformen stets an anderen Punkten
standen: Mal im Bildhintergrund hinter
dem Klavier, dann auf der Korvette und
schließlich im Vordergrund jubelten sie
den Comedian Harmonists zu. Die einzelnen Szenen wurden dann am Quantel
Domino zu einem Bild zusammengefügt,
in dem annähernd 2 000 Matrosen zu sehen sind.

Die Tücke steckte hierbei im Detail. »Man
hatte uns versichert, dass außer den Matrosen alle sichtbaren Objekte starr wären«,
erinnert sich Domino-Supervisor George
Maihöfer. »Als wir das Filmmaterial hatten,
mussten wir feststellen, dass sich alles bewegte: Der Ponton, auf dem die Kamera
stand, schwankte und ließ die Häuser im
Hintergrund auf und nieder wippen, die
Korvette dümpelte leicht, und selbst der
Flugzeugträger lag nicht völlig ruhig. So
mussten wir drei sich gegeneinander
bewegende Objekte in einem Bild zu-
sammenfügen.« Die Postproduktion half
sich unter anderem damit, dass sie den
Hintergrund neu gestaltete: Sie fügte einfach eine neue Ansicht der Stadt mit zwei
Hochhäusern ein und trimmte die Szenerie mehr auf das New York der dreißiger
Jahre.

Hier wurde mittels digitalem Compositing
aus mehreren Bildquellen ein neues, realis-
tisches und seine Bearbeitung verhehlen-
des Bild gestaltet. In einer anderen Szene
variierten die Effektwerker ein klassisches
Mittel der Filmgestaltung, das Matte Painting. Nur wurde es digital erzeugt. Auf ei-

nem Friedhof steht Harry Frommermann, dargestellt von Ulrich Noethen, an einem Grab und fröstelt, denn es ist Winter. Fahler Himmel ist zwischen den kahlen Bäumen zu sehen, der Boden hat jene Spur Grau, die hart gefrorener Erde eigen ist. Diese Nuancen sind Produkte digitaler Bildmanipulation, denn gedreht wurde im Sommer, als die Bäume in dickstem Grün standen und der Boden von feuchter Bräune war. Noethen wurde vom Hintergrund getrennt, der Hintergrund auf Winter umgearbeitet, und dann wurde Noethen wieder ins Bild eingesetzt. Die Erstellung des so genannten digitalen Matte Paintings dauerte rund eine Woche. Wuchernde Sträucher wurden entfernt, Bäume entlaubt, Laub von grün auf braun umgefärbt. Um die winterliche Atmosphäre zu unterstreichen und die Komposition lebendiger zu machen, ließen die VFX-Zauberer noch eine Krähe durchs Bild fliegen. Details wie diese führen dazu, dass der Zuschauer bearbeitete Bilder als wahr

akzeptiert: Er sieht die Details, ohne sie bewusst wahrzunehmen.

LOLA RENNT

Der nächste Meilenstein in der Werk-Geschichte war Ergebnis cineastischer Expressivität. »Ein guter Titel zelebriert den Beginn des Filmes, er schafft eine Stimmung, gibt eine Richtung an, deutet Emotionen an«, lautet das Credo von Tom Tykwer. *LOLA RENNT* löst diesen Anspruch ein: »Der Film spielt mit den Möglichkeiten des Lebens, deshalb spielt der Titel mit den Möglichkeiten des Kinos. Er antizipiert die filmischen Elemente und das Tempo des Films.«
Tykwer hatte die Titelsequenz bereits im Drehbuch sehr präzise skizziert: »Nur weil sie integraler Bestandteil des Buches war, war es möglich, sie zu realisieren.« Wäre sie erst später formuliert worden, wie dies häufig der Fall ist, hätte wohl jeder Produzent angesichts der zeit- und kostenintensiven Produktion abgewunken. Gemein-

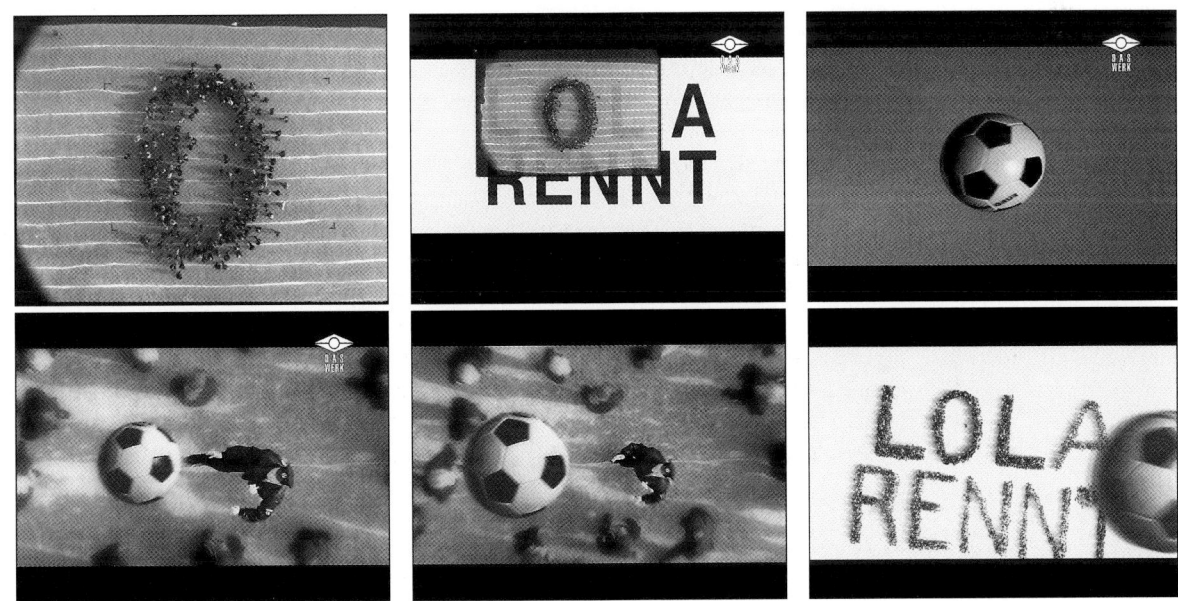

Prozess der Titelentstehung *LOLA RENNT*:
Menschen werden aus der Luft aufgenommen. Der Zoom wird digital verlängert, die Menschengruppe »O« an den vorgesehenen Platz gebracht. Von der Großaufnahme eines Mannes wird in die Totale gezoomt. Ein separat aufgenommener Ball wird in das Bild integriert. Fertiges Compositing

**Sturz auf Berlin:
Zwischenphase des aus
verschiedenen Einzelbildern
zusammengestellten
digitalen Morphs, der wie
ein Sturz aussieht**

sam mit Das Werk definierte Tykwer die
Elemente, aus der später am Bildbearbeitungscomputer Quantel Domino die or-
ganische Kamerabewegung zusammengesetzt werden sollte. Kern ist eine Einstellung, in der sich ein Gewimmel von
Menschen zu den Worten »Lola rennt«
formiert. Tykwer drehte auf dem Rollfeld
des Berliner Flughafens Gatow von einem
sechzig Meter hohen Kran jeden der neun
Buchstaben einzeln mit jeweils dreihun-
dert Statisten. Dabei wurde erst der fertig
geformte Buchstabe gedreht, dann liefen
die Statisten rückwärts auseinander. Um
den gewünschten Effekt zu erzielen, wurden die einzelnen Buchstaben dann vom
Werk in umgedrehter Bewegung zu den
Worten »Lola rennt« zusammengesetzt.
Vom grauen Rollfeld des Flughafens sollte
man im Film nichts mehr sehen, die Wor-

te sollten sich vor weißem Hintergrund
bilden. Daher wurde der Beton mit
weißen Stoffbahnen abgedeckt, die im
Computer zusätzlich aufgehellt werden
sollten. Dummerweise begann es zu reg-
nen, und die Stoffe nahmen die schmutzig
graue Farbe der Rollbahn an, was den
Bildbearbeitern von Das Werk später großes Kopfzerbrechen bereitete.
Die von Menschen geformten Worte werden im Titel dadurch sichtbar, dass die Kamera einen von Armin Rohde in die Höhe
getretenen Ball verfolgt. Gedreht wurde
die Szene ohne Ball: Armin Rohde tritt ein
unsichtbares Etwas in die Luft, und Kameramann Frank Griebe zoomte aus 60 Meter Höhe blitzartig von 250 mm Brennweite auf 25 mm auf. In diese Zoom-Be-
wegung wurde der Ball – ein Produkt der
3-D-Animation – integriert, dann wurde
der Zoom im Computer verlängert, um
die Worte ganz sichtbar zu machen. Tykwer war zufrieden: »Genau dieser Übergang zwischen der organischen, uns vertrauten Bewegung und der elektronisch
erzeugten war kompliziert. Aber ich denke, Das Werk hat diese Hürde sehr gut ge-
meistert.«
Im Anschluss an die Hatz durch den Zei-
chentricktunnel (Animation: Studio Film
Bilder, Stuttgart) stürzt Tykwer die Zuschauer in die Geschichte: Berlin ist für einen kurzen Moment aus großer Höhe zu
sehen, bevor die Kamera rasend schnell zu
Boden schießt. »Wir haben das von einem
Hubschrauber aus mit einem großformatigen Fotoapparat aufgenommen. Ausge-
hend von 3 000 Meter Höhe haben wir jeweils hundert Meter tiefer ein Bild gemacht. Diese Einzelbilder wurden am
Domino zu einem Sturz auf die Erde
zusammengefügt.«
Dem Sturz schließt sich eine wahnwitzige
Steadycam-Bewegung durch eine Woh-
nung an, die in der Großaufnahme eines
Telefons ihr Ende findet: Der Film fängt an.
Die Komplexität der Titelgestaltung lässt
ein großes Filmbudget erwarten. Tykwer
hatte für den ganzen Film drei Millionen

Mark zur Verfügung, was mittlerweile selbst für deutsche Verhältnisse schmal zu nennen ist. »Wenn du genau weißt, was du willst, dann geht das«, ist Tykwers Erfahrung. »Der Vorspann ist genau so geworden, wie ich mir das vorgestellt habe.« Tykwer will dies ausdrücklich nicht auf die Technik bezogen wissen: »Digital heißt nicht, dass du was in den Computer reinstopfst, und der macht das dann. Der Operator ist die maßgebliche Person. Ein guter Operator beherrscht die Kunst, die Technik zu überlisten.«

OTTO – DER KATASTROFENFILM

Seit Dinosaurier über die Leinwand gelaufen sind, werden die spektakulärsten Kinoeffekte mit 3-D-Animation gleichgesetzt. Dabei ist das Geheimnis der Effektarbeit die Symbiose von Modellaufnahmen mit »on location« gedrehtem Material. Beispiel *OTTO – DER KATASTROFENFILM*. Mehr als hundert Einstellungen sind digital bearbeitet worden, was *OTTO* zum bislang effektreichsten Film in der Werk-Geschichte macht. Über vierzehn Mitarbeiter haben 1999 sechs Monate lang an den Effekten des Films gebastelt. Zu den Aufgaben gehörte neben der Effektbearbeitung am Computer die Planung und Abwicklung des 2nd-Unit-Drehs, der genau jene Bilder erzeugte, die für die digitalen Effekte gebraucht wurden. Hierbei arbeitet Das Werk eng mit Magicmove zusammen, das unter anderem in den Motion-

Die »Queen Henry« fährt unaufhaltsam auf die Freiheitsstatue zu. Ansicht des Modellsets – rechts der Bug der »Queen Henry«. Mehrere Modelle der Freiheitsstatue wurden zu Fall gebracht, um den Sturz sauber abzubilden. Der Bug pflügt durchs Grün, Komparsen auf der Flucht vor Blue Screen. Das Schiffsmodell rammt das Ufer.

Original-Leuchtreklame des Million Dollar Hotels unbearbeitet – bearbeitet: Das marode Neonschild wird mit digitaler Hilfe wieder zum Leuchten gebracht

Control-Sequenzen die Kameraführung übernahm. Der aufwändigste Effekt zeigte einen Ozean-Luxusliner, der auf die New Yorker Freiheitsstatue kracht. Für die Umsetzung wurden von Schiff und Statue Modelle in verschiedenen Größen gebaut. Im Mittelpunkt stand ein 140 Kilogramm schweres, fünf Meter langes Schiffsmodell. Da es nur schwer manövriert werden konnte, setzte man es lediglich visuell in Bewegung: Eine computergesteuerte Motion-Control-Kamera filmte das ruhende Schiffsmodell, fuhr an ihm vorbei und über es hinweg. Die entstandenen Bilder des Schiffs wurden später im Bildbearbeitungscomputer auf entsprechend vorbereitete und perspektivisch mit der Bewegung der Motion-Control-Kamera abgestimmte Hintergründe gelegt. Auch hier wurde auf Detailtreue geachtet: Die Bugwelle gehört eigentlich zu einem Großtanker, der separat gefilmt worden war. Nur so konnte das ruhende Modell überzeugend als Schiff durch die Wellen pflügen.

Der gigantische Slapstick wurde aus verschiedenen Blickwinkeln effektvoll in Szene gesetzt. Der Schiffsbug wurde mit einem Katapult auf das Fundament der Freiheitsstatue geschossen, die Kollision und den Sturz der Freiheitsstatue nahmen drei Hochgeschwindigkeits-Zeitlupenkameras auf. Das Aufschlagen und Auseinanderbrechen des Modells der Statue wurde mit bis zu 420 Bildern pro Sekunde aufgenommen (normal sind 24 Bilder). Die ext-

rem verlangsamten Bilder scheinen jetzt den Fall eines großen, massigen Objektes zu zeigen und nicht mehr die Bewegung eines Modells. Diese Modellsequenz wurde mit eigens gefilmten Hintergründen New Yorks und vor Blue Screen aufgenommenen Szenen fliehender Touristen zum fertigen Bild kombiniert.

Visuell verrückter sind eigentlich nur die Szenen, in denen Otto als Baby zu sehen ist: Zunächst waren alle Einstellungen mit einem Säugling sowie mit Puppen gedreht worden. Danach ging Otto ins Studio und stellte vor grünem Hintergrund alle Bewegungen des Babys nach. Die digitalen Werker fügten dann in der Manier eines Frankenstein Ottos Kopf mit dem Körper des Babys beziehungsweise der Puppe zusammen – das Resultat ist ein skurriles Geschöpf der Spezies Otto.

DAS MILLION DOLLAR HOTEL STRAHLT WIEDER

Die Zukunft des Films wird nicht von derart augenfälligen Effekten bestimmt sein. Sie sind der Motor, der die digitale Entwicklung vorantreibt. Welcher Art das digitale Medium sein wird, lässt THE MILLION DOLLAR HOTEL ahnen, der zwanzigste Spielfilm von Wim Wenders.

Kameramann Phedon Papamichael fing die Atmosphäre des titelgebenden, ebenso beunruhigenden wie faszinierenden Ortes in Cinemascope-Bildern ein, die die Münchner Spezialisten von Fall zu Fall subtil verfeinerten. Mit digitalen Mitteln

gestalteten sie Szenenübergänge mit mehrfachen Überblendungen, realisierten nachträglich Zeitlupen, nahmen Farbkorrekturen bei Szenen vor, die an unterschiedlichen Tagen gedreht worden waren und deren Tönung nicht zusammenpasste. Neben diesen visuellen, die Bildgestaltung perfektionierenden Effekten wurden klassische Bildkorrekturen durchgeführt: Zur Effektbearbeitung gehörten die Stabilisierung unruhiger Hubschrauberaufnahmen sowie die Retusche von Sicherheitsleinen bei Tom Toms Sprung vom Dach des Hotels. Schließlich wurde die seit Jahren marode Leuchtreklame des Million Dollar Hotels mit digitaler Hilfe wieder zum Strahlen gebracht.

Alles in allem dauerte die Postproduktion und Effektbearbeitung am Quantel Domino im Werk München sechs Wochen. Das Ergebnis weist nachdrücklich auf das kreative Potential hin, das digital erzeugte visuelle Effekte haben. Es stellt eine in der Öffentlichkeit meist wenig beachtete Facette digitaler Effektarbeit dar.

COMEDIAN HARMONISTS, LOLA RENNT, OTTO – DER KATASTROFENFILM und *THE MILLION DOLLAR HOTEL* stehen für verschiedene Arten digitaler Filmbearbeitung. Die offensichtlichen, spektakulären, Unmögliches illustrierenden Varianten werden auch in Zukunft realisiert werden, aber an Bedeutung verlieren. Die Bilder eines explodierenden Weißen Hauses, einer niederkrachenden Freiheitsstatue oder eines Dinosauriers auf der Jagd waren

der Motor, der die Möglichkeiten digitaler Bildgestaltung erweiterte. Gewissermaßen wiederholt sich in der Entwicklung der digitalen Effekte die Geschichte des Films: Der war auch lange ausschließlich Jahrmarktsvergnügen, bis er andere Ausdrucksformen entwickelte und an Bedeutung gewann. Die Zukunft wird jenen Bildern gehören, die ihrem Wesen nach Abbildcharakter haben, deren Gestaltung mit digitalen Mitteln sie aber als Produkte eines Autors ausweisen. Bilder werden endlich unzweifelhaft als das zu interpretieren sein, was sie immer waren: interessengeleitete Instrumente der Kommunikation. Für Unternehmen wie Das Werk stellt dies keine neue Herausforderung dar, schließlich sind sie mit und durch Werbung groß geworden.

Wolfgang Borgfeld,
Pressesprecher Das Werk AG.
Studium der Anglistik und
Filmtheorie, Master of Arts.
Abschluss an der
University of East Anglia,
Norwich, mit einer Arbeit
über Walter Hill und
die Auflösung des Genre-
begriffs im US-Kino.

Gert Zimmermann

eine affäre mit lara

Weiblich, geboren am 14. Februar 1968 in England, aus aristokratischem Elternhaus, Schulabschluss an einer Schweizer Privatschule, eine geplatzte Hochzeit, Flugzeugabsturz über dem Himalaja und einzige Überlebende, studierte Sprachwissenschaften, Anthropologie und Archäologie und ist, nachdem sie von ihrem Vater enterbt wurde, als Forschungsmitarbeiterin im British Museum in London tätig.

Wer glaubt, dass es sich hierbei um den Lebenslauf einer intelligenten, attraktiven Frau im heiratsfähigen Alter handelt, der ist den Marketing-Profis von Eidos auf den Leim gegangen. In Wahrheit dreht es sich um die Aneinanderreihung komplexer Datensätze und Algorithmen. Auf den Spuren von Darwin analysieren wir im Folgenden die wahre Herkunft dieser speziellen Spezies, der synthetischen Wesen *sui generis*.

Noch vor dem Modellieren einer dreidimensionalen Figur werden zunächst sämtliche Ansichten, so genannte Turn-Arounds, per Hand gezeichnet und danach koloriert. Schon allein diese Vorarbeit kann mehrere Grafik-Designer über Monate hinweg beschäftigen. Im Falle von Lara Croft liegt ein Style Guide als Referenz vor, in dem Lara von Kopf bis Fuß durchnummeriert und bestimmten Farben zugeordnet wird. Nur so ist ein gleich bleibender Look, sprich ein Corporate Design, gewährleistet. Erst wenn diese Arbeiten vom Art Director abgesegnet sind, machen sich die Digital Artists daran, die Figur in die nächst höhere Dimension zu avancieren. Es entsteht ein Netz aus Tausenden von Polygonen, lauter kleinen Vielecken, die in ihrer Gesamtheit Lara Croft ergeben. Bis heute sind es schon weit über 60 000.

Im Vergleich zu künstlichen Menschen wie Cyborgs, Cybernetic Organisms, halb Mensch, halb Maschine, oder Androiden, – der Terminus leitet sich aus dem Griechischen ab und heißt so viel wie menschenähnlich – sind die virtuellen Schöpfungen zwar in drei Dimensionen optisch wahrnehmbar, dennoch fehlt ihnen ein wesentlicher Bestandteil – die Materie. Um diese Unvollkommenheit zu verschleiern, bemühen sich ihre

Lara in jungen Jahren

Nach harten Vertragsverhandlungen erhielten wir schließlich von ihren Managern bei Eidos Interactive die Genehmigung, mit ihr zu drehen. Ein außergewöhnlicher Vertrag mit der Überschrift »Gebrauchsgestattung von Lara Croft Dateien« wurde von beiden Parteien unterzeichnet.

Wie jedes Kleinkind im Körper einer erwachsenen Frau (Laras digitales Geburtsdatum war im Jahr 1995 im Entwicklungslabor von CORE Design in Derby bei London) hatte auch sie damals noch Schwierigkeiten, sich zu artikulieren. Auch ihre motorischen Fähigkeiten waren nicht vollständig ausgeprägt.

Unsere Linguistik-Experten, wir nennen sie auch Grafikdesigner und Programmierer, mussten ihr erst einmal beibringen, den jeweils korrekten Gesichtsausdruck bei den einzelnen Vokalen a, e, i, o, u aufzusetzen, und verhalfen ihr zu einem bewegten Lächeln und weiterer Mimik. Unsere Tai-Chi-Chuan-Gelehrten, im Fachjargon auch Character-Animatoren genannt, trainierten mit Lara die Grundelemente der Bewegungslehre in unserem Motion-Capture-Dojo. Sie sprechen von Automatismen, Translationen und Rotationen und beziehen sich bei ihrer Schulung auf die mechanischen Gesetze und Beobachtungen beim Menschen. Bereits nach wenigen Wochen war Laras Bewegungsapparat voll Anmut und Grazie. Auch wir waren überrascht, wie wissbegierig und lernfähig sie war.

Wegbereiter, sie mit raffiniert inszenierten Täuschungsmanövern aus ihrer virtuellen Welt in die reale zu transportieren. Ein professioneller Steckbrief sorgt für die perfekte Illusion.

TOMB RAIDER

Es war Liebe auf den ersten Blick und begann im Jahr 1997. Damals hatten wir die Ehre, Frau Croft auf ihrem Weg zum Superstar zu begleiten. Wir alle kannten die charismatische Erscheinung natürlich schon aus dem Spiel *TOMB RAIDER*. Der große Erfolg und ihr enormer Bekanntheitsgrad brachten uns damals auf die Idee, sie als Stargast in das von uns fürs Fernsehen entwickelte Spielemagazin »RealTime« einzuladen, das seinerzeit pilotiert wurde.

Vollständig assimiliert und vorbereitet für die reale Welt, begleiteten wir sie bei einigen ihrer Abenteuer, die sich auch für uns sehr schnell als wahre Herausforderung erwiesen. Gemeinsam bereisten wir entlegene Kontinente und fremde Länder. Im Sommer 1998 verschlug es uns nach Atlanta im Süden der Neuen Welt. Im Staate Georgia stellte sich Lara

Lara lernt den aufrechten Gang

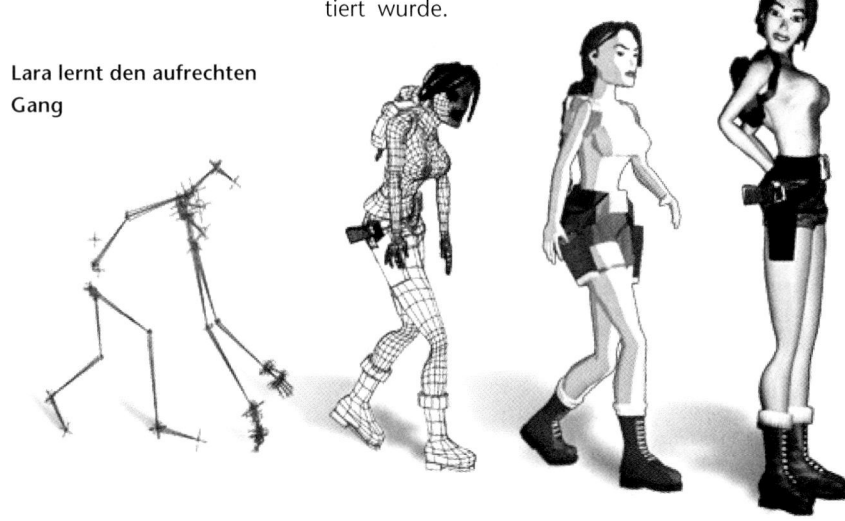

den Fragen Tausender neugieriger Fans, die sie allesamt am Messestand von Eidos live beantwortete. Als technische Väter ihrer biomechanischen Prinzipien kontrollierten wir im Hintergrund lediglich, dass sie das Gelernte auch bestmöglich umsetzte.

Ihre Karriere als Model war nicht mehr aufzuhalten, als plötzlich der englische Starfotograf David Bailey auf sie aufmerksam wurde und mit ihm die renommierte Agentur Elite mit Sitz in New York. Die Manager von Eidos entschieden sich jedoch dafür, ihren Star selbst zu vermark-

SCHWEINE mit der Musikgruppe »Die Ärzte«. Zu guter Letzt stand sie uns im kalten Hamburg eine Nacht lang für Aufnahmen eines Werbespots der Frauenzeitschrift »Brigitte« zur Verfügung. Wie so oft übernahmen wir auch hier wieder die Rolle der digitalen Stylisten und Maskenbildner.

Gelegentlich war es Lara erlaubt, menschliche Körper aufzusuchen. Bei ihren Ausflügen in die reale Welt wechselte sie in regelmäßigen Abständen ihre Wirte. Eine Vielzahl makelloser Schönheiten aus Fleisch und Blut wie Rhona Mitra, Nell McAndrew

ten – und das aus gutem Grund: Mit Lara stieg der Umsatz von Eidos jährlich um das Zwanzigfache. Wir bekamen den Auftrag, mit ihr den Werbespot für den zweiten Teil des gleichnamigen Spielehits *TOMB RAIDER* zu filmen. In einer alten Lagerhalle im Norden von München drehten wir mit ihr das Musikvideo *MÄNNER SIND*

oder Lara Weller stand Pate, bis zur letzten vollkommenen Metamorphose. Heute hat sie es geschafft – die Traumkarriere eines jeden Models findet im Hollywood-Vertrag ihre Vollendung, und den hat Lara bei Paramount Pictures unterschrieben. Beim ultimativen Quantensprung von der virtuellen in die reale Welt steht ihr keine

**Rhona Mitra,
Nell McAndrew,
Lara Weller**

Vom Storyboard zum Film

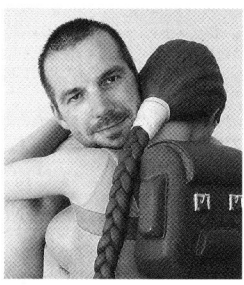

Gert Zimmermann
*ist Division Manager
Animation-VFX der SZM
Studios, München.*

geringere als Oscar-Preisträgerin Angelina Jolie als Double zur Verfügung.

Den Erfolg auf Zelluloid suchten vor ihr schon artverwandte Protagonisten wie Super Mario, um nur einen ihrer virtuellen Kollegen zu nennen. Obwohl auf der Leinwand Bob Hoskins die Figur verkörperte, waren die Bemühungen vergebens. Diese Filme waren allesamt Flops, und man verbannte die Kunstwesen schon bald aus ihren menschlichen Körpern zurück ins Exil der Spielewelten.

Lara hat auf jeden Fall das Zeug zum Filmstar. Kein anderer virtueller Held wurde so oft kopiert und doch nie erreicht. Keiner anderen virtuellen Figur wurden so viele Websites gewidmet, und dieser Erfolg lässt sich messen. Heute listet allein die Internet-Suchmaschine Altavista bei der Eingabe des Suchtextes »Lara Croft« 10 285 Einträge. Kein anderer virtueller Star pro-

motete so viele verschiedene Produkte in Werbespots wie Lara. Von der Automarke Seat bis zum Erfrischungsgetränk Lucozade – Lara warb erfolgreich für jedes Produkt. Wir wünschen ihr auf jeden Fall viel Erfolg für ihre Zukunft als Filmstar. Es waren turbulente Jahre mit Lara, aber wir würden keine Minute zögern, uns mit ihr aufs Neue ins nächste Abenteuer zu stürzen.

TITANIC (1997) ▶

anhang

glossar: begriffe und verfahren

Alias/Wavefront
3-D-Software-Firma.

Analog
Informationen/Daten, die sich kontinuierlich, stufenlos verändern. Der Film ist zum Beispiel ein analoges Medium. Gegensatz: Siehe digital.

Avatar

Animation
Phasenweise, d. h. im Einzelbild erzeugte Laufbildfolge. Zeichen-, Puppen- und Legetrick, Computeranimation.

Avatar
1) Aus dem Sanskrit: Wiedergeburt eines Gottes in verschiedenen Gestalten.
2) Künstlicher Mensch.

Blue Screen
Ursprünglich fotografischer Prozess, der eine Maske erzeugt. Mit dieser können eine Person oder ein Objekt von einem einfarbigen (blauen) Hintergrund getrennt werden, um in einen anderen Background eingefügt zu werden. Wird auch in der digitalen Nachbearbeitung eingesetzt.

CG/CGI
Computer Generated Imagery. Darunter werden alle digital generierten Bilder subsumiert.

Chroma Key
Blue Box. Siehe Blue Screen.

Compositing
Kombination verschiedener Bildelemente. Traditionell optische Technik, die Anfang der Neunziger von der digitalen Bildbearbeitung abgelöst wurde.

Computergrafik
Bilder, die im Computer entstanden oder verändert worden sind.

CPU
Central Processing Unit. Hardwarekomponente des Computers, in dem die Berechnungen stattfinden.

Digital
Daten und Informationen werden in Ziffern dargestellt. Digitale Bildbearbeitung begann ab Mitte der achtziger Jahre.

3-D
Dreidimensionale Computergrafik.

3-D-Scanner
Abtastung realer Objekte mit Licht (Laser). Aus den Daten entsteht im Computer ein Gittermodell.

Echtzeitrendering
Superschnelles Berechnen einer Computergrafik. Wird bei virtuellen Moderatoren eingesetzt.

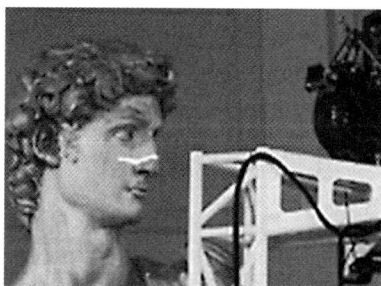

3-D-Scanner

Editing
Englischer Fachbegriff für Film- und Videoschnitt.

Film-Recorder
Filmbelichter, der den Transfer digitaler Daten auf Film ermöglicht.

Film-Scanner
Digitalisiert Filmbilder.

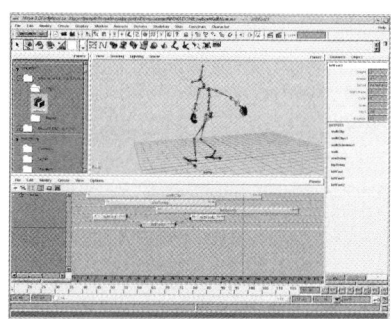

Walking: Laufphase einer Computerfigur

Flame
Compositing-Software der Firma Discreet.

Green Screen
Der Funktion nach mit dem Blue-Screen-Verfahren verwandt.

Hardware
Rechner, Computer.

HDTV
Hochauflösendes Fernsehen (high definition television).

Henry
Online/Compositing-Software der Firma Quantel.

Inferno
Compositing-Software der Firma Discreet.

Key
Auch Keysignal: Stanze, Maske. Ein Key wird benötigt, um ein Vordergrundbild auszuschneiden und auf einen anderen Hintergrund zu setzen. Ein Key kann mittels Blue Screen erzeugt werden.

Keyframe
Spezifischer Wert bei der Animation.

Keying
Prozess, bei dem ein Objekt vom Hintergrund extrahiert wird, um mit einem anderen Background kombiniert zu werden. Siehe auch Blue Screen.

Matte
Maske/Kasch. Siehe Key.

Maya
3-D-Software von Alias/Wavefront.

Miniature
Maßstabsgerechte Verkleinerung eines größeren Objektes für Modellaufnahmen.

Modell
Dreidimensionales Abbild, real oder im Computer.

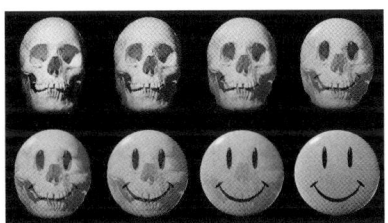

Morphing

Morphing
Übergang zwischen zwei Aufnahmen. Formen werden ineinander verschmolzen.

Motion Capture
Performer werden mit Markern bestückt, ihre Bewegungen aufgenommen. Die Position der Marker im Raum wird festgehalten und auf ein Computermodell übertragen.

Optischer Printer
Diente zur Herstellung von Bildkombinationen auf Filmmaterial. Anfang der neunziger Jahre vom digitalen Compositing abgelöst.

Matte Painting

Partikel
Teilchen, die im Computer aufgrund von Simulation physikalischer Prozesse gesteuert werden können.

Polygon-Modell
Computermodell, das aus Mehrecken besteht.

Rastergrafik
Computergrafik, bei der einzelne Bildpunkte mit einem Elektronenstrahl zum Leuchten gebracht werden.

Rendering
Berechnen.

Scannen
Abtasten.

Shading
Simulation der optischen Beschaffenheit einer Oberfläche.

Simulation
Wirklichkeitsgetreue Nachahmung von realen Vorgängen.

Softimage
2-D/3-D-Softwarefirma.

Software
Computerprogramm.

Storyboard
Sequenz von Zeichnungen, die eine Szene vor Drehbeginn filmisch auflöst. Vom Zeichen- in die Realfilmproduktion übernommen.

Textur
Oberfläche eines Computermodells.

Tracking
Bewegungsanalyse, bei der im Computer die Bewegung eines Objektes oder der Kamera simuliert wird.

Travelling Matte
Wandermaske. Ursprünglich optischer Prozess zur Generierung von Mattes,

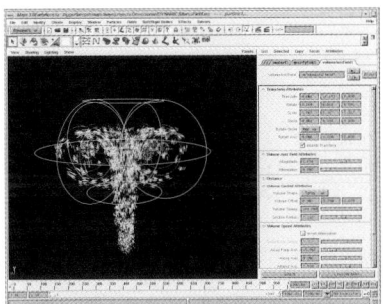

Partikel

heute digitale Erzeugung von Keysignalen. Siehe auch Key.

Vektorgrafik
Grafische Darstellung von Punkten und Linien auf einem Kathodenstrahlmonitor.

Warping
Deformation.

Wireframe
Gittermodell eines 3-D-Objektes im Computer.

2-D
Zweidimensionale Computergrafik. Siehe auch Compositing.

Motion Capture

techniker · künstler · spezialisten

Lyle B. (Bill) Abbott
(1908 – 1985)

Ab 1926 Kameraassistent in den William Fox Studios. Zehn Jahre später, als die Twentieth Century-Fox Film Corporation entstand, stieg Abbott zum Schwenker auf, arbeitete auf Einladung seines Kollegen James B. Gordon aushilfsweise im Special Effects Department und wurde dort 1943 Director of Photography. 1957 – 1970 Leiter der Trickabteilung bei Fox, danach noch einige Jahre freiberuflich tätig. Abbott überwachte Effekte für *JOURNEY TO THE CENTER OF THE EARTH, CLEOPATRA, FANTASTIC VOYAGE, THE TOWERING INFERNO* und *1941*. Oscars für *DOCTOR DOLITTLE, TORA! TORA! TORA!, THE POSEIDON ADVENTURE, LOGAN'S RUN*. Vier Emmys für Fernsehserien der Irwin-Allen-Produktion: zwei für *VOY-*

Lyle B. Abbott

AGE TO THE BOTTOM OF THE SEA, je einen für *TIME TUNNEL* und *CITY BENEATH THE SEA*. Buch: »Special Effects: Wire, Band and Rubber Style«.

Robert Abel *(*1937)*

Der UCLA-Absolvent begann bei Graphic Films. Später Mitarbeit an Dokumentarfilmen: »Nachdem ich fast sechs Jahre auf Achse gewesen war, um Dokumentationen zu drehen, war ich wirklich fertig. Ich wollte wieder etwas Eigenes schaffen. Sachen, bei denen man nicht mit großen Crews zu tun hatte und nicht so viel reisen

◄ *METROPOLIS* (1925 – 27)

Robert Abel

musste . . . Nun war ich echt hingerissen von *2001*. Die Idee, mit Effekten Geschichten zu erzählen, entfachte in mir wieder das Feuer, das ich fühlte, als ich nachts als John Whitneys Kameramann gearbeitet hatte. Eines Tages traf ich einen früheren Kollegen, Jim Dickson, der bei *2001* dabei gewesen war. Ich fragte ihn, was aus dem ganzen Equipment geworden sei. Er erzählte mir, er habe ein kleines Studio in Burbank. Wenn ich rüberkommen wolle, um damit zu spielen – fein.« Dickson besaß eine Trickkamera auf Schienen, und Abel nutzte sie, um mit Streak-Fotografie zu experimentieren. Es folgten Streak-Logos für ABC und Whirlpool, die Abels Company – Robert Abel & Associates – bekannt machten. Zu den Associates gehörten Con Pederson (ebenfalls aus der *2001*-Crew) und später Leute wie Richard Taylor, Richard Edlund, Wayne Kimball, Rob Legato, Ray Feeney und Bill Kovacs. Abel war einer der Ersten, der seine Kameraanlagen an Computer anschloss und die Möglichkeiten der Computeranimation für Commercials nutzte. In den frühen Achtzigern war Abel beteiligt an der Herstellung von *HIGH FIDELITY, RAIDERS OF THE LOST ARK* und *TRON*. Ab 1983 spezialisierte sich Abel Entertainment auf

die Produktion von MTV-Rockvideos (Bette Midler, Mick Jagger, Cyndi Lauper, Michael Jackson, Barbra Streisand, Rod Stewart, Elvis Costello). 1985 übertrug die Firma die Bewegungen einer nach Anweisungen agierenden Darstellerin via Motion Capture auf das Computermodell eines *SEXY ROBOT*.

Rick Baker *(*1950)*

»Unsere Familie kam aus der unteren Mittelschicht, aber meine Eltern sagten nie: Nein, diese schrecklichen Horrorfilme darfst du nicht sehen.« Sein Vater verschaffte ihm für frühe Selbstversuche sogar Schminke und nahm ihn mit zu Bob Burns, über den Rick in einem von Forrest Ackermans »Famous Monsters«-Magazinen gelesen hatte. Burns war damals so etwas wie freier Mitarbeiter in der Maskenwerkstatt von Don Post und weckte in Rick die heimliche Leidenschaft, ein Filmgorilla zu werden. Bakers Mentor wurde Dick Smith. Rick sah ihm bei der Arbeit an *LITTLE BIG MAN* zu, in dem Smith Dustin Hoffman zum hundertjährigen Greis mutieren ließ, und assistierte ihm bei *THE EXORCIST*. Für John Landis kreierte Baker das haarige Bananenmonster Schlock, die Zombies in Michael Jacksons Video *THRILLER* und den oscarprämierten Spiel-

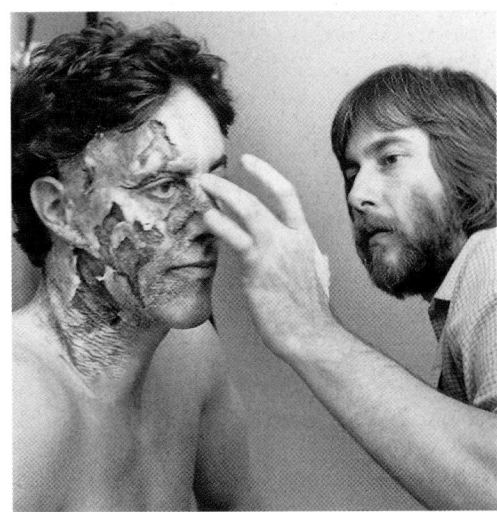

Rick Baker (rechts) schminkt David Naughton

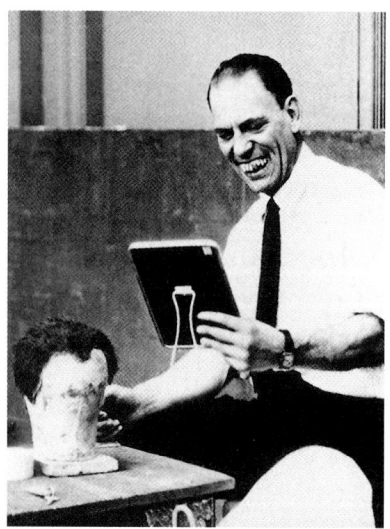

Lon (Alonzo) Chaney

film *AMERICAN WEREWOLF IN LONDON*. Er überwachte die monströsen Aliens in der Cantina-Sequenz von *STAR WARS*, schuf einen Alien, den Steven Spielberg möglicherweise zur Grundlage seines *E.T.* machte, entwickelte Martin Landaus Bela-Lugosi-Maske für *ED WOOD*. Zwischendurch verbesserte er seine Filmgorillas: in dem De-Laurentiis-Remake von *KING KONG*, *THE INCREDIBLE SHRINKING WOMAN* (als Gorilla Sidney), in *GREYSTOKE* und der Neuverfilmung von *MIGHTY JOE YOUNG*.

Craig Barron (*1961)

Matte-Kameramann bei Industrial Light & Magic (*DIE UNENDLICHE GESCHICHTE*, *ENEMY MINE*). Machte später eine eigene Firma auf (Matte World Digital) und realisierte Effekte für *BATMAN RETURNS*, *BRAM STOKER'S DRACULA*, *INDEPENDENCE DAY*, *TITANIC*, *THE TRUMAN SHOW*, *ARMAGEDDON*, *MIGHTY JOE YOUNG*, *X-MEN*.

Saul Bass (*1920)

Titelvorspänne für: *CARMEN JONES*, *THE MAN WITH THE GOLDEN ARM*, *WALK ON THE WILD SIDE*, *ANATOMY OF A MURDER*, *NORTH BY NORTHWEST*, *ADVISE AND CONSENT*, *THE CARDINAL*, *IT'S A MAD, MAD, MAD, MAD WORLD*. Storyboard-Entwurf der Duschsequenz von *PSYCHO*, Berater bei den Schlachtszenen von *SPARTACUS*. Regie führte er bei dem Ameisenthriller *PHASE IV*.

Commodore James Stuart Blackton (1875?–1941)

In Sheffield, England, geboren. Seine verwitwete Mutter wanderte in die USA aus, als er zehn Jahre alt war. Journalist und Karikaturist für die New Yorker »Evening World«. Nachdem er im April 1896 eine Vorführung von Edison besucht hatte, zog es ihn unweigerlich zur Kinematographie. Gemeinsam mit Albert E. Smith gründete er die Vitagraph Company. Frühe Experimente mit Modellaufnahmen, Stopptricks und Einzelbild, u. a. *HUMOROUS PHASES OF FUNNY FACES* (1906). Starb so gut wie mittellos.

Les Bowie (1913–1979)

Malte Prospekte (*GREAT EXPECTATIONS*, *THE RED SHOES*) und beaufsichtigte das Matte Painting in den Pinewood Studios (*SO LONG AT THE FAIR*). Der in Kanada geborene Bowie war einer der ersten Effektleute, der sich in England selbstständig machte. Besorgte jede Art von Trick (optisch, mechanisch, pyrotechnisch) in zahllosen Hammer-Filmen, aus Budgetgründen meist billiger Art, von *THE QUARTERMASS EXPERIMENT* bis *TO THE DEVIL . . . A DAUGHTER*. Er arbeitete aber auch mit Ray Harryhausen (*FIRST MEN IN THE MOON* und *SINBAD AND THE EYE OF THE TIGER*), Stanley Kubrick (*DR. STRANGELOVE* und *2001*), Roman Polanski (*CUL-DE-SAC*) und François Truffaut (*FAHRENHEIT 451*). Seine letzte Aufgabe waren die Matte-Gemälde für den ersten *SUPERMAN* mit Christopher Reeve, die mit einem Oscar ausgezeichnet wurden. Viele, die mit ihm gearbeitet hatten, waren später selbst anerkannte Effektspezialisten: Derek Meddings, Kit West, Colin Chilvers, Roy Field, Brian Johnson, Ray Caple.

Lawrence W. Butler (1908–1988)

Assistierte seinem Vater William Butler, der für Warner Bros. optische Effekte realisierte. Enger Mitarbeiter von Ned Mann bei Alexander Kordas London Films: *THINGS TO COME*, *FIRE OVER ENGLAND*, *THE MAN WHO COULD WORK MIRACLES*, *SOUTH RIDING*. Nachfolger Manns für Korda-Filme in England und USA: *THE THIEF OF BAGHDAD* (Oscar für Blue-Screen-Aufnahmen in Technicolor), *THAT HAMILTON WOMAN*, *JUNGLE BOOK*, *TO BE OR NOT TO BE* (Lubitsch). Effekt-Regie für Warner Bros.:

CASABLANCA, *DESTINATION TOKYO*, *THE ADVENTURES OF MARK TWAIN*, *SARATOGA TRUNK*, *THE HORN BLOWS AT MIDNIGHT*. Leiter der Trick-Abteilung bei Columbia: *A THOUSAND AND ONE NIGHTS*, *THE LADY FROM SHANGHAI* (Spiegelkabinett für Orson Welles), *THE CAINE MUTINY*, *20 MILLION MILES TO EARTH* (Ray Harryhausen). Zusammen mit Donald C. Glouner Gründung der unabhängigen Trick-Company Butler-Glouner, Inc.: *THE DEVIL AT FOUR O'CLOCK*, *MASTER OF THE WORLD*, *THE PIT AND THE PENDULUM*, *TALES OF TERROR*, *X – THE MAN WITH THE X-RAY EYES*, *TARAS BULBA*, *ROBINSON CRUSOE ON MARS*, *IN HARM'S WAY*, *MAROONED*, *THE GOSPEL ROAD*.

Lon (Alonzo) Chaney (1883–1930)

Im Stummfilm Hollywoods Meister der unheimlichen Masken, der Mann mit den tausend Gesichtern, die er als geschickter Maskenbildner in Selbstexperimenten entwickelte: Quasimodo in *THE HUNCHBACK OF NOTRE DAME*, Erik in *PHANTOM OF THE OPERA*, eine Vampirfratze in *LONDON AFTER MIDNIGHT*.

Segundo de Chomón (1871–1929)

Spanischer Ingenieur, der auf der Fährte von Georges Méliès ab 1906 für Pathé in Paris diverse filmtechnische Neuerungen austüftelte, etwa ein später unter dem Namen Pathécolor bekannt gewordenes Farbverfahren, Animationstechniken, Möglichkeiten der Doppelbelichtung, Kamerawagen etc. Filme: *VOYAGE À LA PLANÈTE JUPITER*, *TRANSFORMATION ELASTIQUE*, *VOYAGE AU CENTRE DE LA TERRE*. 1912 nach Italien, dort Zusammenarbeit mit Giovanni Pastrone an *CABIRIA*, dem ersten Maciste-Film. 1925: *MACISTE ALL'INFERNO*. Berater von Abel Gance bei der Herstellung des Monumentalfilms *NAPOLEON*.

Émile Cohl (1857–1938)

Cohl (eigentlich: Courtet), ein Schüler des Karikaturisten André Gill, war bis 1907 als humoristischer Pressezeichner tätig. 1908 unternahm er mit *FANTASMAGORIE*, einem abstrakten Film von zwei Minuten Dauer, den ersten Versuch, Zeichnungen auf der Filmleinwand zu bewegen. Das kleine Werk ist reich an Metamorphosen:

Formen mischen, Gesichter verändern sich. Noch im selben Jahr schuf er das Strichmännchen Fantoche: *LE CAUCHE-MAR DU FANTOCHE*. Cohl animierte auch Puppenfilme wie *LE TOUT PETIT FAUST*. Arbeitete einige Jahre in den USA. Nachdem die Amerikaner jedoch sein Know-how ausgebeutet hatten, durfte er nach Frankreich zurückkehren. Dort fand sein simpler Stil keinen Anklang mehr. Cohl starb in Armut.

Norman A. Dawn
(1887–1975)
Übertrug möglicherweise als erster Kameramann die aus der Fotografie bekannten Techniken der Vorsatzmalerei auf Glas und der (statischen) Rückprojektion auf den Film. Dawn arbeitete für amerikanische Filmgesellschaften, etwa die Universal, Pathé und MGM, wenn er sich nicht gerade auf Expeditionen befand, die ihn nach Südamerika, in die Arktis, den Südpazifik und den Orient führten. In Australien realisierte er in den zwanziger Jahren drei Spielfilme in eigener Regie: *FOR THE TERM OF HIS NATURAL LIFE*, *THE ADORABLE OUTCAST* und *SHOWGIRL'S LUCK*. Seine Notizbücher führen 861 Trickaufnahmen in 63 Jahren auf.

Walter Percy Day
Ging mit 15 Jahren bei einem Fotografen in die Lehre. Widmete sich später der Malerei und machte in Europa die Technik des Matte Painting bekannt. In Frankreich führte er Glasgemälde für den *NAPOLEON*

Walt (Walter Elias) Disney

von Abel Gance aus (und spielte in dem Film sogar eine kleine Rolle als britischer Admiral). Im englischen Film, besonders für Alexander Korda, war »Pop« Day bis zu seinem 84. Lebensjahr aktiv: *THINGS TO COME, REMBRANDT, THE DRUM, THE THIEF OF BAGHDAD, HENRY V, STAIRWAY TO HEAVEN, ANNA KARENINA, CAESAR AND CLEOPATRA, THE OUTCAST OF THE ISLANDS*. Sein Kameramann war Sohn Tom, Stiefsohn Peter Ellenshaw gehörte zu seinen Malerassistenten.

Walt (Walter Elias) Disney
(1901–1966)
Machte sich nicht nur als Hersteller der Mickey-, Donald-, Goofy- und Pluto-, kurzer sowie abendfüllender Zeichenfilme *(SNOW WHITE AND THE SEVEN DWARFS, PINOCCHIO, FANTASIA, ALICE IN WONDERLAND)* einen Namen, sondern produzierte auch einige trickreiche Spielfilme: *20 000 LEAGUES UNDER THE SEA, DARBY O'GILL AND THE LITTLE PEOPLE, THE ABSENT-MINDED PROFESSOR, MARY POPPINS* und Mischfilme wie die frühe *ALICE IN CARTOONLAND*-Serie und *THREE CABALLEROS*. Den Gedanken der Weltraumfahrt popularisierte er gemeinsam mit Wernher von Braun im Fernsehen. Einige seiner wirksamsten Spezialeffekte bot er dem Publikum freilich nicht auf der Leinwand, sondern in seinen Themenparks.

Linwood Gale Dunn
(1904–1999)
Begann als Filmvorführer und Kameraassistent. 1929 kam er zu RKO und war für diese Gesellschaft 28 Jahre in der Abteilung für Kameraeffekte tätig, deren Chef er Ende der vierziger Jahre wurde. Entwarf RKOs ersten optischen Printer und während des Zweiten Weltkriegs gemeinsam mit seinem Kollegen Cecil D. Love den Acme-Dunn Special Effects Optical Printer für die Filmabteilungen der amerikanischen Streitkräfte. In Anerkennung dieser Leistung 1981 mit einem Ehren-Oscar ausgezeichnet. Bei RKO arbeitete er an *KING KONG, THE LAST DAYS OF POMPEII, BRINGING UP BABY, THE HUNCHBACK OF NOTRE DAME, CITIZEN KANE, BOMBARDIER, IT'S A WONDERFUL LIFE, SINBAD THE SAILOR, MIGHTY JOE YOUNG* und *ANDROCLES AND THE LION*. Als die Firma 1957 ihre aktive Produktionstätigkeit einstellte,

Linwood Gale Dunn

baute Dunn zusammen mit Don Weed und Cecil Love ein eigenes Trickstudio auf: (Film Effects of Hollywood): *WEST SIDE STORY, THE BIRDS, IT'S A MAD, MAD, MAD, MAD WORLD, THE GREAT RACE, LA BIBBIA/THE BIBLE, HAWAII, TAXI DRIVER*. Auch beteiligt an Fernsehserien wie *STAR TREK* und *WONDER WOMAN*.

John Dykstra *(*1947)*
Kameramann bei Graphic Films. Douglas Trumbull verpflichtete ihn für *SILENT RUNNING* und empfahl ihn dann an George Lucas für den ersten *STAR WARS*-Film weiter. Schuf mit Alvah J. Miller die erste Motion-Control-Kamera, die nach ihm benannt war (Dykstraflex). Trennte sich von Lucasfilm und leitete bis zum Zusammenbruch der Gruppe die Apogee. Credits: *BATTLESTAR GALACTICA, STAR TREK: THE MOTION PICTURE, FIREFOX, LIFEFORCE, INVADERS FROM MARS, BATMAN FOREVER, BATMAN & ROBIN, STUART LITTLE*.

Richard Edlund

Richard Edlund *(*1940)*
Kameraassistent bei der Joseph Westheimer Company. Vier Jahre Mitarbeit bei Serien wie *THE WILD, WILD WEST* und *STAR*

Volker Engel (rechts) mit Koichi Kawakita

TREK. Er kehrte dem Film- und TV-Geschäft für eine Weile den Rücken, fotografierte Plattencovers und steuerte sogar Cable Cars in San Francisco. Zurück zum Film fand er über Robert Abels Logo-Schmiede. 1975 ging er zu Industrial Light & Magic: *KRIEG DER STERNE*. Nach zwei weiteren *STAR WARS*-Filmen und einem *POLTERGEIST* für George Lucas in dessen neuem ILM-Studio in San Francisco übernahm er mit Boss Film Studios in Marina del Rey ein eigenes Effekthaus. Oscars für *STAR WARS*, *THE EMPIRE STRIKES BACK*, *RETURN OF THE JEDI* und *RAIDERS OF THE LOST ARK*. Bis zum Konkurs von Boss arbeitete er an: *GHOSTBUSTERS*, *2010*, *FRIGHT NIGHT*, *MASTERS OF THE UNIVERSE*, *DIE HARD*, *GHOST*, *ALIEN 3*, *BATMAN RETURNS*, *CLIFFHANGER*, *TRUE LIES*, *SPECIES*, *OUTBREAK*, *MULTIPLICITY*, *STARSHIP TROOPERS*, *AIR FORCE ONE*.

Volker Engel (*1965)
Einer der wenigen deutschen Oscar-Preisträger (für *INDEPENDENCE DAY*). Arbeitete zum ersten Mal mit Roland Emmerich in Sindelfingen an den Modellaufnahmen für *MOON 44* und in den USA an einer Miniatursequenz in *UNIVERSAL SOLDIER*. Zeitweilig Dozent an der Filmakademie Baden-Württemberg. Weitere Credits: *SCHLAFES BRUDER*, *GODZILLA*.

Stefen M. Fangmeier (*1960)
Als Sohn deutscher Eltern in El Paso, Texas, geboren. Nachdem er im Nordwesten Deutschlands 16 geworden war, siedelte sein Vater wieder in die USA über. 1983 Abschluss in Computerwissenschaften an einer kleinen Universität in Kalifornien. 1985: Digital Productions in Los Angeles. 1989: Produktionsleiter bei mental images in Berlin. Seit 1990 Computeranimator bei Industrial Light & Magic: *TERMINATOR 2*, *HOOK*, *JURASSIC PARK*, *CASPER*, *TWISTER*, *THE PERFECT STORM*.

Scott Farrar (*1950)
Visual Effects Supervisor. 1975: Master of Fine Arts, University of California. Arbeitete am ersten *STAR TREK*-Film, bevor er mit dem zweiten Teil 1981 zu Industrial Light & Magic stieß. Oscar für *COCOON*. Weitere Credits: *RETURN OF THE JEDI*, *BACK TO THE FUTURE I–III*, *YOUNG SHERLOCK HOLMES*, *THE GOLDEN CHILD*, *WILLOW*, *WHO FRAMED ROGER RABBIT?*, *DIE HARD 2*, *WOLF*, *CASPER*, *CONGO*, *MEN IN BLACK*, *DEEP IMPACT*, *THE MUMMY* (Eröffnungseinstellung: Theben), *STAR WARS EPISODE 1: THE PHANTOM MENACE*, *THE HAUNTING*, *SPACE COWBOYS*.

Oskar Fischinger (1900–1967)
In Gelnhausen geborener Orgel-Werkzeugbauer. Entwickelte eine Wachsschneidemaschine, mit deren Hilfe er experimentelle Animationsfilme realisieren wollte. Gründete mit Louis Seel eine Produktionsfirma, die unter dem Sammeltitel *MÜNCHENER BILDERBOGEN* Kurzfilme herstellte. Erarbeitete unter Verwendung verschiedener Materialien eine Reihe von Filmstudien. Für Fritz Lang nahm er die Kameraeffekte für *FRAU IM MOND* auf. Neben Effekten für weitere Produktionen entstanden Filme mit gezeichnetem Lichtton und Werbefilme, darunter auch der animierte Zigarettenfilm *MURATTI GREIFT EIN*. Mit einem im Gasparcolor-Verfahren gedrehten Kurzfilm, *KOMPOSITION IN BLAU*, errang Fischinger mehrere internationale Preise. 1936 ging er nach Hollywood und arbeitete, ohne die allgemeine künstlerische Anerkennung zu finden, auch an mehreren abendfüllenden Filmen, so an der von Disney »verkitschten« Toccata-&-Fuge-Sequenz von *FANTASIA* und an der Titelsequenz von *JANE EYRE*. Seine letzte Arbeit, eine Art Lichtorgel, war 1964 in dem Science-Fiction-Film *THE TIME TRAVELERS* zu sehen.

John Phipps Fulton (1902–1966)
Sohn des Kulissenmalers Fitch Fulton. Sah tief beeindruckt David Wark Griffith bei Dreharbeiten zu und wurde Assistent des Kameramanns von Komiker Lloyd Hamilton. 1923 zu Universal. Dann enger Mitarbeiter des Travelling-Matte-Experten Frank Williams in dessen Labor. Ende 1930 Rückkehr zu Universal als Leiter der

Oskar Fischinger

John Phipps Fulton

neuen Abteilung für Spezialfotografie: *EAST OF BORNEO* (Vulkanausbruch), *A HOUSE DIVIDED* (Sturmszene), *WATERLOO BRIDGE* (Modell von London), *FRANKENSTEIN* (brennende Mühle am Schluss des Films), *AIR MAIL, THE MUMMY, THE INVISIBLE MAN, THE BRIDE OF FRANKENSTEIN* (Homunkuli). Schon bald nach seiner Ablösung Mitte der dreißiger Jahre ein weiteres Mal bei Universal: *RETURN OF THE INVISIBLE MAN, THE WOLF MAN* – bis ihn Sam Goldwyn für seine Danny-Kaye-Filme abwarb mit dem Versprechen, ihn auch mit Regieaufgaben zu betrauen. Der Wunsch ging nicht in Erfüllung. Fulton arbeitete nach der Trennung von Goldwyn freiberuflich (u. a. versuchte er einen UFO-Film, *PROJECT SAUCER,* auf die Beine zu stellen) und für Warner Bros. Dann nahm er für fast zehn Jahre die nach dem Tod

A. Arnold (Buddy) Gillespie

von Gordon Jennings frei gewordene Position des Trickchefs der Paramount ein. Oscars für *WONDER MAN* (Danny Kaye), *THE TEN COMMANDMENTS* (Cecil B. De Mille), *THE BRIDGES AT TOKO-RI* (Mark Robson). Starb während der Vorbereitung von *THE BATTLE OF BRITAIN.*

Charles Gemora (1903 – 1961)
Der gebürtige Filipino begann in Hollywood als Bildhauer: *THE HUNCHBACK OF NOTRE DAME* (Chaney-Version: Wasserspeier der Kathedrale), *THE THIEF OF BAGHDAD* (Fairbanks). Unterstützte Lon Chaney bei der Kreation seiner *PHANTOM OF THE OPERA*-Maske. Verfügte seit der Spielfilmfassung des Broadway-Stücks *THE GORILLA* (First National-Produktion) über das beste Primaten-Kostüm in Hollywood: *THE UNHOLY THREE* (Lon Chaneys Tonfilmversion), *INGAGI, MURDERS IN THE RUE MORGUE* (Bela-Lugosi-Original und Warners 3-D-Remake), *SAVAGE GIRL,* die Laurel-&-Hardy-Filme *THE CHIMP* und *SWISS MISS.* In dem unvollendeten Technicolor-Film *THE LOST ISLAND* verkörperte er an der Seite von Marionetten bekannter Hollywood-Stars einen Riesengorilla. Tatsächlich war er auch, in einer uns nicht bekannten Weise, in die Herstellung von *KING KONG* involviert (obwohl ausschließlich eine Animationsfigur eingesetzt ist). Seit 1935 regelmäßig beschäftigt bei der Paramount: *KITTY* (er reproduzierte Gainsborough-Gemälde), *THE ROAD TO BALI* (Nixen), *THE WAR OF THE WORLDS* (Marsianer), *THE COLOSSUS OF NEW YORK, I MARRIED A MONSTER FROM OUTER SPACE.* Schuf Pendragons Kreaturen für *JACK THE GIANT KILLER.*

A. Arnold (Buddy) Gillespie (1899 – 1978)
Schätzungsweise 280 Credits als Art Director und über 300 als Special-Effects-Chef bei Metro-Goldwyn-Mayer. Gillespie: »In der Armee in Frankreich während des Ersten Weltkriegs war ich Colin Tate begegnet, der Regieassistent bei Cecil B. De Mille war. Als ich nach Kalifornien kam, war das Erste, was ich tat, ihm bei Filmarbeiten zuzusehen. Halb im Scherz fragte ich ihn, ob sie nicht einen Job für mich hätten. Tate wollte wissen, ob ich architektonische Entwürfe zeichnen könnte. Natürlich! log ich. Sie brauchten jemand

für zwei Wochen. Ich blieb acht Monate. Ich bekam 25 Dollar die Woche, und das war eine Sieben-Tage-Woche, 14, 16 oder 18 Stunden am Tag.« 1923 verließ Gillespie De Mille und fing für 65 Dollar die Woche in den Goldwyn Studios an, aus denen im Jahr darauf MGM wurde. Er arbeitete als Art Director unter Cedric Gibbons, der ihn gut zehn Jahre später zum Leiter der Special-Effects-Abteilung beförderte. In dieser Position war Gillespie verantwortlich für Modellaufnahmen, Rückpro und mechanische Effekte: *THE WIZARD OF OZ, FLIGHT COMMAND, MRS. MINIVER, STAND BY FOR ACTION, THIRTY SECONDS OVER TOKYO* (Oscar), *THEY WERE EXPENDABLE, GREEN DOLPHIN STREET* (Oscar), *QUO VADIS, PLYMOUTH ADVENTURE* (Oscar), *FORBIDDEN PLANET, TORPEDO RUN, BEN-HUR* (Oscar), *ATLANTIS THE LOST CONTINENT, MUTINY ON THE BOUNTY.*

Terry Gilliam (*1940)
Schloss sich nach seiner Arbeit für das satirische New Yorker »Help«-Magazin der britischen Comedy-Truppe Monty Python an. Stand nicht nur vor, sondern auch hinter der Kamera. Collagenanimationen.

Terry Gilliam

Co-Regisseur von *MONTY PYTHON AND THE HOLY GRAIL* und *LIFE OF BRIAN.* Regisseur mehrerer effektreicher Fantasy- und Science-Fiction-Filme: *TIME BANDITS, BRAZIL. THE ADVENTURES OF BARON MUNCHAUSEN* realisierte er allein, um Münchhausen auf einem halben Pferd reitend darzustellen. Es ist ihm nicht gelungen. Erst nach den Dreharbeiten hat er einen Weg dafür gefunden. Betrieb zeitweilig für seine Produktionen auch ein eigenes Effektstudio in London.

Ray Harryhausen

Jim Henson im Kreis seiner Muppets

Jim Henson *(1937–1990)*
Kreierte die Puppensequenzen der *SE-SAME STREET* und später die erfolgreiche *MUPPETS SHOW*. Filmregie: *DARK CRYSTAL* und *LABYRINTH*. Der von ihm begründete Creature Shop lieferte Animatronic-Wesen für zahlreiche Spielfilme, von den *FLINTSTONES* bis zur *UNENDLICHEN GE-SCHICHTE III*. Das Henson-Imperium wurde 2000 von einer deutschen Firmengruppe (EM-TV, Thomas Haffa) aufgekauft.

David Stanley Horsley (rechts) mit Kamera

David Stanley Horsley
(1906–1976)
Sohn des Filmproduzenten David Horsley (Nestor Pictures), der zu den Gründervätern von Universal gehörte. Als Kind vor, als Erwachsener hinter der Kamera.

Ray Harryhausen *(*1920)*
Stark beeinflusst von *KING KONG* begann er mit eigenen Stop-Motion-Experimenten in 16 mm. Animator der *PUPPETOONS* von George Pal. Im Krieg beim Signal Corps. Nach dem Krieg Erster Assistent von Willis O'Brien bei *MIGHTY JOE YOUNG*. Harryhausens *THE BEAST FROM 20 000 FATHOMS* wurde zum Vorbild der japanischen Godzilla-Filme. Nach mehreren Schwarzweißfilmen *(IT CAME FROM BENEATH THE SEA, EARTH VS. THE FLYING SAUCERS, 20 MILLION MILES TO EARTH)* erfanden Harryhausen und sein Producer Charles H. Schneer 1957–58 einen neu-en Trend farbiger Fantasyfilme mit *THE 7TH VOYAGE OF SINBAD*. Mit Filmen wie *MYS-TERIOUS ISLAND, JASON AND THE ARGO-NAUTS* (sieben schwertschwingende Ske-lette), *ONE MILLION YEARS B.C., THE VAL-LEY OF GWANGI, THE GOLDEN VOYAGE OF SINBAD, SINBAD AND THE EYE OF THE TIGER* und *CLASH OF THE TITANS* inspirierte Harryhausen Legionen junger Trick-spezialisten (Dennis Muren, Phil Tippett, Scott Farrar) und Regisseure (John Landis, James Cameron, Tim Burton). 1992 wur-de er für sein Lebenswerk mit einem Oscar geehrt. Seine Sammlung ist im Filmmu-seum Berlin ausgestellt.

Kameraassistent beim Stummfilm: *THE HUNCHBACK OF NOTRE DAME, BEN-HUR.* Operateur im Tonfilm: *FREAKS.* Assistent John Fultons in der Trickabteilung von Universal: *THE BRIDE OF FRANKENSTEIN, WEREWOLF OF LONDON, THE INVISIBLE RAY, THE INVISIBLE MAN RETURNS, THE WOLF MAN.* 1943 als technischer Berater für Lehrfilme der Air Force in den Hal Roach Studios (»Fort Roach«). Nach dem Krieg (bis 1955) zurück zur Universal als Leiter der Abteilung Spezialfotografie: *ABBOTT AND COSTELLO*-Filme, *FRANCIS THE TALKING MULE, IT CAME FROM OUTER SPACE* (Entwicklung der 3-D-Technik des Studios), *CITY BENEATH THE SEA, THIS ISLAND EARTH.* Titelsequenzen für *THE TEN COMMANDMENTS* und *AROUND THE WORLD IN 80 DAYS.* Kameramann der kurzlebigen TV-Serie *WORLDS OF GIANTS* mit Marshall Thompson in der Rolle eines miniaturisierten Regierungsagenten und des Spielfilms *JACK THE GIANT KILLER.* Blue-Screen-Beratung: *THE LONGEST DAY.* Optischer Berater: *THE BATTLE OF MIDWAY.* Plädierte bereits in den vierziger Jahren für die Einführung einer Aufpro-Technik. Entwickelte in den Fünfzigern auf eigene Rechnung ($ 35 000) eine elektronische Filmkopieranlage. Auch das Geschäft mit bespielten Videocassetten sah er voraus.

Gerhard Huttula *(1905 – 1996)*
Einer der führenden deutschen Effektspezialisten. Kameramann des Zeichenfilmers Wolfgang Kaskeline. Stand als Erster in Deutschland an der Truca. Nach einem Zwischenaufenthalt als Spielfilmkameramann in Argentinien kehrte er nach Deutschland zurück und übernahm bis Kriegsende die Leitung der Rückpro- und Modellabteilung in Babelsberg: *QUAX, DER BRUCHPILOT, QUAX IN FAHRT, STUKAS, ÜBER ALLES IN DER WELT, . . . DAMALS, MÜNCHHAUSEN, ANDREAS SCHLÜTER, GROSSE FREIHEIT NR. 7.* Nach dem Krieg Farbfilmbeirat des ersten deutschen Agfacolor-Nachkriegsfilms *(SCHWARZWALDMÄDEL)*, Kameramann der Märchenfilme von Fritz Genschow, Chefkameramann der Ufa Werbefilm in Berlin-Tempelhof und Dozent an der Berliner FOF.

Ubbe (Ub) Iwerks *(1901 – 1971)*
Der sprichwörtliche Daniel Düsentrieb der Disney-Produktion. Zeichnete ganz allein den ersten Mickey-Mouse-Film *PLANE CRAZY.* War auch an der Installation des Tonsystems, mit dem der gleichfalls von ihm animierte *STEAMBOAT WILLIE* vertont wurde, beteiligt und schuf Disneys erste Silly Symphony *SKELETON DANCE.* Wenig später ließ er sich von Pat Powers bei Disney abwerben und eröffnete ein eigenes Zeichenfilmstudio, das mit eher mäßigem Erfolg *FLIP THE FROG* und *WILLIE WONKA* herstellte. Kehrte 1939/40 reumütig zu Disney zurück und baute dessen Special-Process-Labor auf. Entwickelte optische Printer und führte in den Fünfzigern den ersten 3-Kopf-Printer ein. Machte das Xerokopieren für den Zeichenfilm nutzbar, wodurch das Tuschen und Übertragen der Bleistiftzeichnungen auf Zelluloidfolien überflüssig wurde. Grundlagenarbeit auch auf dem Gebiet des Sodium-Matte-Verfahrens. Spielfilmarbeit an *20 000 LEAGUES UNDER THE SEA, THE PARENT TRAP, THE BIRDS* (Hitchcock) und *MARY POPPINS.* Konstruierte Attraktionen für Disneyland und begründete damit bei den Iwerks eine neue Familientradition.

Fred W. Jackman *(1883 – 1959)*
Slapstick-Produzent Mack Sennett bezeichnete Jackman als den »besten Action-Kameramann«. Im Sennett-Labor zuständig für optische Tricks und Kombinationsaufnahmen in zahlreichen Stummfilmgrotesken. Strengte später gegen seinen Sennett-Kollegen Frank Williams ein Verfahren an, da er dessen Travelling Matte-Verfahren für sich beanspruchte. War für Harold Lloyd und Hal Roach tätig. Kameraeffekte für Willis O'Briens *THE LOST WORLD.* Für zirka zehn Jahre Aufbau und Leitung des Special-Effects-Departments von Warner Bros.-First National in Burbank: *NOAH'S ARK, MOBY DICK, A MIDSUMMER NIGHT'S DREAM, CAPTAIN BLOOD, THE CHARGE OF THE LIGHT BRIGADE.* In den späten Dreißigern gründete er einen eigenen Process Service und war auch beim Fernsehen aktiv: *HERE COMES THE BRIDE.*

Joseph (Joe) Johnston
Graduierte im Verlauf seiner Arbeit bei Industrial Light & Magic (Storyboard- und FX-Art Director der *STAR WARS*-Saga) zum Filmregisseur: *HONEY, I SHRUNK THE KIDS, THE ROCKETEER, JUMANJI.*

John Knoll
Gehörte im Kinosessel zu der begeisterten »Jüngerschar« von *2001* und *STAR WARS.* Studierte Film an der USC. Sein Abschlussprojekt involvierte den Einsatz eines gebrauchten Apple-II-Computers und eines alten Oxberry-Tricktisches, um einen experimentellen Slit-Scan-Film zu drehen. Stieß 1986 als Motion-Control-Kameramann zu Industrial Light & Magic. Entwickelte mit seinem Bruder Thomas, der

Gerhard Huttula

John Knoll

eine Dissertation über Vision-Systeme für Computer an der University of Michigan vorbereitete, die Photoshop-Software, die in großem Stil erstmals in *THE ABYSS* eingesetzt wurde und bevorzugt bei der Digitalisierung von Matte Paintings und der digitalen Retusche von Bildern verwendet wird. Knoll war als einer von mehreren Visual Effects Supervisors an *STAR WARS EPISODE 1: THE PHANTOM MENACE* beteiligt. Weitere Credits: *THE HUNT FOR RED OCTOBER, HOOK, STAR TREK: FIRST CONTACT, MISSION: IMPOSSIBLE, MISSION TO MARS.*

Hans F. Koenekamp *(1891–1992)*
Einer der besten Trickkameraleute des klassischen Hollywood-Kinos. Seine Familie war aus Oldenburg eingewandert. Begann als Filmvorführer in einem Nickelodeon. Nahm ab 1913 bei Mack Sennett Keystone Cops, Badeschönheiten, den frühen Charles Chaplin, Gloria Swanson und vor allem Mabel Normand auf. Ab 1918 exklusiv bei Vitagraph für den Komiker Larry Semon tätig (u. a. eine Stummfilmversion von *THE WIZARD OF OZ* mit Semon und Oliver Hardy). Später 30 Jahre lang als Trick- und Second-Unit-Kameramann (und Pionier der Rückpro) im Special Effects Department der Warner Bros.-First National: *NOAH'S ARK, MOBY DICK* und *SVENGALI* mit John Barrymore, zwei Versionen von *ISLE OF LOST SHIPS, I AM A FUGITIVE FROM A CHAIN GANG,*

SUBMARINE D-I, DARK PASSAGE, THE SEA WOLF, CAPTAINS OF THE CLOUDS, GOD IS MY CO-PILOT, AIR FORCE, ACTION IN THE NORTH ATLANTIC, THE BEAST WITH FIVE FINGERS, TREASURE OF THE SIERRA MADRE, WHITE HEAT, THE FOUNTAINHEAD, FORT WORTH, STRANGERS ON A TRAIN, THE SILVER CHALICE, THE SPIRIT OF ST. LOUIS, THE OLD MAN AND THE SEA, CHEYENNE. Sein Sohn Fred setzt als Spielfilmkameramann die Familientradition fort.

Michael Lantieri
THE WITCHES OF EASTWICK, INDIANA JONES AND THE LAST CRUSADE, HOOK, THE FLINTSTONES, CONGO, CASPER, MARS ATTACKS!, THE LOST WORLD, DEEP IMPACT und *WILD WILD WEST.* Oscar für *JURASSIC PARK.* Regisseur von *KOMODO.*

John Lasseter *(*1957)*
Nach dem Besuch des California Institute of Arts stieß Lasseter zu Disney, dann zu Pixar *(YOUNG SHERLOCK HOLMES).* Seine computeranimierten Kurzfilme *(LUXO JR., RED'S DREAM, TIN TOY)* hatten einen derartigen Disney-Touch, dass Pixar bei seinen Abendfüllern *TOY STORY I* und *II* sowie *A BUG'S LIFE* zwangsläufig ein Jointventure mit Disney einging.

Len Lye *(1901–1980)*
Avantgardist der Filmformen. Stellte Filme zum Teil ohne Kamera her, indem er direkt auf das Filmmaterial zeichnete oder Bilder aus der Emulsionsschicht kratzte *(A COLOUR BOX).* Farbexperimente: In *RAINBOW DANCE* zeigt er einen real aufgenommenen Tänzer (Rupert Doone) im Schattenriss vor verschiedenfarbigen Hintergründen, wobei sich auch die Silhouette zu verändern beginnt, sich vervielfältigt, die Grundfarbe wechselt. Aus Lyes Spiel mit den technischen Möglichkeiten des Films wurde eine virtuose Mischung aus Realfilm, Trick und rhythmischer Montage: *WHEN THE PIE WAS OPENED.* In dem englischen Propagandafilm *SWINGING THE LAMBETH* ließ Lye deutsche Soldaten durch einfache Effekte – schneller Vor- und Rücklauf, Stopptricks – zum »Lambeth Walk«, einem Anfang der Vierziger sehr bekannten Musikstück, tanzen. Der Film wurde aus Leni-Riefenstahl-Material *(TRIUMPH DES WILLENS)* geschnitten.

Ned Herbert Mann *(1893–1967)*
Kam 1920 nach Hollywood und spezialisierte sich sehr bald auf Filmeffekte, u. a. Vorsatzmodelle: *THE THIEF OF BAGHDAD* (Douglas Fairbanks), *DON Q SON OF ZORRO, THE BAT, DIRIGIBLE* (Luftschiffszenen), *DELUGE* (Überflutung von New York). 1934 holte Alexander Korda Mann und seinen technischen Stab nach England: *THE GHOST GOES WEST, THINGS TO COME, FIRE OVER ENGLAND, THE MAN WHO COULD WORK MIRACLES.* Kehrte in die USA zurück, gab aber nach dem Krieg ein weiteres Gastspiel bei Korda: *THE FALLEN IDOL* und *MIRACOLO A MILANO.* Manns letzter Film war *AROUND THE WORLD IN 80 DAYS.*

Norman McLaren *(1914–1987)*
1937 schloss sich der gebürtige Schotte der Filmgruppe von John Grierson an. 1939 ging er nach New York und später zum 1941 von Grierson gegründeten National Film Board of Canada. Er malte u. a. direkt auf Film und wandte in Produktionen wie *NEIGHBORS* die Pixillation-Technik an, um Realbildern Trickcharakter zu geben.

Ralph McQuarrie
Seine grandiosen Entwürfe waren ein wichtiges Verkaufsargument für den ersten *STAR WARS*-Film. Außer seiner Arbeit für die Saga, für die er auch Matte Paintings beisteuerte, war er beteiligt an *CLOSE ENCOUNTERS OF THE THIRD KIND* und *E.T.* (Entwurf der Raumschiffe), *COCOON* und *STAR TREK IV.* Während der Ära des Apollo-Programms hatte er notabene

Norman McLaren

Georges Méliès

Raumschiffe und Planeten für die CBS News Special Events gemalt.

Georges Méliès *(1861 – 1938)*
1888 erwarb der Fabrikantensohn das Pariser Zaubertheater Robert-Houdin, in welchem er ab dem 4. April 1896 auch Kinematographenvorführungen stattfinden ließ. Hervorgetreten als Hersteller zahlloser Zauber- und auch einiger utopischer Filme. Guido Seeber über Méliès: »Als Zauberkünstler von großem Verdienst fügte er zur Kinematographie die Zauber- oder Taschenspieler-Kunst und erzielte hierdurch außerordentlich fantastische Szenen. Er entlieh aber von der Zauberkunst nicht nur die Haltung, die Stellungen, die Präzision der Bewegungen, die Sicherheit der Hand. Er verwandte Mittel, die man in sechs große Klassen einteilen kann, nämlich: die Tricks durch Unterbrechung der Aufnahme, die fotografischen Tricks, die Theatermaschinen-Tricks, die Zauberei-Tricks, die pyrotechnischen und die chemischen Tricks.« (»Der Trickfilm in seinen grundsätzlichen Möglichkeiten«) Méliès vermochte sich jedoch nicht auf die sich ändernden Gegebenheiten einer stetig wachsenden Filmindustrie einzustellen und wurde durch den Pathé-Konzern ausgebootet. In Vergessenheit geraten, wurden seine Filme 1929 von französischen Cineasten wieder entdeckt.

Doch trotz vieler Pläne – darunter ein Film über den Baron Münchhausen in Zusammenarbeit mit Hans Richter – hat er keine Produktion mehr realisieren können.

Dennis Muren *(*1946)*
Der bekannteste Effektspezialist bei Industrial Light & Magic. Einer der Hauptbeteiligten beim Übergang von der traditionellen Stop Motion zur Computeranimation in Spielfilmen. Mehrfacher Oscar-Preisträger: *THE EMPIRE STRIKES BACK, E.T. – THE EXTRA-TERRESTRIAL, RETURN OF THE JEDI, INDIANA JONES AND THE TEMPLE OF DOOM, INNERSPACE, THE ABYSS, TERMINATOR 2, JURASSIC PARK*. Harryhausen-Fan, der mit Amateurfilmen begann (sein *EQUINOX* kam sogar ins Kino). Nach *FLESH GORDON* arbeitete er sowohl am ersten *STAR WARS* als auch an *CLOSE ENCOUNTERS OF THE THIRD KIND* und *BATTLESTAR GALACTICA*. Seit dem 3. Juni 1999 trägt ein Stern auf dem Hollywood Boulevard seinen Namen.

Lester Novros
Ehemaliger Disney-Animator *(SNOW WHITE* und *FANTASIA)*. Gründer der Firma Graphic Films. Für Auftraggeber wie Air Force und NASA drehte er Filme wie *LIFELINE IN SPACE* und *REACHING FOR THE STARS/ADVENTURES IN SPACE* (Produktionsüberwachung: Frank Capra). Bereitete für Stanley Kubrick Konzepte für *2001* vor. Zusätzliche Tätigkeit als Universitätslehrer.

Dennis Muren

Willis Harold O'Brien

Willis Harold O'Brien *(1886 – 1962)*
1915, nach einer kurzen Experimentierphase, schuf OBie, wie ihn Freunde und Kollegen nannten, seinen ersten Stop-Motion-Film *THE DINOSAUR AND THE MISSING LINK*. Es folgten weitere animierte Steinzeit-Slapsticks für Edison und *THE GHOST OF SLUMBER MOUNTAIN* für Herbert M. Dawley. Watterson R. Rothacker vermittelte ihn an First National, wo er eine Spielfilmadaption von Arthur Conan Doyles *THE LOST WORLD* in Angriff nahm, die 1925 erschien. Höhepunkt von OBies Karriere waren die Stop-Motion-Kreaturen der Merian-C.-Cooper-Produktion *KING KONG*. Weitere Cooper-Projekte waren *THE SON OF KONG, THE LAST DAYS OF POMPEII* und (nach dem Krieg) *MIGHTY JOE YOUNG*, für den Willis O'Brien einen Oscar erhielt. Seine berufliche Laufbahn war von privater Tragik überschattet: 1933 erschoss seine erste, todkranke Frau Hazel die beiden Söhne William und Willis jr. Auch blieben viele ambitionierte Projekte im Anfangsstadium stecken: *ATLANTIS, FRANKENSTEIN, CREATION, WAR EAGLES, GWANGI* (nach O'Briens Tod von dessen Protegé Ray Harryhausen verfilmt), *THE VALLEY OF THE MIST* sowie *KING KONG VS. PROMETHEUS*, aus dem die Japaner *KINGU KONGU TAI GOJIRA* machten. In den fünfziger Jahren vermochte sich O'Brien, der Großproduktionen gewohnt war, nur noch mit Low-Budget-Filmen über Wasser zu halten: *THE*

George Pal

ANIMAL WORLD, THE BLACK SCORPION, THE GIANT BEHEMOTH. Starb während der Vorbereitung einer Animationssequenz für *IT'S A MAD, MAD, MAD, MAD WORLD.*

George Pal *(1908 – 1980)*
György Pál Marczincsák kam über Budapest, Berlin, Prag, Paris und Eindhoven nach Hollywood. Produzent der oscarprämierten *PUPPETOONS*-Serie. Nach dem Krieg Realisierung utopischer und märchenhafter Spielfilmsujets, teilweise auch als Regisseur: *DESTINATION MOON, WHEN WORLDS COLLIDE, THE WAR OF THE WORLDS, THE NAKED JUNGLE, CONQUEST OF SPACE, TOM THUMB, THE TIME MACHINE, ATLANTIS THE LOST CONTINENT, THE WONDERFUL WORLD OF THE BROTHERS GRIMM, 7 FACES OF DR. LAO, THE POWER* und *DOC SAVAGE, THE MAN OF BRONZE.*

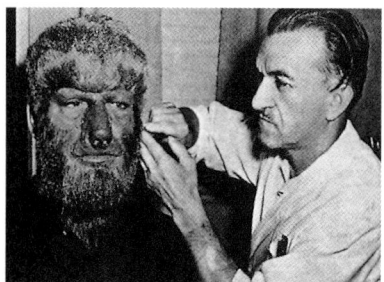

Jack P. Pierce

Robert William Paul *(1869 – 1943)*
Kopierte Edisons Bildbetrachter, der in England patentrechtlich nicht geschützt war. Einen seiner Apparate erwarb der Franzose Georges Méliès. Wie dieser produzierte auch Paul einige qualitativ hochwertige Zauberfilme: *THE HAUNTED CURIOSITY SHOP, THE MAGIC SWORD, THE ? MOTORIST.* 1910 gab er die Filmherstellung zugunsten wissenschaftlicher Studien auf.

Jack P. Pierce *(1888 – 1968)*
Maskenbildner, der eigentlich Piccoli hieß. Schuf bei der Universal einige der berühmtesten Gruselgestalten: *FRANKENSTEIN, THE MUMMY, THE WOLF MAN.*

Julius Pinschewer *(1883 – 1961)*
Produzierte Trick-Werbefilme ab 1912 und förderte die Experimente mehrerer deutscher Trickfilmer. Nach 1933 emigrierte er in die Schweiz.

Aleksandr Lukich Ptuschko *(1900 – 1973)*
Ptuschko hatte bereits einige Semester Architektur in Kiew hinter sich gebracht, als er nach Moskau ging, um sein Studium an der dortigen Wirtschaftsakademie fortzusetzen. Seine technischen Experimente gipfelten in einem Patent auf die erste Rechenmaschine der Sowjetunion. Mitte der zwanziger Jahre sah Ptuschko zum ersten Mal einen Zeichenfilm. Der erfindungsreiche Ökonom studierte den Streifen sehr genau und schloss sich dann dem Moskauer Sowkino an, um selbst auf dem in der UdSSR bis dahin noch stiefmütterlich behandelten Gebiet des Animationsfilms tätig zu werden: *PROPAVSHAYA GRAMOTA, SLUCHAY NA STADIONE, STO PRIKLYUCHENIY, VLASTELIN BYTA.* 1933 – 35 gestaltete er mit zahllosen Animationspuppen und einem lebenden Darsteller den *NOWY GULLIVER.* 1936 Leiter des neu gegründeten Sojusmult-Studios. 1937 Farb-Kurzfilm *SKAZKA O RYBAKE I RYBKE.* Während des Krieges übersiedelte er wie viele andere Filmschaffende nach Alma-Ata und realisierte Kombinationsaufnahmen für Spielfilme: *BATYRI STEPEY, PAREN IZ NASHEGO GORODA, SEKRETAR RAYKOMA, FRONT, NEBO MOSKVY, ZOYA.* Auch beschäftigte er sich mit den Volksmärchen des Urals, die er gleich nach dem Krieg in

dem Agfacolor-Film von der steinernen Blume zusammenfasste: *KAMMENY ZWETOK.* Berühmt wurden seine trickreichen Märchenspielfilme *SADKO, ILJA MUROMEZ, SAMPO, SKAZKA O TSARE SALTANE* und *RUSLAN E LJUDMILA.*

Carlo Rambaldi *(*1925)*
Italienischer Effekt-Mechaniker und Konstrukteur, der 1976 dem Produzenten Dino De Laurentiis nach Amerika folgte: *SIGFRIDO* (16 m langer mechanischer Drache), *DAVID E GOLIA* (Entwurf des Riesen Goliath, gespielt von Kronos), *PERSEO*

Carlo Rambaldi

L'INVINCIBILE (die Medusa), *CLEOPATRA, AFRICA ADDIO, LA BIBBIA* (Schöpfungssequenz und Arche Noah), *GIULIETTA DEGLI SPIRITI* (Fellini), *FALSTAFF* (Orson Welles), *BARBARELLA* (Mechanik der Engelsflügel), *LE AVVENTURE DI ULISSE* (TV), *LUDWIG* (Visconti), *CARNE PER FRANKENSTEIN, KING KONG, WHITE BUFFALO, ALIEN, POSSESSION, E. T. – THE EXTRA-TERRESTRIAL, CONAN THE DESTROYER, DUNE, KING KONG LIVES.*

Ken Ralston *(*1955)*
Visual Effects Supervisor. Präsident von Sony Pictures Imageworks. Begann mit Werbefilmarbeit bei Cascade Pictures, wo er auch an Stop-Motion-Effekten für den Pillsbury Doughboy (Knack & Back) mitwirkte. 1976 war er Dennis Murens Kameraassistent bei *STAR WARS* und Operateur bei *THE EMPIRE STRIKES BACK.* Academy Awards für *RETURN OF THE JEDI, COCOON, WHO FRAMED ROGER RABBIT?, DEATH BECOMES HER* und *FORREST GUMP.*

Lotte Reiniger

Auch beteiligt an: *DRAGONSLAYER, STAR TREK II* und *IV, BACK TO THE FUTURE I – III, THE ROCKETEER, OUT OF AFRICA, JUMANJI* und *CONTACT.*

Lotte Reiniger *(1899 – 1981)*

Nach dem Besuch der Schauspielschule schuf sie 1916 die Titelvignetten für den *RATTENFÄNGER* und andere Filme von Paul Wegener. Ihr erster vollständiger Silhouettenfilm, *DAS ORNAMENT DES VER-LIEBTEN HERZENS,* entstand 1919. Es folgten zahlreiche Aufträge für Spiel- und Werbefilme, unterbrochen von eigenständigen Silhouettenstreifen. 1923 – 26 verwirklichte sie in dieser Technik den ersten abendfüllenden Animationsfilm: *DIE ABENTEUER DES PRINZEN ACHMED.* Nach Zwischenaufenthalten in Frankreich und

Eugen Schüfftan

Italien und der Rückkehr nach Berlin im Kriege ließ sie sich in den fünfziger Jahren in England nieder.

Eugen Schüfftan *(1893 – 1977)*

Der in Breslau geborene Maler wandte sich mit einer nach ihm benannten Einspiegelungstechnik dem Film zu: *METRO-POLIS, LOVE ME AND THE WORLD IS MINE* und andere. Mit *MENSCHEN AM SONN-TAG* avancierte er zum Kameramann. Später emigrierte er nach Frankreich und Amerika. Doppelgängeraufnahmen: *THE DARK MIRROR.* Realisierte die Polyphem-Sequenz in dem italienischen *ULISSE* nach seinem Spiegelverfahren und arbeitete auch wieder in Frankreich (Spezialeffekte für Julien Duviviers *MARIANNE DE MA JEU-NESSE*). Oscar für die Fotografie des Paul-Newman-Films *THE HUSTLER.*

Guido Seeber *(1879 – 1940)*

Erste Filmarbeit im väterlichen Fotogeschäft in Chemnitz. 1909 Betriebsleiter bei der deutschen Bioscop-Gesellschaft in

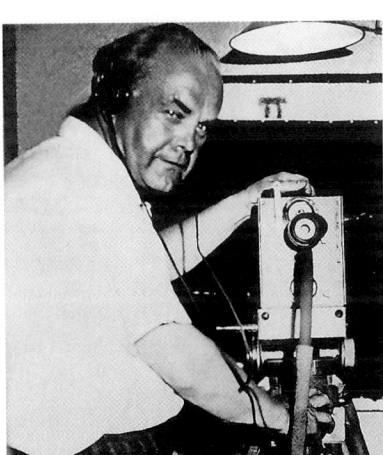

Guido Seeber

Berlin. 1911 Entwurf des ersten ebenerdigen Filmateliers (Neubabelsberg). Im Ersten Weltkrieg leitete Seeber in der Seeflugzeugversuchsanstalt in Warnemünde eine zentrale Foto- und Filmbildstelle der Marine. 1919 für kurze Zeit Rückkehr zur Bioscop als technischer Direktor, dann freier Kameramann. Gilt als einer der Meister des Filmtricks (*DER STUDENT VON PRAG, LEBENDE BUDDHAS, GEHEIMNISSE EINER SEELE, KIPHO*-Werbefilm) und ist Verfasser eines Standardwerks: »Der Trick-

film in seinen grundsätzlichen Möglichkeiten« (1927). Zuletzt Leiter der Trickabteilung bei der Ufa.

Fred M. Sersen *(1890 – 1962)*

Als Leiter der künstlerischen Abteilung des William Fox Studios gehörte er zu den Wegbereitern der Matte Shots. Nach der Fusion der Twentieth Century Picture Company und der Fox Leiter des Special Effects Departments der Twentieth Century-Fox: *IN OLD CHICAGO, SUEZ THE RAINS CAME, A YANK IN THE R.A.F., THE BLACK SWAN.* Oscars für den U-Boot-Film *CRASH DIVE.* Das Studiobassin der Fox trug seinen Namen: *Sersen Tank.* Letzte Arbeit für den Cinerama-Film *SEVEN WONDERS OF THE WORLD.*

George Albert Smith *(1864 – 1959)*

Fotograf aus Brighton, der sich 1897 der Kinematographie verschrieb und Kameratricks realisierte, die selbst Georges Méliès zum Vorbild wurden. Entwickelte mit Kinemacolor das erste kommerziell ausgewertete Farbverfahren.

Scott Squires

Verantwortlich für die Wolkentank-Effekte in Spielbergs *CLOSE ENCOUNTERS OF THE THIRD KIND.* 1979 Mitgründer von Dream Quest Images und sechs Jahre lang Präsident dieser Trickfirma: *THE ADVENTURES OF BUCKAROO BANZAI, ONE FROM THE HEART, BLADE RUNNER.* Zwei Oscar-No-

Scott Squires

minierungen für *THE MASK* und *DRAG-ONHEART.* Visual Effects Supervisor bei *STAR WARS EPISODE 1: THE PHANTOM ME-NACE.* Weitere Credits: *BUCK ROGERS, STAR TREK: THE MOTION PICTURE, WHO*

Phil Tippett

FRAMED ROGER RABBIT?, WITCHES OF EASTWICK, THE HUNT FOR RED OCTOBER und *STARSHIP TROOPERS.*

Wladislaw (Ladislas) Starewitsch (1882–1965)

Gebürtiger Pole. Studium an der Kunstakademie von Petersburg. Leiter des Naturhistorischen Museums in Kowno. Der Wunsch, naturkundliche Filme über Insekten zu schaffen, ließ ihn beim Animationsfilm landen: *LE CIGALE ET LA FOURMI* nach der Fabel von La Fontaine. 1919 emigrierte er nach Frankreich und vervollkommnete seine Puppentechnik in einem Atelier in Fontenay-sous-Bois: *LA VOIX DU ROSSIGNOL, LE ROMAN DE RENART.*

David K. Stewart (1937–1997)

Visual-Effects-Kameramann: *CLOSE ENCOUNTERS OF THE THIRD KIND, BATTLESTAR GALACTICA, STAR TREK: THE MOTION PICTURE, BLADE RUNNER, GHOSTBUSTERS, 2010.*

Kenneth Strickfaden (1896–1984)

Arbeitete als Techniker bei Universal *(PHANTOM OF THE OPERA)*. Konzentrierte sich schließlich auf den Bau elektrischer Apparaturen, die er vornehmlich für Horrorfilme bereitstellte: *FRANKENSTEIN, THE BRIDE OF FRANKENSTEIN, YOUNG FRANKENSTEIN.*

Phil Tippett (*1951)

Von Ray Harryhausen beeinflusster Stop-Motion-Spezialist. Erstes professionelles Engagement bei der Werbefilmfirma Cascade. Stieß über Rick Baker (Mitarbeit an der Cantina-Sequenz) zu Industrial Light & Magic: *THE EMPIRE STRIKES BACK, DRAG-*

ONSLAYER, WILLOW. Gründete 1985 das Tippett Studio und schwenkte von der Stop-Motion- zur Computeranimation: *ROBOCOP 1–3, HONEY, I SHRUNK THE KIDS, STARSHIP TROOPERS, VIRUS, MY FAVORITE MARTIAN, ARMAGEDDON, THE HAUNTING, KOMODO.* Oscars für *RETURN OF THE JEDI* und *JURASSIC PARK,* für den er grundlegende Animationsarbeit leistete.

Jiří Trnka (1912–1969)

Arbeitete mit dem Marionettenspieler Josef Skrupa, gründete ein eigenes (leider erfolgloses) Puppentheater, illustrierte Kinderbücher und wirkte auch als Bühnenautor. Nach dem Krieg als künstlerischer Leiter der »Brüder im Trick« mit einigen Zeichenfilmprojekten beschäftigt, bevor er sich endgültig der Puppenanimation verschrieb: *ŠPALÍCEK, CÍSAŘŮV SLAVÍK, BAJAJA, SEN NOCI SVJATOJÁNSKÉ.*

Douglas Trumbull (*1942)

Elder Statesman der jungen Generation von Special-Effects-Technikern. Sohn eines Ingenieurs und einer Kunstmalerin. Stieß von Lester Novros und Graphic Films *(TO THE MOON AND BEYOND)* zu Stanley Kubrick und *2001: A SPACE ODYSSEY.* 1967 kehrte er nach Kalifornien zurück und machte sich selbstständig. Effekte für: *THE ANDROMEDA STRAIN, CLOSE ENCOUNTERS OF THE THIRD KIND, STAR TREK: THE MOTION PICTURE, BLADE RUNNER.* Filmregie: *SILENT RUNNING, BRAINSTORM.* Kreierte das Showscan-Verfahren und mehrere Rides. Mit Berkshire Ridefilm schuf er einen *BACK TO THE*

Douglas Trumbull

Jiří Trnka

FUTURE-Simulator-Ride. 1992 verließ er Berkshire und gründete die Trumbull Company in Massachusetts, später dann den Entertainment Design Workshop.

Eiji (Eiichi) Tsuburaya (1901–1970)

18-jährig wurde Tsuburaya Kameraassistent in den Kokkatsu-Studios in Kioto. 1936 drehte er mit dem Deutschen Arnold Fanck. Drei Jahre später holte ihn Iwao Mori zur Toho, wo er die Abteilung für Spezialtechnik und Tokusatsu (Special Effects) aufbaute. Für seine Arbeit an Kajiro Yamamotos Pearl-Harbor-Epos *HAWAI MARÈ OKIKAISEN* wurde er mit dem Gijutsu Kenkyu Award honoriert. 1949 gründete er das Tsuburaya Labor und konnte schließlich zur Toho zurückkehren, wo er weitere (Anti?-) Kriegsfilme sowie, unter dem Einfluss von *KING KONG,* die *GODZILLA*-Serie kreierte. Mit dem japanischen Filmtechnikpreis wurde er für den Original-*GOJIRA* ausgezeichnet sowie für *SORA NO DAIKAIJU RADON, CHIKYU BOEIGUN, NIPPON TANJO, DAITOZOKU, KISUKA, KAIJU DAISENSO.* Eng verbunden war »Oyaji« (»Pops«), wie ihn Mitarbeiter nannten, dem Toho-Regisseur Ishiro Honda, arbeitete aber auch für Josef von Sternberg *(ANATAHAN),* Akira Kurosawa, Hiroshi Inagaki und Frank Sinatra *(NONE BUT THE BRAVE).* 1964 rief er die Tsuburaya Productions ins Leben und produzierte fürs Fernsehen die *ULTRAMAN (URUTORAMAN)-* und *ULTRA Q*-Serien. 1968 folgte eine eigene Merchandising-Firma: Tsuburaya Enterprises. Sein letzter Film war 1969 ein aufwändiges Seekriegsdrama mit Hunderten von Modellflugzeugen: *NIFONKAI DAIKAISEN.*

Wally Veevers *(1917–1983)*

Einer von vier englischen Volontären, die der Amerikaner Ned Mann für die Korda-Produktion *THINGS TO COME* verpflichtete. Spezialist für Vorsatzmodelle, u. a. bei *THE THIEF OF BAGHDAD*. In den vierziger Jahren wurde er Assistent des Matte-Spezialisten Percy Day und übernahm nach dessen Ausscheiden die Leitung der Effekt-Abteilung in Londons Shepperton Studios: *ALEXANDER THE GREAT, THE GUNS OF NAVARONE, DAY OF THE TRIFFIDS, MYSTERIOUS ISLAND, SODOM E GOMORRA, LORD JIM*. Stanley Kubrick, unter dem er an *DR. STRANGELOVE* gearbeitet hatte, zog ihn als technischen Beirat zu *2001* hinzu. Veevers war beteiligt an *THE ROCKY HORROR PICTURE SHOW*, an den Aufpro-Aufnahmen von *SUPERMAN, EXCALIBUR* und *THE KEEP* (sein letzter Film).

Joseph Viskocil

Führender Experte für Modell-Pyrotechnik: *STAR WARS, THE TERMINATOR, THE ABYSS, TERMINATOR 2, BATMAN RETURNS, TRUE LIES, APOLLO 13,* Oscar für *INDEPENDENCE DAY, VOLCANO, GODZILLA*.

Albert J. Whitlock *(1915–1999)*

Mit 14 Botenjunge im Gaumont British Studio. Er malte Schilder (Hitchcocks *39 STEPS*), Kulissen (*SABOTAGE*), half beim Modellbau *(THE TUNNEL)*, gestaltete Filmtitel *(HOTEL SAHARA)* und war ein Spezialist in der aus Deutschland importierten Schüfftan-Technik. Ab Ende der vierziger Jahre Matte Artist bei Gainsborough *(CHRISTOPHER COLUMBUS)* und Rank *(SO LONG AT THE FAIR)*. 1954 ging er nach Amerika und fand eine Anstellung im Disney-Studio. Seine besten Arbeiten für Disney waren *DARBY O'GILL AND THE*

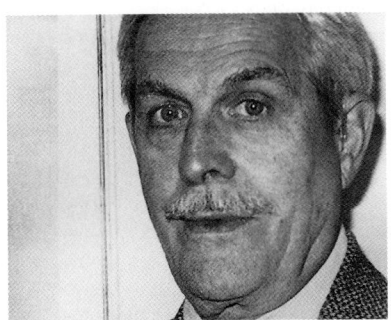

Albert J. Whitlock

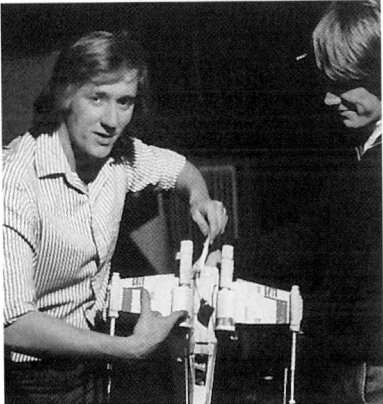

Joseph Viskocil

LITTLE PEOPLE, TEN WHO DARED und *GREYFRIAR'S BOBBY*. Dann nahm er ein Angebot bei der Universal an (erster Auftrag: Doris Days *THAT TOUCH OF MINK*) und arbeitete dort konsequent mit Alfred Hitchcock: *THE BIRDS, MARNIE, TORN CURTAIN, TOPAZ, FRENZY*. Whitlock tauche im Vorspann verschiedener Hitchcock-Filme in vielerlei Eigenschaften auf, bemerkt Hitchcock-Biograf John Russell Taylor, und als Hitch einige Jahre später erfahren habe, dass die Universal, die ihn unter Vertrag hatte, den Kasch-Experten für eine ungeheure Summe an andere Firmen auslieh, habe er sich erboten, ihm ein eigenes Studio zu finanzieren, wohl wissend, dass diese Drohung die Universal dazu bewegen würde, eine etwas vernünftigere Vergütung für die verhältnismäßig unkommerziellen Dienste Whitlocks einzusetzen. Whitlock erhielt Oscars für seine Arbeit an *EARTHQUAKE* und *THE HINDENBURG* sowie einen Emmy für die Serie *A.D.* Er arbeitete auch in Deutschland *(DIE UNENDLICHE GESCHICHTE II)*. In seinen letzten Lebensjahren wurde Whitlock ein Opfer der parkinsonschen Krankheit.

John Whitney *(1917–1995)*

Seit den frühen vierziger Jahren hatte Whitney, der Fotografie und Musik studiert hatte, gemeinsam mit seinem Bruder James entscheidenden Einfluss auf die technische Entwicklung des abstrakten Films. In den Sechzigern führte er den Computer in seine Filmarbeit ein. Zuerst koppelte er ein optisches Kopiergerät mit einem Analog-Computer, dann wandte er sich dem Digital-Computer zu.

John Whitney jr.

Gründete zusammen mit dem Software-Experten Gary Demos eine Company namens Picture Design Group, aus der später Digital Productions hervorging. Computeranimationen für *THE LAST STARFIGHTER*.

Stan Winston *(*1946)*

Creature-Shop- und Animatronics-Spezialist. 1969 Lehre im Make-up-Department der Walt Disney Studios. Gründer des Stan Winston Studios: *EDWARD SCISSORHANDS, PREDATOR 1* und *2, BATMAN RETURNS, THE LOST WORLD, SMALL SOLDIERS*. Oscars für *ALIENS, TERMINATOR 2* und *JURASSIC PARK*, für den er und seine Leute die Full-Scale-Saurier schufen. Gelegentlich auch Filmregie: *PUMPKINHEAD, A GNOME NAMED GNORM*.

Hoyt Yeatman *(1955)*

Mitgründer von Dream Quest Images: *SHORT CIRCUIT, THE FLY, CRIMSON TIDE, MIGHTY JOE YOUNG, MISSION TO MARS*. Oscar für *THE ABYSS*.

Karel Zeman *(1910–1989)*

Ausbildung als Werbezeichner in Prag und Frankreich. Während seiner Werbetätigkeit in der Baťa-Fabrik kam er mit dem Zeichenfilm in Berührung. Nach dem Krieg

Karel Zeman (rechts)

als Animator zum Puppenfilm. 1946 erste Regiearbeit. Schöpfer des populären Trickhelden Pan Prokouk. International berühmt wurde er mit seinen Jules-Verne-Adaptionen wie *VYNÁLEZ ZKÁZY* und *NA KOMETE*, in welchen er Spiel-, Puppen- und Legetrickfilm zu einer grafischen Symbiose mischte.

literatur

L. B. Abbott: Special Effects: Wire, Tape and Rubber Band Style. Redaktion: George E. Turner. Hollywood 1984.

Rachel Aberly: The Making of Godzilla. Vorwort: Volker Engel. Übersetzung: Rolf Giesen. Nürnberg 1998.

Rachel Aberly/Volker Engel: The Making of Independence Day. Köln 1996.

Jerome Agel (Hg.): The Making of Kubrick's 2001. New York 1970.

Steven Archer: Willis O'Brien. Special Effects Genius. Jefferson, North Carolina/London 1993.

Lars-Olav Beier/Gerhard Midding: Teamwork in der Traumfabrik. Werkstattgespräche. Berlin 1993.

Elmar Biebl: Hinter den Kulissen. Hamburg. 1987.

Hans-Michael Bock (Hg.): CineGraph. Lexikon zum deutschsprachigen Film. München 1984 ff.

Ron Brinkmann, The Art and Science of Digital Compositing, San Diego 1999.

John Brosnan: Movie Magic. The Story of Special Effects in the Cinema. London 1974.

C. W. Ceram: Eine Archäologie des Kinos. Reinbek bei Hamburg 1965.

Frank P. Clark: Special Effects in Motion Pictures. Some Methods for Producing Mechanical Special Effects. Scarsdale, N.Y. 1966.

Detlef Claus/Rolf Giesen: Godzilla-Gamera-Gappa. Die Geschichte der japanischen Monsterfilme. Berlin 1998.

John Culhane: Special Effects in the Movies. How They Do It. New York 1981.

Deutsches Filmmuseum (Hg.): Film & Computer. Digital Media Visions. Frankfurt/M. 1998.

Uwe Fleischer: Special Effects in Babelsberg. Bemerkungen zur achtzigjährigen Geschichte des Studios in Potsdam-Babelsberg. o. O., 1991.

Linwood G. Dunn/George E. Turner: The ASC Treasury of Special Effects. Hollywood 1983.

Alexander Felsenberg: HDTV – Die Einführung des hochauflösenden Fernsehens. Kottgeisering 1990.

Raymond Fielding: The Technique of Special Effects Cinematography. London/Boston 1965. 4. erweiterte Auflage: 1985.

Christopher Finch: Special Effects. Creating Movie Magic. New York 1984.

Ron Fry/Pamela Fourzon: The Saga of Special Effects. Englewood Cliffs, N.J. 1977.

Stuart Galbraith IV: Monsters Are Attacking Tokyo. The Incredible World of Japanese Fantasy Films. Venice, CA 1998.

Herbert Gehr/Stefan Ott: Visual Effects für Film und Fernsehen. Bergisch Gladbach 2000.

Rolf Giesen: Lexikon des phantastischen Films. Horror – Science Fiction – Fantasy. Vorwort: Curt Siodmak. Zwei Bände. Frankfurt/M./Berlin/Wien 1984.

Rolf Giesen: Sagenhafte Welten. Der Trickspezialist Ray Harryhausen. Katalog. Redaktion: Claudia Dillmann-Kühn. Deutsches Filmmuseum Frankfurt/M. 1988.

Rolf Giesen: Metropolis 2001: Traumfabrik Babelsberg. Vorwort: Volker Schlöndorff. Nürnberg 1998.

Rolf Giesen: Special Effects. Vorwort: Moritz de Hadeln. Ebersberg 1985.

Andrew S. Glassner: 3D-Computer Graphics: A User's Guide for Artists and Designers. New York 1989.

Donald F. Glut: The Dinosaur Scrapbook. The Dinosaur in Amusement Parks, Comic, . . . Secaucus, N.J. 1980.

Orville Goldner/George E. Turner: The Making of King Kong. Cranbury, N.J./London 1975.

Peter A. Hagemann: Der 3-D-Film. Herausgegeben von der Stiftung Deutsche Kinemathek. München 1980.

Paul Hammond: Marvellous Méliès. London 1974.

Ray Harryhausen: Film Fantasy Scrapbook. Vorwort: Ray Bradbury. Cranbury, N.J./London 1972. Erweiterte Neuauflagen: 1981, 1989.

R. M. Hayes: Trick Cinematography. The Oscar Special-Effects Movies. Jefferson, North Carolina/London 1986.

◀ *RAUMPATROUILLE (1965–66)*

Gail Morgan Hickman: The Films of George Pal. Cranbury, N.J./London 1977.

David Hutchison: Film Magic. The Art and Science of Special Effects. London 1987.

Isaac Victor Kerlow: The Art of 3-D-Computer. Computer Animation and Imaging. New York/Chichester/Weinheim/Brisbane/Singapore/Toronto 1996.

Terrence Masson: CG 101. A Computer Graphic Industry Reference. Indianapolis 1999.

Isaac Victor Kerlow/Judson Rosebush: Computer Graphics for Designers and Artists. 2. Auflage. New York 1994.

Michael J. McAlister: The Language of Visual Effects. Los Angeles 1993.

Nadia Magnenat-Thalmann/Daniel Thalmann: Synthetic Actors in Computer-Generated 3D Films. New York/Berlin 1990.

Stuart Mealing: The Art and Science of Computer Animation. Oxford 1992.

Shoji Ohtomo/Hajime Tsuburaya: The Films of Eiji Tsuburaya. Tokio 1973.

Hans Carl Opfermann/Georg Kramer: Die neue Trickfilm-Schule. Seebruck am Chiemsee 1967.

Ettore Pasculli: Il Cinema Dell'Ingegno. Mailand 1990.

Zoran Perisic: The Animation Stand. Rostrum Camera Operation(s). London/New York 1976.

Zoran Perisic: Special Optical Effects in Film. London/New York 1980.

Neil Pettigrew: The Stop-Motion Filmography. A Critical Guide to 297 Features Using Puppet Animation. Vorwort: Ray Harryhausen. Jefferson, North Carolina/London 1999.

Dale Pollock: Sternenimperium. Das Leben und die Filme von George Lucas. München 1983.

Werner Reff/Istvan Vasarhelyi: Der Filmtrick und der Trickfilm. Halle 1963. 6. verbesserte Auflage: Leipzig 1980.

Philip J. Riley (Hg.): This Island Earth. Production Background: Robert Skotak. Universal Filmscripts Series. Absecon, N.J. 1990.

Robi Roncarelli: The Computer Animation Dictionary. New York 1989.

Jeff Rovin: Movie Special Effects. Cranbury, N.J./London 1977.

Steve Ryfle: Japan's Favorite Mon-Star. The unauthorized Biography of »The Big G«. Toronto 1998.

Harold Schechter/David Everitt: Film Tricks. Special Effects in the Movies. New York 1980.

Guido Seeber: Der Trickfilm in seinen grundsätzlichen Möglichkeiten. Berlin 1927. Faksimile-Ausgabe: Frankfurt am Main 1980.

Thomas G. Smith: Industrial Light & Magic. The Art of Special Effects. New York 1986.

Alexander Stüler: Filmtricks und Trickfilme. Halle 1937.

Lars Swanberg: Special Effects. Stockholm 1972.

Die Tricks. [Deutsche Lizenzausgabe der US-Publikation »Special Effects« Teil 1 und 2 von David Hutchison.] Hamburg 1982. 2., von Rolf Giesen edierte Auflage: Hamburg 1989.

Steve Upstill: The RenderMan Companion: A Programmer's Guide to Realistic Computer Graphics. Reading, MA 1990.

Mark Cotta Vaz/Patricia Rose Duignan: Industrial Light + Magic Into The Digital Realm. New York 1996.

John Vince: 3-D Computer Animation. Wokingham 1992.

Das wandernde Bild. Der Filmpionier Guido Seeber. Herausgegeben von der Stiftung Deutsche Kinemathek. Berlin 1979.

Bernard Wilkie: Creating Special Effects for TV & Films. London/New York 1977.

Bernard Wilkie: Special Effects in Television. Oxford u. a. 1989.

Berndt Willim. Einführung in die Computergrafik. Berlin 1989.

S. S. Wilson: Puppets and People. Dimensional Animation Combined with Live Action in the Cinema. San Diego/London 1980.

Zeitschriften und Magazine

American Cinematographer; Cinefantastique; Cinefex; Cinemagic; Film & Fernsehtechnik; Film & TV Kameramann; digital production; Professional Production.

register der filmtitel

dank

Für Informationen und Bildmaterial danken Autoren und Verlag:

L. B. Abbott †, Robert Abel, Forrest J Ackerman, ACM Siggraph, Alan Adler (Fox Archives), Alias|Wavefront, Tom Atkin (Visual Effects Society), ARRI, Avid Softimage, Craig Barron (Matte World Digital), Bavaria Film, Bibo TV, Stefan Birckmann, Wolfgang Borgfeld, Ron Brinkmann, Buena Vista, Karl-Heinz Christmann, CA Scanline, Centropolis Effects, Cinema, Computer Science Dept. Stanford University, Constantin, Cyberware, Jim Danforth, Defa, Holger Delfs, Digital Domain, Digital Renaissance, Linwood G. Dunn †, Digital Video & Effects, Dreamscape, Bildarchiv EBE, Effectory, Volker Engel, Conny Fauser, Fiftyeight3D, Filmakademie Baden-Württemberg, Filmmuseum Berlin-Deutsche Kinemathek, Jürgen Firsching, Uwe Fleischer, Bodo Fründt, Gero Gandert, Gaumont, Glassworks Ltd., Global Icons, Leonhard Gmür, Sikkander Goldau, Joachim Grüninger, H5B5 Media AG, Thomas Haegele, Frauke Hanck, Ray Harryhausen, Eva Hesz, Bob Hoffmann, Gerhard Huttula †, Industrial Light & Magic (Ned Gorman und Lorne Peterson), Gregory Jein, Stefan Jonas, Michael Koch, Günther Krämer, Peter Latta, Liquid Vision, Stephan Lokotsch, Magicon, Nathan Marrs, Tim Mc Govern, Motion Analysis, Thomas Mulack, Sean Mullen, noDNA, Timm Osterhold, Frank Petzold, Fotofachlabor Piazza, Christian Plitt, Hans Helmut Prinzler, Henning Raedlein, Realviz, Angela Reedwisch, Roland Reier, Karl Ludwig Ruppel †, Brad Sandemann, Olaf Schirm, Rolf Schneider, Science d-vision, Sony Pictures Imageworks, Markus Schönmann, Jürgen Schopper, Tom Schröter, Klaus Schühly, Don Shay (Cinefex), Emma Shield, Silas Entertainment, Karl Sims, Peter Spans, Diane St. Claire, Stephanie Stalf, Michael Stein, Monika Štěpánová, Mark Sylvester, SZM Studios München, Nadia M. Thalmann (MIRALab), The Mill, Philipp Timme, Phil Tippett (Tippett Studio), Marc Weigert, Dirk Weinreich, Das Werk AG, June Whitlock, Thomas Zauner, Gert Zimmermann, Max Zimmermann

ZUSÄTZLICHER BILDNACHWEIS:

Seite 97: Magicon / Centropolis Effects, Seite 98: Bibo TV, Seite 100ff: Centropolis Effects / Jugendfilm / Magicon, Seite 103f: CA Scanline Production GmbH / Polyphon Film- und Fernseh GmbH für SAT1, Seite 105/106 oben: SZM / Pro7, Seite 106f: ARRI Digital, Seite 108: Salter Street Ltd./ TiMe Film- und TV Produktion/ Vif Filmproduktion, Seite 109: Liquid Vision, Seite 110f: H5B5 Media AG, Seite 111: Filmakademie Baden-Württemberg, Seite 119: Dreamscape / Indigo Film, Seite 125/127 rechts unten: Digital Domain, Seite 120: Bibo TV, Seite 127: Alias|Wavefront, Seite 128: Buena Vista, Seite 172 rechts oben: Gerhard Gscheidle, Seite 172 links oben: Disney, Seite 172 links: James F. Blinn, Seite 173: Karl Sims, Seite 174 oben: Dick Lundin, NYIT, Seite 174 unten: Disney, Seite 175: Triple-I, Seite 176: Robert Abel, Seite 177: Paramount Pictures, Seite 178: Carolco, Seite, 179: Framestore / Soho Cyberscan / BBC / Discovery Channel, Seite 180: Alias|Wavefront / Sony Pictures Imageworks, Seite 121/181/207: Das Werk AG / Tobis Filmkunst / Rialto Film, Seite 182: Global Icons, Seite 183 oben: The Mill / RSA, Seite 183 Mitte: Mindworx, Seite 183 unten: Digital Domain, Seite 126/184 oben: noDNA, Seite 184 unten: Warner Bros., Seite 185 oben: Spans & Partner GmbH / Deutsche Telekom / SEA, Seite 126/185 Mitte: MIRALab, Univ. Genf, Seite 185 unten: Glassworks Ltd., Seite 211–214: SZM, Seite 204: Das Werk AG / Senator Film / Perathon Film, Seite 205f: Werk AG / Prokino / X Film Creative Pool, Seite 208f: Concorde Film / Road Movies

Die Filmbibliothek im Europa Verlag

»Eine gleichermaßen unterhaltsame wie engagierte Filmbuch-Reihe hat es im deutschen Sprachraum noch nicht gegeben.«
Neue Zürcher Zeitung

Neuer Wall 10 – 20354 Hamburg